RONGHE XINWEN BAODAO
融合新闻报道

徐明华 编著

华中科技大学出版社
http://www.hustp.com
中国·武汉

内 容 简 介

《融合新闻报道》是一部具有较强社会实践性质的前沿教材。作者在介绍新闻报道采写技能的基础上，更加偏重分析"互联网＋"时代下的融合新闻产品的创新模式，以及介绍相关成功案例的操作经验。在"融合发展"的大趋势下，本教材不仅融入国内外新型的新闻写作理念，同时还引入不同领域的融媒体操作技能，为读者展现一个全面且前沿的融媒体发展图景和可借鉴的参考版图。

本教材旨在提高高校新闻传播专业在日益更新的传媒环境下的适应能力，并以更前沿的知识培养出具有创新潜力和超强整合能力的采编人才。

图书在版编目（CIP）数据

融合新闻报道/徐明华编著．—武汉：华中科技大学出版社，2019.10（2024.8 重印）
ISBN 978-7-5680-5807-0

Ⅰ.① 融… Ⅱ.① 徐… Ⅲ.① 新闻报道-高等学校-教材 Ⅳ.① G212

中国版本图书馆 CIP 数据核字（2019）第 225128 号

融合新闻报道　　　　　　　　　　　　　　　　　　　徐明华　编著
Ronghe Xinwen Baodao

策划编辑：钱　坤　杨　玲
责任编辑：吕蒙蒙
封面设计：刘　婷
责任校对：曾　婷
责任监印：周治超

出版发行：华中科技大学出版社（中国·武汉）　电话：(027) 81321913
　　　　　武汉市东湖新技术开发区华工科技园　邮编：430223
录　　排：华中科技大学出版社美编室
印　　刷：武汉科源印刷设计有限公司
开　　本：710mm×1000mm　1/16
印　　张：20.5
字　　数：410 千字
版　　次：2024 年 8 月第 1 版第 3 次印刷
定　　价：58.00 元

本书若有印装质量问题，请向出版社营销中心调换
全国免费服务热线：400-6679-118　竭诚为您服务
版权所有　侵权必究

前　言

"融合新闻"已经成为"互联网+"时代出现频率极高的热词之一。面对扑面而来的新技术浪潮,"互联网+"时代的"+"号,对新闻领域而言意味着各个传统领域将打破成规,进行行业内甚至是跨界重组与再造。业界、学界都在呼吁将传统媒体与互联网新媒体进行横向整合、纵向重塑。各大知名媒体也在纷纷试水,频繁增设各类新内容、新终端、新网络,以及新应用。

那么,什么是"互联网+"时代的融合新闻呢?当前,不可否认的是新媒体已经重新定义了我们获取信息的方式、理解新闻的方式,甚至是获取新闻后感到满足和愉悦的方式。新时代的新闻重组和再造,绝不是简单意义上的传统新闻手法的堆砌和叠加,而是基于无限想象空间的融合与创新。不同形态的传播方式在不断更新的技术环境下互相渗透、互相交融,形成新时代下的新型传播形态。这种具有生命力的"新形态"新闻,才是在有效整合各类媒体资源,进行集中管理和共享基础上衍生出来的信息产品。因此,本教材在介绍新闻采写的基础上,更加偏重分析"互联网+"时代下的新型融合新闻产品,以及介绍相关的成功案例和经验。例如,博客新闻、微博新闻、众筹新闻、机器人新闻、基于搜索引擎策略的推送新闻等,本书做了详细介绍,并列举了大量的国内外优秀案例展开分析。

然而,"未知远远大于已知"。对新闻内容的创意制作的讲解,不能停留在对已有新闻产品的分析和借鉴上。我们难以预期未来的媒体会以何种形态出现在我们面前,面对新的技术挑战、新的传播形态、新的阅读形式,新闻媒体如何走出一条具有生命力的生存发展之路,才是业界和学界都需要重视的问题。本书在搜集大量实际案例和讲解操作细节的同时,十分注重对读者互联网思维的培养,以及各种可能具备创新意识的新型思维的启发。

当前,华中科技大学新闻与信息传播学院是国内发展"网络与新媒体"教育较早的高等学府之一。这里聚集了大量新媒体研究的权威学者、专家。本书汇集了专家的前沿理论知识体系,也融合了业界的前沿操作案例和理念,并在多年教学经验和学生反馈的基础上汇编而成,是一本适应新媒体环境的教材。非常感谢从事新媒体研究的钟瑛教授、余红教授、陈少华教授、李卫东教授等多位专家给予的支持和帮助;还要感谢廖欣、汪慧、王中宇、江南、冯亚凡、朱晓豫等优秀的研究生做出的贡献：搜集和分析、整理大量的资料。本书的撰写虽然汇集了作者的大量心血，但也存在不少不足之处。当然，随着新媒体技术的飞速发展，也需要更快地跟进和修正知识。烦请各位读者阅读时批评指正。

徐明华

于华中科技大学喻家山

2019 年 3 月 1 日

目　　录

第一章　融合语境下网络新闻的发展历史 …………………………… (1)
　第一节　互联网的诞生及"互联网＋"时代的来临 ………………… (1)
　　一、互联网的诞生 ……………………………………………… (1)
　　二、互联网的特性及发展 ……………………………………… (3)
　　三、"互联网＋"时代的传播特征 …………………………… (4)
　第二节　中国网络新闻的发展 ………………………………………… (6)
　　一、网络新闻概述 ……………………………………………… (6)
　　二、我国网络新闻的制度与环境 ……………………………… (9)
　　三、我国网络新闻的发展现状 ………………………………… (9)
　第三节　融合新闻的发展趋势 ……………………………………… (12)
　　一、融合新闻概述 …………………………………………… (12)
　　二、国内外融合新闻的发展情况 …………………………… (18)
第二章　互联网时代融合新闻策划 ………………………………… (25)
　第一节　融合新闻的策划意识 ……………………………………… (25)
　　一、责任意识 ………………………………………………… (26)
　　二、多媒体统筹意识 ………………………………………… (28)
　　三、大众意识与分众意识 …………………………………… (30)
　　四、创新意识 ………………………………………………… (31)
　第二节　寻找融合媒体时代的新闻线索 …………………………… (33)
　　一、互联网时代新闻线索的作用 …………………………… (33)
　　二、高质量新闻线索的来源 ………………………………… (36)
　　三、低质量新闻线索的问题 ………………………………… (40)
　第三节　融合新闻的策划 …………………………………………… (46)
　　一、议题甄别 ………………………………………………… (46)
　　二、文本策划 ………………………………………………… (48)
　　三、实施过程策划 …………………………………………… (49)
第三章　互联网时代融合新闻的采访 ……………………………… (52)
　第一节　融合新闻的采访渠道 ……………………………………… (52)

一、采访方式分类 …………………………………………………(52)
　　二、采访技巧 ……………………………………………………(58)
　　三、访问过程 ……………………………………………………(61)
　第二节　融合新闻采访的独特性 …………………………………(67)
　　一、融合新闻采访的特点 ………………………………………(67)
　　二、融合新闻采访的途径 ………………………………………(69)
　　三、融合新闻采访过程中应该注意的问题 ……………………(72)
　第三节　不同媒介新闻采访的特点 ………………………………(73)
　　一、纸质媒体中的新闻采访 ……………………………………(73)
　　二、广播电视媒体的新闻采访 …………………………………(74)

第四章　互联网时代融合新闻的写作 …………………………………(76)
　第一节　融合新闻写作 ……………………………………………(76)
　　一、融合新闻写作的概念与特征 ………………………………(76)
　　二、融合新闻写作的基本要求 …………………………………(79)
　第二节　融合新闻写作的主要体裁 ………………………………(81)
　　一、消息 …………………………………………………………(81)
　　二、通讯 …………………………………………………………(82)
　　三、评论 …………………………………………………………(90)
　　四、新闻特写 ……………………………………………………(91)
　　五、网络专题 ……………………………………………………(93)

第五章　互联网时代的新闻标题和制作 ………………………………(96)
　第一节　新闻标题的内涵及我国新闻标题的发展历程 …………(96)
　　一、新闻标题的内涵 ……………………………………………(96)
　　二、我国新闻标题的发展历程 …………………………………(97)
　第二节　新闻标题的分类 …………………………………………(99)
　　一、按结构形式划分 ……………………………………………(100)
　　二、按功能划分 …………………………………………………(102)
　　三、按表现手法划分 ……………………………………………(104)
　第三节　新闻标题的功能和特点 …………………………………(106)
　　一、新闻标题的功能 ……………………………………………(106)
　　二、新闻标题的特点 ……………………………………………(108)
　第四节　不同媒介新闻标题的制作 ………………………………(109)
　　一、报纸新闻标题的制作 ………………………………………(109)
　　二、电视新闻标题的制作 ………………………………………(111)
　　三、融合新闻标题的制作 ………………………………………(112)

第五节　当代新闻标题制作中出现的问题及改进…………………………(112)
　　　　一、当代新闻标题的制作类型………………………………………………(113)
　　　　二、当代新闻标题制作中出现的问题………………………………………(114)
　　　　三、问题出现的原因…………………………………………………………(117)
　　　　四、问题的改进措施…………………………………………………………(118)

第六章　互联网时代的新闻导语及特色……………………………………(121)
　　第一节　新闻导语发展简史……………………………………………………(121)
　　　　一、新闻导语的定义…………………………………………………………(121)
　　　　二、新闻导语的作用…………………………………………………………(121)
　　　　三、新闻导语的发展简述……………………………………………………(122)
　　第二节　新闻导语的分类………………………………………………………(128)
　　　　一、根据表现形式划分………………………………………………………(128)
　　　　二、根据写作手法划分………………………………………………………(130)
　　第三节　新闻导语写作技巧……………………………………………………(135)
　　　　一、新闻导语的特点…………………………………………………………(135)
　　　　二、新闻导语的写作要求……………………………………………………(136)
　　　　三、新闻导语的写作技巧……………………………………………………(138)
　　第四节　当代导语写作出现的问题及改进……………………………………(142)
　　　　一、当代新闻导语写作中出现的问题………………………………………(142)
　　　　二、问题出现的原因…………………………………………………………(145)
　　　　三、问题的改进措施…………………………………………………………(146)

第七章　互联网时代的新闻主体写作与类型………………………………(149)
　　第一节　新闻主体的作用与写作………………………………………………(149)
　　　　一、新闻主体的作用…………………………………………………………(149)
　　　　二、新闻主体的写作要求……………………………………………………(151)
　　第二节　新闻背景的作用与写作………………………………………………(156)
　　　　一、新闻背景的作用及其类型………………………………………………(156)
　　　　二、网络新闻背景的表现形式………………………………………………(163)
　　第三节　新闻主体的写作风格…………………………………………………(166)
　　　　一、倒金字塔结构……………………………………………………………(166)
　　　　二、《华尔街日报》结构……………………………………………………(170)
　　　　三、时序结构…………………………………………………………………(172)
　　　　四、悬念式结构………………………………………………………………(174)
　　　　五、新闻跳笔…………………………………………………………………(176)
　　　　六、提要式结构………………………………………………………………(178)

第八章　融合新闻写作的角度选择……(185)

第一节　新闻角度的概念……(186)
一、什么是新闻角度……(186)
二、影响新闻角度选择的因素……(189)
三、选好新闻角度的重要性……(190)

第二节　新闻角度的选择……(192)
一、如何选择新闻角度……(192)
二、常见的新闻角度……(197)

第三节　互联网时代的思维能力……(199)
一、多向思维……(199)
二、发散思维……(204)
三、动态思维……(208)
四、换位思维……(210)

第九章　融合新闻写作的类型创新——滚动和图片新闻……(214)

第一节　滚动新闻……(214)
一、滚动新闻的定义与分类……(214)
二、滚动新闻的作用……(215)
三、滚动新闻的特点……(216)
四、滚动新闻记者的要求……(218)

第二节　图片新闻……(219)
一、图片新闻的定义……(219)
二、图片新闻的分类……(219)
三、图片新闻的传播优势……(222)
四、图片新闻的特点……(224)
五、图片新闻的选图原则……(226)

第三节　滚动新闻与图片新闻的编辑……(227)
一、滚动新闻编辑……(227)
二、图片新闻编辑……(230)

第十章　融合新闻写作的类型创新——嘉宾访谈……(234)

第一节　嘉宾访谈的内涵及特点……(234)
一、网络嘉宾访谈节目兴起的原因……(234)
二、网络嘉宾访谈的特点……(236)
三、网络嘉宾访谈的分类……(237)

第二节　嘉宾访谈模式的写作……(239)
一、文字直播类嘉宾访谈的写作流程……(239)

二、视频直播类嘉宾访谈的写作流程 …………………………………(248)
　　三、微访谈的写作流程 ……………………………………………………(249)
　第三节　网络嘉宾访谈成功的原则…………………………………………(253)
　　一、主题先行 ………………………………………………………………(253)
　　二、嘉宾的选择 ……………………………………………………………(254)
　　三、访谈中的嘉宾交流 ……………………………………………………(254)
　　四、网友的互动 ……………………………………………………………(255)
　　五、综合制作访谈内容 ……………………………………………………(255)

第十一章　融合新闻写作的类型创新——博客、微博与新闻 ……………(257)
　第一节　博客与微博新闻概述………………………………………………(257)
　　一、博客与微博 ……………………………………………………………(257)
　　二、博客与微博的新闻化 …………………………………………………(258)
　第二节　博客与微博新闻的特征与写作……………………………………(259)
　　一、博客新闻的特征 ………………………………………………………(259)
　　二、微博新闻特征 …………………………………………………………(261)
　　三、微博新闻存在的问题及对策 …………………………………………(262)
　第三节　公民记者和公民新闻………………………………………………(263)
　　一、公民记者的概念和由来 ………………………………………………(264)
　　二、著名公民记者和公民新闻网站 ………………………………………(264)
　　三、公民记者的特征 ………………………………………………………(266)
　　四、公民记者的局限 ………………………………………………………(266)

第十二章　融合新闻写作的类型创新——机器新闻………………………(268)
　第一节　机器新闻的产生和发展……………………………………………(268)
　　一、萌芽：数据＋新闻阶段 ………………………………………………(268)
　　二、发展：计算机技术＋新闻阶段 ………………………………………(269)
　　三、成熟：机器智能新闻阶段 ……………………………………………(270)
　第二节　机器新闻的制作……………………………………………………(273)
　　一、高效的新闻采写效率 …………………………………………………(273)
　　二、客观的信息处理 ………………………………………………………(274)
　　三、较低的新闻生产成本 …………………………………………………(274)
　　四、机器新闻写作的局限性 ………………………………………………(275)
　第三节　机器新闻写作的写作范围与未来发展……………………………(276)
　　一、适用范围：目前只能采写"规范新闻" ………………………………(276)
　　二、未来发展：存在较大新闻伦理争议 …………………………………(277)

第十三章 融合新闻写作的类型创新——众筹新闻 …………………… (285)
第一节 众筹新闻理念的诞生 ……………………………………… (285)
一、众筹及众筹新闻的历史 ……………………………………… (285)
二、众筹新闻的定义 ……………………………………………… (287)
三、众筹新闻的背景与意义 ……………………………………… (289)

第二节 国内外众筹新闻的基本模式 ……………………………… (292)
一、构成要素（发起人、平台、筹资人） ………………………… (292)
二、基本内容 ……………………………………………………… (292)

第三节 众筹新闻的未来发展 ……………………………………… (294)
一、众筹新闻的发展现状 ………………………………………… (294)
二、众筹新闻面临的问题 ………………………………………… (295)

第十四章 融合新闻的编辑与专题 …………………………………… (297)
第一节 网络新闻编辑 ……………………………………………… (297)
一、网络编辑与传统编辑 ………………………………………… (297)
二、网络新闻的编辑 ……………………………………………… (299)
三、网络新闻编辑的素养要求 …………………………………… (301)

第二节 网络新闻编辑的基本原则 ………………………………… (305)
一、选稿的要求与标准 …………………………………………… (305)
二、新闻制作与整合 ……………………………………………… (307)

第三节 网络新闻专题制作 ………………………………………… (307)
一、网络新闻专题的特点 ………………………………………… (309)
二、网络新闻专题的作用 ………………………………………… (310)
三、网络新闻专题策划 …………………………………………… (312)

参考文献 ………………………………………………………………… (314)

第一章 融合语境下网络新闻的发展历史

随着新兴科技的飞速发展,互联网这一依靠先进传播技术的媒介载体,迅速成为继报刊、广播、电视三大传统媒体之后的"第四媒体"。互联网凭借其多元化的媒介形式,在新闻报道与信息传播上具有与报刊、电视、广播等传统媒体不同的特点和优势。近年来,网络媒体的发展改变了传播媒体的格局与内部结构体系,由此,传播场域中也产生了革命性的变革。美国马萨诸塞州理工大学的浦尔教授提出"媒介融合"这一概念,是近年来备受新闻传播学界关注的话题。与此同时,在媒介融合的大背景下,在新闻形式方面也产生了与媒介融合遥相呼应的融合新闻。媒介融合是一个大概念,融合新闻是一个小概念,媒介融合包含着融合新闻。在媒介融合时代,为了更好地进行新闻采访报道,我们需要探讨媒介融合下的重要新闻形式——融合新闻。追根溯源,探讨融合新闻,还需要从互联网的诞生与如今"互联网+"的发展说起,厘清发展脉络,调整发展思路,寻求发展路径。

第一节 互联网的诞生及"互联网+"时代的来临

从互联网的诞生到媒介融合的出现,再到融合新闻形式的产生,人类信息与传播的宏大图景发生了翻天覆地的变化。互联网起始于 1969 年美国国防部建设的实验性军用型网络系统 ARPA Net(阿帕网),ARPA Net 在 1986 年发展成为 NSFNET(全国广域网),后来又演变成为现在我们所接触到的 Internet(因特网)。20 世纪 90 年代中后期以来,互联网在世界范围内迅速传播扩散。1994 年 4 月 20 日我国接入全功能性的国际互联网络,这是我国进入国际互联网的元年。此后的 20 多年间,我国的传统媒体逐渐被数字化改造,媒介融合也在网络技术与数字技术大发展的环境下应运而生,新闻媒体伴随着网络技术的运用,为新闻从业人员的新闻采访与写作、新闻编辑等活动带来了新的模式与途径,赋予了新闻生产流程新的活力。

一、互联网的诞生

互联网包含多个计算机网络,并将众多计算机网络联结在一起,形成一种能够采用任意技术与协议的网络。互联网功能的实现,基于两台或两台以上计算机终端、服务端、客户端的相互连接,为用户提供范围广泛的信息资源和服务。在互联网功能实现的条件下,用户能够使用计算机系统进行信息传递活动,如共享数据、点对点网络等。

互联网的构建需要满足三个条件:① 互联网是全球性的;② 互联网中的每一台主机都要有 IP 地址;③ 互联网中的主机必须按照共同的协议(TCP/IP 协议)连接在一起。1969 年,ARPA Net 正式投入使用,成为现代化计算机网络诞生的标志。最初,ARPA Net 技术主要用于军事研究领域。TCP/IP 协议簇的开发和利用是 ARPA Net 在技术上的另一个重大突破。ARPA Net 的早期操作与实验为 Internet 的存在和发展打下了基础,与此同时,异种机网络互联的一系列理论和技术问题也被妥善解决。ARPA Net 作为互联网的早期骨干网,在 1983 年被演化为两部分:ARPA Net 和纯军事用的 MILNET。1983 年 1 月,TCP/IP 协议成为 ARPA Net 的标准协议。在此之后,以 ARPA Net 为主干网的国际互联网络成为后来的 Internet。

Internet 的进一步发展,得益于局域网与广域网的产生及发展。基于此,不得不提及 NSF Net。NSF Net 是由美国国家科学基金会(NSF)建立起来的,为了满足政府机构和各大学对于研究工作提高与促进的迫切需求,当时 NSF 在全美范围内建立起 6 个超级计算机中心,并于 1896 年 7 月资助了一个主干网络、以便将这些中心连接起来。NSF 将全美的地区网络与超算中心相互连接,允许政府机构和各大学的研究人员访问 Internet,以实现研究成果的共享和所需信息的检索,并划分建立了计算机广域网。一般来说,地区网络是由局限于某一地理区域内且管理层面属于某一范围的计算机用户互联组成,这些计算机用户可能隶属于某一机构或在经济上有共同利益。NSF Net 的主干网是由连接各地区线上主通信节点计算机的高速数据专线构成的,当一个用户的计算机与某一地区相连以后,用户除了可以使用任何一个超级计算中心的设备与资源外,还能与网上任何一个用户进行通信活动,也可以获取网络提供的海量信息与数据资源。NSF Net 在 1990 年 6 月成为 Internet 的主干网络,完全取代了 ARPA Net。

当美国科技界在发展 NSF Net 时,其他一些国家、地区以及科研机构也在建构自己的计算机网络,这些网络的出现与 NSF Net 共同构建了当今世界范围内互联互通的网络系统。1994 年是中国互联网开天辟地的一年,这一年北京中关村地区教育与科研示范网络工程进入互联网。1994 年 4 月 20 日,中国实现与国际互联网的第一条 TCP/IP 全功能链接,从而开通了 Internet 全功能服务,这标志着中国成为互联网大家庭中一员,从此,中国被国际正式承认为拥有并使用互联网的国家。

二、互联网的特性及发展

(一) 互联网的特性

互联网具有方便、快捷、省时、自由等特点，同时互联网还具有自由、开放、平等、共享的特性。基于目前人类对网络技术、计算机技术以及通信技术的开发应用现状，我们总结出互联网的四大基本特性。

第一，超媒体性。"超媒体"是超级媒体的缩写。超媒体是超文本的延伸，是一种采用非线性网状结构对块状多媒体信息（包括文本、图像、视频等）进行组织和管理的技术。简单来说，超文本以非线性文本的形式将不同空间层面的信息文字组合在一起，是一种超链接的途径。超链接生成的网络信息能够将所有的声音、图片、文字进行数字化处理，最终以超文本的形式供用户选择使用。这种以数字化方式呈现出来的网络信息，可以借助超媒体提供比超文本链接层次更高的效果，为双向互联互通的便捷化实现以及直观双向交流提供必要条件。

第二，超时空性。超时空性即不受时间和空间限制。互联网不受时空区域界限的影响，无论身处什么大陆或是时空，无论是无线还是有线，只要联网上线，就能收发或传播信息数据。换言之，互联网的超时空性跨越了空间上的阻隔，实现了时间上的全时非线性传播。伴随着无线网络技术和移动互联网的运用与蓬勃发展，人们可以在任何无线网络覆盖的区域连接网络。麦克卢汉认为，媒介是人的延伸。而电子媒介时代感觉器官的延伸不再仅是单个器官的延伸，而是声觉空间的延伸，即从整体、从中枢神经出发进行延伸；他认为电子媒介在帮助人类恢复感觉的平衡、恢复部落化时代群体特征的同时，还在部落化的基础上萌发了部落文化：人类由传统受地理因素而形成的分隔的、互不往来的小群体联结成为"地球村"的大整体。借助电子媒介，空间不再是信息传播的障碍——互联网使麦克卢汉所预言的"地球村"也得以实现。

第三，交互性。交互性意味着用户点击单个链接时能够到达另外一个新页面。互联网的交互性是基于人机交互产生的，具体表现在两个方面：一方面是人与机器的互动，如用户对机器界面的操作，机器对用户进行语音识别、人与机器人的互动等；另一方面则是人通过机器实现与他人的互动，如用户借助计算机或手机通过社交软件的平台与他人进行信息的及时沟通等。无论是人机互动还是人通过机器与他人互动，都是一种双向的信息交流活动。互联网用户的身份也具有双重性，不仅是网络信息的使用者，也是网络信息资源的生产者或提供者。

第四，海量性。互联网包罗万象，其信息容量也是纷繁庞杂的。网络所发布的信息多种多样且内容丰富，网络存储空间也大，而且随着云技术的发展，网络存储空间又得到了进一步的扩展，互联网海量性的特性得到了进一步加强。这主要是因为网络储存依靠的是服务器，网络传输的载体是宽带，随着科学技术水平的不断更新与发展，为网络储存提供基础条件的服务器与宽带都是可以不断增加、不断拓宽的。所以，互联网空间就像是不断延伸且漫无边际的海洋，无论是发布信息还是储存信息都可以达到海量级。

（二）互联网的发展

我国自 1994 年接入互联网以来，走过了从起步到腾飞的全部历程，也实现了互联网的跨越式发展。根据 CNNIC（中国互联网络信息中心）发布的第 41 次《中国互联网络发展状况统计报告》[①]（以下简称《报告》）显示，截至 2017 年 12 月，中国的网民数量已达到 7.72 亿人，互联网普及率已达到 55.8%，高于全球水平（51.7%）和亚洲水平（46.7%）。此外，《报告》还指出，中国互联网不断进行模式创新，以线上线下的融合模式，提升了民众公共服务互联网化的步调，是网民规模迅速增长的重要推动力。与此同时，我们的生活形态也被移动互联网注入新的元素，"互联网＋"的提议为民众、社会、企业提供了机遇与便利。这表明，在社会整体层面，互联网产生了重要的效力。根据第 41 次《报告》，我国互联网发展的主要特征表现为：中国网民规模达 7.72 亿，更多国民迎来互联网春风，加入互联网，享受互联网提供的服务。网络普及率过半，手机网民规模达 7.53 亿，占所有网民数量的 97.5%，移动终端的普及率和使用率大大提高；越来越多的网民使用电视上网，比率为 28.2%，比 2016 年同期提升 3.2%，体现了互联网与日常家电的融合，既丰富了电视所提供服务的内容，又进一步拓宽了互联网的使用平台。《报告》指出，随着移动互联网不断发展，移动终端不断扩大，互联网不再局限于计算机，而是向更多使用领域延伸，不断拓展应用场景的边界。借助互联网技术，越来越多的媒介、日常家电产品实现了智能化的"万物互联"。"万物互联"为融合媒体的发展提供了更为广阔的舞台[②]。

三、"互联网＋"时代的传播特征

国内"互联网＋"概念的提出最早可以追溯到 2012 年。"互联网＋"即人们根据互联网思路找到若干与不同行业相关的创新业态，依托移动互联网技术将互联网和传统行业结合，以期实现生产要素的优化、业务体系的创新和商业模式的

[①] 中国互联网络信息中心．第 41 次中国互联网络发展状况统计报告［R/OL］．（2018-03-15）[2018-03-31]．http://www.cnnic.net.cn/hlwfzyj/hlwxzbg/hlwtjbg/201803/t20180305_70249.htm.

[②] 中国互联网络信息中心．第 41 次中国互联网络发展状况统计报告［R/OL］．（2018-03-05）[2018-03-31]．http://www.cnnic.net.cn/hlwfzyj/hlwxzbg/hlwtjbg/201803/t20180305_70249.htm.

重构，进而完成经济转型与升级。"互联网+"以"互联网"为中心词，从"互联网"出发，既可以理解为互联网与其他传统产业，即不同产业间发展的新模式，又可以理解为通过传统产业的互联网化实现产业优化和升级。"互联网+"是知识经济与社会创新驱动下互联网业界不断革新的思想成果，也是互联网思维进一步深入实践的结果。它将促进社会经济不断向前发展，进而增强社会实体经济的活力与创新力，最终推动社会经济增长。

简单来讲，"互联网+"就是为社会的改革创新与发展提供广阔的网络平台。"互联网+"并不意味着将各个传统行业进行简单相加，而是运用先进的科技与优化的平台，将互联网与传统行业进行深度有机结合，创造出新的发展形态。"互联网+"作为一种新的发展模式，它不仅要求互联网在社会资源整合方面发挥作用，还要求互联网将自身的优秀成果带入社会经济与文化建设的各个领域中，将互联网的优势与平台效能发挥到最大限度，以提高社会的发展潜力与生产效率。

"互联网+"的提出与互联网技术的突飞猛进密不可分，给整个社会经济、政治、文化等方面注入了新的历史性发展潜能。互联网技术与"互联网+"的运用引发的数字化、信息化以及全球化革命，对人们的生存方式、行为方式、思维方式，以及新闻生产与传播方式产生了巨大的影响。值得注意的是，不仅是传统产业在"互联网+"的影响下进行了产业调整、激发了产业新潜能、呈现了产业新业态，植根于移动互联网的网络平台也在"互联网+"时代的新闻传播中也涌现出许多新特征。

第一，公民新闻蓬勃化。在"互联网+"概念提出之前，调动用户参与、以用户为基点主导内容生成的互联网应用模式 Web2.0，已经初步凸显了普通网络用户在网络信息内容生产中发挥的作用，在此背景下，"互联网+新闻"的传播理念已经渗透进传媒行业的长远发展中，从战略和政策层面促进自媒体产业的繁荣发展，将新闻生产者的主体扩展到普通的网民受众。比如，以 UGC（User Generated Content，用户原创内容）为主的用户原创内容极大地丰富了互联网新闻行业。与此同时，随着国内 4G、5G 移动技术以及无线 Wi-Fi 网络的覆盖、发展和普及，一方面，网民有了更为便捷的技术手段与途径进行自发的新闻生产活动；另一方面，网民的信息再生产活动（如评论、转发等行为）也成为互联网时代信息传播的重要内容，极大地繁荣了信息生产。

"人人是记者"已经成为"互联网+新闻"时代社会化媒体发展与运用的显著成果，移动终端格局下的互联网媒体越来越凸显双重性特点：移动终端既是网民获取消费信息的平台，又是自媒体用户生产新闻的工具、载体。用户从这一平台上捕获感兴趣的信息，并根据现实经历或目击情况进行信息再生产。基于此，公民新闻的数量在互联网新闻中呈现显著的上升态势，尤其是在突发新闻事件的信息及时提供方面起到了重要作用。

第二，信息资讯个性化。基于互联网的技术特性与平台效能，其信息储量是十分庞大的，网民如何在海量级的信息库中甄别、获取自己想要的信息，是互联网平台提升用户体验时需要注重的问题。大量的网络新闻、视频平台、网络FM广播等平台在"互联网+"时代如雨后春笋般涌现，这些平台的出现，使得网民只需要按照关键词进行搜索，就能获取自己想要的信息或服务，而且平台通过算法分析用户的搜索偏好，对用户进行画像，借助分析结果可以有选择性、有针对性地主动为用户提供其感兴趣的新闻内容。从传统新闻的标题、内容统一模式，到如今用户自定义、个性化新闻推送，"互联网+新闻"格局下的移动互联网赋予了受众个性化、多元化的新闻内容与形式，究其原因是移动互联网的技术性和个人定制化功能，能够根据用户偏好制作和推送用户感兴趣的信息。

第三，传播终端多样化。伴随着移动互联网的发展与报业集团改革的不断深化，以"澎湃新闻"为代表的时政媒体平台应运而生，其口号是"专注时政与思想的互联网平台"。"澎湃新闻"不仅是上海报业集团改革的重大突破性成果，而且还对互联网时代国内时政新闻的报道革新做出了巨大贡献。"澎湃新闻"基于上海报业集团传统媒体的优势，集合互联网时代海量信息生产的分析架构，致力于对华人互联网世界的优质时政内容进行生产与搜集。同时，更值得关注的是，"澎湃新闻"将网络技术与新闻报道的专业价值相结合，注重新闻报道活动的实效性与持续性。"澎湃新闻"是融合媒介时代新闻平台的典型性代表，它拥有PC网页端、Wap端、App客户端、微信公众号等一系列新媒体平台。"澎湃新闻"根据热点政治事件，专门设立了"中国政库"等代表性的微信公共平台，以此来对时政热点事件进行深度剖析。

伴随着新的传播环境与受众媒介使用习惯的深刻转型，媒介市场的新闻客户端迅速兴起。无论是传统媒体还是新兴互联网媒体，或是一般的自媒体，都将自身的业务延伸到新闻客户端领域。移动互联网时代的竞争核心，是形成以用户为基础的竞争优势。

第二节 中国网络新闻的发展

一、网络新闻概述

（一）网络新闻的概念

网络新闻（Network News）在其诞生之初，只被看作传统新闻业务的一种延伸。随着技术的不断发展和观念的不断更新,人们对网络新闻的传统认知逐步被颠覆,网络新闻在集合传统新闻的优势与特点的同时,也逐渐建构出自己独特的新型格局。网络新闻的一些发展成果对新闻传播行业可谓是具有革新意义的,同时对整个媒体行业的发展也产生着重要影响。

网络新闻是以网络为传输载体的新型新闻形式,具有网络所赋予的新特点,如多渠道、多媒体、传播速度快、互动强等特征。网络新闻打破了传统的媒体观感体验,为受众提供全方位的视听服务。

网络新闻是依靠网络媒体进行生产、传播、扩散的新闻形态与技术。传统媒体时代,以纸为媒介的传统报刊被视为第一媒体,以电波和电视图像为载体的广播和电视被视为第二媒体和第三媒体。在新媒体时代,网络媒体包含了以往传统媒体的形式并有所突破创新,成为新媒体的主要形式,被视作第四种媒体形式。

网络新闻作为突破传统的新闻传播新概念,不仅可以让受众获得有效的新闻信息,而且还给受众带来了全新的体验。网络新闻的发布者很多都是用户自己,其发布主题不再受到限制,用户自己生产的新闻内容可以在网络上得到更快捷的传播,新闻也演变成了受众相互交流的新平台。

(二) 网络新闻的出现与发展特点

1. 网络新闻的出现

网络新闻作为信息类基础应用,已经演变成即时通信与搜索引擎以外的第三大互联网应用。"网络普及率过半","手机用户超九成",这表明网络新闻潜藏着大量的用户;但同时,基于即时通信与搜索引擎所占有的用户数量,网络新闻开发潜在用户的代价也在日益增高,互联网界"强者愈强"的法则也在网络新闻市场日益体现。一些早期就具有竞争优势的品牌早已占据了互联网新闻的市场,它们凭借自身的竞争优势和客户资源,进一步拓宽品牌影响力;它们作为具有影响力的门户新闻资讯品牌,在已经抢占了互联网新闻市场高地的情况下为新品牌进入市场设立了先天障碍,给新品牌进入带来了一定的冲击。

在移动化和碎片化的时代,"短、平、快"仍是网络新闻的基础属性。随着市场的不断成熟,在互联海量网内容的基础上,如何突出重围、加强用户黏性,成为众多网络新闻品牌需要思考的问题。这种激烈的用户竞争将推动网络新闻更加重视内容的质量以及个性化的精准推送。网络新闻与传媒信息市场将朝着"生产优质内容,引导新闻用户聚合"的方向发展。智能技术也将为精准的个性化推送提供技术支持,进而满足网络新闻用户"千人千面"的新闻资讯需求。

随着移动互联网时代的到来,传统纸媒与门户网站转型的步伐加快,原本不从事专业媒体工作的个人或组织，经由网络技术手段自主信息传播的自媒体形式逐步被接受，公众自媒体不断涌现。信息生产从传统的 PGC（专业生产内容）一家独大转变为 UGC（用户生产内容）进入信息生产环节，加之机器人新闻写作不断升级，新闻内容的生产与传播都发生了巨大转变。随着转型的逐步推进，未来网络新闻领域的产品也将加快迭代和升级，满足信息爆炸环境下新闻用户的多样化需求。

2. 网络新闻的发展特点

第一，自由的传播时间。新闻强调时效性，但报纸传播新闻信息受到版面和发行时间的限制，广播与电视尽管在时效性上优于报纸，但也受限于播出时段，在时效性上有所损耗。相比之下，网络媒体在传播时具有自由、便捷的特点，可以做到随时发布、滚动播放电视新闻事件。而且报纸、广播与电视在进行信息传播时需要提供相对完整的信息，而网络媒体在进行信息传播时可以采用不断更新信息内容的方式使最初的信息更充实、丰富，在传播时间上更加灵活。因此，近年来发生的突发事件，大多是利用网络媒体技术在第一时间进行报道的。

第二，无限性的传播空间。前文已经提到，互联网具有超时空性，不受时间和空间的限制。在世界已通过互联网连接成"地球村"的基础上，网络媒体的传播空间不再受到地域的影响。古时受地理条件限制，需要长达数月才能成功传递信息的地区，抑或是信息传播的真空地带，在互联网的帮助下早已成为消息即刻可达的地区——信息传播的空间边界大大拓宽，全球互联互通的网络决定着网络传播空间的无限性。除此之外，网络媒体的海量储存能力，也是传统媒体无可比拟的。借助搜索和超链接功能，公众可以获取更生动、丰富的信息。

第三，多样性的传播方式。传统媒体在进行报道时，报纸只能提供文字和图片，广播只能提供声音，电视可以同时提供文字、图片和声音三种形态，但又无法提供超链接来丰富报道内容。互联网将多种传统媒介形式与新形态媒介形式融为一体，在一篇报道内可以同时呈现文字、图片、音频和视频，还能以超链接的方式为单篇报道补充相关内容，进一步丰富新闻报道的内容。图文、音影集为一体的格局实现了真正的多媒体传播。

第四，可交互的传播形式。传统媒体单向地向公众传输信息，公众被动地接受信息，接受信息后没有途径或只能采取读者回信等单一且时效性差的方式向传者进行反馈，传受双方难以建立良好的互动机制。网络媒体与传统媒体最大的差别就是交互性，一方面，网络媒体可以利用论坛（BBS）、微博等平台让公众发表意见、反馈信息，而且互联网技术的支持，可以帮助公众的反馈及时被传者接收并得到更及时的回应，在信息的往来间实现传受双方的良性互动；另一方面，在网络环境中，传受双方的角色是可以转换的，受众不仅是信息的消费者，也可以是信息的生产者，受众既可以凭自媒体的形式进行自主信息传播，也可以用评论、回复他人信息的方式丰富传播内容，实现内容的输出。

第五，个性化的传播方式。传统媒体是一般意义上的大众传播，传者会考虑受众获取信息的偏好，但是难以实现"量体裁衣"，使每一位受众的需求都得到满足。而网络媒体可以是"点对点"的人际传播，受众依据自己的喜好订阅新闻并获取信息；传者可以对受众的行为数据进行收集，借助算法对受众行为偏好进行分析，使相关信息的推送更加精准，为受众提供"私人订制服务"。

二、我国网络新闻的制度与环境

随着技术的进步和发展，网络媒体得到突飞猛进的发展。据 CNNIC 数据显示，截至 2017 年底，我国共有 533 万个网站，与上年同期相比，年增长率为 10.6%；同时，中国网页数量达到 2604 亿个，年增长率为 10.3%。从广义上说，只要是能够发布信息的网站就可以被认为是网络媒体，但根据国家 2017 年发布的《互联网新闻信息服务管理规定》，只有获得网络新闻登载发布资质的网站才能被认定为网络媒体。因此，从严格意义上来说，只有少数获得网络新闻登载资质的网站才是真正的网络媒体。

根据《国务院对确需保留的行政审批项目设定行政许可的决定》和有关行政法规，设立互联网新闻信息服务单位，应当经国务院新闻办公室审批，或向国务院新闻办公室以及省、自治区、直辖市人民政府新闻办公室备案。

三、我国网络新闻的发展现状

网络新闻与其他新闻的发布平台虽然不同，但是其所依存的网络媒体和传统的电视、报纸、广播等媒体一样，皆为发布新闻信息的形式载体。网络新闻是基于互联网传输平台所传播的新闻和信息。我国网络新闻以及媒体的发展可以分为两种类型：一是传统媒体的数字化；二是商业网站的媒体化。

（一）传统媒体的数字化

随着互联网的不断发展，广播、电视、报纸和杂志等传统媒体也经历了许多冲击，面临着受众流失以及广告客户转移等困局。这种大环境的出现，可以追溯到中国网络媒体发展进程的初期，即报纸电子化阶段。早在 1993 年底，《杭州日报》就开始进行最早的网上新闻传输。1994 年 4 月，在美国华盛顿特区召开中美科技合作联委会期间，中国代表与美国国家科学基金会就中国接入国际互联网一事达成一致，这标志着中国全面接入国际互联网。中国网络媒体真正拉开序幕是在 1995 年，这一年中国公用计算机因特网正式开通。1995 年 1 月 12 日，《神州学人》杂志作为刊物上网的开拓者，成为我国第一家上网媒体；同年12月20日，《中国贸易报》开通网络版，成为报纸上网的先驱者之一。自此开始，网络媒体飞速发展，其发展历程大致可以分为五个阶段。

1. 第一阶段：传统媒体进入互联网（1995—1998年）

1995年1月12日，《神州学人》杂志开始在互联网上刊登连载。1995年12月20日，《中国贸易报》网络版正式发布。1996年12月，中央电视台和广东人民电台开始与互联网连接，分别成为我国传统媒体中第一个上网的电视台和电台。1997年1月1日，《人民日报》也开始步入互联网平台。这些影响力较大的传统媒体或官方主流媒体的"上网"行为，为全国媒体的网络化以及网络媒体时代的到来起到了引领作用。在随后的数年中，各地的报纸、杂志、广播、电视等传统媒体都纷纷开通了所属的网络电子版，开始了网络化的道路。

不容忽视的是，早期的传统媒体只是把已有的内容用电子版格式的上传或转化，并没有脱离原版而有所革新，也没有拓展与网络形式相关的采写内容。很显然，这一时期传统媒体的网络版只能看作是传统新闻业务的一种平台转移，仅仅是传统媒体的附庸与点缀。

2. 第二阶段：新闻网站初具雏形（1999—2000年）

据统计，1998年底，全国仅有127家报纸上网。但是到了1999年底，全国有将近1000家报纸上网，以及超过100家电视台和广播电台上网。截至2000年底，全国有2000多家媒体上网，以传统媒体为主的新闻网站已经开始形成规模了。相比早期的报纸上网行为，这一时期报纸媒体不再单纯地复制原版内容，而是更多地探索网络传播的规律，运用多媒体技术，整合传统媒体的内容。这一时期，报纸的新闻网站上已经出现了文字、图片、声音和视频相结合的新闻形式，传播内容也开始实时、分时、滚动发布。这个阶段的网络媒体开始呈现出新闻网站的雏形。

3. 第三阶段：重点新闻网站的确立（2001—2005年）

为了加快互联网发展的步伐，中央政府有关部门于2000年出台《国际互联网新闻宣传事业发展纲要（2000—2002）》，决定对中央重点新闻媒体网站给予政策支持与经济扶持。2001年，中宣部等相关机构、部门联合发布《关于深化新闻出版广播影视业改革的若干意见》，提出了加强新闻网站建设等意见，并对新闻网站建设工作的指导思想、报道方针、网站定位、经营管理等进行了规范。这表明，国家从政策层面明确了新闻网站建设工作的重要性。此后，国内涌现出一批重点新闻网站，如人民网、新华网、南方网和北方网等，它们在新闻网站领域占有重要地位。

4. 第四阶段：形成三级新闻网站格局（2006—2008年）

这一阶段，国家"十一五"发展规划纲要明确指出，要多方位整合资源，做大做强重点新闻网站，建设出具有较强综合实力与国内外影响力的重要新闻网站与综合性网络媒体集团，争取其中几家重点新闻网站步入国际媒介传播的优先位置，同时还提出要完善地方互联网新闻事业的发展格局。

2008年6月，胡锦涛同志在调研人民日报社时的讲话中指出，全社会要充分认识以互联网为代表的新兴媒体的社会影响力，高度重视互联网的建设、运用和管理。有了国家政策层面的保障以及领导人的指示，加之信息技术的快速发展和网络媒体影响力的不断提升，各类媒体纷纷加大对新闻网站的建设，基本上形成了中央、省级、市级的三级新闻网站格局。

5. 第五阶段：网络媒体成为第一媒体（2008年至今）

随着网络传播技术的不断发展，网络应用的影响力与日俱增，人们对网络媒体的认知不断深化，网络在人们生活的各个层面（如政治、经济、文化和社会）发挥了不可替代的重要作用。特别是在重大突发事件中，网络媒体的快速反应和成熟报道使其成为中国媒体的中流砥柱。比如，2008年汶川地震发生后，网络媒体在汶川地震议题的相关报道中占据了重要地位，这标志着网络媒体正式成为中国社会的主流媒体。[①] 互联网传播在2008年的南方冰雪灾害、北京奥运会事件报道中也发挥了重要作用，成为意见、信息传达的重要渠道。从初期的简单信息发布到如今的信息、互动和服务共同作用，网络媒体的多元价值逐渐凸显，并正式迈进新闻报道的主流阵营。

（二）商业网站的媒体化

商业网站是指以盈利为目的的网站。2000年左右，商业网站随着互联网技术的革新而发展为一种新型商业模式。这主要是由于商业形态和交易行为都受到网络环境的影响，网络技术所带来的新型机制逐渐出现在网站上，使商业网站可以通过转载有效信息、资讯来吸引受众，达到其商业目的。

新闻媒体被视为中立、正义的把关人与客观事实的反映者。随着时代的变迁与技术的不断发展，新闻媒体行业内部也发生了不断的创新与变革。信息革命带来了媒介受众的大幅度增加，影响范围越来越大，媒介的盈利模式逐渐形成了媒介和赞助商互惠互利的商业广告模式。

商业网站所发布的新闻越来越成为受众获取信息的重要平台。数字化技术的发展使传统媒体逐渐呈现转型与革新趋势。在商业网站数字化之初，中

---

① 王超. 汶川大地震报道中网络媒体的表现［J］. 青年记者，2008（32）：21-22.

国的商业门户网站均出现了媒介化的转型与融合发展趋势，它们凭借其门户地位与多媒体形态，整合、转发传统媒体（纸媒和广播电视）的各种新闻信息资源，为广大网民、受众推送了诸多免费实时的新闻资讯。商业网站发布的新闻比传统媒体更加灵活多样、迅速快捷。商业网站还积极开辟各种自媒体模块，通过聚合受众进行以用户为主的信息内容的生产与发布，提升受众对媒体的忠诚度与黏性。此外，商业新闻网站还设有诸多其他业务模块与整体运营机制，诸多业务模块的相互配合和交融极大地提升了商业网站在媒介场域中的地位。

第三节　融合新闻的发展趋势

一、融合新闻概述

（一）融合新闻的概念

媒介融合已经成为媒介发展过程中不可阻挡的潮流。伴随着多种媒介的全方位协调合作与创新，媒介融合的深入发展不仅改变了以往信息生产与传播的格局，而且逐渐形成了一种全新的媒介信息生产系统，进而演绎出更为多元化的新闻形态。移动新媒体也从最初的电子杂志、网络广播发展为如今的移动客户端等。这些终端媒介的演变使得新闻的传播平台发生了巨大转变，多种媒介相互组合，不断以全新的方式改写着信息传播活动。

在全媒体相互协作的语境下，新闻从业者也开始利用多元化的现代多媒体技术开展新闻传播工作。具体来说，就是对不同媒介的新闻生产与信息传播进行统一规划与集成共享，进而对新闻资源进行优化，将单一题材的新闻加工成适应不同媒介的成品，并利用不同的信息传播途径进行有效传播，以满足新闻受众对信息内容形式的多元诉求。在此背景之下，融合新闻应运而生。

什么是融合新闻？美国"背包记者"先驱人物、著名的融合新闻学者简·斯蒂文斯对此做出了如下定义：融合新闻即文本、照片、视频、音响、图表以及互动性的集合体，它以非线性结构出现在新闻网站上，不同媒介的内容相互补充且不重叠。[①] 随着融合新闻的形态与理念进入中国，融合新闻又有了新的理解与解读。融合新闻是基于媒介融合背景而产生的，随着多媒体传播技术与互联网的发

---

① Stevens Jane. Multimedia Storytelling: Learn The Secrets From Experts. [EB/OL]. Knight Digital Media Center，https：//multimedia.journalism.berkeley.edu/tutorials/starttofinish/.

展,传统的传播方式与媒体格局发生了翻天覆地的变化,各新闻媒体为了能在数字化时代继续发展下去,开始走上取长补短的融合发展之路。

(二) 融合新闻的特性

融合新闻具有两大特性,即能够提供新闻背景、保持信息传播的延续性[1]:一方面,融合新闻突破了报纸、广播、电视等传统媒体报道线性的叙事结构,使受众不再按照传统媒体传播信息的顺序被动接受信息,而是可以按照融合新闻分解、组合、编排的板块,以更加自主的形式获取信息,而且电子媒介技术帮助信息及时更新,保持了信息获取的连贯性;另一方面,融合新闻可以采用超链接的方式,附上相关信息作为报道的补充内容,为新闻报道提供背景介绍,进一步增加报道的深度和广度。因此新闻从业者在制作融合新闻时,要充分理解和考虑其两大特性[2]。理解融合新闻特性的深层涵义,首先要对其概念有清晰的理解与界定,学界对其概念的理解与界定主要集中于宏观与微观两大类。从宏观视角来看,融合新闻是指随着相关媒介科学技术的不断发展,媒介之间的界限不再清晰,形成了"你中有我,我中有你"、"集多维形式于一身"的媒介新闻形态;从微观视角来看,融合新闻多指代一种新的新闻报道形态,即在媒介融合背景下所产生的汇聚多种新闻报道形式的媒介报道格局。[3]

1. 多种媒介符号是构成融合新闻的首要特征

美国融合新闻学者保罗·哥拉波维奇认为,在融合媒体时代,专注媒介报道与新闻采写的相关人士,需要充分了解不同媒介特性以及优势、劣势等细节,具体问题具体探讨,针对新闻本身的特性与所发生的环境,选择最适合的传播媒介,这样才有助于有效地诠释和报道融合新闻的故事(见表1-1)。[4] 融合新闻能够较完整地提供事件发生的背景信息,这主要是由于融合新闻是由多种传播媒介符号构成的。视频、图片、音频、文本、图表等的运用,不仅从形式上增加了新闻报道内容的吸引力与活力,还让传播媒介不再是简单地重复内容,而是提供内容互补。

---

[1] 蔡雯. 媒介大汇流下的"融合新闻"[J]. 传媒观察,2006 (10):28-30.
[2] 方洁. 美国融合新闻的内容与形态特征研究[J]. 国际新闻界,2011,33 (05):28-34+46.
[3] 蔡雯. 媒介融合前景下的新闻传播变革——试论"融合新闻"及其挑战[J]. 国际新闻界,2006 (05):31-35.
[4] Grabowicz Paul. Picking The Right Media For A Story [EB/OL]. Knight Digital Media Center, https://multimedia.journalism.berkeley.edu/tutorials/picking-right-media-reporting-story/.

表 1-1 媒介与题材适应性对照表

媒介类型	适宜题材	举例或说明
视频	动作信息	自然灾害、运动画面、舞蹈节目等
	新闻发生地	视频给你身临其境的感觉，给你一种现场感
	新闻中心人物	视频让你看见并听见他们的行为以及话语，能够让新闻更加有趣和富有动感
	戏剧	不仅表现某个富有情感的瞬间，而且表现戏剧化的细节
	幽默	展现如 YouTube 热门视频的幽默
	儿童	展现与儿童的互动
	动物	人们乐于看动物表演
	犯罪以及犯罪现场	受众渴望了解犯罪议题相关报道的具体信息与细节
视频	食物	影像视频能够建构受众对食物色香味的感受与幻想
	某件事物如何运作或做某事	视频简洁地呈现过程，并注重移动细节
	原始视频	人们乐于观看未剪辑的原始视频，特别是突发新闻的报道
图片	反思与回忆	图片的图像元素能够使人们对某一具体（如历史、现实、将来）事件产生想象
	情感	图形对情感的唤起具有重要作用
	新闻主角	用照片展示新闻主要人物（Who）是最直接的办法
	新闻地点	将受众引领到新闻发生的当事现场，引起受众的场域想象与共鸣
音频	情感	更加强调情感题材，人的声音适合情感的表达与流露
	制造氛围	音频能够给新闻奠定情感基调
	反思	让受众能够沉下心来思考
	新闻主角	以新闻主角人物的声音讲述事件原貌
	新闻地点	使用同期音响可以还原事件发生的环境，建议结合幻灯片搭配展现

续表

媒介类型	适宜题材	举例或说明
文本	背景信息	回答经常性疑问的 FAQ 模块
	分析与解释性信息	利用详尽的文本描述、传递新闻事件的逻辑与细节
	人物速写	集中笔墨描绘新闻主角的经历与现状
	总结	文末或段末对新闻报道进行简明扼要的概述
	突发新闻	使用简短的文本及时报道事件的核心，传达重要、及时的信息
图表	统计数据、资料	将复杂的数据转化为简明的图表
	流程图	呈现复杂事件的框架、构成要素
	非日常化场景	太空科学的相关图形等
	历史	梳理历史脉络
	地图标注	以地图可视化帮助受众理解地理场景

我们来看一个融合新闻报道的案例。英国《卫报》驻美记者萨姆·提尔曼以报道商业与科技方面的新闻在西方报界著称，他善于运用多种媒介表现形式来呈现新闻的现场感与真实性，拉近与受众的距离。即便是社会民生事件，提尔曼也能从中挖掘出与自己报道范围相关的新闻素材。提尔曼 2016 年在《卫报》撰写了一篇名为"Use of police robot to kill Dallas shooting suspect believed to be first in US history"（美国首次利用警察机器人击毙"达拉斯枪击案"嫌犯）的新闻报道，指出美国当地时间 2016 年 7 月 8 日，达拉斯黑人老兵枪击袭警案引起轰动，达拉斯警方利用一个机器人击毙了袭警的嫌犯。他在报道中强调这可能是美国警方等执法部门首次使用机器人击毙嫌疑人，报道一出，引发热议。

该报道全文翻译如下：

美国首次利用警察机器人击毙"达拉斯枪击案"嫌犯

作者：萨姆·提尔曼　时间：2016 年 6 月 8 日，周五

导语：使用警察机器人杀死嫌疑人据说在美国历史上尚属首次。达拉斯枪击案是第一个警方在周四的伏击中使用机器人处置犯罪嫌疑人的案件，此令法律专家们感到担忧，法律专家人物在执法中使用致命武力将造成法律灰色地带。

（卫报　美国纽约电）美国警方在展示致命武力时使用了机器人，法律专家将其称为历史首次。当地时间 5 日凌晨，在 5 名警察被谋杀和另外 7 人受伤

之后，达拉斯警方动用了装有爆炸装置的警察机器人，在其操纵臂上击毙一名嫌疑人。

达拉斯警察局局长戴维·布朗对记者说："我们别无选择，只有使用我们的警察机器人，并放置了一个特殊装置，供它击毙嫌犯所在的地方。"

新美国基金会的策略师兼高级研究员彼得·辛格说："达拉斯警察开枪：迈克尔·约翰逊是孤独的枪手——因为它发生在他身上，相信这是历史上的第一次。"

其他人也表示同意。美国加州大学戴维斯分校法学教授伊丽莎白·约翰说："据我所知，这似乎是美国警方首次故意使用杀伤力极强的武装机器人。"

这不是第一次用其他功能设计的机器人被当作武器使用，但这种改装一直到现在都被限制在军事领域。21世纪初，一名固守者用炸弹将一个名为Marcbot的监控机器人改装成了杀人工具。这些机器人并不自主——Marcbot就像一个玩具卡车，上面有一个传感器和摄像头，被人为地安装到一个地理监测点，然后这名士兵即兴表演了一下，他们把炸药绑住，然后就……下面的过程你明白的，你可以看到这个和达拉斯案的相似之处。

达拉斯警察局长在决定使用装有爆炸装置的机器人时，并没有以"任何方式或形式"违反美国国防部的规定。因为布朗局长认为，决定保护警员的第一个晚上，他们比平时有更大的风险，因为除了机器人之外的其他选择将使我们的警员面临更严重的危险。

法学教授伊丽莎白·约翰说，她担心警方用机器人来结束生命的决定来得太随意了。她说："武装的警察机器人衍生出了各种新的法律、伦理和技术问题，我们还没有经过任何系统的决定磋商，根据联邦宪法、法律，对警察的强制要求受第四修正案管辖。但是，我们通常会根据警察或其他人的直接威胁来检验警察的致命力量。我们目前不清楚应该如何申请。"约翰补充说，凶手对警察构成致命威胁且人为无法靠近凶手时，才是使用这种致命武力的一个条件。换句话说，我们没有一个框架来决定客观合理的机器人力量使用场合。我们现在需要制定法规和政策，因为这次事件肯定不会是我们看到警察机器人的最后一次。

警方使用的机器人被视为美国国防部目前的重磅处置装置，采用轮式、遥控（相对于自主）机器人，机器人上面有一个机械臂。当出现疑似爆炸时，机器人会自动出现一个简易爆炸装置（IED），你可以操控这一装置，装置上面有一个机械臂，上面有一个扣刀，你可能会用这个装置打开一个袋子，看看里面有没有炸弹，你可能会用抓钳把设备拆卸，就像好莱坞经典电影里的切片机一样；你可能会使用高压水枪喷射，而且你可能会进行控制引爆。

这就是为什么执法部门可以如此方便地操作——有时候，对付炸弹的首选方法是撤离周围地区，然后用另一颗炸弹炸毁。

一年前，美国国防部在应对处理一名枪手袭击该部门总部的事件中，使用了类似的机器人。

在军事方面，这种即兴发挥的作用既是解决办法，也出现了越来越多的问题。"我们看到叛乱分子即兴表演"，本周，联合禁止威胁防御局（国防部内部的一个机构，其职责是为军队提供更好的方式来应对 IED）获得了 2000 万美元的拨款以继续研发击败无人机 IED，而不是用于购买装有导弹的小型商用无人机。

科技是工具，工具凭借人们的设计方式被运用，然后人们即兴为他们寻找新的用途。

在报道中，提尔曼使用了大量文字来描绘背景信息，分析"警察机器人"使用的意义和社会影响，并提出了达拉斯警方的这一行动引发的伦理问题，以及机器人该扮演什么角色的问题。新闻报道正文的开头配上了"警察机器人"的新闻图片（如图1-1），报道的中间插入了达拉斯警局局长的发布会视频，报道的最后贴上了达拉斯枪击案的视频资料，视频资料内容包括枪击现场、枪击后警察抵达现场、对现场民众的采访、达拉斯警察局局长的发言、受害殉难警员的生前照片，以及奥巴马总统的发言等。

图 1-1　新闻图片："警察机器人"的样品　　拍摄者：Martin Godwin

这个案例首先用文字描述事件的基本情况，穿插"警察机器人"的新闻图片，让读者对报道所提的新事物"警察机器人"有了更生动的了解；再配以达拉斯枪击案的视频资料补充报道的背景内容，加强了读者对"警察机器人枪毙达拉斯枪击案嫌犯"这一事件的了解。在一篇报道内运用多种媒体形式，完善了新闻要素的同时延展了单篇新闻报道可容纳的信息要素，可影响读者的情感倾向，生动形象地呈现了互联网环境下新闻报道的形态调整与创新。

2. 融合新闻多结合非线性叙事

在传统媒体时代，报纸、广播、电视主导了新闻信息与内容的生产，受众无法直接参与新闻报道中，所接受的媒介信息也多为媒体推送的单方信息。传统媒体在进行新闻报道时，也常常为了叙事的完整，平铺直叙地采取线性叙事结构，读者、听众、观众也必须根据媒体的叙事方式来接收信息。融合新闻的出现改变了这一格局。融合新闻使传统的线性叙事向组合式的非线性叙事转变,新闻报道由不同的版块组合而成,同时,关键词和组合段落的运用也使得受众能够选择自己感兴趣的信息。

上述案例中,记者提尔曼关于达拉斯枪击袭警案的报道,与传统纸媒的报道结构不同,该报道以人物采访为主要内容,根据政府官员、法学专家、警方对这一事件的评述进行主线化写作,引用了采访视频、音频作为辅助报道,并以此来展现事件本身的面貌,给予受众全方位、自由获取信息的空间和视角。这种报道模式比起记者平铺直叙的观点评论更加具有吸引力和说服力。同时,报道页面上还有链接分享按钮,受众可以把任何文本、图片、视频或全文分享到社交网站上,一方面可以扩大报道的传播范围,增加报道的阅读量,提高传播的效果,另一方面可以将新闻报道与社交网络联结起来,实现大众传播和人际传播间的互动。页面下方还有评论区和新闻作者的官方推特链接,让受众能有机会进行反馈和评论,这一方面可以从受众的视角补充新闻报道的相关内容,另一方面受众对新闻进行的反馈和评论也有机会得到及时回复,受众反馈和评论的积极性得到提高的同时,其反馈和评论还有可能引发其他受众的互动,进而延长互动链条。这表明,融合新闻报道比传统媒体报道更重视互动性与分享性。

二、国内外融合新闻的发展情况

(一) 国外融合新闻的发展情况

1. CNN iReport 的"公民新闻"模式

随着融合媒介时代的到来和自媒体的兴起,传播格局发生着日新月异的变化,传播主体由传统的专业媒体向普通公民倾斜。借助开放的互联网平台,普通民众在专业化的新闻生产环节中所拥有的自主度不断提高,而与之相伴而生的是民众参与新闻生产环节积极性的提高。平台的提供、技术的辅助、个人意愿的加强,越来越多的公民使用社交媒体与新闻网站分享或生产新闻内容,公民新闻日渐兴盛。诸如维基新闻、CNN iReport 等平台,汇聚了众多自媒体新闻博主和意见领袖,他们对信息进行记录、整合、转发、传播,成为新时期公众表达舆论的重要渠道,形成了新的媒介生态格局。公民新闻平台相比传统媒介平台而言,其"去组织把关化"、"去编辑方针主控性"的特性,被视为保持新闻真实性与高度还原性的重要平台。①

这里以 CNN iReport 为例,对公民新闻模式进行简要介绍。CNN iReport

---

① 相德宝. 自媒体时代中国对外传播能力建设 [M]. 人民日报出版社,2013.

是 CNN（Cable News Network，美国有线电视新闻网）于 2006 年推出的公民自主交流的新闻平台。该平台鼓励网友进行信息分享与生产，随后 CNN 进行编辑和审核，决定是否发布。该平台绝大多数新闻内容由网友和自媒体生产和分享，所有网络用户都可以通过网络向该平台上传突发性事件的图片和视频。CNN iReport 的运作方式颠覆了专业新闻从业人员主导新闻生产的传统理念，与传统媒体相比，拓展了事件报道、特别是突发事件报道的维度。其一，突发事件发生时，受众对信息的需求在短时间内急速增加，而传统媒体面对突发事件时存在着反应时滞的问题。在受众对信息有需求而传统媒体无法提供及时信息的真空期，事件现场民众的一手信息就弥足珍贵了，可以填补信息的真空期。其二，对于新闻报道而言，"真实性"的意义非比寻常，是塑造媒体公信力的重要因素。在传统新闻生产流程中，经过采写新闻的记者、编辑新闻的编辑部等多个环节的介入，新闻事件的真实实际上成了媒介的真实。而公民新闻的内容生产主体是普通民众，在事件报道、特别是突发事件报道时，通过各方当事人的信息汇总，在信息内容彼此拼接和互相印证的过程中，极大程度上还原了新闻现场，为报道的真实性提供了一定的可能机制。其三，对于新闻报道而言，需要提供事件各方面的事实，不片面，也不有意规避。为了达到这一目标，需要尽可能从不同视角了解事物，而公民新闻让大量普通民众参与其中，正好可以弥补专业新闻从业人员视角有限的不足，为报道提供多方视角，反应多种情感与情绪。其四，对于事件报道、特别是突发事件报道而言，公民新闻不仅可以提供及时的、一手的信息，还可以借助移动互联网实现对事件的动态追踪，通过民众不断地上传最新信息，事件所涉及的维度、所包含的话题、所导向的情感都会被不断丰富，而这种对事件持续追踪和对普通民众情感及时反馈的能力，是以报纸、广播、电视为代表的传统媒体所不能比拟的。

但是以 CNN iReport 为例的、以民众为信息内容主要生产者的公民新闻，并不意味着没有把关机制、虚假信息泛滥。公民新闻的把关机制与传统媒体有所不同。以 CNN iReport 的把关机制为例，首先由用户进行信息本源的把关，用户上传信息之后，CNN 的媒体编辑再进行把关与核实。CNN 媒体编辑的作用主要是判断与鉴别消息本身是否真实和合法、合规。同时，针对民众自发生产信息的新业态，CNN iReport 特意为参与者提供了一个工具包，包含新闻的基本知识以及在平台上上传信息的操作指南。其中，对于传统新闻报道要求的"5W"要素，CNN iReport 也进行了调整，对用户只在"谁、什么、何时、何地"这四个方面提出了具体的要求，对于"为什么"则不做要求，这从侧面反映了 CNN iReport 并不希望非专业的民众对新闻事实进行带有主观色彩的个人阐释，也进一步体现了 CNN iReport 在移动互联网的外部环境下、在融合新闻的行业趋势下，出于对新闻客观性和真实性的维护，从新闻专业主义出发，对公民新闻的严肃态度与谨慎操作。

值得注意的是，CNN 的这一公民新闻平台主要运用于手机 App 端，而非 PC 网页端，这种移动互联的特性为网友随时随地发布消息提供了便捷的终端服务。截至 2017 年 3 月，CNN iReport 共吸引了超过百万的注册用户，日均用户访问量也突破 300 万，年度新闻稿件数平均 20000 篇。有学者指出，CNN iReport 是全球公民新闻网站的优秀代表与重要领路人。①

2. 英国《卫报》的"数据新闻"模式

伴随着融合新闻的进一步发展，对新闻报道方式的探索也在不断向前推进。数据分析条件的日益成熟，使得计算机辅助新闻不断发展为融合具体数据与新闻内容的数据新闻。数据新闻是又一个新型的融合新闻报道方式，是一种跨越学科、跨越领域的新闻生产模式，对于新闻从业人员的融合思维方式和灵活变通的操作能力提出了新要求、划定了新标准。

随着科学技术的发展，信息数据也呈现爆炸式增长，而且信息的来源多样：政府、企业、社会组织公布的数据，用户在使用移动终端时被记录下的操作数据和地理信息，用户在各平台保留的数据信息等。数据来源渠道丰富，且生成时没有时间空白，当每一个微小的数据汇集在一起时，便会形成数据的海洋，而"大数据时代"概念的兴起与相关讨论的火热，也能从侧面反映对数据的研究和应用有着很大的现实意义。在新闻传播领域也是如此，数据新闻因此应运而生。

数据新闻采用的报道方式与传统媒体采用的以文字叙述为主的报道方式不同，数据新闻将数据摆在报道的中心位置，围绕数据开展报道的相关工作。同时，由于数据在报道中所占据的重要地位，与数据相关的技术在新闻生产环节中也被频繁使用。简而言之，数据新闻多以数据和反映数据的图标为主，配以简单的文字进行必要的说明，通过数据可视化技术，用生动形象且拥有一定审美意义的方式为读者提供客观、成体系又有一定阅读趣味性的报道。

数据新闻借助数据驱动新闻的报道，但在数据的使用方法上并不是简单地罗列与堆砌数据，而是运用数据提高新闻的真实性和可视性，从而更好地向受众讲述新闻故事。这在一定程度上增强了受众的新闻体验，也提高了对新闻工作者的要求。英国《卫报》于 2009 年 1 月设立了数据博客，截至 2013 年 5 月，数据博客栏目制作了包括政治、经济、体育、战争、灾难、环境、文化、时尚、科技、健康等不同领域的图表、地图、以及具有互动效果的 2500 多条数据新闻。其中，数据博客在 2010 年 10 月 23 日刊登的一条名为《伊拉克战争日志》的数据新闻吸引了全世界的目光。点图（dot map）通过维基解密的数据和 Google fushion 制作，标注了伊拉克战争中所有人员的伤亡情况。英国最终做出撤出驻

---

① 相德宝. 自媒体时代中国对外传播能力建设［M］. 人民日报出版社，2013.

伊拉克军队的决定，相当程度上是受到了这条触目惊心的可视化数据新闻的影响。同时，《卫报》的数据新闻还强调与读者的互动性，积极吸引更多读者参与平台互动，一方面向读者开放评论、数据及平台应用工具，另一方面鼓励读者参与到对新闻报道进行诠释的环节中。读者可通过《卫报》提供的平台上传个人数据，这些数据经过《卫报》数据编辑团体的统计与分析，为读者呈现出数据化报道。《卫报》的数据编辑团体凭借用数据讲述新闻这一新模式，荣获了2011年的英国Knight-Batten奖。

数据新闻作为一种在互联网环境下，跨学科、跨领域、融合多种技术和形态而兴起的新闻报道方式，对于新闻从业人员除新闻专业能力的要求之外，还提出了数据挖掘与分析能力的要求。仅有数据搜索和挖掘的能力还不够，分析数据、表达数据、将数据和新闻结合的能力也非常重要，这一切都要求新闻从业人员不断保持学习的状态。借助新兴的媒体技术与新闻实践创新，数据新闻让《卫报》在传统媒体不断衰落的媒介融合时代重获新生。

3. 美国《赫芬顿邮报》的"新闻网站"模式

融合新闻的另一种呈现方式是放弃纸质媒体这一新闻呈现平台，完全转为互联网化模式进行内容呈现。互联网的重要性日益提升，它已不再是新闻报道的辅助工具，而是新闻报道的主要支撑。这其中的代表就是曾掀起"媒体革命"的《赫芬顿邮报》（The Huffington Post）。它由阿里亚纳·赫芬顿和友人共同创建，建立的初衷是强调博客自主性与媒体公共性。《赫芬顿邮报》通过"分布式"新闻发掘方式和社会化交流模式传播新闻。在创建初期，《赫芬顿邮报》的政治博客模块汇集了众多知名政客的原创性内容。但《赫芬顿邮报》并不单纯依靠自媒体发声，它同时拥有专业的采编团队，在内容的筛选和审核时也能如传统媒体一样严格把关，将大量优质内容的生产源聚集在一起，专业化采编的PGC和高质量采编的UGC成为《赫芬顿邮报》的主要内容生产方式。同时，在信息高速流通的移动互联网环境下，新闻报道和新闻观点得到了极大的丰富，随之带来了大量的泡沫化信息，为受众的信息获取带来了不确定性。《赫芬顿邮报》对于内容深度和报道的完整性给予了相当的关注。2012年，《赫芬顿邮报》的 组含有10个部分的系列报道"战场之外"（beyond the battlefield），报道了从伊拉克和阿富汗归来的美国军人的生活，获得了当年的普利策国内报道奖。

《赫芬顿邮报》在2016年5月上线了其官方中文订阅的微信公众号——"河粉屯"。与其他入驻中国的外国媒体有所差别的是，微信公众号"河粉屯"在中国不再进行严肃新闻报道，而是转向与国内新媒体腾讯的微信公众平台合作，以外媒的视角报道少数群体的生存与生活，以及世界、生活、娱乐等轻松视角的内容。在内容呈现方式上，则更加具有网络媒体的思维，选择运用大量图片配以少量文字的方式来呈现新闻故事,更易为网络时代的受众所接受。这也体现了《赫芬顿邮报》在网络环境下审时度势、及时调整发展策略的灵活发展态势。

2018年1月18日,《赫芬顿邮报》声称关闭其博客自媒体,并终止开源平台的运作,以职业编辑提供的封闭性新闻内容产品代替其自媒体博客模式。《赫芬顿邮报》的创立与发展被认为是引发了一场新的媒体革命[1],虽然其博客自媒体最终寿终正寝,但它的模式与经历为融合新闻的发展提供了诸多经验和教训。

(二) 国内融合新闻的发展情况

1. 《人民日报》的"中央厨房"新闻生产模式

2015年,媒介融合在国内被进一步提升为国家战略,引导着传统媒体在多方面与新媒体更好地融合。这种融合不仅体现在新闻传播的多媒体化,也体现在新闻生产方式上的融合。

《人民日报》率先在新闻的生产方式上进行新媒体融合创新,创建了《人民日报》全媒体平台。《人民日报》的新媒体融合模式也被称为"中央厨房"模式,这种新闻生产模式是在融合媒体蓬勃发展的社会大背景下,立足于《人民日报》自主研发的新型融合媒体体系,对新闻传播的机制进行全新的融合式改良,在突发事件以及重要议题的报道中,坚持"一体策划、一次采集、多种生成、多元传播、全天滚动、全球覆盖"的宗旨模式[2],实现了新兴媒体与传统媒体、网上与网下、母媒与子媒、国内媒体与国外媒体的四个"联动"[3]。在"中央厨房"生产模式下,传统媒体和新媒体在记者、编辑等角色上实现了互通,体现了移动互联网时代对于"全能型记者"的打造;同时,"中央厨房"让新闻的采编从传统的分隔模式变成了贯通模式,新闻采编的流程在技术层面向智能化靠拢。新闻要素一次策划采集、多种生成的工作方式又提高了新闻内容输出的效率,为媒介融合和融合新闻提供了新的思路。

在2015年的全国"两会"期间,人民网利用这种模式发布了"您有一条来自傅莹的消息"等媒介产品,凭借其新颖形式和权威内容,产生了吸引力与公信力,备受关注和瞩目,并在社交网络中大范围传播。2015年习近平同志访美期间,《人民日报》利用"中央厨房"模式对此进行了相关报道与作品推送,共计推送了57篇原创新闻,在30多个国家与地区的200多家媒体中实现了500多次

---

[1] 彭飞.《赫芬顿邮报》之"死":新闻付费能活[J].中国报业, 2018 (03): 39.
[2] 人民网:http://media.people.com.cn/n1/2016/0301/c192370-28161771.html.
[3] 人民网:http://media.people.com.cn/n1/2016/0301/c192370-28161771.html.

的消息源引用。另外,《人民日报》的脸书、推特账号也创造了超过 5400 万的浏览量。在这一事件的报道中,《人民日报》通过采访询问多个国家的来华留学生,制作了视频《Who is Xi Dada?》,展示来华留学生眼中的习近平形象,在海外创造了近 40 万的浏览量。

《人民日报》的全媒体生产平台促使传统媒体再一次吸引了大众目光,在新媒体平台上重新焕发活力。这一新闻生产模式也被众多媒体所借鉴,创新出《楚天都市报》"四大端口"等发展势头良好的新闻生产模式。

2. 今日头条基于"用户数据"的个性化新闻模式

融合新闻的主要特点之一就是强调受众的主动性。与传统媒体单向性传输新闻不同,融合新闻的受众对新闻的反馈度增强,注重与新闻的互动。在此基础上,国内诞生了基于用户大数据的新闻客户端——今日头条。

前文已经提到,随着科学技术的发展,信息数据也呈现爆炸式增长。微小的数据经过汇流聚合后可以形成庞大的数据流。而在移动互联网环境下,庞大的数据流是可以借助特定的算法程序在相当短的时间内被分析的,经过算法总结后的数据规律可以用互联网的思维为受众"画像"。融合新闻平台可以再进一步借助数据提供的受众"画像",精确针对受众的行为偏好和兴趣提供"个性化"的信息服务。与国内众多客户端的个性化推荐相区别的是,今日头条通过绑定用户的社交媒体账号,根据用户喜欢和偏好的关注内容等信息,利用算法模式分析用户个性数据特性,为用户定制、推送可能喜欢的个性化新闻链接内容。由于绑定了用户社交媒体的账号,也就可以关注用户社交媒体上的好友,并获取好友关注的信息,扩大链接的传播扩散范围。伴随着用户对今日头条使用时长的增加,以及客户端算法分析技术的日益提升,依托用户数据进行的推荐会更为精准,用户的主动性也将进一步增强。

除了通过算法分析数据,抓取内容提供给受众的新闻传播方式之外,今日头条对内容的生产也有着较高的要求。今日头条以"千人万元"的形式鼓励优秀的自媒体生产原创内容,并成立专业的编辑团队严格把关。2015 年 9 月,今日头条与湖北省新闻出版广电局(现湖北省广播电视局)签署战略合作协议,与湖北首批 100 家媒体签署意向合作书,通过传统媒体向今日头条提供更为优质的内容。

3. 澎湃新闻的"报网融合"模式

在"互联网+"和"媒介融合"的大背景之下,报业集团在寻求转型之时也积极与互联网相融。报业集团在纸质媒体的长久实践中,训练出了一批专业的记者与编辑,在呈现优质与权威内容上有着一定的功力,在向新媒体融合的过程中相较其他媒体有着内容上的优势。因此,探索出了如澎湃新闻客户端一般的报网融合模式。

　　澎湃新闻客户端是上海报业集团于2014年7月推出的报网融合新媒体产品。在报网融合的实践过程中，澎湃新闻采取了纸媒（《东方早报》）的采编团队采写优质内容，新媒体人员发布新闻的模式。编辑团队的分工职责也相当明确，网页架构与澎湃独家特色布局皆由团队重要新闻部统筹规划，《东方早报》不对澎湃新闻进行直接编辑管理，稿件资源则由报方和澎湃新闻方共享。[①] 自成立以来，该平台发布了众多优质的政治新闻，如其"打虎记"栏目的文章。在日常新闻报道中，澎湃新闻也实现了让新闻更加真实地传递给读者这一目标。同时，澎湃新闻在网络环境下、在新闻融合的趋势中，增加了更多聚合性的内容。例如，下属时政板块的"长三角政商"等栏目，报道长三角经济区的相关新闻，体现了澎湃新闻对长三角区域的地域新闻、地域受众的主动聚合与重视；并且澎湃新闻在这类栏目中大量采用原创新闻稿，用高质量的原创新闻稿保障所出报道的品质，迎合固定区域受众的阅读需求，提高用户对澎湃新闻应用的黏合度，生动形象地体现了澎湃新闻在不断更新的外部环境和高速发展的行业趋势下，利用"报网融合"模式调整自身的发展策略。在报道巴菲特股东大会时，用实时文字直播代替记者采写后再发布的新闻呈现形式，使读者能更大限度地接近新闻发生地。同时，由于报网融合的模式，《东方早报》也成为报道这一事件最快速的纸质媒体。面对报纸读者向互联网转型的这一大趋势，澎湃新闻在实践中走出了报网融合的可借鉴之路。

思 考 题

(1) 我国官方媒体的网络发展经历了几个阶段，分别有什么特征？
(2) 谈谈你对商业网站媒体化的看法。
(3) 试简要概括全媒体时代的媒介融合。
(4) 试举例简要描述国外融合媒体的改革模式。

[①] 陈昌凤. 媒体融合中的全员转型与生产流程再造——从澎湃新闻的实践看传统媒体的创新 [EB/OL]. http://media.people.com.cn/n/2015/0917/c40628-27599555.html.

第二章 互联网时代融合新闻策划

互联网产生以来，网络时代不断进化为多媒体时代、媒介融合时代。伴随着互联网技术的日益进步与发展，以互联网为代表的新媒体也日益蓬勃发展。当前形势下，新媒体行业所面临的一个重要问题就是新媒体人才短缺。有行业内专家估计，未来2~3年，我国新媒体人才将会有60万~80万人的供需差。很显然，融媒环境下，采编人员只有传统的采写技能和编辑评论技能是远远不够的，全媒体采编人员需要有复合型的媒介素养，如整合营销、设计策划、全媒体报道等。因此，媒介大环境对采编人员的专业素养要求较高。

为了探究互联网时代融合新闻的策划，我们需要对新闻策划的本体概念进行了解。新闻策划是指新闻报道主体根据一定的报道目标，在遵循新闻规律的前提下，由新闻从业人员对新闻信息进行筛选过滤等相关分析研究，以便抓取和挖掘已知信息，预测、展望未来信息动向，求得更好效果的创造性策划活动。① 同样的新闻素材，为何不同媒体会发布不同质量的报道？又是哪一具体环节使不同媒体的新闻报道产生这样的质量差异？在新闻报道的实际操作中，新闻报道质量的提升往往得益于独具匠心的新闻策划。新闻素材经过周密而用心的策划，新闻报道的质量就会得到提高，竞争力也会大大增强。互联网融合媒体时代的新闻竞争可谓是新闻策划水平的较量。

第一节 融合新闻的策划意识

融合媒体的新闻报道模式与传统的报道模式存在较大差异，主要体现在融合新闻要经过周密的策划才能够较大限度地满足受众对新闻的期待。随着媒介技术的进步，融合媒体传播及时迅速、全天候、跨地域、多维度的特性，使得新闻策划在传统媒体的基础上产生了融合新闻策划，这就要求融合新闻采编人员具有更加敏锐的策划意识。融合媒体采编人员在进行网络新闻策划时，要具备以下几个方面的意识，即责任意识、多媒体统筹意识、大众意识与分众意识、创新意识。

---

① 赵振宇. 新闻策划[M]. 武汉：武汉出版社，2000.

一、责任意识

信息社会的大背景下，随着技术的进步和传媒的日益革新，互联网平台信息传播流量的急剧膨胀，受众对新闻与信息传播需求的调整与改变等，种种因素交织在一起推动了新闻传播事业也日新月异。很显然，人类社会正在经历新闻传播活动所带来的巨大影响。融合媒体采编人员策划新闻，在信息的海洋中划桨泛舟，如何精准而快速地获取自己需要的信息，是需要探讨和思考的。在复杂多变的发展环境下，对融合新闻的策划人员而言，其思想地图和方针至关重要。

（一）坚持正确的舆论导向，进行正面宣传

舆论导向即新闻传播实践中所展现的思想倾向，它是由某种特定的评价标准决定的。舆论导向有正确与错误之分，有积极和消极之别。正确、积极的舆论导向能够振奋人心，熔铸精神城墙；错误、消极的舆论导向则会消磨意志，摧毁精神堡垒，甚至导致社会不安定因素涌现。当今社会，随着信息技术的发展和通信手段的进步，信息传播呈现出内容海量化、表现形式多样化的特点，且越来越显著。人们进入"信息爆炸"的时代，互联网平台上每分、每秒都有大量的信息被生产和传播，这种信息增长的速度与人类理解和接收的速度存在着非常明显的沟壑，而且这些大批量的信息从各个方面以各种方式涌入人们的生活，难以隔绝。网络成为各种舆论的发源地，这主要得益于科技的支持与媒介的发展，使得舆论的扩散和形成变得十分迅速。与此同时，在海量的信息中，受众一时间难以分辨真假，就会更容易受到错误信息干扰，导致对信息误判、误读，从而影响受众对许多社会事件和观念的认知，也影响受众在现实生活中的一些实际操作行为。换言之，网络新闻所提供的信息如同一只蝴蝶，看似微不足道，却可能在整个社会系统中引起波澜。网络新闻面临着很多的考验，网络新闻采编人员也肩负着很多责任与挑战，因此，要树立正确的舆论导向，更好地引导人们获取和理解信息，充分发挥新闻传播的正面作用。

在融合媒介的舆论导向工作中，我国融合媒介从业者的目标是努力创造正面的社会效果，树立正能量，而不是利用噱头来博取受众的眼球。根据这个舆论导向理念，网络采编人员在舆论宣传中要坚持正面导向，进行正面宣传。融合媒介时代，信息能在世界范围内广泛、快速地传播，信息传播虽然变得很快捷，但是受众在接受信息的同时，时常被淹没在信息海洋之中，难以分辨真假。信息的发布缺乏有效管理，传播行为失去控制，导致信息大环境的混乱和"信息垃圾"的产生。而移动互联网向普通受众开放了信息生产的功能，同时在技术的支持下，使得任何人都可以以低到可忽略的发布成本在网上发表意见。于是每个人都成了信息的制造者，从而增加了人们获取和利用信息的难度。中国当前正处在社会发

展转型期，必然存在转型时期所特有的社会矛盾，对社会矛盾相关信息的过分报道和渲染往往会产生不良的社会后果，不利于社会的转型和发展，危害社会安定，甚至可能造成矛盾冲突。因此，融合媒介采编人员要坚持客观性原则，公平地报道社会新闻，进行复杂信息新闻策划的时候，要坚持正确的舆论导向。

（二）传播文明信息

信息社会纷繁复杂，是一个交织着美好与丑恶、光明与黑暗的复合图景。社会的多元化决定了不同的价值观和社会利益存在于不同的个体与群体当中，并影响着他们的行为方式。在国家层面，各个国家都有自身的国家利益；在国家范围内，每个国家皆有一个主流且相对稳定的社会价值观与社会美德。这些多元化的思想与事物、相对稳定的社会价值观以及社会目标构成了一个国家典型的社会图景。但是具有普遍意义和典型形象的社会图景对于单独的个体而言，往往又存在着一些差异性。人们对社会图景的感知往往存在差异，这主要是由于人们的认知和判断能力不同。所以，新闻策划者在策划新闻的时候，要注重阐明社会美德，发现"真"、"善"、"美"，传播"真"、"善"、"美"，宣传主流价值观，弘扬社会正能量，进而更加详细地描绘社会典型图景，使得文明信息得到更好的传播。

文化是共同塑造人们生活方式的价值、信仰、行为和物质产品。新闻传播在文化维度也保留着文化的意义，新闻传播内容作为影响因素在塑造人们生活方式的过程中发挥着作用。同时，新闻事业面向全社会，具有社会性，新闻的社会受众具有高度广泛性；融合媒介报道下的新闻具有全球传播特性，同时兼具传播速度快、迅速及时等特点，这使得新闻会产生广泛而及时的社会影响。因此，融合媒介采编人员在策划新闻时应该充分重视对文化事业的报道，凝聚传播文化的动力，担负起弘扬社会主流文化的责任心。在对文化娱乐事件和活动进行报道时，应该传播积极有效的信息，坚持以正面宣传为导向，大力传播文明风尚，弘扬先进文化，并给予时间和空间上的保证。

（三）具有社会责任感

新闻媒体是发现、创造、增加舆论价值的主体，新闻媒体凭借自身所从事的新闻传播活动，进而促进相应社会舆论的形成。与此同时，媒体也担负着对社会舆论进行改造和提升的责任。在新时代下，一名融合媒体采编人才只有具备高度的社会责任感，才能达到这个行业合格的水准，同时还要注重积极舆论的营造，构建健康的舆论环境。

我国政府从2000年开始实施重点新闻网站建设工程。很显然，在互联网的发展历程中，我国政府一直确保着中国网络的主流舆论基本处于可控状态。政府对网络新闻事业实行可控管理，直接反映出政府对网络新闻采编人员的要求，即营造健康的舆论环境。具体来说，在策划新闻的过程中，网络新闻采编人员应从以下四个方面着手，营造健康的网络舆论环境：第一，及时整合分散舆论；第二，放大正确舆论；第三，净化消极舆论；第四，批判错误舆论。

二、多媒体统筹意识

网络新闻的表现形式丰富多样，如新闻社区、即时通信、机器新闻等，其传播特点也随着网络的发展与时俱进，如无地域限制、无时间限制、无媒介限制、无内容限制、交互性更强、定制和搜索等，这是网络新闻区别于传统新闻的一个显著标志。网络媒体能够将多种媒介形式集于一身，甚至能将论坛在内的多种表现形式融合在一个新闻当中。总而言之，网络新闻集互联网的各种表现手段于一体，其传播的内容必然生动活泼、图文并茂、声画兼备，同时兼具较强的立体感和整体感，与之相关的是受众接收和阅读信息的意愿也会提高，进而有效提高了传播的效果。例如，1997年，新加坡《联合早报网》电子版在报道中国对香港恢复行使主权的新闻事件时，其新闻主页上的中国国旗、英国国旗和香港特区区旗不停地自动轮换，这主要采用了动态图像制作技术，很好地吸引了受众眼球，传播效果非常显著。网络新闻的显著优势是表现形式多样化，这也是网络媒体在与传统媒体竞争中的制胜点。在互联网环境下，所有的新闻信息都是通过占用的有限带宽来进行传输的，包括文字、图形、图像、声音、视频，它们可以表示成一连串的"0"或"1"，远距离传输后经过还原，进而呈现原始的多媒体信息。通过这个过程，我们可以将多媒体理解为文本、声音、数据，以及各种图像在单一数字环境中的一体化。

新闻信息传播因互联网而变得更加多样，同时网络新闻的表现形式也衍生出更多可能，而这需要网络采编人员的实践来实现。不同于报纸、广播、电视等传统媒体在报道新闻事件时，对单一形态的内容进行规划，在移动互联网和媒体融合的趋势下，一篇新闻报道所涉及的要素、维度增加，新闻采编人员需要纳入整体思路的板块也随之增加，而这种更复杂的新闻内容呈现对新闻采编人员提出了新要求。例如，一个新闻事件要如何呈现才能更好地传递给受众；文字报道和动态影像要怎样结合，才能使图像、图表和动漫这类新颖的表现形式更完美地呈现出来；静态画面和Flash技术支持的动画要怎样做到动静结合；网络新闻报道是用滚动新闻现场直播，还是采用用户生成内容（user generated content，UGC）等，这些都是对新媒体人才综合能力的考验。新时期下，新闻采编人员转变观念、主动转型，才是符合时代要求的明智选择。这种选择是适应网络媒体的发展需要而产生的，只有"主动求变"才能努力避免被新媒体时代所淘汰。美国密苏里大学新闻学院在媒介融合实验室训练学生时，就立足于媒介融合发展的大环境与趋势，着重训练学生对新闻媒体的运用选择。在国内媒介融合的大环境下，我国许多新闻学院的课堂教学模式与教育办学模式也相继进行了一系列顺应时势的改革与创新。新媒体采编人才要具备互联网思维，充分利用互联网载体，在网络新闻报道活动中，勇于打破传统报道模式的制约，在法律允许的范围内，进行多元化形式的报道，以实现立体、动态的信息传播效果，使现代网络新闻报道形式的丰富性得以继续彰显。在以往的媒介时代，新闻传播者仅能依靠图文等非流动形式的符号表达信息，使用非图文以外的媒介形式来报道新闻事件是超乎人们想象的。如今，新媒体时代的来临与融合新闻的不断发展演进，使新闻采编人员有机会使用多种聚合媒介形式对新闻文字进行进一步处理、加工，对海量的新闻信息进行进一步提取、聚类和整合，简而言之就是加工、提取、整合。网络的容纳力和多种媒介载体使网络新闻有了更为丰富多样的表现形式，这要求新媒体采编人才要有创新思维，以全方位格局考量信息、呈现新闻报道。网络新闻报道离不开动态视觉符号的运用，常见的动态形式有 Flash、GIF、视频、直播等。显然，与报纸、广播、电视等传统媒体的传播形态相比，移动互联网为新闻的传播提供了立体化的可能。而在新环境下，网络新闻报道优劣的衡量和判断标准也要变革，一篇网络新闻报道是否生动形象，很大程度上都要依靠动态、立体的效果来呈现，这也是网络新闻报道在形式上区别于传统媒体报道的显著特点。动态视觉符号能够很形象化地传达新闻主旨，与静态化的图文相配合会产生良好的传播效果。好的新闻策划可谓是动静结合、相得益彰，这也是网络新闻采编人员在策划新闻时应有的意识。为了满足受众即时查询信息的需求，网络新闻策划要设置关键词、标题等搜索框，并设置超链接、超文本网状的形式，方便受众检索和查询信息。与此同时，为了满足受众沟通交流的愿望与需求，在网络新闻策划中还可以大量使用网络论坛、网上调查问卷等多种交互方式。多种交互方式为受众提供了反馈机制和反馈平台，使得任何组织与个人可以在网络上有效地对网络新闻发表评论和意见，而且这些评论和意见还可能会引发其他受众对该新闻或话题的讨论，进而延长了受众交互的链条，对于受众情感和意见的呈现也有一定的意义。而这也是传统媒体不能做到的，传统新闻媒体以传者为主导，受众缺乏有效的反馈机制和反馈平台，传者和受众之间存在着一定程度上的割裂，与网络新闻相比，受众表达态度的积极性会被削弱。

融合媒体时代，一名合格的融合媒体新闻采编人员应当认真对待新闻策划工作，严格要求自身，专研专业技能。不仅要掌握好基础文本采写、编评技能和电视记者的摄像、播报能力，还要运用好融合媒体的多种辅助采写技巧，如网络编辑、制作、传播等技巧，这样才能适应新媒体不同岗位之间的流通与互动。融合媒体采编人员要注重培养多媒体统筹意识，善于将文字、图片、声音、视频、动画、论坛等技术形式合理地结合起来，穿插到新闻报道与策划当中，注重形式，进而更好地表现新闻内容。融合媒体新闻采编人员在充分利用多种信息表现形式的同时,应当坚持适度原则,尽量避免多媒体表现形式的滥用,防止因滥用而陷入误区;同时,应该坚持具体问题具体分析,对不同类型的新闻信息要采用不同的多媒体表现形式,对新闻信息"量体裁衣",绝不能"眉毛胡子一把抓",即为了使网页形式多样而刻意使用多种表现形式,要根据新闻报道的需求合理使用多媒体的表现形式,以免"为了呈现多媒体形式而生硬地应用进行多媒体",技术应用要"巧用"而不是"滥用"。换言之,人是使用技术的主体,而不应该让技术影响、甚至是操控人的行为,要让技术为报道内容服务,而不是让报道内容成为展示技术的跳板。

三、大众意识与分众意识

融合媒体的传播形式集图文、影音于一身,并融发布、传播、互动为一体。融合媒体的功能一部分来自报纸与广播电视等传统媒体,主要服务于大众传播;另一部分来自网络等新媒体,能够为人际交流和传播提供平台和途径。融合媒体的兼容性注定了融合媒体的传播模式不同于传统媒体,融合媒体的传播目的在于同时实现大众传播与人际传播。因此,我们认为,基于融合媒体的传播目的,融合媒体的新闻策划者应该同时照顾大众传播与人际传播,而不是仅仅停留在传统媒体的大众传播模式上。目前来看,融合媒体传播模式具有三大特点,即扩大化、精细化、聚合化。融合媒体的特性决定了融合新闻采编人员既要把握宏观,又要把握微观,既要坚持树立整体意识,又要具体问题具体分析,概括来讲,就是要求采编人员既要有大众意识又要有分众意识。

(一)大众意识

现代意义上的新闻传播大多是凭借大众传播的方式来呈现的。一般来讲,新闻传播虽然能通过人际传播、组织传播等形式呈现,但是不及大众传播的广泛性和实效性。同时,大众传播具有面向广大社会不特定大众的特点,这一特点也必然会在新闻传播中体现出来。新闻传播内容与文学作品相比,涉及的社会生活层面更广泛。文学以触动人心灵的"深度"为目的,新闻则以传播范围的"广度"为追求,同时还以受众数量的"宽度"为追求。融合媒体新闻传播面向全球范围内的不特定大众,因此在策划新闻的时候,融合媒体采编人员应该具有全球意识和大众意识,借助移动互联网的良好信息流通环境,将视野投射到全球范围,最大限度地拓展新闻的"广度"和"宽度"。

传统新闻由于受传播渠道和传播地域的限制,传播范围是极其有限的。互联网的出现与网络技术的发展,使得融合新闻具有跨媒介、跨地区、跨时空的特性,减少了传播渠道和传播地域的制约与限制,极大地拓宽了传播范围。"秀才不出门,尽知天下事",这一俗语道出了互联网时代新闻受众获取信息的状况,即网民足不出户就可以纵览天下大事。一般情况下，新闻报道以受众为导向，信息爆炸时代的融合新闻也是一样，由于互联网为受众提供了更多的表达和展示空间，受众成为需要关注的一个重要视角，而融合新闻更加需要以受众为导向。融合媒体采编人员在策划新闻时要注重更大范围内的受众需求，提供能够满足更多受众需求的新闻信息。

（二）分众意识

网络媒体有第四媒体之称，信息内容丰富多样。网络媒体在传播新闻和信息的同时，也面向着社会上许多的不特定大众。大量的不特定大众意味着大量的个性化人群。传统新闻信息接收方式具有大众化和被动性的特点，和传统媒体受众相比，融合媒体的受众可以随时自由地寻找新闻信息，实现新闻信息接收方式的自主化、个性化，即受众可以根据自己的需要，随意安排时间，自由地选择媒体的表现形式。基于网络媒体的这个特性，在融合新闻策划活动中，新闻采编人员要注意呈现更具针对性的新闻。根据某一种社会群体或某一类人的需要进行信息传播，即以人或群体为对象，展开具有针对性的信息传播。另外，在信息表达形式方面，对"人"进行个性化处理是对现代网络新闻采编人员的必然要求，而且个性化处理要针对不同人群进行具体操作。个性化处理要求融合新闻策划者打破固有的思维和意识，固有的思维和意识往往是传统媒体所遗留的媒体界限意识。融合新闻策划者要以用户为导向和主体，实现报道理念与思维的转型，由"灌输推送"变成"积极引导，产生互动"。相比传统媒体的相对单一的传播模式，融合媒体有更多、更全的媒介形态传播新闻内容，因此，融合媒体时代的新闻策划不能停留在信息传达这一单一目标上，还需要根据用户群体的诉求，一方面扩大传播内容的广度，另一方面加强传播内容的深度，依托不断发展的新技术对特定的话题精耕细作，并向全媒体方向发展，提升核心传播力，不断促进不同媒体的联合、资源整合与跨界配合，满足多元、个性群体的需要。

四、创新意识

随着网络媒体技术的不断发展与变化，新闻传播技术也不断创新，报道的范围、视角、内容、数量也不断变化。然而，在这个信息海量生产的年代，大量的同质化信息也不可避免。伴随着网络信息的普及和网络新闻在数量和速度上的繁荣，网络新闻同质化的现象也越发严重。新闻的同质化不仅影响受众对多元信息的获取和利用，而且容易削弱媒体的品牌效应和竞争力，消磨受众获取信息的兴趣，甚至引发行业恶性竞争，造成社会资源的浪费。融合新闻的同质化不仅是网络新闻市场竞争激烈的一个反映，而且也体现了网络新闻采编人员在策划新闻时创新意识淡薄，思维活跃性不足。从宏观上来策划新闻，最重要的要求是创新，倘若缺乏创新，新闻报道就会停留在常规、平庸的层面，缺乏新颖性。

创新是进步的灵魂。在媒体业界和学界，专家与学者一直呼吁融合媒体新闻要在专题、评论、形式等方面发展自身独特的风格，以及在新闻报道内容的整合方面要注重自我特色。

具体而言，在各个环节上，融合新闻采编人员需要全面发掘创新点，以创新求活。首先是报道的内容要不落俗套，力求新意，发掘亮点与创新点。报道内容是新闻报道的核心，所以内容的创新是整个新闻策划活动创新求活的关键，起着牵一发而动全身的作用。融合新闻的报道内容覆盖全世界，同时也面向全球的受众，因此，融合新闻采编人员要对全球范围内所发生的新闻保持高度敏感，确保正确的来源、获取途径以及传播的时效性，尤其是对新鲜的信息以及受众较少接触到的信息，要做到高效、快捷、瞬时传播。新闻的创新求活，还需要注重形式的创新，需要精美的页面和专栏维持版面的新颖和美观。有了好的报道内容之后，想要更好地吸引广大受众的眼球，就需要对新闻报道形式进行创新。体裁多样是新闻策划活动的一个要求，同时也是新闻策划创新的一个重要方面，移动互联网的平台和媒介融合的行业环境，为融合新闻在报道形式创新方面提供了良好的条件。因此，在新闻报道策划中，融合新闻从业人员应当充分利用多媒体的多角度报道形式，发挥创新思维，坚持"十八般武艺一起上"，形成宣传，营造效应，尽可能地满足受众的需求。对于时效性强的突发新闻，要采取发快讯或滚动更新消息的形式，同时对新闻专题进行背景资料阐明，如推出背景资料库，方便读者对新闻信息和新闻主题的理解与把握。融合新闻从业人员还要设计报道主题和报道形式相统一的专题页面，善于进行深加工和整合。同时，融合媒体还可以根据地域进行受众群体分众化，有针对性地对地区或者受众群体进行调研，再根据调研结果进行精准的新闻策划和传播，直接切中地区或受众群体的信息的需求，进而提高融合新闻报道在地区或受众群体中的黏性，更好地实现融合新闻传播效果。

在新闻策划活动中，特别是融合新闻策划活动中，新闻采编人员要做到"人无我有，人有我优，人优我快"。新闻策划作为一门学问，其创新的内涵比较丰富。在融合新闻策划活动中倡导创新，要坚持以下几点：一是目光敏锐，理念先进，唯有如此，才能在繁杂的新闻素材中发现有新意、有价值的新闻，使新颖的新闻素材成为新闻策划的闪光点；二是良好的逻辑与科学思维，良好的新闻逻辑是新闻策划的重要助力，对复杂的新闻素材，要能够分析起因、发展、结局，把握新闻事件发展规律，科学地统筹新闻策划的全局，进而做出合情合理的新闻策划；三是开阔的视阈与贴近生活，网络新闻采编人员不仅要从微观与宏观视角多维探析新闻策划，还要从实际出发，贴近受众，贴近生活，不能脱离生活而进行新闻策划。

第二节 寻找融合媒体时代的新闻线索

在当今信息爆炸时代，新闻线索成为信息传播的关键。新闻线索可以是已经发生的事实，也可以是将要发生的事件。作为一种信息征兆与指引，新闻线索为新闻报道提供依据以及报道方向，其质量、信息量、可行性成为报道成功与否的重要部分。在互联网时代的融合新闻传播与实践中，新闻从业人员有了更多的途径和渠道获取新闻线索，获取的效率和主动性相比以往也有所提升。那么，融媒时代新闻线索的作用是否被重构？如何获取更好的新闻线索来源？如何从新闻线索层面避免"全民皆媒体"时代的新闻作假？

一、互联网时代新闻线索的作用

（一）激发新闻从业者的新闻敏感

新闻线索是新闻采写的生存之基。在互联网信息爆炸与高速发展的时代，日常生活和社会活动中不断产生着越来越多的新闻线索。但是，怎样才能发现新闻线索之价值，并对新闻线索背后的新闻事实进行挖掘，进而做成一篇有价值的新闻报道呢？这要依赖于新闻工作者的新闻敏感来实现。在"全民皆媒体"的互联网新闻时代，新闻从业者的新闻敏感显得更加重要了。新闻敏感是指新闻工作者在纷繁复杂的信息和事实面前，对事件本身有无新闻价值所做出的快速反应，是自媒体时代专业记者的职业敏感。新闻敏感有助于准确快速地发现新闻，有助于从纷繁冗杂的新闻事实中发掘出对受众有价值的新闻信息，甚至能够帮助预见新闻的发展。互联网时代的新闻敏感被称作"web 3.0新闻鼻"、"web 3.0新闻眼"。[1] 互联网时代，记者的新闻敏感具体表现为以下三个方面。

1. 快捷

迅速判断某一新闻事实的政治和社会意义。融合媒体时代，网络新闻记者的新闻敏感显得尤为重要。在寻找网络新闻线索时，新闻敏感的"快捷"要求新闻从业者能够从纷繁复杂的新闻线索中，寻找具有社会价值与政治价值的报道主题。在我国，新闻从业者的新闻敏感，首先是要坚守政治立场。对融媒时代的从业者来说，要唱好主旋律，善于发现事物的政治意义，从政治事件上宣传社会主义核心价值观；从政治事件上观察问题，起到媒体的监督作用。融合新闻报道

---

[1] 彭雪. 浅谈自媒体时代新闻线索采集的注意事项[J]. 中国传媒科技，2013 (06)：13-14.

中，新闻从业者不但要积极发现新生事物，获取信息，抓普遍性问题，而且要积极关注某些寻常事物，贴近现实，对某些新闻事实及时进行报道，并迅速判断新闻事实所带来的社会意义。

迅速判断某一新闻事实能否吸引较多读者。互联网时代的新闻报道，考虑受众的喜好是很重要的。优秀的融合媒体从业者要深刻考虑与把握受众的关注点，做受众喜闻乐见的新闻内容，要能够对受众的诉求与反馈做出预知，这就要求融合媒体从业者要有高度的新闻敏感和技巧。这种敏感能力的培养并不是一蹴而就的，而是需要在长期的新闻实践中认真观察，善于总结，从复杂的新闻线索中，迅速、及时地发现有价值的信息，观察或预见新闻事实背后可能存在的潜在受众群和读者，并能紧紧把握事实，抓住细节，对新闻事实进行及时准确地报道。

根据规律预见有可能出现的新闻。社会生活中的人、物、事是社会现象和本质的统一，有一定的规律可循，但是人们往往忽视或选择性略过那些习以为常的社会现象。由于新闻线索并不都是显而易见的，这种忽略行为可能会造成对重要新闻线索的忽略。融合新闻记者要按照一定的规律来预见有可能出现的新闻，见微知著，从寻常中看出不寻常，从普通中看到特殊，从平凡中看出不平凡。

2. 准确

基于信息传播的迫切性和及时性，融媒时代的新闻从业者应当对事实和线索做出迅速的评估，而评估、判断的重要指标就是该线索或事实有无新闻价值，并对新闻价值的大小做出量化评估。新闻价值是指客观事实所具有的足以构成新闻的诸多要素的总和。它是以社会效应为中心、以传播主体利益为前提、以受众利益为基础的一个系统，具有时效性、重要性、显著性、接近性、真实性以及趣味性等基本属性。新闻价值代表着新闻给人们带来的新信息的数量，标志着新闻事实含金量的大小，同时也体现着社会对传播这个新闻事实的需求程度。对商业媒体来说，它反映了现实收益的多少。一个具有高度新闻敏感的记者，能从一般的、看似平淡无奇的事件中挖掘出新闻报道的深度。

值得注意的是，一篇好的融合新闻报道来源于新闻线索，但是新闻线索并不完全等于新闻事实。新闻线索本身只是一个提示，是真是假，值不值得进行报道挖掘，还需要融媒从业者自己做出判断和评估，而这就要求融媒从业人员善于运用新闻敏感来判断其是否具有新闻价值。有了新闻线索，记者才能更准确地判断和把握新闻价值，从而做出相应的采访和报道计划。

3. 灵活

灵活是对融媒时代新闻从业者的重要要求之一。基于媒介环境的悄然转型，新闻从业者需要灵活地应对新闻报道的准备工作。一个具有新闻专业素养的记者往往会通过线索背后的故事，挖掘故事背后的原因，巧妙地设计新闻选题。高度敏感的从业者会合理应对新闻报道中可能出现的问题或者新闻线索的社会影响，以及新闻发布之后可能会产生的传播效应，而不是狭隘地将目光集中于线索本身，缺乏灵活的全局观念。同样的线索，也许对每个记者来说不尽相同。当不同水平的记者面对大同小异的新闻线索时，做法可能不同，只有那些具有敏锐观察能力和丰富新闻敏感的记者才能透过线索获取更多的新闻价值，抓住新闻的核心。一名优秀的新闻记者在进行新闻报道任务时，往往会根据新闻线索顺藤摸瓜，对新闻线索进行追根溯源，而不局限于报道的定式当中，也不拘泥于其他固有的思维模式。因此，融合媒体从业者面对新闻线索的时候，要运用创新思维，灵活地挖掘其背后的价值。

2017年"榆林产妇跳楼事件"可谓是轰动一时，当时舆论纷纷指责产妇家属对产妇的苛责和压力，同时也有舆论同情医院方面遭受家属医闹的处境。针对这一事件，《新京报》记者在2017年9月6日发布了一篇新闻报道，标题为《五问"产妇跳楼"事件：榆林一院什么责任都没有吗？》。比起舆论对某一观点的拥护，记者冷静观察了这一事件其他角度的新闻线索，从医院管理与医患伦理的角度剖析了事件，让舆论眼中看似受害、无辜的院方不能"逃之夭夭"，对事件发生的原因进行了进一步的全局性深刻反思，弥补了舆论关注的缺陷和漏洞；也为人们认识这一新闻事件提供了有价值的新角度，使人们能够更全面地认识这一社会事件，对舆论的一边倒现象起到了扭转作用。

（二）为记者提供采访方向

线索是事实转变为新闻的第一前提，在这个传播链中，无线索就意味着无新闻，有线索才称得上有新闻。从这个意义讲，线索决定着新闻价值能否发挥作用。线索在新闻传播中起着决定作用，它不仅为记者提供了采访方向，而且为新闻记者进行新闻报道提供了源头。形象地说，只有新闻线索提供了"线头"，新闻记者才能寻找到有重量的"线球"。传播者对新闻事实的及时发现、深入发掘、正确认识，才能实现新闻线索的最终价值。这些过程与步骤之间都是环环相扣的，所以要求新闻线索出现之后，新闻工作者能够及时把握，并能及时发现新闻题材，对新闻题材进行深入挖掘。在突发事件报道中，比如矿工遇难事件，往往与相关管理机构不太注重矿井安全建设有关，同时也与矿工劳动力成本低、安全保障措施不到位有关，也可能与石油涨价、人民币升值、美国次贷危机等国际形势密切相关。新闻记者应该能从这类新闻线索中捕捉到更有价值的新闻，准确判断自己的采访方向。

记者根据新闻线索发现有价值的选题并进行新闻采访，是新闻采访活动非常重要的一步。在这个过程中，记者要注意及时发现新闻线索，在掌握新闻线索时要确保准确无误，并能够客观理性地识别新闻线索的价值。此外，记者还要进行独立思考，挖掘选题背后的重要新闻价值与社会意义，为下一步的新闻报道谋篇布局。

2015年12月，安徽省宿州市宋庙小学被曝"学校要求受助贫困生请吃饭的事件"，当时舆论以为这仅仅是一件简单的违纪事件。然而，《中国纪检监察报》的记者在得知新闻线索以后，确定了这件事的真实性，认识到这可能并不是一件简单的违纪事件，背后一定另有隐情。在纪委相关部门的协助下，记者积极深入一线进行调查，走访民众，层层深入与民众交谈，获取了诸多一手采访素材。2016年1月29日，该报记者为读者呈现了一则文字系列的报道——《因一顿"工作餐"20人被处理——安徽宿州宋庙小学"要求受助贫困生出钱请吃饭事件"调查》，对于纪律监督和引领社会风气起到一定的积极作用。

（三）决定新闻报道的质量

新闻线索是新闻报道的源泉，一篇有价值的新闻一定拥有好的新闻线索。新闻记者在进行报道活动时，要报道读者欲知、应知而未知的新鲜事实。有价值的新闻来源于有价值的线索，有价值的线索等于有价值的新闻。线索决定了新闻事实，新闻报道就是按媒体性质、功能对线索进行整合、提炼、说明或延伸。在这里，笔者并不排斥记者在获得线索后的采访行为，相反，笔者认为记者的采访是按照一定意图去发现新线索的过程。记者能否发掘出具有重大价值的线索，很大程度上关系到记者在新闻活动中能否做出有价值的报道。在某一领域的相关报道中，沿着首例和典型新闻线索进行报道，往往能做出更优秀的新闻作品。

2016年，内蒙古广播电视台制作播出了名为《内蒙古首例保护草原行政公益诉讼案——开启我区草原保护新篇章》的广播专题节目。记者展现了内蒙古第一例涉及草原保护的行政公益诉讼案全过程，报道抓住了检察机关、草原监督管理部门、政府三个权力机关对簿公堂的事件，这在司法界的案件审理中较为罕见。记者通过对内蒙古自治区苏尼特左旗的政府部门、司法系统、生态保护局、草原监督管理局、非法采石采砂企业等主体进行采访，汇聚多元声音，抓住了有价值的新闻线索，突出展示了行政公益诉讼在内蒙古地区的示范推广效应，也展示了十八届四中全会以后环境领域贯彻依法治国方略的进展。这篇新闻报道由于选取了较好的新闻线索，成为一篇相当有价值的报道，也具有重要的社会意义。

二、高质量新闻线索的来源

经验丰富的新闻从业者都知道，从事新闻工作，进行报道活动，新闻线索来源极其重要。融合媒体时代的新闻从业者要有清醒的认知，处处皆新闻，时时有新闻，只要留心，就能发掘新闻线索的诸多来源。具体来说，新闻线索的来源主要有以下几个方面。

(一) 捕捉相关媒体报道（靠自己）

美国新闻教育家梅尔文·门彻说："一名记者几乎就等于自己的消息来源。"的确，新闻线索来源于记者生活的各个角落。新闻记者可以通过报纸、电视、手机、微博等多种媒介或终端发现新闻线索，利用各种传播媒体获取新闻线索，进而进行新闻策划，最后发布新闻报道。融合媒体时代，互联网平台上的各类信息都可能蕴藏着重要的新闻素材，这些素材经过记者的捕捉与获取，往往成为大新闻的源头。一些记者在日常生活中对舆情的关注丝毫不放松，在浏览网页、刷微博和朋友圈的时候，凭借其新闻敏感，连不起眼的小消息也不放过。不起眼的消息往往不被他人注意，不被注意和察觉但有价值的新闻线索，往往更能挖掘出精彩的新闻，现实中有许多意想不到的精彩报道的线索就是这样被发现的。广播电视相比传统纸媒来说更具时效性，在传播速度方面也比传统纸媒更为快捷。随着网络时代的到来，信息传播技术的不断进步、多种多样的社交平台与资讯聚合平台为记者提供了更为广阔的新闻线索获取空间。

记者的阅历是新闻报道活动中的一个重要因素。同样的环境下，经验丰富的记者更容易发现有价值的新闻，这主要是因为记者往往是通过自己的经验来挖掘新闻线索的。很多时候，记者获取的新闻线索的来源广泛与否，比拼的就是阅历。记者的阅历多，其角色体验就会更为丰富，一个记者几乎就等于消息来源，所以记者角色本身可能就会包含许多新闻线索来源。例如，一个记者作为父母的孩子，就可能会对老年人的养老问题有很多体验，记者在老年人养老问题上所经历的一些事情，就可能会成为养老问题报道的新闻线索。养老问题上会遇到很多其他问题，如人口老龄化问题、社会福利问题等，这些问题往往是整个社会环境和养老制度的变化所造成的。记者根据自身的生活经历，对这些变化所带来的问题进行如实反映，就会获取一个贴近生活且具有生动活力的新闻线索，这样的新闻线索值得新闻记者去采访和挖掘。所以，记者自身的阅历很大程度上对记者来说既是一种生活财富，又是一笔特殊的职业财富，因为阅历本身就可以带来很多的生活体验，从而让记者在新闻报道活动中发现更多的新闻线索。贴近生活，深入生活，贴近群众，接近群众，贴近事实，多多深入事实层面探索新闻线索。新闻记者也可以通过自己的偶遇发现新闻。新闻线索不是坐在办公室里等来的，它可能潜藏在记者的日常生活、出行活动中。比如，记者在上下班的路上遇到车祸现场，这就是一个重大的新闻线索。又如，娱乐记者业余时间看明星演出，演出现场出现了一些重大状况，这对记者来说，也往往是极有价值的报道内容。

在融合媒体时代，新闻并不是闭门造车就能生产出来的，它要求融媒从业者除了多多参加社会活动、勤跑腿以外，也要多关注社交网络热门话题，及时捕捉新闻线索，发布受众感兴趣的信息。社交网络领域的热门人物、热门话题，网友点赞的热门评论，这些往往都能演变成新的新闻线索，记者要注意收集有效的新闻信息。

(二) 重视新闻热线 (靠读者)

新闻热线是新闻发展史上的必然产物。随着电话和移动通信技术的普及，以及媒体竞争的不断深入，新闻热线慢慢发展起来，其特殊功能也越来越显现在媒体的视野前。新闻热线依靠读者来电提供新闻信息。为了使新闻信息渠道不断拓宽，新闻信息量不断增加，新闻热线应运而生。绝大多数电台设立了听众热线，电视台设立了观众热线，报纸不仅在自己的版面上公布了新闻热线电话，还在编辑部办公室的热线电话前设立若干编辑，对热线电话实行 24 小时值班守候，及时将读者反映的新闻线索收集在一起，对其中一些读者提供的有采访价值的线索及时进行采访。在新媒体时代，网络新闻从业者也要善于利用新闻热线，其新闻热线不再仅仅局限于电话，也通过微博、微信等社交媒体来获取，很多媒体从业人员都在自己的微博自我介绍中写明自己的联系方式，或者直接接收私信。新闻热线是新闻媒体与读者之间的重要桥梁与纽带，它的诞生犹如一颗明星，闪烁着迷人的魅力。新闻媒体通过这架桥梁，吸引了越来越多的读者，也从读者那里获得了越来越多的新闻素材，从而不断地提高新闻报道的质量。

纵观各媒体，不管是报纸还是广播、电台、电视台，凡是人气旺的栏目、收视率好的栏目，一般都重视与受众的互动交流。特别是新闻热线这个品牌的打造，使得媒体把新闻热线看作是栏目运作的血液和龙头命脉，只有抓住龙头命脉才能掌控新闻源，才能及时把握社会上发生的各种事件，才能了解受众的需求与期盼，才能做好每一条新闻，实现媒体自身的期待与目标追求。在新闻报道活动中，记者开拓获取信息线索的渠道，能给新闻报道活动提供更多鲜活的素材与营养。许多媒体以及媒体从业者为了更好地从读者中获取有价值的线索，采用了有奖征集的办法，如"年度新闻线索征集评选"活动等，以此鼓励民众提供更多有价值的新闻线索。

(三) 广交各方朋友 (靠朋友)

记者的工作是面向社会的，因此记者不能脱离社交活动。记者要广交朋友。比如，关注民生新闻的记者，就要多和居委会等机构的朋友建立联系，以便获得有关这一领域新闻报道的线索，同时可以为新闻稿件的写作取材寻求相关建议。

在融媒时代，融媒从业者的朋友应该有"三类"。第一类是专业的宣传人员，如相关部门的"官方新闻官"、"新闻发言人"等。专业的宣传人员代表着权威、可靠的新闻来源，是融媒从业者获取消息的主要途径。第二类是具有一定影响力的意见领袖。在网络传播时代，网络意见领袖或网络红人不仅对信息起到了很重要的传播作用，而且他们还掌握着重要的信息，能发布重要的事件，因此和意见领袖搞好关系，不仅能提升报道的影响力，而且还能够获取一些独家的资讯线索；第三类是普通的民众等。例如，出租车司机、快递运输人员、饭店服务员和商场营业员等，他们接触的社会人员较多，往往在一些事件中会成为重要的新闻线人。

在融媒时代，新闻从业者虽然可以坐在家里或办公室获取信息，但是仍然应当充分认识到朋友和社交的重要性。人是从事社会活动的主体，广交朋友可以获得更多的新闻线索，一定程度上可以获得取之不尽、用之不竭的新闻线索。

(四) 互联网时代的新闻来源

互联网融媒时代，融媒从业者获取新闻线索的能力，被视为专业技能水平高低的重要指标。诸多网站和社交媒体为融媒记者提供了便利，大量的新闻素材也为融媒记者进行下一步的新闻报道活动创造了条件。

1. 通过浏览网页获取新闻线索

随着电子政务的发展普及与信息公开的不断推进，许多政府机构和事业单位都使用了自己的网站主页进行重要信息的发布与公开，一些信息背后往往蕴藏着重大的新闻事件。由于这些网站的官方性，其发布信息的真实性和权威性往往也是有所保障的，因此只需要及时留心重要网站，就能发现隐藏在背后的有价值的新闻。

下面以《浙江日报》记者的采访经历谈谈从网页获取新闻线索的过程。每年的八九月份是大一新生报到入学的时段。《浙江日报》记者在浏览浙江某一高等院校的主页时，发现网页上显示了该校为浙江省以外的大一新生配备"老乡班主任"的消息。学校这样做的目的是做好学生的思想和心理工作，记者认为这件事情非常有价值。记者凭借自己多年的媒体从业经验，特别是在科教类领域策划新闻的丰富经历，认为可以从"以人为本"的视角挖掘这一现象背后的新闻价值，且这一事件将来可能会产生社会示范效应。他当即联系了这所大学的相关负责人，获得允许之后奔赴该校进行采访，在学校食堂里采访大一学生，和学生边吃边聊，同时又联系到了新生们的"老乡班主任"，随后立即写出一篇名为《为外省新生配"老乡班主任"》的新闻报道。第二天这篇稿件在《浙江日报》头版发布，随即被新浪网、网易等国内门户网站转载，产生了一定的社会影响和关注度。

2. 通过论坛获取新闻线索

论坛是网民意见的聚集地，是网络传播模式发展到一定阶段的产物。大多数门户网站都设有自己的论坛,论坛用户根据网站发布的新闻信息,各抒己见,畅所欲言。记者可以把这当作一种采访平台和途径,注意那些代表了某一类群体的典型用户意见,深入挖掘其背后隐藏的事实,往往能够发现有价值的新闻线索,甚至牵连出更多的新闻事实,有时其效果和便捷度甚至超过面对面的采访。

一次,《浙江日报》记者在浏览某个地方论坛时,发现论坛上有一些来自宁波市中小学家长与学生的发帖声讨,其主要内容和诉求多指向宁波市某区教育局和学校对教师评星活动的议论,讨论度相当高。基于这种激烈的讨论局面和相关新闻线索,记者获得相关许可后前往宁波一些中小学校采访,一些被访学生纷纷表示了"老师之间的评星活动坑苦了他们"、"老师为了评星,让学生的作业非常多"、"作业都做不完了,但是老师还是留了很多"等意见。很显然,这一地区中小学老师的竞争评星制度,让学生备受学业压力和思想压力困扰。基于这件事的新闻价值与民众关注度,该报记者刊发了一篇题为《宁波要为教师评星级 学生担心课业负担会加重》的报道,引发了相关部门的关注,当地教育部门和学校对此做出批示和改正。

3. 通过微博获取新闻线索

随着自媒体时代的到来,微博成为自媒体时代的重要平台与工具,对新闻从业者来说意义重大。融合新闻记者要对自己关注领域的相关微博进行浏览关注,特别是对意见领袖和重要群体的相关微博进行关注,从中发掘重大的有价值的新闻线索。[①] 相关研究显示,国外有三分之二的记者通过推特寻找新闻线索(截至2013年),90%以上的中国记者会根据热门微博话题获取新闻线索,谋划下一步的报道任务。[②] 如今,融媒从业者通过微博等社交媒体获取新闻线索已经是习以为常的事情,许多产生了重大社会影响的新闻事件都来自微博。

以2016年4月3日北京和颐酒店劫持事件为例。这一事件首先来自微博网友"弯弯_2016"的爆料,她声称从外地到北京出差,在位于北京望京的798和颐酒店入住时,被一名陌生男子跟踪并强行拖拽,之后被抓住头发撕扯,后来她大声呼喊求救,有幸被一名女顾客搭救,而陌生男子随后逃遁。该事件在微博上引发热议,随后凤凰资讯、腾讯、新京报等媒体通过整理相关微博线索,进行了跟踪报道,最终随着媒体与社会关注度的提高,犯罪分子被绳之以法。

三、低质量新闻线索的问题

在媒体竞争日益激烈的今天,独家新闻显得越来越有价值,无论是传统媒体

---

① 蒋玉婷. 新媒体时代的新闻线人现象研究 [D]. 湖南师范大学, 2013.
② 周慧敏. 全媒体时代的报业转型 [D]. 安徽大学, 2013.

还是新媒体，越来越多的新闻单位、新闻网站争发独家新闻，一些匿名消息源（也称"匿名信源"）也因此在新闻报道中涌现。匿名信源已经成为调查性报道、深度报道的重要线索提供者。出于某种原因，一些消息源选择隐去新闻线索提供者的个人信息与身份，不把其身份信息透漏给公众，因此形成匿名信源。匿名信源常以"据悉"、"记者从相关内部机构获悉"、"根据有关人士介绍"、"有消息人士透露"等语词呈现。这种形式与风格的消息源能够给新闻报道带来独家特色的新闻内容，扩充新闻报道的层面并提高新闻的关注度。然而，某些含糊其词的消息源可能成为新闻作假的温床，损害媒体的公信力与形象。在新媒体时代，一些媒体的官方微博利用匿名信源发布假消息和不实信息，引起网友大量转发，对网络媒体环境造成严重污染和不良影响。媒体虽然需要依靠社会各方面提供信息源才能生存和发展，但也要注意信息源的真实性和消息来源的保密性，维护媒体的公信力。

（一）匿名信源可以提供重大新闻

实践证明，越来越多的重大新闻源于匿名信源的"泄密"和"内部人士透露"。例如，新闻史上著名的"水门事件"报道，便是依靠匿名信源进行的独家报道，为《华盛顿邮报》赢得了声誉。在中国互联网上风靡一时的"朝阳群众"，最初也被认为是匿名信源的典型代表，群众个人以群体的名称作为自称，为媒体和执法机构提供各种新闻线索和侦破案件的线索，成为新时期屡建奇功的社会"侦探"组织。虽然匿名信源为媒体报道提供了有利帮助，但它作为一把双刃剑，也为媒体报道提出了新一轮的伦理反思任务。为了规避匿名信源的消极影响，需要对匿名信源进行进一步的分析和探究。

（二）来源可能作假

新闻来源是新闻真实的第一关，而新闻真实是媒体公信力的基础。造成新闻失实的原因有很多，其中一个原因就是新闻材料的消息来源有误。由于消息的匿名性，不容易追究消息源本人的责任，假新闻往往由此而生。新闻来源有误，是指为记者提供线索或素材的人由于某种原因而提供了虚假信息。新闻来源作假的情况主要有以下三种。

一是出于私人目的，故意隐瞒事实而提供假信息。记者的精力是有限的，新闻记者手中的新闻线索大多要靠他人提供。在这些提供新闻线索的人中，尤其是一些匿名提供新闻线索的人，有的为了自己的私人目的，利用记者手中的笔，借着匿名的外衣，散布不实信息。如果记者没有意识到这些问题，没有考量匿名信源的真实性和可信度，就会在不知不觉中充当他人的宣传工具。还有的信息提供者为了保护自己、打击别人而向记者提供虚假信息，如果记者轻易相信，这些人便会从中获得利益。有的时候，新闻记者为了获取新闻信息，常常设置有偿线索征集，一些别有用心的人为了在此类信息传播中获取经济利益，从而不择手段。

二是匿名信源只是一个中转站，把道听途说当作亲身经历。向记者提供新闻线索的人并非都亲身经历了新闻事件发生的全过程，也并非一定是线索的见证人。许多新闻线人只是一个信息传播的中转站，不一定能够客观反映事实。当他们把道听途说的事情当作亲眼所见、亲身经历、亲自调查了解到的信息并予以传播，尤其是经过层层中转时，这些信息中的某些部分便会被无限夸大。而记者获知这些信息后不进行核实的话，信息就会失真，甚至偏离新闻本源。

三是信息提供者并非故意造假，只是因学识水平以及认识能力有限，不经意提供了假信息。有的匿名信源提供者并非有意向记者提供假信息，而是受自身观察事物的角度、认识和判断水平所限，使提供的情况与事实存在较大出入。人们在接受和传播信息时，都可能会不自觉地加入自己的判断，混掺自己的观点，融入自己的主观臆断。当这种与事实不符的判断提供给记者，而记者又不运用专业思维或常识去做甄别时，就给假新闻的出现提供了温床。

（三）记者可能作假

融合新闻时代，在新闻业界竞争日益加剧的状态下，一些新闻记者为了标新立异，开始"另辟蹊径"进行"创新"。如特意营造神秘化色彩进行消息展示，采用一些隐秘化的信息源为自己的报道佐证。一些媒介从业者甚至形成了对匿名消息源的依赖，为了完成报道任务，实现报道的自圆其说，不顾新闻的真实性，擅自为了报道佐证提供假消息源。这种公然造假的行为严重损害了媒介的形象和公信力，也为记者职业抹黑。

传统媒介时代记者造假的典型案例之一就是"纸馅包子"事件。2007年7月8日，北京电视台《透明度》栏目播出了一则以"纸做的包子"为主题的新闻报道，报道主要讲述了北京台记者对朝阳区一家非法经营加工"纸馅包子"的工厂进行暗访。这则节目播出后引发了巨大的社会反响，有关部门高度重视，并进行了专项检查活动。最后，这则假新闻在专项检查之后原形毕露，原来是记者在栏目组选题会上提出了该选题，经求证后发现并不存在"纸馅包子"的情况，但由于选题已上报，压力很大，加之刚到北京电视台，既想出名，又想挣钱，记者就自编自导了这则新闻，给北京电视台造成了不小的影响，也给自身的职业生涯蒙上了污点。

（四）专家可能作假

我们经常能够在新闻报道中看到记者引用诸如"权威专家"、"一位供职于某报的资深记者"、"一位专业工作者"、"一位资深学者"等的现象。记者在报道新闻时，为了增强新闻的可信度以及权威性，往往会借用某些专家或者权威人士的说法。但这些专家和权威人士也可能形成新闻造假中的另一种情况——专家造假。

一些新闻事件中的专家造假，往往是专家或权威人士利欲熏心，如"伪造金缕玉衣被5名顶尖专家鉴定价值24亿元"事件。原故宫博物院5名文物鉴定专家为了个人私利，与为了骗取银行贷款的商人谢某合谋，做出虚假鉴定，称假冒的金缕玉衣价值24亿元，后来谢某就拿着专家造假的鉴定书去抵押贷款5.4亿元，从而造成极为恶劣的社会影响。很显然，教授专家造假也是假新闻出现的一个重要原因。大家比较熟悉的因专家造假而出现的假新闻还有"水变油"事件和韩国黄禹锡学术造假案等。

真实是新闻的生命。新闻真实对新闻本身来说极其关键，新闻缺乏真实性，就会变成虚假新闻。新闻真实性同时也关乎媒体荣誉和自身利益。新闻真实性是新闻从业者应当坚守的行业准则，假新闻对记者个人的名誉损害是不言而喻的。无论是记者的道德准则还是新闻媒体的行业规范，都要求记者对自己所报道的内容负责。一条假新闻的出现，不仅会对记者的职业生涯产生不良影响，而且可能会造成危害社会的活动，同时也会对媒介和报道对象在受众心目中的形象产生负面情感效应。

下面以一则国际涉华新闻报道来统一分析新闻作假的一些特性。

【案例1】

中国盯上了瓦努阿图　欲建立覆盖全球的军事基地

作者：David Wroe　时间：2018年4月9日

（悉尼先驱晨报电）中国势力已经到了瓦努阿图，中国希望在全球范围内建立永久的军事存在，此举可以看到崛起的超级大国将要在澳大利亚门口驶过军舰。费尔法克斯媒体认为，中国和瓦努阿图政府之间已经初步讨论了岛屿国家的军力建设问题。

虽然中国没有向瓦努阿图政府提出正式建议，**但某一高级安全官员认为**，北京计划最终可能会在一个完整的军事基地内完成。堪培拉和华盛顿的最高层也讨论了中国未来军事基地如此接近澳大利亚的局面。中国正将瓦努阿图视为可能的军事基地所在地。

距离澳大利亚海岸不到2000公里的一个基地将使中国能够向太平洋投射军事力量，并颠覆该地区长期存在的战略平衡，可能增加中美对抗的风险。这将是中国在太平洋建立的第一个海外基地，也是中国在世界上的第二个海外基地。

随着中国政府通过基础设施建设和贷款，澳大利亚的情报和安全数据与美国和新西兰等伙伴国一直都在关注此事，因为北京方面加深了其对太平洋岛国政府的影响力。

中国资金资助的实质性项目之一，是位于北岛的埃普利图桑托的一个大型新码头。Lowy Institute 的太平洋岛屿专家乔纳森普耶克表示，卢甘维尔码头曾在澳大利亚政府中"引起了国防、情报和外交圈的不满"，因为它的既定目标是要接待游轮，同时也有服务海军舰艇的潜力。

这个码头靠近一个国际机场，中国正在帮助瓦努阿图升级。**Fairfax 媒体通过相关特殊渠道了解到**，中国人民解放军内部有高层人物，希望迅速采取行动，在瓦努阿图建立一个适当的基地。瓦努阿图驻堪培拉的高级专员说，该国外交部"不知道任何这类提议"。中国驻堪培拉大使馆发言人拒绝置评。

中国已经将军事力量投射到海上，在南中国海的一些填海造岛建设军事能力的行为，招致包括澳大利亚在内的国际社会的谴责。堪培拉和华盛顿对中国在印度洋上使用的方法进行了比较，最近它在非洲的吉布提建立了第一个军事基地，据说正考虑在巴基斯坦和斯里兰卡建立军事设施，吉布提基地有一个港口、直升机基地、机库和部队。

国防专家们表示，中国在瓦努阿图建立军事基地，很可能也会在其他地方建立基地，这将使中国人民解放军能够挑战美国战后在太平洋的主导地位，毕竟美国主导的太平洋才是澳大利亚的安全基石。

美国前国务卿约翰·克里的顾问查尔斯·埃德尔说："如果原来有一个或建更多的中国基地……它有能力挑战，而使美国进入该地区更具挑战性。"

"中国在瓦努阿图的存在，涉及渔业准入和商业贸易，明天可能会对澳大利亚的北方构成威胁。"如今在美国研究中心任职的埃德尔博士表示，这将改变澳大利亚的外部安全环境，这种方式"可能是20世纪40年代以来的首次"。

北京上周宣布，将为瓦努阿图总统、新建的财政部大楼和外交部大楼的扩建提供新的正式房屋，报告总费用约为3600万美元。

据报道，中国援助此前已经为议会大楼和总理办公室大楼、为一个1000人席位的会议中心和一个大型体育场馆支付了费用。中国的建筑商正在为一所耗资1400万美元的学校完成收尾工作。据报道，这所学校将成为南太平洋最大的教育设施。去年初，北京向瓦努阿图捐赠了14辆军车。

还有一些消息表明，太平洋各国政府越来越倾向于北京。例如，随着地方政府向中国政府施压，台湾贸易办事处在该地区关闭，而中国政府坚称，台湾是中国大陆的一部分，而不应被视为一个独立的政府。

以上这则新闻报道是澳大利亚主流媒体《悉尼先驱晨报》对"中国在南太平洋岛国瓦努阿图建军事基地"的新闻报道。这则报道被中国外交部发言人和瓦努阿图外交部部长双双证实为假新闻、不实报道。《悉尼先驱晨报》隶属于澳大利亚 Fairfax 传媒集团，该报是典型的西方媒体，具有西方媒体的通病，即力图对中国进行负面报道以达到抹黑中国形象的目的。在这则假新闻中，有四处都是匿名信源，其背后可能存在造假。例如：第二段的"某一高级安全官员认为"，第七段的"国防专家们表示"，都属于专家作假类型；第五段的"Fairfax媒体通过相关特殊渠道了解到"和最后一段的"还有一些消息表明"属于来源作假和记者作假类型。

（五）网络信源可能作假

互联网的信息浩如烟海，纷繁复杂。以互联网为发展背景的融合新闻环境下，一些媒体从业者面对海量的信息源，往往盲目选取，不标明可靠信息源，产生许多无名头的消息来源，网络假新闻也随之产生。诚如学者李希光所言，"新闻媒体中匿名信源现象如不规范地消灭，公众永远不会接近事物的真相"[①]。在融合媒介传播时代，新闻生产的主体一般是新闻记者、网站编辑。网站并没有真正意义的采访权，一些融媒编辑也并非专业记者，因此在新闻报道写作活动中，十分忌讳从业人员将新闻人物姓名或时间、日期弄错。对他们来说，不实信源或滥用匿名信源会违背新闻真实性，不仅是新闻职业标准和道德标准不允许的，而且会让读者混淆视听，损害匿名信源的效力。

互联网环境下的虚假新闻源，呈现出高度的媒介融合特征。虚假新闻源可能是经过渲染、加工、夸大的线索，能够吸引受众眼球，引发轰动效应。融媒时代，大众媒体与自媒体的连接使用，更加推动了新闻源的信息接力，媒体为了争夺新闻时效性，片面求快，对"两微一端"（微信、微博、客户端）的爆料信息匆忙进行加工发布，而忽视信息真实性的核查与确认，虽然引发了轰动效应，但是损害了媒介的公信力。比如，2016年"上海姑娘逃离江西农村"的假新闻事件，引发春节期间网络舆论的一时轰动。这则最早源自地方论坛的虚假帖文，自称"上海姑娘"的发帖者不是上海人，是某省一位已为人妇的母亲，她春节前压根没来过江西；而发帖回应的"江西男友"，只是话题的碰瓷者，与发帖者素不相识。在经过"@东方今报"、"@华西都市报"、"@重庆商报"等多家媒体机构的微博关注后，迅速得到网络舆论的广泛关注，其"公信力"也被舆论所认定。至此，一则本身虚假捏造的网络帖子华丽逆袭为"权威新闻"。此事件造成了消极的社会影响，损害了相关涉事媒体的公信力。网络从来不是法外之地，虚假的网络新闻源会引发虚假内容的发布，倘若媒体从业者不对这些虚假新闻源进行甄别，其内容经过广泛传播就会渲染社会情绪，损害的不仅是媒体的公信力，僭越的更是法律和道德的底线。

---

① 李希光. 畸变的媒体[M]. 上海：复旦大学出版社，2003.

第三节　融合新闻的策划

一个好的新闻策划，单纯靠某个记者、编辑的能力很难获得成功。新闻策划，特别是专题性策划，应该集思广益，依靠集体的智慧，凝聚集体的力量。策划是一个集体行为，往往是由媒体领导和采编人员们一起出谋划策。擅长不同报道方向的记者适合不同的题材类型，不同风格的编辑适合编排不同的版面。新闻策划的实施并不局限在一两个方面，而需要统筹规划，综合考虑，合理分工，协作进行。新闻策划作为需要多个主体参与的活动，具体来说，可以细分为议题甄别、文本策划和实施过程策划等。

一、议题甄别

新闻选题是新闻报道过程中的重要环节。一篇优秀的新闻报道会经历成熟、科学的选题策划过程，好的选题策划要立足于有重大价值的新闻事件。新闻选题需要在维持报道真实性的基础上，尽可能地覆盖非常重要且具有价值的新闻事件，选取恰当的时机进行报道推送并关注舆论反馈，以不断完善报道内容和下一轮报道议程。建立在真实性的基础上，就能选准题，新闻报道就会事半功倍；如果客观性缺失，就往往会出现选题不准的问题，新闻报道则会事倍功半甚至徒劳无功。创新也是好的选题策划的必备属性。在融媒时代，融媒记者要做到策划理念创新，首先要充分理解党和国家的大政方针、时事动向，坚持唱响主旋律。在我国，新闻选题策划者只有将党中央的方针、政策进行认真解读，才能策划好符合时代发展与社会需求的选题。其次要实事求是，进行相关调研与社会实践，获取更多的新闻事实与新闻源泉。融媒策划者还需要坚持辩证法和科学的方法论，采用多重视角审视报道议题，这样往往会得到意想不到的策划效果。最后，选题策划要贴近生活、贴近实际、贴近群众，紧扣社会民生来进行。要从群众关心的视角出发，将平常的真实故事生动化，利用融合媒介报道的优势，提升传播吸引力，让策划内容变成群众喜闻乐见的报道。

无论是传统媒体时代还是融媒时代，选题策划都与新闻视角紧密相连，二者相辅相成，不可分割。新闻视角对选题策划实践效果有着举足轻重的影响，一个好的选题策划一定有一个好的新闻视角。在选题策划过程中，新闻角度选择不同，会影响选题策划的水准，同时也将对以后的新闻报道产生全局化的勾连效应，这种后续价值可以表现为新闻报道所带来的社会效益与经济效益。对广大新闻媒体而言，新闻视角的把握和选题策划同样重要。倘若选题策划干瘪无味，缺乏新意，发布时机滞后，媒介资源配备不够完善，好新闻也就无从谈起。一个好的选题策划不是从别人那里抄来的，也不是模仿别人的选题思路、简单地复制他人的选题策划风格。在融媒时代，好的新闻选题一定要具备独特的视角，只有这样记者才能妙笔生花，制作出来的专题才能新颖，并给读者留下鲜明深刻的印象。

在融媒时代，优秀的新闻选题策划可以遵循以下几大原则。

一是新闻策划的真实性原则。相比较报纸、广播、电视等传统媒体，融合媒体新闻改变的是新闻呈现的形式和理念，不变的是作为新闻报道所需遵循的原则和性质。对于新闻报道而言，新闻报道过程中最重要的是新闻真实性，这是新闻报道的生命本源。在融媒时代，从业者根据已经发生或者正在发生的事件选取新闻视角，进而完成相关的新闻选题策划。新闻策划的真实性原则强调在坚持真实的前提下，对他人尚未报道和关注的新闻事实进行整合创作。

二是新闻策划的贴近性原则。在融媒时代，新闻策划的视阈不能离开群众的日常生活和客观实际。新闻报道要求贴近生活，选题策划也是一样，不能脱离生活。马克思主义哲学认为，意识来源于物质，因此选题策划必须来源于社会实际。新闻讲求客观性，选题策划也要讲求客观性。

三是新闻策划的超前性原则。一名合格的融媒记者要有高度的新闻敏感性，未雨绸缪，提前做准备，提前感知。正所谓"春江水暖鸭先知"。融媒记者需要准确把握社会新闻热点议题，提前抢占舆论热点，准确使用融媒时代的信息手段，整合报道思维，更好地进行选题策划。

四是新闻策划的时新性原则。新闻主要强调新意，倘若策划缺乏新意，信息也必然索然无味。对事件的报道，特别是突发性事件的报道，要有较强的时效性。在融媒时代，新闻从业者要把握新闻策划"新"的特性，只有坚持新闻策划的时新性原则，才能占领报道的新高地。

五是深度原则。在融媒时代，电子媒介的技术发展和网络平台的搭建，为信息的快速传播提供了良好的环境，但随之而来的是海量信息的流通状态对新闻报道的内容提出了更高质量的要求。要想在海量的信息中脱颖而出，就需要新闻从业者在新闻报道的纵深方面下功夫。新闻从业者要以辩证思维去思考和认知事物，结合客观事实，透过现象看本质，深化认知，不能让表面背后的有价值的重要信息漏掉。同时，还要用辩证联系和发展的观点看问题，将百姓关心的报道层层做深，不断深化、扩展、向前推移。

六是围绕热点原则。在移动互联网环境下，"风口"成为一个热词，这从侧面反映了大众偏好追逐热点的心理。将这种心理运用到新闻选题策划上意味着，新闻选题策划要积极围绕生活热点和热门话题。在融媒时代，新闻策划者要善于从各种媒体上捕捉和获取热门话题，明确受众的关注点，了解受众所想，做好选题策划。与此同时，策划选题还要有全局观念。融媒时代的好新闻选题绝不能脱离社会发展趋势，而要紧紧围绕重大事件，对社会和民众关注的热门议题进行跟踪报道，以满足广大受众对信息以及新闻内容的求知需求。

七是节俭原则。新闻制作是有成本的。在融媒时代，即便电子媒介技术和互联网平台的发展已经为新闻传播提供了良好的基础，但并不代表新闻选题的策划可以将很多现实的因素搁置一边、不予考虑。换言之，新闻选题的策划不能不考虑信息成本等相关问题。策划者要做好合理的经济预算，尽量节约成本办大事。

二、文本策划

新闻报道文本是新闻的外在表现形态，具体包括文本价值、文本内容、文本符号、文本结构、文本表现、文本风格、文本体裁等。新闻策划者在确定了选题和角度之后，就要对新闻文本进行设计。文本必须要表现新闻的核心事实与核心观点，同时也要肩负起传达记者的中心思想和编辑风格以及修稿意愿的责任。做好文本，是达到预期传播效果的一个关键步骤，有助于构建合理的新闻报道框架，明确新闻层次。融合媒介新闻因为其独特的网络载体，同时也可以运用影音、图像等形式来表达文字含义，因此融合媒介新闻的文本策划在表现形式上自然更加多样化。一篇优秀的融合媒介新闻应该怎样从文本上进行策划呢？总体来说，文本策划包含建立总体框架和设计文本层次两个方面。

第一，文本策划要建立总体框架。结构是文章的骨骼，是文章内容的组织形式。对于传统的报纸新闻文本，人们可以直接剪裁，直接阅读。当我们阅读从报纸上剪贴下来的文章或消息时，会注意到，好的报纸文章都是分段分层且格局架构合理清晰的。融合媒介新闻的文本并不仅仅包括文字消息，从广义上说，文字、图片、超链接等都算是融合媒介新闻的表现形式，应对它们加以统筹。在建立总体框架时，不仅应考虑文字本身的框架是否得当，还要兼顾文字与图画、音频和视频的配合。要想充分利用网络新闻的多样化表现形式，必须兼顾以上这几种因素。

以深度报道写作为例来简单了解如何建立合理的新闻文本总体框架。融合新闻深度报道写作要对文章进行总体设计与布局，必须在行文之前筹划好文章结构，文章结构是总体设计和布局的重要体现。新闻文本的总体框架要全面深刻、条例清晰、结构明晰，能一步步地阐释出采编人员的想法。融合报道尤其需要立足于读者阅读的趣味性，这是成功的深度报道结构布局中应注意的重要因素。

第二，要设计好文本层次。在主题和文本框架确定之后，要对文本层次进行谋划布局。在深度报道的写作当中，策划者面对复杂的新闻背景，要对新闻背景进行详细说明，同时要对事件本身有一个基本的了解和认识，然后从各个方面展开。可能各个方面都需要补充,都有话可说,都有文章可做;但是,如果在报道中面面俱到且不分主次,那么受众可能无法有效提炼作者想传达的观点和主题,那么信息和价值传递的效率就会大打折扣。策划者要合理布局,在文本上下功夫,就要做到层次鲜明、有主有次、突出要点,这样才能让受众接受和理解,达到最好的传播效果。

三、实施过程策划

新闻策划的实施过程是要提前明确的,新闻策划实施的每个环节也是需要提前策划的。新闻策划主要包括新闻报道方案的制定,以及相应的实施过程中应急调整报道方案的制定。

在融媒时代,新闻报道的方案设计同样重要,这是新闻策划具体实施的第一步。作为新闻报道蓝图的方案设计,是新闻策划实施的总体指导依据。凡事预则立,不预则废。好的计划是成功的一半。新闻报道的方案设计应该涵盖以下五个层次。

(1) 报道聚焦点和报道范围。融合新闻报道虽说在传播形式和技术上有所创新,但是其内核仍然是新闻报道,仍然遵循着新闻报道的基本原则。也就是说,融合新闻报道只是报道形态有所改变,但仍然强调对新闻客观事实的聚焦,融媒记者只有在新闻报道中把握好核心事实的策划与布局,才能为受众呈现更为优质的新闻内容。一篇好的融媒新闻报道,还要有机整合报道客体与报道对象范围,不能随意离开其特定的报道范围。

(2) 报道过程与报道规模。融合新闻的报道过程是结合时间、空间、人力、多媒体的四位一体的组合过程。融合新闻的报道过程一定要合理安排不同资源的分配,根据新闻的实际需求和受众诉求,决定融合新闻的报道规模。鉴于融合新闻的灵活性与便捷化,融媒从业者可以合理地在融合新闻报道中对资源进行重新分割和排列组合,根据实际情况和报道需要调整报道的板块,将分割后的板块拼接为恰当的组合。

(3) 记者稿件发布日程。融合新闻从业者对新闻稿件的发布计划应当合理地进行统筹安排,根据新闻稿件的主题、内容、时间、制式、字数、领域等进行科学的版面规划与发稿计划确定。

(4) 记者报道方式。融合新闻报道方式大致包括集中性报道、序列式报道、互动参与式报道、媒介介入式报道、媒介联动式报道等。以媒介联动式报道为例,在媒介联动式报道中,融合新闻记者一般会利用多种媒介工具,针对某一新闻议题建立专题网页,在网页上滚动推送与该新闻议题相关的报道,实现二十四小时联动播报,为受众提供翔实、全面的新闻信息。以互动式报道为例,新闻从业者所主导的 PGC 模式和用户生产内容的 UGC 模式合作生产新闻内容的方式被运用，记者报道新闻话题，受众参与评论互动，丰富了新闻的要素和新闻内容。因此，与传统的新闻报道方式相比，融合新闻报道的方式更显活力。

（5）从业者队伍的管理机制。在融媒时代，从业者队伍的管理机制可以从采写实施过程中的信息反馈和方案修正两方面来讨论，这两方面都是不能忽视的重要环节。第一，采编人员需要注意各方对新闻信息的反馈，及时调整报道方案，做有针对性的报道，争取实现受众最大化和传者意图实现程度最大化。第二，新闻事件往往处于不断发展变化之中，事先拟订的报道计划虽然尽可能依照事情发展的规律而行，但还是不可避免要面对一些突发情况，这就需要及时针对事情发展变化的情况和各方反馈做出相应的方案调适，这也就对新闻采编人员提出了更高的要求。在融媒时代，新闻策划能力是媒体人才不可缺失的重要能力，没有这一重要能力，编辑的身份和角色就会随之转换，媒体也就失去了策划竞争的能力，处于被动发展状态。

针对新闻选题策划的经验和方法，《新闻写作的基本要素》（*The Elements of News Writing*）一书中谈到了6点策略[①]，同样也值得我们参考借鉴。

（1）记者要选择一个有新闻价值的故事。记者的目标是及时了解最近的、有趣的重大事件或发展进程。

（2）在写故事的过程中需要思考自己的目标，思考读者希望和需要了解的话题是什么，如何才能最好地讲故事。换言之，采取移情的方法，站在受众的立场上，考虑受众获取信息的需求进而形成新闻采写的脉络。

（3）找出最能准确提供主题信息的人，知道如何联系到那个人，还要找出其他可以利用的渠道来获取相关信息。想法和策划很重要，新闻报道落实的实际操作也很重要，找到合适的信息获取渠道，为报道增加多元视角的同时，也可以增加报道的可信度。

（4）做足功课。记者需要做研究，要对情况有一个基本的了解，只有对所采写的话题有所了解，才能避免在采访时犯低级错误，或者是在写作时行文空洞；也只有先了解基本情况，然后才能采访其他人，检查已经写在主题上的故事片段。

（5）记者请扪心自问："有什么故事？""有什么意义？"在开始写作前，脑海里要进行充分考虑。如果记者在进行新闻报道时无法达到逻辑自洽，那么所呈现的报道也必定是不能使人信服的。

（6）可以根据相关涉事主体，策划新闻报道的书面纲要或计划。

---

① Kershner J W. Elements of News Writing [M]. Pearson Higher Ed，2011.

思 考 题

(1) 试论新闻策划和策划新闻的区别。
(2) 你认为坚持多媒体统筹意识应该注意什么？
(3) 谈谈你对新闻线索作用的理解。
(4) 试举例说明假新闻的危害。
(5) 融合新闻采访过程中应注意哪些问题？

第三章 互联网时代融合新闻的采访

互联网时代的融合新闻采访，是指新闻记者为了特定的采访目的，通过观察、倾听、询问、记录、思考而进行的新闻活动。换言之，融合新闻采访出于种种传播目的，会通过一定的采访手段，对公众广泛关心或少为公众所知的新闻信息进行收集和采纳。值得注意的是，互联网时代的融合新闻采访也必须遵循新闻真实性和客观性原则，对已经发生或客观存在的事实进行充分调查取证，这也是进行新闻采写的先决条件和必要准备。互联网时代的融合新闻采访并不同于文学采风，必须坚持记者和新闻报道的自我秉性。

融媒时代的新闻采访具有两层含义，包括广义的融合新闻采访和狭义的融合新闻采访。广义的融合新闻采访是为互联网媒体新闻发布而进行的采访。狭义的融合新闻采访是利用互联网而进行的采访，是一种特殊的采访方式，这种方式可以单独使用，也可以与传统的采访方式如现场采访、个人采访配合使用。本章主要探讨的是广义的融合新闻采访。

第一节 融合新闻的采访渠道

受媒体融合趋势影响，融合新闻采访既承袭了传统新闻采访的各种特点和方法，同时也具备了一些互联网新媒体时代下的新特点。普通的新闻采访能力不能满足融合新闻的需要。融合媒体工作者需要的是一种能够跨媒体、多领域进行新闻采访的能力，这种多元综合实力要求融合媒体从业者既要具有一定的融合媒体技术运用能力，又要能够保持足够的新闻敏感和新闻采访功底，对社会有足够深刻的认知，这样才能在融合新闻的采访中做好采访工作，把握好采访关卡。本节就从采访方式的分类、采访技巧以及访问过程几个方面来分析融合新闻采访的特点。

一、采访方式分类

（一）个别访问法

个别访问法通常是指面谈访问法，即通过访问者与被访问者之间面对面接触交谈而收集调查资料的一种方法。融合新闻采访中的个别访问法的具体形式是多种多样的，大致可以归纳为直接访问和间接访问。直接访问又叫面谈式访问，是一种相对传统的访问方式，要求记者直接与采访对象面谈采访议题；间接访问又可分为网络访问、电话访问、问卷访问。间接访问中的网络访问在融合媒体时代运用较为广泛，记者可以通过即时通信软件和社交网络对采访对象进行采访。此外，根据访问对象的特点，还可分为一般访问和特殊访问。特殊访问是指对那些知名度高的人、突发事件的当事人、儿童和聋哑人等特殊对象的采访。

提纲式访问法是指融合新闻记者按照既定的采访计划对采访对象进行逐一询问的方法，这种方法的计划性较强，对采访者来说容易归纳信息要点，可以做到采访提问无遗漏。采访者根据准备的问题对被访者进行封闭式提问，要求被访者在一定的明确范围内回答问题。缺点是由于提问方式的直接性，易影响访谈的气氛，使被访者感到拘谨，调查访问不易深入，无法获得访问提纲外进一步的调查内容。同时，如果出现问题选择不当的情况，也会直接影响访谈的进程，甚至错失重要信息。

自由式访问法是指访问者围绕调查主题与被访者进行自由交谈的方法。此种访问方法的气氛活跃随意，谈话不受拘束。采访者通常就某一话题对被访者进行开放式提问，让被访者自由回答，回答的形式和内容选择范围较大，不受限制。但采访者需要牢牢记住采访目的，不可泛泛提问，否则采访很难深入；同时，在自由式访问中，话题跳跃性较大，缺少逻辑性，采访者事后整理记录内容的工作量会比较大。

标准化访问是按照预先拟订的计划和统一设计的内容以及既定的程序进行的访问。这种访问的特点是选择访问对象的标准和方法、谈话中提出的问题、提问的要求和顺序，以及对被访者回答记录的方式等都是相同的；也就是说，其访问的问题多为规范化、程序化的问题。采用标准化访问，主要是为了避免因调查者个人因素造成干扰和影响，增加资料的可靠性。这种访问的好处是可以在较短时间内获得需要的材料，便于统计访问结果，也便于对不同被访者的回答进行比较分析。但是，这种访问方法比较封闭、呆板，难以真实可靠地反映复杂多变的社会现象，访问者和采访对象可能难以对问题进行深入探讨，同时，也不能充分发挥访问者和被访者的积极性、主动性。因此，这种访问所获得的资料不够丰富，质量不高。

非标准化访问是按照事先拟定的大致提纲进行的访问。非标准化访问并不是没有目的、没有计划、没有内容的访问，而是相对于标准化访问形式，它有着遵循访问目的和要求，可以根据访谈时的实际情况做必要调整的特点。非标准化访问提出的问题，不要求规范化、程序化，多为开放式，问题的答案也不受限制，被访者可以不受拘束地回答问题。这种访问的好处是，有利于充分发挥访问者和被访者的主动性和积极性，有利于充实和补充原始调查方案中没有预计到的新情况、新问题，有利于拓宽和加深对所调查问题和被访者的认识。但是，这种方法对访问者的素质要求比较高，需要访问者在围绕主题的情况下进行发散式提问；这种方法通常不便于对获得的资料做定量分析，也很难在一次访问中获得所需要的材料。

而在具体的采访过程中，提问方法还可细分为如下几种，即正问法、侧问法、反问法、设问法、追问法、错问法、诱问法、质问法、借问法。

（1）正问法。正问法是指访问者从正面向被访者提问，开门见山地解释采访目的。这种方法通常在采访时间有限的情况下使用。例如，记者招待会、新闻发布会，电视、广播的演播室采访，突发事件的现场采访，以及在采访对象十分忙碌的时候。使用正问法提问时有以下两点值得注意：第一，提问要有针对性，需要访问者抓住关键，直截了当地向被访者抛出目的问题；第二，提问时要有情感交流，采访者要时刻注意情感铺垫，不能生硬地发问，开门见山需要有感情的融入。例如，采访一位市领导，问："今年全市部分道路交通改建完成的情况怎么样？""从您谈的情况看，道路改建计划实施良好，那请问您预计完成的时间是否确定？以及后续的交通规划蓝图是否已经落实？""道路改造，请问市政府对环境维护采取了哪些主要措施？""对于房屋拆建和补偿工作，请问有哪些举措？以及当前环境下面临哪些新问题？""请展望一下未来本市的交通建设及环境水平。"这些都属于正面提问。

（2）侧问法。侧问法是指当第一次见面的采访对象不太配合时，直接提问往往达不到采访目的，采访者可从采访对象不设防的侧面入手，通过迂回战术回到正题。一般来说，可通过闲聊、漫谈、拉家常引入正题。例如，记者希望了解农民工的收入水平，可以先和农民工拉家常，从侧面问起，比如他一家有几口人，是不是都在北京，吃饭每月要花多少钱，房租每月要花多少钱，孩子每学期上学要花多少钱，等等。这些花费加起来是他一年的总支出，采访者便能做到心中有数，然后再回到正题，问他每年的收入，即使他还不愿交底，记者也可以大体做出相关判断。

（3）反问法。反问法是指从与采访对象表象认识相反或从与事物呈现状态相反的方面提问，也就是逆向提问。有时候采访对象避谈一些话题，采访者可从相反的方面提出问题，促使对方思考并回答，以达到自己的采访目的。例如，记者要采访一名校长对家庭与工作之间关系的看法时，可以这样问："请您说说真心话，您从来没有想过给您的孩子调换一份轻松点的工作吗？"迫使采访对象坦诚回答内心的思想活动。反问法具有强大的逻辑力量，运用这种方法，语气应慎重，用词应有分寸，刺激强度要适中，注意所提问题不要引起对方反感。

(4) 设问法。设问法是指通过假设的方式，提出一些假设性的问题，以了解对方的真实想法。要使用好设问法，需要记者有丰富的生活阅历和工作经验。例如，记者想知道农民工关于过年回家的想法，但是对方回答过于含糊，可以用设问的方法去问："假如今年过年回不去怎么办？"运用这种方法应该注意的是，记者可以通过假设的方式去提问，但是不要把自己的观点强加于人，或者暗示采访对象按照自己主观划定的框架去谈。

(5) 追问法。追问法一般是指按照事物的发展规律，循着访问对象的思路去刨根问底，使事件的真相水落石出，以达到采访目的。但是记者在具体的应用中，注意不要把追问变成逼问，使之变成"审问"。例如，有些记者为了挖掘英雄模范人物的先进思想，总喜欢这样追问："你当时是怎么想的呢？""你在想这个问题的时候，还想过其他问题没有？""你难道就不再想了吗？"这样追问容易变成逼迫和"审问"，使采访对象心情不愉快，最后也达不到良好的采访效果。

(6) 错问法。顾名思义，错问法就是记者以错误的问题来推测获取正确的信息，简称"以误求正"。记者在日常采访中，在无法直接获取正确信息时，可能会向对方抛出错误分明的问题，用以激将、试探、考察被采访对象，刺激对方表态。例如，记者采访有关师生关系的话题时，可以这样开始："听说/有人说/据说……某学生辱骂老师，有这回事吗？"记者运用错问法进行采访时应该注意措辞和分寸，出处不宜确指，以模糊的第三方为宜。

(7) 诱问法。诱问法是指记者运用已知的材料，通过诱导被采访者对象，说出他想说但又不太好表达的话。

(8) 质问法。质问法是指记者面对无法与其正常沟通并持有敌意的采访对象，或者是不愿承认错误和客观事实的采访对象而采用的一种非常规采访手段。在这种非常规情况下，记者为了新闻事实可以选择质问法。

(9) 借问法。借问法是指记者假借他人之口，向采访者对象提出自己想要提出的问题。

(二) 集体访问法

集体访问法是指访问者邀请若干被访者，通过集体座谈的方式了解问题的采访方法。集体访问法是一种了解情况快、工作效率高、经费投入少的调查方法，但对调查员的组织能力要求很高。另外，它也不适应调查某些涉及保密、隐私、敏感性的问题。集体访问法一般包括座谈会和记者招待会两种。

1. 座谈会

座谈会是由训练有素的采访者以非结构化的自然方式对一群采访对象进行的访谈，也就是在同一时间、同一地点，就同一话题向多个对象进行采访的一种新闻采访形式，是一种常见的集体访问形式。座谈会一般用于重大人物的典型报道，涉及面较广的工作报道、现象讨论，以及争议较多的话题。但应注意的是，因为座谈会是对同时在场的多个采访对象进行访问，所以采访对象在与采访者交流时可能会考虑多方因素，有所顾忌，甚至言论失实，胡编乱凑，采访者要密切注意采访对象的语言表达和肢体动作，以此得出综合性的访谈结论。

（1）座谈会的优点。

一是节省采访时间，提高采访效率。座谈会通过把不同的采访对象聚集在一起，帮助采访者在较短时间内从多方面了解新闻采访主题的相关内容。例如，报道一个典型人物，采访者可以利用座谈会，召集与采访对象有直接关系、对相关事件有所了解、对新闻人物表示赞赏或持不同态度意见的人，让所有相关的人面对面交谈，各抒己见。与此同时，采访者可以在较短的时间内从多个角度全面了解采访对象，节省了采访时间，提高了采访效率。

二是相互补充，更全面地展示采访事物。座谈会因为有多个采访对象在场，当一个采访对象介绍得不完整时，另一个采访对象会进行补充介绍，由于每个人的认识角度不同，所以他们的看法也不尽相同。比起单个座谈对象的采访，集体化的座谈会采访能够在更集中的时间和空间里获得更广泛的新闻信息，而采访者要及时记下每个采访对象的观点，在会议之后对内容加以汇总认证，以更加全面地展示报道对象。

三是当面验证，提高材料的真实性。开座谈会时，众人在场，采访对象会有所顾忌，担心说谎被他人当场拆穿。而且当一个人说得不全面或者所言有错时，其他人会及时补充或者纠正。在座谈会中，采访对象能感觉自身与小组中的其他成员是平等的，所以每一个采访对象都能感到舒服并愿意表达他们的观点和感情。所以说，座谈会既是一个信息汇聚的场所又是一个验证信息真伪的场所。

四是解决争论，有助于记者深入地认识事实。由于每个人立场不同、观察问题的视角不同，对同一事物的认识会有所差异，这些差异会导致争论。此时，采访者不应轻易制止争论，而应该让不同的言论进行交锋，然后再加以引导和辨析，从而能更加深入而辩证地认识事实。

（2）座谈会的缺点。

一是失语冷场现象。由于参与讨论的人员众多，可能每个人都有等别人先说、自己后说的想法；在没有组织好的情况下，会出现互相推诿的现象；在发表个人的观点时有所顾忌，回答内容轻描淡写。所以集体座谈会与个人单独交流相比，更容易出现冷场或气氛尴尬的现象。

二是沉默的螺旋效应。座谈会上，一旦有多数人先后表达同一种观点，或者某位有权威的人发表了某一观点之后，这一观点就极易成为强势观点，其他人会纷纷附和，即便有人持有不同意见，鉴于现场形势，也不会发出真实的声音，甚至还会随声附和，人云亦云。

三是难以深入交谈。个别访问时较少受到外界干扰,也容易建立起良好的信任关系,采访对象往往可以很轻松地将自己的内心世界展现在采访者面前。而在座谈会上,人员众多,大家往往不能够随心所欲地畅谈心事,他人可能会成为交谈的干扰因素。也正是因为如此,集体化的座谈会让一些采访对象顾忌群体压力,对一些事情避而不谈。受沉默的螺旋效应影响,记者难以获取独到的观点。

总而言之,座谈会是一种优缺点集于一体的采访方式,它的使用需要采访者做好充分的准备工作,并且时刻准确地把握会议进程。

2. 记者招待会

记者招待会即新闻发布会,是党政部门、社会团体或者个人邀请新闻记者参加的公开的新闻资讯发布会,媒体和社会可以在第一时间获取某一部门或组织的最新官方权威信息。它既为发言人提供了在一个场所面对较多记者发表言论的机会,同时也为新闻媒体提供了一种采集新闻材料的有效而简便的采访方式。记者招待会是一种常见的集体访问形式。

(1) 记者招待会的优点。

一是信息权威、可信度高。因为记者招待会直接向新闻界发布有关信息或解释重大事件,所以记者招待会上发布的消息,形式往往比较正规、可信,易于引起社会各方的广泛关注。记者招待会的形式均十分正规,会议档次较高,地点精心安排,并且邀请记者、新闻界或媒体机构的主要负责人、行业部门主管等重要人员参与。

二是双方沟通积极,能及时了解对方需求。记者可根据需要充分采访组织者或新闻发言人,有针对性地提出问题。组织者或发言人同时也能更深入地了解新闻媒体需求,这种沟通方式能增进彼此的了解,帮助完成更高质量的采访内容。

三是与同行交流,可交换新闻线索和看法。记者招待会邀请大量新闻界的记者同行,在这个群体中可能有中外记者,也可能有来自不同媒体的记者,同行之间可以相互交流学习,分享各自的新闻线索和看法。

(2) 记者招待会的注意事项。

一是记者参加招待会时,需着装正式,讲究必要的礼节。记者进行新闻采访的目的是获取尽可能多的新闻素材,而记者若能给发言人以好的印象,则往往能给采访带来理想的效果。

二是记者应做好充足准备,在规定时间内提出有效问题。这种场合记者必须有备而来,包括有关政策、资料的准备。会前要围绕主题多准备若干问题,万一准备的问题被其他记者提了,还有后备问题。

三是记者要善于"拷问"。因为在与发言人交锋的过程中往往会得到更有新闻价值的材料。记者不能只是提及已经准备好的问题,也应适当根据现场情况追加一些有价值的提问。

四是记者要积极竞争。记者招待会上提问的机会有限，慢半拍是不行的。在记者招待会前，记者要选一个好的位置，以便引起主持人注意，获得提问机会。在记者招待会中，记者要抢问，不抢就等于把机会拱手让人。会后，如果有可能还应追问，以便获得独家新闻。独家新闻是现代传媒行业竞争力的重要体现，是媒体盈利的重要指标，也是获得公众关注度的重要砝码，甚至决定着媒体的生死存亡。写独家新闻需要记者具备扎实的专业素养，能够因时、因地制宜处理相关问题，并且有自己的独特见解。总之，记者需要有竞争意识，抢座位，抢提问，抢发稿。

五是记者要排除思想障碍。参加记者招待会的关键在于提问，在大庭广众之下提问，记者往往会产生很多思想障碍。比如，有的记者认为提问是给领导出难题，有的记者认为自己是小新闻单位没有机会，还有的记者在招待会上怯场，不敢积极提问，甚至有记者怕提的问题不好而被人嘲笑，等等。这些思想障碍都需要记者努力排除，摆正心态，以积极的心态参加会议。记者要发挥自己的专业长处，敢于提问，善于提问。记者代表的不仅是自己和本单位的利益，也肩负了广大人民群众的利益，因此要努力打破这种思想障碍，树立为人民服务的意识。

二、采访技巧

（一）显性采访的特点

显性采访是指采访者在采访过程中向采访对象公开自己的身份并表明自己的采访目的的采访方法。显性采访是建立在采访者"需要情况"和采访对象"提供情况"二者需求和供给互补的基础之上的。显性采访是以采访对象的"讲"与新闻记者的"记"为交流手段的。显性采访是一种常规的采访方法，采访者的行为公开且对采访对象具有极强的依赖性。采访者要依靠采访对象提供消息来源，并且依靠采访对象了解情况，在采访对象的帮助下完成采访内容。

本章前面提到的个体访问和集体访问就是典型的显性采访方法，下文着重分析隐性采访。

（二）隐性采访

1. 隐性采访的特点

隐性采访是指记者不公开身份、不暴露采访目的的采访方法，也有人称之为暗访。也就是说，隐性采访是采访者或记者虚拟一个特定的身份去观察和了解事物，以获取公开采访不易得到甚至不可能得到的新闻材料。例如：要暗访传销的"上线"，记者的虚拟身份就有可能是传销的"下线"；要暗访宰杀死猪病猪的屠宰场，那么记者的虚拟身份就可能是一个肉贩；要暗访一个非法培训班，记者的虚拟身份就是一个学员或学员家长等。隐性采访在新闻实践中运用得越来越多了，尤其在广播电视媒体中，应用率非常高。有学者称，这种采访方式已经成为焦点类节目的有力武器。

2. 隐性采访存在的必要性

首先，任何社会都是一个矛盾的集合体，存在很多不公平、不公正甚至丑恶的现象。这些现象自然是不愿或不敢接受记者采访的。如果记者以公开的身份去采访这些负面现象，轻则受到种种阻挠或者威胁，重则记者的生命都会受到侵害。

其次，报道对象的行为多是在不受干扰的自然条件下发生的，如果有了记者的公开参与，势必会影响当事人行为的"保真"效果。例如，报道一个典型人物，如果当事人性格非常内向，记者以公开身份去采访的话，当事人可能出于不好意思而说不出什么；但是如果记者不公开身份，与当事人交朋友或者充当一个需要帮助的人，让当事人的热心自然表露出来，就不会有"包装"、"作秀"之嫌了。

3. 运用隐性采访应该注意的事项

普遍意义上，隐性采访被称为暗访或私访。在融媒时代，传播工具和采访工具变得更加先进，隐性采访也有了更多的先进手段。基于隐性采访的特殊性，以及其背后涉及的许多道德、法律和伦理议题，融合新闻记者要认识到，必须遵守相关的法律和规定，在法律框架内完成采访任务，尽量避免触碰道德伦理的灰色地带，也绝不触及法律的底线。融合新闻记者在利用这种采访方式时，一定要把握好隐性采访的尺度，选取正常的符合社会常规的视角，绝不能故意制造社会矛盾，引起社会的不安定因素。与此同时，融合新闻记者也要学法、懂法，懂得用正常的法律途径保护自己与采访活动。在我国，新闻记者进行采访活动，是符合我国宪法和相关法律规定的，是法律赋予其行使舆论监督权的重要表现。虽然我国目前并未对"舆论监督权"做出具体的规定和详细司法解释，但是"舆论监督权"是我国法律监督体系的重要组成部分。国家根本大法《宪法》明确规定，中华人民共和国公民有言论、出版、集会、结社、游行示威的自由。[①] 对融合新闻从业人员来说，法律也对其赋予了舆论监督权，这是最有力的法律依据。《宪法》同时规定，中华人民共和国公民对于任何国家机关和国家工作人员，有提出批评和建议的权利；对于任何国家机关和国家工作人员的违法失职行为，有向有关国

---

① 中国人大网：http://www.npc.gov.cn/npc/xinwen/node_505.htm.

家机关提出申诉、控告或者检举的权利,但是不得捏造或者歪曲事实进行诬告陷害。① 即使有法律保障,记者们采用隐性采访时也应严守原则。以下是隐性采访中应该注意的一些问题。

一是不能侵犯他人的人格权,如名誉权、隐私权、肖像权等。隐性采访本身的特点和所应用题材的特质,使隐性采访在进行过程中不可避免地会触及公民的私人空间,与公民的人格权利产生冲突。同时,由于新闻报道通过各种媒体公开传播,采访对象在不知情的情况下被曝光,若一旦侵权,其侵害结果会比较严重。

二是新闻记者不能以身试法,成为违法的一分子。例如,对某个黄色窝点的调查,有记者以客人的身份暗访后写了一篇报道,之后又有其他记者继续去那里"暗访",这就不禁让人心生怀疑:去暗访还是去体验?再如,有些记者为了调查传销事件,就会虚拟身份作为一名传销"下线"去暗访,但是记者要时刻铭记自己的身份,不能深陷泥淖,使自己也成为违法的一分子。

三是记者在隐性采访中的问题不能具有诱导性。记者不能暗示或诱导采访对象或者新闻事件向自己预设的方向发展。诱导性的问题往往会误导对方,不利于获取真实客观的信息。

有关学界对隐性采访的争议较大,下面以"2015年江西高考替考事件"来看隐性采访的道德与法律争议。

【案例1】

42人因江西高考欺诈作弊案被处理②

时间:2015年7月8日　作者:Xu Wei

(中国日报电)江西省有关部门21日宣布,对近期全国高考或高考舞弊事件,共处分了42人,其中包括22名政府官员。

江西省教育厅在其官方网站发布的声明中表示,已有12名政府官员被免职,其中3人已被移送司法机关进一步调查。

该部门人士称,"这是一起外地诈骗组织在网上招募替身的事件,并与政府官员串通,帮助一些大学生在考试期间作弊"。

南昌市东湖区教育管理局考试办公室主任陈建鹏因受贿、玩忽职守,被免去其中共党员职务,剥夺其党籍。

南昌市教育主管部门的多名官员,包括教育局副局长、市教育考试管理局局长等多名官员,也因考试舞弊受到警告处分。

---

① 中国人大网:http://www.npc.gov.cn/npc/xinwen/node_505.htm.
② USA China Daily:http://usa.chinadaily.com.cn/china/2015-07/08/content_21219556.htm.

42 名高考作弊考生被罚。经权威部门初步调查，该作弊行为是由山东省菏泽市 4 名居民组织的，他们均因涉嫌伪造居民身份证被刑拘。

另一涉案人员曾担任中介，也因涉嫌犯受贿罪被刑事拘留。

警方表示，在高考报名和体检过程中，诈骗分子与教育考试干部、医院工作人员勾结，假冒学生身份进行替考。

6月7日，南方都市报记者率先曝光了这起诈骗案，他潜入了一个雇用大学生参加替考的团伙，伪装为团伙的一名"客户"。

聘请替身的 7 名高中生，他们的高考成绩宣告无效，并被禁止参加 3 年的考试。

对于双方的僵持，包括 5 名大学生在内，他们所在的学院和用人单位已被通报，处罚仍在进一步审理中。

以上报道是对"2015 年江西高考替考事件"全过程的叙述。从报道中不难看出，该事件的曝光是因为南方都市报记者通过卧底替考，进行隐性采访获得关键性证据和情报。对此事件的采访手段，舆论和法律也都显露了态度并进行争论，争议点集中在"南方都市报记者卧底替考是否触犯法律法规"、"南方都市报记者卧底要把握什么样的尺度"等问题。记者对一些重大事件进行隐性采访本身就需要承担一定的法律风险，隐性采访的合法性机制问题和风险许可认定还有待相关专家进一步讨论。

总而言之，隐性采访是展开舆论监督的必要而有效的手段，但这一手段的运用必须要有一定的条件限制。首先，不能为了追求轰动效应而滥用暗访手段，只有在无法公开采访或者公开采访无法实现预期目标的特定情况下，才能考虑采用隐性采访；其次，使用隐性采访要把握好"度"，包括采访范围的适度以及具体事件采访的适度，如果度把握不好的话，容易出现"越权"、"侵权"等问题；最后，隐性采访还要保持在合法和合理的范围之内，本着"公共利益至上"的原则，使隐性采访尽量保持在道德和法律的范围之内。

三、访问过程

我国已经进入新媒体时代，信息传播工具的多元化和传媒技术手段的广泛应用，为融合新闻记者提供了便捷的采访工具。如今，除了电话采访之外，新时期的网络采访也变得越来越普遍了。新时代的网络采访甚至逐渐超过了电话采访，成为当今新闻采访的主流趋势。中国互联网络信息中心（CNNIC）发布的第 44 次《中国互联网络发展状况统计报告》显示，截至 2019 年 6 月，我国网民规模已达到 8.54 亿，而网民通过手机接入互联网的比例更是高达 98.6%。各行各业的工作都必须倚重互联网，因此新闻采访工作也要关注互联网时代的最新动态。

（一）电话采访

电话采访是指新闻工作者以电话为访问工具对采访对象进行访问的信息获取手段。融合新闻记者在情况允许的条件下，对新闻当事人和新闻知情人通过电话进行相关访问，是一种便捷直接的采访手段，为记者千方百计地抢新闻、抢时效提供了有效途径。

1. 电话采访的特点

电话采访相对便捷、高效，有利于提高新闻的时效。在一些特定的新闻事件报道中，负责采访的新闻工作者不能在规定时间内赶到事发现场，或是一些与事件相关的专家、医护人员等无法第一时间进行面谈和直接采访。通常情况下，采访人员会采取电话访谈的方式，降低采访成本。对某些价值普通的新闻，确实存在必不可缺的采访需求，但是部分采访的差旅开支比较高昂。采访人员通过电话进行远距离采访，只需要支付电话通信费，这大幅度地降低了采访成本，从而降低了媒体的运营成本。电话采访可以跨越时空阻碍。在技术层面上，电话通信24小时提供服务，在信号覆盖范围内，可以随时随地进行电话采访。

电话采访有利于发挥融合新闻优势。在融合新闻的发展过程中，新闻工作者通过电话采访，不仅可以获得相关的新闻线索和新闻信息，而且可以使用电话录音功能，对相关材料进行录音备份，或者直接用于音频、影像新闻作品中。这样的材料在很多情况下会作为相关采访内容的重要证据，往往还会对之后事情的发展起到意想不到的作用，成为独家内容，从而有利于采访高效完成。例如，网站和新媒体平台上的音视频、电视或广播媒体等。

2. 电话采访的适用范围

（1）对远距离新闻事件的采访。

一般而言，新闻记者要尽可能到新闻事件发生的现场进行采访，但是当一个新闻事件发生的地点与新闻媒体的距离太远，或者记者来不及赶到现场，又或者记者赶到现场的经济成本高而不得不放弃新闻时，就需要记者通过电话进行采访。记者通过电话可以采访事件的当事人、知情者、周边群众等，经过汇总比较，获得鲜活的现场材料。

（2）对热点话题的小范围调查。

我国当前正处在社会转型期，诸多改革变化一时还找不到可以参考的标准，极易产生一些新生事物和热点话题。作为媒体报道的重要内容，对这些问题的受众进行调查，是媒体经常选取的关注视角。对某个热点问题的调查，如果样本量不大，则既可以采用发放问卷的方法，也可以用电话进行随机访谈，这样既方便快捷，又能与采访对象进行细致的交流。

(3) 对具体问题的专家或者评论员的采访。

新闻采访中,有时为了从专业角度对采访的事实给出一些解释,以增加新闻信息的确定性和新闻表现的厚度,记者或电台、电视台主持人会邀请专家或特约评论员发表看法。这种访谈时间较短、内容也比较简洁,往往电话采访足矣;若大费周折进行现场访问,势必会占用专家较多的时间,同时也会耗费记者的精力。

(4) 对所得事实材料进行核实。

这里主要是指记者就所获得的某些线索或传言、材料中的事实或者数据等,向有关人员进行电话核实。这是电话采访的一种常规用途。记者从通讯员那里得到的新闻素材未必都是真实可靠的,有的必须进行核实,而进行核实最便捷有效的方法就是记者用电话采访材料中所涉及的人物,对通讯员提供的材料进行真假对错的验证。

3. 电话采访的步骤

(1) 选择适合具体新闻事件的新闻题材。

一般来说,采访对象单一、采访目的单纯、事实经过简单、不牵涉复杂内容的新闻题材,电话访问比较适用。部分复杂的题材有时候也可以分解成几个简单的题材,分开解决。

(2) 选择适合具体新闻事件的采访对象。

采访对象首先必须是新闻当事人或者知情人,了解事件的情况,但要避免对新闻事实产生误导,要能保持客观公正的立场;其次他必须有一定的表达能力,采访人员与采访对象之间要保证沟通的无障碍性;最后,采访对象自愿提供信息给媒体。

(3) 提前通知采访对象,预约采访时间及采访内容。

记者在选择电话采访前,最好能与采访对象约定时间和采访主题,以便采访对象能够做好思想和一些事实材料的准备,这样也能够使记者的采访变得更加顺利。如果记者突然打电话给采访对象要求采访,因为事出突然,受访者没有任何的思想准备,就有可能随意应付提问或者拒绝回答,记者的采访效果就会大打折扣。

(4) 准备好采访提纲。

电话是人们用来异地交流的工具,简洁、便捷是电话交流的一大优势。所以,对于电话采访,新闻记者应该养成采访前列好采访提纲的习惯,把要问的问题提前列出来,以免在采访中忘了提问,写稿时追悔莫及。同时,提出的问题要简明扼要,以便对方理解及答复,不提带有歧义的问题。融合新闻记者需要对新闻事件有全局性的了解,做好相关的背景知识准备工作;只有做好充分的准备,采访的过程中才能有的放矢。

(5) 做好电话采访的核实工作。

电话采访方便快捷，但也有弊端，那就是误差较大。这种误差，有可能是采访对象有意提供虚假信息所致，也可能是记者没有听清楚所致。因此，电话采访之后，记者一定要做好核实工作，尤其是有关事实、数据、人名、地名等的关键新闻要素，记者更应该提高警惕。若记者对关键性新闻要素有所怀疑，一定要在适当的情况下找原采访对象进行细致核实和比对，切记不能弄错关键信息。在时间允许的情况下，记者可以将自己整理的电话采访记录，通过电话告知对方，一来可以征求对方的意见，二来可以对自己的记录进行核实。另外，融合新闻记者在新闻写作过程中，对事实和观点的叙述一定要尽可能地表明来源和引入源，让采访对象成为新闻事实的叙事者，而不是代替采访对象进行信息陈述。

(二) 网络采访

随着互联网技术与传媒通信技术的不断发展，网络的互联互通为融合新闻记者的采访工作提供了极大的便利，新闻报道工作也因此受益。互联网工具具有很强的交互性，耗费低，快速便捷，融合新闻记者可以通过电子邮件、互联网聊天软件实现快速化、便捷化的稿件和信息传送。随着网络信息传输工具与其多元化功能的普及，记者可以运用互联网完成对特定对象的采访，这就是网络采访，其特点和优势围绕"在线"得以呈现。网络采访是互联网派生出来的一种新型采访手段，不仅融合新闻可以运用，传统媒体的新闻报道也可以大量运用。

1. 网络采访的表征

(1) 采访工具数字化。

在融合新闻传播时代，网络采访工具的运用是基于互联网的数字化载体而存在的，没有互联网，就没有网络采访的存在。网络采访的自然属性，即利用数字化工具的新闻采访。如今，融合新闻记者可以使用的网络采访工具主要涵盖硬件工具和软件工具。硬件工具主要有计算机、互联网可传输式摄像机、直播、无线记录仪等设备，融合新闻记者可以利用这些工具对诸多制式的媒介文件进行传输发送，实现媒介采访实时互通。软件工具主要有文本、图像、音频、视频等不同媒介工具，还包括移动互联应用，如即时聊天工具、搜索引擎、App 等。从腾讯公布的 2019 年第一季度业绩来看，微信的月活跃用户已经达到 11.12 亿，用户体量如此巨大，因此网络采访可以是新闻记者的重要采访途径。在硬件工具和软件工具共同使用的情况下，融合新闻记者可以利用多元化的网络采访工具，完成对新闻线索的找寻、收集和特定人物的新闻采访，进而完成采访议程和稿件传送工作。

网络采访工具的应用提高了融合新闻记者采访的效率，一定程度上实现了融合新闻采访的无纸化办公模式。在融合新闻传播时代，要想真正做好新闻采访，就必须掌握网络硬件和软件采访工具的使用。此外,融合新闻记者还要具有传统报媒记者的采访功底和能力,这样才能在融合新闻时代更加顺畅地进行采访活动。总之,就是要求融合新闻记者做到人无我有,人有我优,从而成为一名现代化的复合型新闻人才。

(2) 采访空间扩展化。

在融合新闻时代,随着互联网采访的电子化设备的运用,融合新闻记者的采访活动已经在一定程度上突破了空间和地域的局限。从理论上讲,融合新闻记者的采访对象和采访范围已经可以扩展到全世界。许多融合新闻记者都在使用不同的网络工具对新闻事件进行采访记录,他们可以直接通过网络通信工具联系与新闻事件相关的人士或目击人士,有的则是进入网络群或网络论坛与网友聊天获取相关信息,这种采访方式为记者的工作提供了诸多便利,可以"足不出户,便知天下事"。但同样也带来了一些弊端,对记者而言,网络的匿名性和虚拟性决定了一些信息的真假难以辨认,甚至会误导记者的新闻采访工作,产生一定的负面影响。很大程度上,网络的匿名性打破了受众的从众性,受众会在网络平台上发表自己对不同事件的看法,有利于打破"沉默的螺旋"以及"议程设置"等假说,减少权威的影响。但匿名性也带来了群体性的迷失,使得虚假信息、网络谣言泛滥。互联网的虚拟性,是指网络作为桥梁和媒介,是我们在现实生活中无法碰触到的,它不具有客观真实性。网络世界的虚拟性可以把现实生活的各种身份、脸谱、场所等都模糊化、符号化和平等化。匿名性和虚拟性使得网民不对自己言论的真实性负责,所以也不利于记者的新闻采访。

(3) 网络采访便捷化。

在融媒时代,网络工具的广泛运用使从业者能够快速传递信息。网络采访已经突破了地理空间局限,传统媒体时代看似不可能的采访任务变成现实。如新华社知名记者在一周内,利用电子邮件采访了美国、英国、日本等国的 10 位科学家,在这一采访历程中,有的采访对象在一天内便回复了记者的提问,这次具有象征意义的采访内容还被登载在知名学术期刊上。从采访的效率来看,利用网络工具进行访谈远远高于传统媒体的采访方式。

(4) 采访素材更加广泛。

在网络里,没有地域之分,也没有距离之别,通过 QQ、电子邮件、BBS 等手段都可以把相关信息及时传递至目标对象。记者同时利用电子邮件、在线讨论、民意调查、信息搜索等手段,能大大提高采访效率。

2. 网络采访技巧

(1) 掌握网络采访技术,拓宽采访视野。

网络采访是以互联网为工具的采访方式,记者应掌握好网络采访工具的应用技巧,熟练运用电子邮件、新闻组、QQ、MSN 等即时通信软件,以及搜索引擎。正如一些学者所说:"网络记者应是复合型记者或'多媒体'记者,必须掌握和运用多种数字传播技术,完成多媒体信息的获取、加工、传输全过程,过去单一的文字记者在网络时代将不复存在。"[①]

(2) 提高信息处理能力,随时验证网络信息的准确性。

是否能从互联网大量的新闻信息里挖掘出真正有价值的新闻,是由融合媒体记者的信息处理能力所决定的。因此,融合媒体新闻报道也对记者的信息处理能力提出了要求。此外,网络上缺乏"把关人"和健全的法律法规,导致了虚假信息的泛滥和大量不实报道的出现。真实性始终是新闻的生命,记者在进行网络采访时,还要核实细节的真实性。

(3) 增强版权意识,严禁抄袭和剽窃。

网上采集新闻不等于网上抄袭新闻,必须加强版权意识,杜绝抄袭和剽窃现象。同时,新闻记者应该了解和掌握一定的版权法律知识,以在关键时刻保护自己或不让自己犯错误。

(4) 融合媒体从业者应当拥有强烈的媒介责任感与道德意识。

融合媒体从业者的媒介道德理念不应当仅仅局限于以往的职业要求,而要在具体的新闻报道中把握好每一条信息的真实性和客观性。一名合格的融合媒体从业者,无论其选取哪种方式获取新闻信息,都要对此进行认真思考和求证,绝不能伪造事实和进行新闻造假。专业的融合媒体从业者也要积极运用自身的信息资源去谴责和揭露违反新闻道德的行为,以确保新闻传播的纯洁性和客观公正性。融合媒体从业者要有讲好新闻故事的职业意识,在日常的报道中积极承担起新闻报道的媒介伦理责任,所谓"铁肩担道义,妙手著文章"的记者情怀。融合媒体从业者要形成纯熟的写作风格,尽可能地减少媒介采访与写作中的错误和纰漏。简而言之,融合媒体从业者不应该忽略媒介伦理责任和专业道德,要符合融合媒介时代受众的社会期待。

3. 网络采访的合理利用

对网上收集的材料要做进一步的采访。由于网络的虚拟性,采访对象在接受访问时的言论有待证实。因为没有了现实生活中的种种束缚,任何人都可能会在网络空间里说谎,所以记者对在网上收集的材料要做进一步的证实和采访,以保证信息真实和准确。

网络采访要辅以其他采访手段。为了确保所获取新闻的真实性,网络采访最好辅以电话采访、个别访问或者电子邮件采访等其他手段。网络采访的来源和资料等虽然丰富,但是真假难辨,因此要进一步核实网上信息的真实性及准确度。

---

① 钱晶.浅议新媒体环境下网络记者如何做好新闻传播工作[J].新闻研究导刊,2015,6(21):109.

对于距离较远的新闻事件发生地，记者还可以委托当地的通讯员通过现场观察和体验式采访等方式进行补充采访。

第二节 融合新闻采访的独特性

新媒体的快速发展促进了融合新闻在传媒行业的应用，而网络成为新闻工作者们看好的新闻载体之一。与此同时，融合新闻采访也越来越多地被应用于记者的采访工作之中。

融合新闻采访兼具了网络新闻传播的一些特性，如超文本性、开放性、多媒体性、交互性。在融合新闻采访过程中，采访的方式多种多样，如文字采访、录音采访以及影像采访等。因此，融合新闻采访不能脱离网络采访而存在，必须充分理解这些特征，并根据实际需要，博采众长，为我所用。

一、融合新闻采访的特点

（一）采访工具的多媒体性

融合新闻采访的多媒体性即包括多种类型的多媒体。融合新闻采访的多媒体通常分为五个主要类别，并使用各种技术进行数字格式化。

第一，文本。在融合媒体采访中，文本可能是一个容易忘记的内容类型，但文本内容是迄今为止应用最常见的媒体类型。大多数融合新闻报道都使用文本和其他介质的组合来实现信息传递功能。融合新闻报道中的文本可以表达具体信息，也可以对其他媒体项目所载信息进行强化。

第二，数字图像。数字图像文件出现在许多融合新闻报道中，一部分数字图像是新闻报道的重要组成部分，为新闻报道阐释事实提供重要参考。互联网时代之前，新闻报道以图辅文，也就是说用图片来解释文字；但在互联网时代，随着眼球经济的盛行，图片成为传播的重要利器，人们对图片的兴趣甚至超过了文字，可以说社会已经进入了一个读图时代。另一部分数字图像可以交替形成部分用户界面、交互式元素，这些通常是应用程序设计者和开发人员创建的自定义按钮。数字图像文件使用多种格式和文件扩展名，最常见的是 JPEG 和 PNG。这两种格式经常出现在网站上，允许从业人员在最大限度上减少文件空间占用。图像设计软件程序如 Photoshop 和 Paint.NET，允许从业人员用数字图像创建复杂的视觉效果。

第三，音频。音频文件在一些融合新闻报道中起着重要作用。音频文件作为融合新闻报道的一部分，用于对新闻事实和新闻主体部分的援助交互。音频格式包括 MP3、WMA、Wave、MIDI 和 RealAudio。当从业人员将采访音频上传到新闻网站后，通常会使用压缩格式以尽量减少下载次数。当眼球经济被过度开发后，耳朵经济就显得尤为重要了。近年来，国内音频类网站纷纷崛起，例如喜马拉雅 FM、蜻蜓 FM、荔枝 FM 等音频巨头，为音频领域的长远发展注入了强劲的活力。

第四，数字视频。数字视频在许多融合新闻报道中出现，尤其是在融合新闻的直播报道中。与音频一样，数字视频可以通过流量数字视频来提高播放速度和媒介可用性，为受众呈现更为直观的可视化动态图像。视频集图文声像于一体，具有其他媒介无法比拟的优势，即生动性、形象性、趣味性，更容易吸引受众的注意力，实现更好的传播效果。常见的数字视频格式包括 Flash、MPEG、AVI、WMV 和 Quick Time。近年来，短视频行业尤为火爆，抖音、快手等短视频 App 快速崛起。目前，该类 App 已经拥有很大体量的用户。因此，新闻记者可以充分利用短视频这一新的途径进行新闻采访，与时俱进，实现自己的传播目的。

第五，动画组件。动画组件在融合新闻报道中很常见。如果记者无法还原某一报道对象的客观图景，或者需要进行超时空报道，可以根据采访内容设计模拟动画。在网络上创建动画最常用的工具是 Adobe Flash，Flash 还可使用 ActionScript 代码来实现动画和交互效果。

（二）采访的开源化和开放化

融合新闻时代的多元化决定了采访的开源化和开放化。互联网上到处都是信息，但这些信息对记者来说并不一定都是有用的，这要求记者具有一定的信息识别能力。但记者要找寻关键的采访素材，还需要另辟蹊径。不管是寻找公共记录，还是新闻当事人，都可以通过网络进行找寻。但网络也不是万能的，有时候融合新闻记者也需要做一些私下的调查和取证。

对记者来说，互联网是记者采访的新途径。记者可以将自己的采访笔记和采访的影像数字化，也可以在互联网上轻松获取其他同行公开发表的相关报道和线索。另外，大批网民进入融合媒体行业，从某种意义上来说，融合新闻采写工作比传统媒体采写工作更具有群体多元性和开放性。

（三）采访范围的全球性与便捷性

融合新闻传播是指在总体上形成一种散步型网状传播结构，在这种传播结构中，任何一个网结都能够生产、发布信息，所有网结生产、发布的信息都能够以非线性的方式流入网络中。① 从本质上来说，融合新闻采访能够面向互联网世界进行采访和信息加工，真正实现面向更广对象的全球性采访，在获得允许的情况下，记者可以足不出户通过即时通信、邮件等工具采访到全球各地的采访对象。同时，采访也可以实现直播和实时互动，并将采访内容嵌入新闻报道中，真正体现了融合新闻传播的全球性和便捷性。

二、融合新闻采访的途径

根据融合新闻的特性，我们可以将融合新闻的采访途径归纳为线下采访和线上采访两方面。其中，线下采访也称为实地采访，线上采访也称为非实地采访。

（一）线下采访的途径

在融媒时代，无论记者在媒体上刊发什么样的新闻，新闻报道的本质属性并未产生质变，新闻报道仍然要将真实性视为新闻的重要宗旨。融合新闻记者为了获取真实的第一手新闻源，要尽可能地赶赴新闻现场进行调查取证，正所谓"眼见为实"。尽管融合新闻是一种较为新潮的新闻模式，但在融合新闻的采访体系中，依然离不开传统媒体新闻采访模式的使用，比如线下采访。

在传统媒体时代，线下采访是新闻从业人员运用较广且最为常见的一种新闻采访模式，这种模式在如今的融合新闻时代被传承了下来。新闻报道最重要的一条原则是坚持真实性。融合新闻时代，新闻真实性是指融合新闻报道对事物与事实的原貌进行客观化描述，也可以理解为新闻准确性。从一定意义上来说，新闻无法离开事实而独立存在，事实永远是新闻的重要前提，是第一性的。一条融合新闻的起点事实消息源，构成这一新闻的重要组成部分，可以说，没有事实就没有新闻。从一条融合新闻的起点消息源开始，到融合新闻受众最终接收到消息，其间经历了若干传播环节与过程，每一环节的传播过程都有可能对消息的真实性产生一定程度的消减和损耗。从这个视角来看新闻采访的模式，就能够很容易理解为什么一名优秀的融合新闻记者一定要坚持从新闻发生的第一现场实地获取新闻信息，因为只有这样，才能够减少新闻真实性的消减程度，做到新闻真实性的最大化，反之就容易失真。道听途说的消息往往经过了很多传播环节，其间人们会有意无意地渲染、夸大其词，使消息的真实性大大消减，是不足为信的。所以，实地采访要求采访人员亲临现场，亲身体验新闻事件发生或发展的过程，并与采访对象面对面谈话，感受事件带来的影响。通过深入采访、现场目击和仔细核对，确保每一条新闻报道的真实性与客观性，做到准确无误、公平公正。

---

① 燕道成. 网络时代传播伦理的基本维度［N］. 中国社会科学报，2016-06-02（003）.

在融媒时代，许多内容生产平台都力求原创与独家稿件内容，以吸引忠实的受众关注其平台，因此涌现了一大批融合新闻网站坚持生产独创性的新闻内容，这些平台的许多融合新闻从业者奋战在新闻现场进行实地采访和调查取证，力求为受众呈现第一手的新闻内容。只有如此，原创的新闻内容才得以呈现。实地采访这一传统的采访方式在融媒时代仍然不会被丢弃。融合新闻记者在实地采访中，应当多向传统媒体的同行记者学习请教，根据自身的媒介资源和行业属性，不断提升自己的新闻敏感性和采访能力，培养融合新闻精神和采访风格，培养力求真实的新闻品格，同时也要坚守新闻工作者崇高的新闻道德和素养。正如我们所知，融合新闻会使用多种媒体进行采访，由于新闻事实属性和媒体形式的不同，新闻从业人员也会采用不同的传播工具进行采访写作。比如，在传统的报纸等纸质媒体行业，新闻从业人员可以分为摄影从业人员和文字从业人员，大多使用相机等工具进行采访；在广播台和电视台等媒体行业，从业人员大多凭借录音设备和摄像设备进行新闻采访、编辑和播出，所以他们必须携带录音机和摄像机到新闻现场。融合新闻是现代高科技发展的产物，除保留传统媒体的精华之外，更多的具备了新媒体数字化、形式多元和交互性强的特征。所以，融合新闻的采访人员随身携带的不再是笔记本、照相机、录音机或摄像机等单一的采访工具，而是由数字照相机、数字摄像机和便携式计算机组成的数字移动采访设备和移动通信设备。这些现代化的采访工具使融合新闻工作者在任何时间和任何地点都能与编辑部保持联系，解决了时间和空间上的障碍，让新闻中心能在第一时间内得到新闻信息的反馈。在融媒时代，融合新闻从业者必须具备多方面的素质和技能，在长期的理论和实践学习中，将自己培养成一个全方位的媒体人才。一个合格的融合媒体从业者，不仅要拥有传统媒体从业人员的文字功底、整合编辑能力以及摄影能力，还要具备电视媒体记者的话语口才技巧，不断掌握新的采访技术，在任何场景下都能够很好地进行融合新闻报道和写作，以出色地完成各式各样的采访任务。

(二) 线上采访的途径

线上采访，又称为在线采访或计算机辅助报道[1]。顾名思义，线上采访就是借助在线网络服务（如在线数据库、开源数据库等）对一些新闻信息进行收集整理的采访途径。它应用于传统媒体的采访中，但更广泛地应用于融合新闻记者的采访工作中。互联网信息的海量性和实时性使得融合新闻的采访工作变得艰巨。在线采访为融合新闻提供了强有力的手段，帮助融合新闻记者实时监控和采访，减少时间冗余和采访成本，提升采访工作效率。

---

[1] 李瑞芬. 在线采访——记者网络化生存方式探析 [J]. 新闻界, 2007 (03): 55-56.

今天的大多数记者都很难想象他们的工作如果离开网络搜索会是什么样的。无论是搜索报道主题的相关信息，还是寻找和引用事实，互联网都为记者提供了不同的渠道来支持他们报道采访工作。可以说，互联网为新闻从业者提供了海量信息和重要技术的支持，甚至可以说新闻从业人员无法离开互联网而独立存在。

1. 选择合适的社交网络获取信息

社交网络是目前融合新闻采访的一个很好的起点。社交网络上的某一条信息和线索，很可能是下一条新闻的重要来源。关注社交网络的一些意见领袖，他们往往能够为某些新闻议题提供独家的信息和见解，尤其是对于正在搜寻某种特定或复杂事务的记者而言。因此，融合新闻记者必须关注所采访领域的意见领袖的意见，通过微博和相关微信公众号观察话题人物的相关言论以及最新动态，为自己下一条新闻寻找线索和做铺垫。

社交网络正在成为记者们广泛接受的一种可信沟通渠道和跟踪新闻的方式。融合新闻记者在使用社交网站聊天时，确保掌握准确和快速的响应技巧。在西方新闻界，一些参与保健和医疗议题报道的融合新闻记者会选择利用医疗专业人士的社交网站对临床专家和医护工作者进行采访。社交网络采访有时也会辅助运用电话采访和线下采访。

在社交网络上获取相关信息，很大一部分工作是要先"找对人"。在社交网络上，群体组织可以很容易找到，但找具体的个人往往很难，而寻找合适的信息往往都是通过特定的个人和社交关系。寻找具体的采访对象时，一定要注意遵守法律法规和相关职业道德，不能侵犯他人的合法权益。

2. 科学地利用搜索引擎

搜索引擎是常用的"开源"搜索工具。对融合新闻从业者而言，有效的网络搜索将有助于找到重要的信息支持新闻报道。

许多人发现，搜索引擎往往会从可疑的来源搜出令人失望的结果。然而，只有在信任的网站中，才可以确保你将寻找的页面能转换成有效的信息获取平台。像谷歌这样的搜索引擎，要想呈现出有效的相关信息，你需要明智地选择搜索条件，使用先进的搜索语法。一是按照基本关键词进行搜索。例如，如果记者想在搜索引擎上获取"得克萨斯不同地区海洛因使用情况"的相关信息，就要用"or"或"或者"将相关关键词分隔开来，并将一些能够分解的词进行细分。二是按照域名进行搜索。比如，记者想搜索"与特朗普有关的来自推特网站上的信息"，在谷歌上可以将搜索关键词设为"Trump site：twitter.com"。三是按照文件类型进行搜索。比如，一次采访活动需要获得一份专业性的报告全文才能进行，这就需要借助文件类型搜索技巧。有些信息属于某些类型的文件格式，可以使用"filetype"在搜索栏中指定格式和文件类型扩展名（如 PDF 文档，即 PDF）。

3. 选合适的网站或数据库

使用特定的数据库通常被证明是一个获取线上信息的好方法，因此可以从信誉好的数据库寻找相关信息。这些数据库更专业，相对来说会获得较好的相关结果。对新闻采访的相关背景信息和以往报道搜索而言，数据库是一个很好的选择。如 BBC 记者常用的 Clipsearch.co.uk，它是一个网上媒介档案库，能提供诸多英国媒体的新闻报道和相关新闻线索信息，这对 BBC 记者的工作来说是非常有帮助的，能提供很多关键的、有效的信息。

三、融合新闻采访过程中应该注意的问题

（一）同质化的融合新闻信息难以满足受众的需求

在融合新闻时代，由于互联网技术的广泛运用，复制粘贴变得非常容易，一些新闻内容常常被转载复制，同质化现象严重。特别是当一家媒体发布了独家新闻，其他媒体为了争夺报道机会，并未真正赶赴第一现场进行新闻采访，而是选择对别家媒体的新闻进行转载，出现了新闻报道信息重复率高的现象。

同质化信息的泛滥还为受众获取更多有效新闻信息造成障碍。网站信息量巨大，受众对一些特定议题的报道进行搜索，找到的都是千篇一律的新闻报道，受众更多的信息诉求无法被满足，这也是融合新闻采访过程中应该注意的问题。倘若融合新闻记者能够多在采访上下功夫，及时赶赴第一现场进行采访，选取自己的独特的新闻视角，便能在一定程度上避免同质化信息的泛滥。

（二）激烈的竞争导致新闻基本属性的缺失

在融媒时代，一些新闻记者和编辑为了节省时间、节约成本，"多快好省"地提高新闻的点击率和关注度，便把互联网上的资源和他人的报道进行拼接整合，发布在媒体上。很多时候，编辑和记者未对其发布内容的真实性和可靠性进行甄别，其发布的内容可能逻辑混乱，漏洞百出，甚至出现"假新闻"的现象，对受众造成了信息误导，也使新闻失去了真实性。在网络传播时代，信息扩散的效率大大提升，由于从业人员的发布失误，很多"假新闻"、"谣言"一经传播，就会造成严重的社会负面效应。所以，这就要求融合媒体从业人员提高自身的专业素养和职业道德修养，对受众负责，对单位负责，切勿做虚假信息的传播者，否则会对社会、对单位甚至个人产生较为严重的负面影响。

(三) 融媒时代缺乏高素质的融合新闻人才

融合新闻采访要求从业人员能够胜任多方面的采访工作，既要具有传统媒体记者的采访功底与文字撰写技能，又要能够运用先进的采访设备"抢抓"新闻，独立自主地完成一系列多媒体技术的采编流程。更重要的是，融合新闻从业者需要坚守新闻人的职业道德底线，具备竞争意识的同时要采访好新闻，努力维持新闻的真实性原则，培养更强的媒介社会责任感，树立良好的媒体从业人员职业形象。

第三节 不同媒介新闻采访的特点

新闻媒体，亦称大众媒体，是20世纪20年代以后出现的概念。从媒介传播的介质来看，纸质媒体（如报纸、杂志等）和电子媒体（如广播、电视、互联网）构成了新闻媒体的两大主要门类。在融媒时代，随着网络媒体的不断运用，以及传播媒体的融合态势，对新闻采访也提出了新的要求。下面将简单地谈一下纸质媒体和广播电视媒体中新闻采访的特点。

一、纸质媒体中的新闻采访

(一) 新闻采访对记者的形象要求不高

报纸、杂志等纸质媒体不同于广播电视媒体需要记者发声或出镜，因此对记者的形象要求并不高，而关键在于记者的能力。所以，在纸媒单位工作的新闻记者应专心做好采访前的准备工作，提高自己的专业素养和职业道德水准。但是，对记者的形象要求不高并不意味着不注意形象，因为采访中涉及与采访对象的交流，所以记者要注意自己的职业形象，根据采访对象的不同选择合适的着装和语言与之交流。例如，在对农民进行采访时，记者的西装革履会有点不合时宜，同时也会让采访对象对记者产生距离感而不能畅所欲言。

(二) 记者的采访空间较大

纸媒的采访工作只是消息写作的前期准备的一部分，记者可以根据自己的采访目的和意图，查阅相关文献及采访对象的背景资料，甚至可以提前想好消息的主题和宗旨。然后详细列下自己的采访提纲，预设自己将要提出的问题，这样在与采访对象的交流中就可以有的放矢地进行提问。有的记者在与采访对象的交流中还可以发现新的新闻线索，展开另一个主题的新闻采写。所以说，纸媒不是现场报道或者在线直播，记者完全可以根据自己的采访材料进行充分准备，采访空间较大。

在与广播电视和网络等电子媒体的较量中，纸媒渐渐走出了属于自己的一条道路，那就是内容优势，尤其是深度报道和重大事件的跟踪报道，不仅分析透彻、以理服人，而且信息的可信度高。纸质媒体可以根据纸质阅读的优势，对当前的热点事件进行全面解读和分析。大家可以看到，某件事实在网上成为热点，但是当另一个热点出现时，网民们的注意力就迅速转移，之前的热点迅速冷却。因为互联网世界是一个注意力经济盛行的世界，热点事件自然会很快吸引受众的眼球，但受众的注意力又是有限的，所以这就需要纸质媒体的合理引导。纸质媒体可以在人们淡忘了往日热点的时候进行深刻的后续报道，阐释事件的意义，引发人们思考。

二、广播电视媒体的新闻采访

广播电视采访形式为带机采访，记者要善于使用录像设备，如摄像机、录音笔等。广播电视的音频或视频纪实性往往较强，面对的很多事件都是转瞬即逝的，所以记者要把握好采访时间，掌握事件发展的大致时间逻辑，抓取关键的信息内容。

采访具有时间同步性，需要记者有较强的形象化思维能力。为了追求广播电视新闻节目的生动性和真实性，采访往往以现场直播形式呈现，因此对记者的形象化思维能力要求较高。记者要善于抓拍细节，运用蒙太奇思维，变换观察位置，多角度、全方位地把握采访对象变化的准确信息。

对记者的形象要求较高。一般情况下，记者以新闻事件的目击者和记录者的身份进行观察和采访。某些情况下，记者也可以以参与者的角色介入新闻现场，获得和传播体验性信息。因此，在新闻报道中如果有记者出镜，记者要做到亲切、专业、端庄和大方，同时要注意自己说话的语速和语调，以达到较好的传播效果。

新闻采访受外界条件影响较大。广播电视采访相比纸质媒体采访，受外界条件影响更大。例如，采访对象也许愿意跟记者说明他所了解的事实，但是不一定愿意接受拍摄。此外，拍摄时现场的同期声音也会形成一定的干扰，如果遇到晚上的突发事件还有可能出现光线不利于拍摄等情况。此外，广播电视采访对媒体的人力、财力和物力要求更高。电视采访具有合作采访的特点。协同工作与采摄分家是电视记者采访区别于其他媒介采访的一个突出特点。

总而言之，不同的新闻媒体在采访中对新闻记者的要求是不同的。记者要根据不同媒介在采访时的不同特点，提升自己的专业素养和职业水准，综合运用各种采访方式，力求做出更精彩的采访以及更出色的新闻报道。

思 考 题

(1) 试概括新闻采访的方式,并简要归类。
(2) 谈谈隐性采访和显性采访的差异。
(3) 网络采访有哪些技巧?
(4) 简述融合新闻采访的特点。
(5) 融合新闻采访过程中应该注意哪些问题?

第四章　互联网时代融合新闻的写作

新闻是对新近发生和正在发生或者早已发生却新近发现具有价值的事实的及时报道。新闻写作是新闻报道成品的制作过程，它承载着制作新闻信息产品的任务。根据不同的媒介载体，新闻写作可分为报纸新闻写作、广播新闻写作、电视新闻写作、融合新闻写作等几种类别。当今时代，新闻面临着信息增多、数字化增强的新环境，融合新闻这一新的媒体形式已经成为人们获取信息的重要来源，融合新闻写作也因为媒介载体的革新呈现出无可比拟的重要性。

第一节　融合新闻写作

一、融合新闻写作的概念与特征

（一）融合新闻写作的概念

融合新闻写作的主体与报纸新闻等类型的写作主体不同，新闻受众可以通过发帖或发表评论来表达意见。从理论上来讲，任何拥有计算机的个体都可以成为网络信息的发布者，都可以是融合新闻的写作主体。但是，为了保证新闻质量和专业水准，真正的融合新闻写作主体应该是规范而有专业素养的网络记者，由他们对新闻资源进行重新编辑改写后再做新闻报道。

从受众角度出发，通常认为融合新闻写作要以受众为中心，从受众信息需求和接受方式多元化的角度去把握融合新闻的写作方式和规律，提供适合受众多元化需求和特殊兴趣的个性化信息。针对融合新闻写作的结构特征，我们将会引入一种名为"树状结构"的新模式。"树状结构"意味着融合新闻写作需要有相当繁茂的树叶——亮眼的标题与醒目的导语，还需要有健壮的枝干——简练有逻辑的语言深入挖掘事件真相，也必须具备强大的根系——对新闻的背景知识、相关材料进行广泛全面的运用。

从写作的叙事方式出发，融合新闻写作必须采用全新的视角来观察新闻事件。融合新闻的写作为新闻写作方式带来了巨大的转变，不仅如此，它也极大地改变了写作思维，在多方面更改了传统新闻的写作叙事方式，力图全方位对新闻事实的面貌进行展现。笔者认为,融合新闻写作是网络记者为了满足受众需求而进行的新闻资源重组和重新编辑改写后发布在网络上的新闻报道。融合新闻写作采用"树状结构",从上到下向受众呈现新闻事实和真相,以及背景信息。

(二) 融合新闻写作的特征

融合新闻写作在遵循新闻写作的基本特征和原则的同时,也要根据融合新闻传播的交互性、信息海量、传播迅速、超时空等特点做出相应的改变,以满足受众需求,实现信息传播的目标。与传统媒体的新闻写作相比,融合新闻写作具有以下特征。

1. 受众本位的写作理念

受众本位的写作理念即以受众为中心,根据受众的需求来写作。由于网络传播的交互性,受众的地位日益凸显,维护受众的利益、满足受众的信息需求是融合新闻写作的切入点。但是,网络记者在追求以受众为中心时,要保持理性,不能一味迎合受众,避免融合新闻写作走向过度娱乐化、庸俗化。作为媒体工作者,不仅要满足受众,还要引导受众,从这一点上来说,媒体工作者负有合理引导受众的责任,所发布的内容要有一定的科学文化价值,不断促进受众认知能力提高。在坚持受众本位的同时,要求网络媒体和网络记者提升自身素养,力求信息客观真实,实现社会效益和经济效益的双赢,这是受众本位写作理念的真谛。

2. 凸显层次、再创作的写作方式

(1) 写作层次化。

融合新闻写作要注意层次。网络具有传统媒体所没有的超链接技术,受众随时可以通过点击链接转到其他网页。因此,为了吸引受众,必须根据网站读者的阅读特点,将已有的材料有效分层。网络记者和编辑要精确判断新闻价值的层次,根据读者的关注和需求对海量新闻信息进行有规律的排列组合。

超链接是指从一个网页指向一个目标的连接关系。这个目标可以是相同网页上的其他信息,或者是另一个网页、图片、视频和应用程序等文件。超链接在本质上属于一个网页的一部分,它是一种允许我们同站内内容或者其他网站相联系的元素,具有很强的跳跃性。融合新闻的写作形式,只有建立在超文本的基础上,才能实现信息的相互关联和网状显示。而超文本技术的核心是超链接。超链接的使用,既是一种技术手段,也是一种新的写作思维方式。超链接技术具有创新性和跳跃性,能够有效地缓解受众的审美疲劳,打破传统新闻写作的"倒金字塔"结构,便于读者阅读。可以说,超链接为融合新闻写作的发展做出了重要贡献。

(2) 再创作。

融合新闻的互动环境更容易体现出受众的参与性，受众可以根据自己的经验、知识和理解能力对新闻信息进行有意义的重新组合，形成自己对整篇新闻报道理解的新意义中心，即"再创作"。具体表现为，受众可以将自己的留言及评论提交到固定区域。这种行为是受众参与融合新闻再创作的重要方式。在互联网时代，经常有这样的观点：看新闻评论往往比看新闻本身更有价值。这无疑是对受众创作能力的一种巨大肯定。正是有了新闻记者和编辑等工作人员的创作，再加上受众的深度参与，一条新闻才可能获得其真正价值。

(3) 文字直播。

文字直播是融合新闻写作区别于传统新闻写作的一个典型特征，它像电视一样，对发生的事件展开现场报道，比如采用文字形式播送一些重要比赛或者会议的基本情况和实时进展。

3. "树状"写作结构

传统媒体经典的"倒金字塔"结构及其程式化的写作方式，缺乏对新闻事件广度的扩展和深度的挖掘，在网络时代已经失去对受众的吸引力。融合新闻写作应该找到适合自己的写作结构，而"树状结构"从吸引受众眼球、有效传播信息方面来说，是目前最为有效的方式。

(1) 树叶。将最显眼的标题和吸引读者的导语当作文章树的树叶，引导读者对文章产生兴趣，使读者愿意顺着树叶刨根究底。如《千里赴蓉　只为活出个熊样》(《三秦都市报》2009年3月11日A18版)，标题写得轻松诙谐，与众不同。一看标题，读者就会产生疑惑："千里赴蓉"到底是为了做什么？"活出熊样"指的是人还是字面上的熊这种动物？赴蓉为了活出个熊样的原因是什么？受众一下子就能被标题吸引，不由自主地去点击并阅读。这样的例子在网络时代不胜枚举。总之，一个成功的标题决定了文章是否能存活。面对海量而庞杂的信息，受众不可能一一查看，只可能选择自己感兴趣的内容看，这样标题就显得尤为重要了。

(2) 树干。把对新闻事实的深度挖掘和精确报道以及主题的升华作为文章树的枝干，让被标题吸引来的读者能了解到真实的情况和充分的信息，并受到新闻内容的感染。如《那些赴美读本科的中国学生》(《纽约时报》2010年11月12日)，对赴美就读本科的中国学生会面临怎样的校园生活，能否适应与中国迥异的美国文化、西方价值观，以及校园派对等对他们产生何种影响做了深度的挖掘，并对9个去美国读本科的中国学生做了深度访谈，向读者展现了处于中西文化十字路口的中国学生的挣扎和困惑，以及他们渐渐接受美国文化的选择。

(3) 树根。把新闻报道的背景材料以及相关资料作为文章树的庞大的根系。这一部分是融合新闻所独有的，是依靠网络的超链接技术才能达到的。对某一新闻事件做全面的报道，如专栏、专题报道等，联合其他媒介平台的资源和能力，挖掘新闻事实深处的原因，给整个文章树奠定一个结实的根基。

二、融合新闻写作的基本要求

（一）真实

真实性是新闻的基本属性，是新闻的第一生命。网络媒体具有的大容量、高速度、超文本、互动性、多媒体等特点，使得它在揭示新闻事实真相的过程中具有传统媒体无可比拟的优势：①超链接技术使得融合新闻写作可以全面、多角度呈现新闻事件；②传播的主体逐渐变得多元，新闻事实不再仅由职业记者传播，有可能使人们看到新闻事实更多的侧面；③融合新闻往往可以在宏观层面弥补传统媒体呈现新闻事实的不足。

然而，融合新闻的真实性也不是绝对的，它受到以下因素的影响：一是网站受经济利益驱使，发布信息时不顾真实有效性，只重视速度与数量；二是融合新闻的准入门槛低，只要会上网就可以发布新闻，为虚假消息的发布和传播提供了可能，如今我国的网络用户已经超过 8 亿人口，人人都可以是信息的发布者，但由于专业素养参差不齐或是受到经济利益的影响，很难保证这些信息的真实性以及准确性；三是融合新闻发布者的身份具有不确定性和虚拟性，为网络信息的真实度和可信性带来了诸多不确定性及不可控因素；四是网络媒体从业者专业素质较传统媒体低，导致融合新闻的真实性很难得到有效保证。

（二）准确

准确性是新闻报道的一项基本原则，必须做到 5W 准确。即何时（when）、何地（where）、何事（what）、何因（why）、何人（who）准确无误，这是对新闻写作的基本要求。融合新闻的准确性除了做到 5W、数字等真实、准确外，还要做到事实准确、观点准确、表达准确，切忌散播虚假信息。这是对融合新闻记者提出来的基本要求。因此，融合新闻记者必须扎扎实实锻炼自己的新闻功底，端正自身的工作态度，兢兢业业地做好相关采写工作，尽可能地进行实地采访；对于自己经手的所有材料、数据等都要认真核实，做到准确无误，不用只有孤证的材料，而要相互引证，提高材料的真实性和可信度，对自己的职业和受众负责。

（三）客观

客观性是新闻生存和发展的根本。新闻客观性是所有新闻从业者的职业使命所在，也是新闻报道的基本特征。新媒体时代传统意义上的新闻写作发生了很大的改变，新闻的客观性也受到了很大的冲击。

首先，发布新闻的不一定是新闻记者，新闻发布者不客观的态度导致新闻客观性缺失；其次，由于经济利益的影响，广告的大量投放，融合新闻写作的客观性受到冲击；最后，新闻来源多样化，越来越多的发布渠道影响着信息的客观性，也就是说，新闻行业的准入门槛变低了，相较于传统媒体来说，大量的新闻发布者缺乏客观性以及权威性，也因此影响到了人们对信息客观真实性的判断。

融合新闻写作一定要客观。一方面，要完善新闻客观性的相关机制，加强对融合新闻从业者以及网民的素质培训；另一方面，要看到客观性和主观性的辩证统一，绝对的客观是不存在的，只能尽可能地控制主观意愿对新闻客观性的影响。这就要求人们要不断地提高自身的科学文化素养和思想道德素养，增强对虚假信息的鉴别能力，同时不要做虚假信息的传播者，努力用科学文化知识来武装自己。

（四）新颖

融合新闻写作本身就是一种新颖的新闻写作形式。除此之外，为了吸引受众眼球，还应做到以下几点。

一是写作视角新。用不一样的角度去观察同一个新闻，找出一般人不会关注的点，提升新闻的新颖度。

二是切入点新。选择与别人不同的切入点，可以发现更全面、立体的新闻事实。

三是形式新。尽量选取新颖的新闻形式来报道事件，如将别人报道的长篇累牍的新闻写得短小精悍，或者将新闻写得幽默活泼，都可以吸引更多的读者。

四是主题新。新闻主题是指新闻报道的中心思想和基本观点，采取与众不同的主题，可显示出新闻的新意，使新闻受到更多关注。

（五）快速

网络媒介区别于传统媒介的特点有：高速度、超时空。因此，融合新闻写作在快速、抢独家方面具有先天优势，独家新闻往往在传媒公司中起着至关重要的作用，它是吸引用户的最大砝码。在注重时间性的同时，也要注意融合新闻写作的时效性和时宜性，以获得更好的传播效果。人们对热点话题关注往往是有限的，在注意力经济盛行的时代，融合新闻记者要有足够强的嗅觉和敏感度，要在受众真正关心这个话题之际，抢先发热点新闻，实现本平台的最佳社会效益以及经济效益。

第二节 融合新闻写作的主要体裁

一、消息

(一) 消息的定义

消息是运用简洁的文字、快速报道新闻的一种新闻写作体裁。它是融合新闻写作中使用最为广泛的新闻体裁。其他体裁都是以消息为基础进行扩展、补充、延伸发展而来的。

(二) 消息的格式

消息的格式主要有：标题＋消息头（"本报讯"或"电头"）＋导语＋主体＋结尾。

(1) 标题：概括消息的主要内容。
(2) 消息头：它是消息的标志，正规的新闻报道应该具有消息头。
(3) 导语：开头的一段话，要求用极简明的话概括基本内容。
(4) 主体：消息的主要部分，要求具体清楚，内容翔实，层次分明。
(5) 结尾：内容小结，有的消息可无结尾。

(三) 网络消息写作的革新

融合新闻写作与传统新闻写作不同，对消息的要求也有相应的变化。

(1) 借鉴其他实用文体。网络的普及使得人们对一件事的关注和搜索能力提高，不再满足于一两句不带感情色彩的描述性新闻语句。网络消息写作中可以借鉴其他文体的写法，如日记、小说的写作手法等。网络消息写作的内容随着时间的推移而变化，因此随着事态的发展，消息报道也渐渐引人入胜。这种推进型的消息报道能够引起受众的持续关注。

(2) 消息结构要素的变化。一是结构不讲求完备，导语的消息背景作用逐渐弱化。二是消息的要素不完整。在网络时代，很多消息都是即时报道，记者知晓的只是整个事件发展过程中的某个片段或者某一场景。一些非专业的信息发布者并不清楚消息的正确格式，所以很多报道都无法展现消息事件的全貌。三是导语地位降低，标题作用更加凸显。在信息过剩、受众注意力有限的网络时代，受众往往只浏览一行标题，受到吸引才会看正文。如果标题取得平淡无奇，那么文章是很难吸引到受众的。互联网时代，标题是文章生命力的重要体现，记者、编辑等工作人员选题、编辑、发表文章,最终只有受众阅读了并且有所启发,才是完成了一篇文章的使命。如果记者、编辑发表的文章并没有受众,那么文章的发表很大程度上是失败的。因此,导语的作用大大降低,标题成了新闻能否"大卖"的关键因素。

(3) 消息结构形式的变化。从固定的"倒金字塔"结构,转向更重视事实。网络消息写作可以对消息内容不做修饰,也不用刻意按"倒金字塔"结构安排材料。

(4) 消息表现符号变化。传统媒体的消息写作对符号的使用有诸多限制,然而在网络时代,消息写作中个性化语言符号增多,语言更加生活化,QQ 表情等非语言符号使用普及,图像符号在消息写作中所占的比重大大上升。

下文是摘自中国新闻网的一篇消息案例,略有调整,供读者参考。

【案例 1】

雅安芦山震区今夜或降小雨　救援需分秒必争[①]

2013 年 4 月 20 日　中国新闻网

中新网 4 月 20 日电 据中国气象视频官方微博消息,目前芦山震区还是多云天气,温度在 20 摄氏度左右,对救援工作较有利,但今夜当地或降小雨,可能产生一定不利影响。预计未来三天,芦山县以阴天为主,有时有阵雨。请震区朋友及救援人员防范余震及塌方、泥石流等次生灾害,务必保护好自己。

二、通讯

(一) 通讯的定义

通讯是使用描写、叙述、抒情等多种方式,形象生动地表现新闻事件原貌或者刻画典型人物形象的一种新闻报道体裁。它与消息一样,要求真实、迅速地报道新闻,但是通讯报道的内容比消息更具体、更丰富。

(二) 通讯的类别

1. 人物通讯

人物通讯即将写作对象定为人物以及人物的相关活动的通讯。通常使用的结构方法有:传记式、故事组合式、主题组合式、印象式、小故事式等。人物通讯的描写对象不一定是一些著名的大人物,也可以聚焦小人物的生活,一般以记叙

---

① 中国新闻网:http://www.chinanews.com/gn/2013/04-20/4748846.shtml。

人物的行动为主。总之，人物通讯的核心是人物。

2. 事件通讯

事件通讯，也就是对典型新闻事件的报道。它相对来说比较重视对事件本身的记录，包括事件的发生、发展与结束。围绕事件中心展开叙述，较为详尽地展示事件发展的全貌，挖掘典型事件的意义，进而影响整个社会风尚。总之，事件通讯的核心是事件。

3. 工作通讯

工作通讯是指通过事实来展现政策的执行与贯彻，以及对一些新出现问题的探讨与研究。介绍一些先进单位的先进事件，激励其他组织单位和整个社会进行学习。总之，工作通讯的核心是工作。

4. 风貌通讯

风貌通讯是指对某地区发展与变化的报道。人物通讯的核心是人物，事件通讯的核心是事件，工作通讯的核心是工作，那么风貌通讯的核心就是环境了。它以报道各地的新风貌为主，也就是以环境描写为主，给读者展示某地最新发展情况，具有极强的感染力，能够起到振奋人心的作用。其中，有描写自然环境的，也有描写社会环境的；有描写微观环境的，也有描写宏观环境的，也有采取两者对比描写的。更多的是将现在的发展变化与过去进行对比。在风貌通讯中，作者就像导游一般，引导读者重新认识一个地方，在思想上给读者以启迪。但有时候也会记叙一些地方风土人情、民间传说、地方特产、教育风貌等。

（三）通讯的特点

（1）新闻性。通讯是一种新闻报道形式，因此也具备新闻性。

（2）真实性。通讯需要坚持真实性这一新闻的基本属性。

（3）客观性。通讯作为新闻报道体裁的一种，必须遵循新闻的客观性。

（4）形象性。通讯使用描写、抒情、议论等手段展现新闻事实或刻画人物。讲事实或者描写人物更加形象，丝丝入扣，是通讯区别于其他体裁的一大特色。

（5）评论性。评论是通讯报道新闻的一种手法，通讯需要对新闻事实或人物做出评论，洋溢着议论和辩证的思想。

另外，通讯对时间性的要求较低。相对于消息来说，通讯的时间要求不是特别紧迫。因为要对事件和人物做出形象的刻画和评论，内容就要充实、丰满，所以通讯对时间的要求不太高，更重要的是内容要有理有据，人物要有血有肉，评论要立场鲜明。

下面是摘自《中国青年报》2018年3月26日的一则任务通讯，仅供读者参考。

【案例2】

"探界者"钟扬：在青藏高原刷新一个植物学家的极限①

2018年3月26日　中国青年报

拟南芥，一种看起来细弱的草本植物，因为生长快、体型小、分布广、基因组小，常被植物学家比作"小白鼠"，是进行遗传学研究的好材料，全世界几乎有一半的植物学家都在研究它。

在植物学家很少涉足的青藏高原，执着的钟扬发现了它，他把拟南芥栽种在自己位于西藏大学安置房的后院中，把它做成标本带回了复旦大学。

植物学家、科普达人、援藏干部、教育专家……哪一个身份都可以以一种完整的人生角色在他身上呈现，在生命的高度和广度上，他一直在探索自己的边界，直到他生命戛然而止的那天……

"英雄"少年

"这是我所经历的1979年高考：全省录取率不到4%，我所在班级80%的同学是农村户口，一半考上了北大、清华和科大。"钟扬曾经这样回忆自己高考的经历，他就读的是如今鼎鼎大名的黄冈中学。

1977年，学校在大操场上举行隆重的欢送仪式，庆祝恢复高考后的第一届大学生即将入学，4名考上大学的同学胸前戴着大红花，像英雄一般。

钟扬也渴望成为那样的"英雄"。父亲是当地的招生办主任，为了避嫌，父亲不让他以在读生身份提前参加高考，在与父亲赌气的同时，钟扬参加了中国科技大学少年班的考试，当时的竞争非常激烈，就在钟扬差点失去信心的时候，他接到了通知——考上了！

这个15岁考入中科大无线电专业的少年，开始了他不安分的人生。

钟扬的母亲王彩艳回忆，钟扬在考上少年班以后就开始补习数学、物理，因为老师说他这两门考得不好。进入大学以后，钟扬一边忙着学生会宣传委员的事务，一边坚持每月往家里写信。

那时，学习无线电专业的他对植物学产生了浓厚的兴趣，因此转向用计算机技术研究植物学问题。1984年，钟扬被分配到中国科学院武汉植物所工作，那时，他曾用两年的业余时间，旁听了武汉大学生物系的课程。

回忆起这段往事，钟扬的妻子——一直在植物学领域深耕的张晓艳也感叹："他在这方面的知识储备非常充足。"

---

① 中国青年报：http://zqb.cyol.com/html/2018-03/26/nw.D110000zgqnb_20180326_2-01.htm.

和钟扬外向热情的性格相比，张晓艳就显得内向了许多。那时候，工作调动是一件非常困难的事，加上不愿和父母分居异地，张晓艳对于与钟扬的婚事一直犹豫不定。

一次，张晓艳在工作结束后回到武汉，钟扬在车站接她时突然开门见山地说，自己把证明开好了。

"什么证明？"张晓艳问。

"我们的结婚证明啊。"

"我还没同意呢，你怎么就把这个证明开了呢？"

"没有问题，大家都觉得可以了，到时间了。"

"于是我就这样有点'被胁迫'地领了结婚证。"张晓艳笑说。

结婚没几年，33岁的钟扬就成了武汉植物所副所长。后来，这位在生活和工作中都雷厉风行的年轻副局级干部干出一件让常人无法理解的事情——放弃武汉的一切，去上海当一名高校教师。

种子达人

2000年，钟扬辞去武汉植物所的工作来到复旦大学，经佐琴成为他的行政秘书、后勤主管。

那年5月钟扬报到时，学校还没有过渡房。经佐琴临时给他找了一个系里别的老师提供的毛坯房，当经佐琴愧疚地和钟扬沟通此事时，没想到他毫无怨言地接受了这个连煤气、热水器都没有的房子，洗着冷水澡住了半年。

十几年过去了，钟扬和家人的住房仍没有太大改善，只是从毛坯房搬进了一套仅有几十平方米的小屋。

这和光鲜亮丽的上海形成了强烈对比，和他后来担任的复旦大学生命科学学院常务副院长、研究生院院长的职位也产生了巨大反差。

为了供孩子上学，钟扬夫妻把唯一的房产卖了，如今的住所是岳父岳母的房子。这个小屋紧挨着一片工地，却住着钟扬一家四口和他的岳父岳母。

尽管钟扬对生活品质不讲究，但对于"种子"却一点也不将就。为了自己的"种子事业"，他的足迹延伸到了植物学家的"无人区"——西藏。

从他到复旦大学的第二年，钟扬就开始主动到西藏采集种子。2009年，钟扬正式成为中组部援藏干部。据统计，在这十几年间，他收集了上千种植物的4000多万颗种子，占到了西藏特有植物的1/5。

很多人都有这样的疑问，钟扬为什么要收集种子？

"一个基因能够拯救一个国家，一粒种子能够造福万千苍生。青藏高原这个占我国领土面积1/7的地区，植物种类占到了1/3。有些地方甚至100年来无人涉足，植物资源被严重低估。"钟扬曾在一次公开演讲中这样介绍。

他深扎在此，努力为人类建一个来自世界屋脊的"种子方舟"。

对钟扬来说，采种子是一件乐事。"作为一个植物学家，我最喜欢的植物是蒲公英，如果发现它开花并且结了种子，我会用手抓一把，一摊开里面一般有200颗。我最讨厌的植物是什么呢？椰子。那么大一颗，8000颗的样本数量，我们需要两辆卡车把它们拉回来。"钟扬调侃道。

然而，在西藏采集种子更多的是随时出现的高原反应和长时间的体力透支。而钟扬却背着他经典的黑色双肩包，穿着磨白了的"29块钱的牛仔裤"，戴着一顶晒变色的宽檐帽，迈着长期痛风的腿在青藏高原上刷新一个植物学家的极限，连藏族同事都称他为"钟大胆"。

对于钟扬的博士生、西藏大学理学院教授拉琼来说："每次和钟老师采种子都是惊险和惊喜并存。"

"那次，我和扎西次仁（钟扬在西藏的首位植物学博士——记者注）跟着钟老师去采集高山雪莲。我们从海拔5200米的珠峰大本营出发向更高的山地挺进时，钟老师出现了严重的高原反应，头痛欲裂、呼吸急促、全身无力，随时都会有生命危险。"拉琼回忆。

大家都建议钟扬待在帐篷里，而他却说："我最清楚植物的情况，我不去的话，你们更难找。你们能爬，我也能爬。"最终，钟扬带着学生在海拔6000多米的珠峰北坡采集到了被认为是世界上生长在海拔最高处的种子植物——鼠麴雪兔子，也攀登到了中国植物学家采样的最高点。

如今，这些种子静静地沉睡在一个又一个玻璃罐头里，等待着有一天，改变人类的命运。按钟扬的话说，也许那个时候，胖胖的钟教授已经不在了，但是他期待着它们可以派上用场。

科学队长

"生命诞生以来，从原核到真核，从单细胞到多细胞，从海洋到陆地，简单与复杂并存，繁盛与灭绝交替，奏响了一篇篇跌宕起伏的演化乐章，其间洋溢着生命诞生与繁盛的欢颂，伴随着物种灭绝与衰落的悲怆。"

这是钟扬为2016年刚刚竣工的上海市自然博物馆（以下简称"自博馆"）参与写作的500多块图文展板之一，很少有人知道，这细腻而又富有文采的文字，竟出自这位看起来五大三粗的理工男之手。

如果说，"采种子"是钟扬的"主业"，那么科普则是他最爱的"副业"。

在自博馆建设期间，该馆图文项目负责人之一、自博馆研究设计院展览设计部主任鲍其洞为寻找图文写作顾问"操碎了心"。因为学科跨度大、文字要求高，她先后联系的几家高校都因这个项目难度太大而婉拒。

鲍其洞知道钟扬太忙了，因此想拜托他帮忙牵线或引荐一些专家。令她没想到的是，钟扬二话不说就接下了这个没什么回报、时间紧的"烫手山芋"。

"我们会毫不客气地把最难的部分留给他。在半年多的时间里，每次听说钟老师从西藏回上海了，我们都会立刻和他预约时间，他总是爽快答应。"鲍其洞告诉中国青年报·中青在线记者。

从2001年起开始和上海科技馆合作，他使用过很多身份，有时是评审专家，有时是科学顾问，有时是科普活动主讲人，有时是标本捐赠人，有时甚至是供应商。他时不时会出现在科技馆或者自然博物馆的各个角落，每一次，都带着特定的任务过来。

复旦大学生命科学学院教师赵佳媛是钟扬的学生，她见证了导师这些年在这条"不归路"上越走越远。

2003—2017年，钟扬共撰写、翻译、审校了10本科普著作，其中不乏《大流感》这样的"网红书"。"《大流感》这本书，内容包罗万象，语言风格多变，钟老师对推敲文字乐在其中，他会忽然在吃饭时得意洋洋告诉大家他的译法，当然偶尔会被我们反驳，他也会欣然接受。"赵佳媛回忆。

对中小学生来说，钟扬可以称作"科学队长"了。他连续7年多次为全国中小学生义务进行形式多样的科普，任学校科学顾问。来自上海实验中学的朱薪宇就深受他的感染。

"当时去听教授讲座，一下子就被钟教授生动的演讲吸引住了，从此我就成了教授年龄最小的学生，并开始跟随他学习科学……听他的课，你永远都不会感到无聊，在钟老师的指引下我慢慢爱上了科学。"朱薪宇说。

"做科学传播是件好事情，我当然支持啊！"在钟扬的鼓励下，朱薪宇和同学们在学校开设了"学与做科学社"。另外，钟扬还帮这个社团撰写舞台剧脚本，并利用零碎时间帮同学们排练。

钟扬为什么要用这么大的精力做科普？赵佳媛认为，与其说科普，不如简单地说是他愿意教人。

"钟老师对'批判性思维'念念不忘。他觉得对中小学生的科学教育乃至思维教育非常重要，他还想着要把大学专业教材改成适合小朋友的音频故事，想着要为孩子们写一本科学故事书，想着去中学给科学社的孩子们上课，还想着开设更系统化的科学营……"赵佳媛说。

"接盘"导师

复旦大学生命科学学院开设的"现代生物科学导论"，几乎是全校体量最大的选修课。今年这门课的期末考试试卷上出现了这样一道题："请结合生物多样性的知识，和你本人对钟扬教授先进事迹的学习，谈谈钟扬教授在青藏高原执着于此项事业的生物学意义。"

复旦大学生命科学学院教授杨亚军和院里所有的老师一致决定在今年这门课的最后一节课上播放钟扬的微电影《播种未来》，并在学期末的考试中加上这道题。他知道，这些学生本身，也是钟扬执着的事业之一。

"他是少有的敢收转导师学生的人,我想每个学生家庭都会感谢他。"杨亚军说。

复旦大学生命科学学院副院长卢大儒分管研究生的培养工作,目睹了不少钟扬在收学生时的"奇葩事"。

"我们每个人招研究生有一个数量限制,但是他招得特别多,后来我就去了解,才发现事情的真相。"卢大儒说。

卢大儒发现,当学生和老师进行双向选择时,较差的学生,或者不太好调教的学生,老师不喜欢,就会'流落街头'。还有学生跟导师相处以后有一些矛盾,提出转导师。这样,问题来了,谁来接盘?

这时,身为研究生院院长的钟扬总是负责解决最后的兜底问题。"他总说'有问题我来',这是他的一种责任与担当。他说以后在他的位置上,必须承担这个责任,这个位置必须要有这种担当。"

钟扬的"暖"是有目共睹的,这更体现在他对学生的关爱上。他从不抛弃、不放弃任何一个学生,更会根据每个学生的特点为他们量身定制一套个性化的发展规划,不让一个人掉队。

钟扬曾说:"培养学生就像我们采集种子,每一颗种子都很宝贵,你不能因为他外表看上去不好看就不要,对吧,说不定这种子以后能长得很好。"

经佐琴回忆,曾经有一个学生,考了3年,钟扬每一年都答应收,但是一直没考上。有教授问他,总是考不上可能说明他不适合做科研,就别答应人家了。但钟扬一脸纠结地说:"总不能断了别人的梦想啊。"

而当钟扬的工作重心转到西藏时,他承认,自己的招生名额渐渐倾向这所他心目中的"世界最高学府"。

钟扬的学生、复旦大学生命科学学院博士生徐翌钦回忆道,实验室里有很多学生是钟老师从少数民族地区招进来的。"这些同学由于底子薄,知识基础与上海本地学生有一定的差距,刚开始都是抱着试一试的想法联系了钟老师,钟老师总是鼓励他们报考自己的研究生,他说,'读我的研究生基础差一点没关系,我帮你补,你只需要有一颗热爱植物学的心'。"

于是,钟扬的学生就像古代的门客一样"各显神通",有做科学研究的,有做科普的,有从事创新创业的。钟扬停不下来的点子和"脑洞",就这样在他每个学生中生根发芽,变为现实。

生命延续

2017年5月的一场讲座中,钟扬曾介绍自己实验室里研究过一种"长寿基因"。他们使用生命期5~7天的线虫作为实验对象,当某种基因被敲除后,线虫寿命可增加5~7倍。

但对于他个人来讲,生命的意义是什么?或许在与千千万万种生命打交道的过程中，钟扬已经有了答案。有人问，只要敲除一个基因，人是否可以更长寿。钟扬回答："这个基因主管生殖，要想长寿必须在一出生就去除掉，意味着你将终身无法生育。"

对于钟扬这样的植物学家来说，生命的长短成为藏在基因里的密码。

"在一个适宜生物生存与发展的良好环境中，不乏各种各样的成功者，它们造就了生命的辉煌。然而，生命的高度绝不只是一种形式。当一个物种要拓展其疆域而必须迎接恶劣环境挑战的时候，总是需要一些先锋者牺牲个体的优势，以换取整个群体乃至物种新的生存空间和发展机遇。换言之，先锋者为成功者奠定了基础，它们在生命的高度上应该是一致的。"在2012年7月6日复旦大学的校刊上，钟扬发表的《生命的高度》一文中这样写道。

在探寻生命的边界时，他甘愿成为一个先锋者。

钟扬的身体条件是不适合长期在高原工作的。2015年，钟扬突发脑溢血，对常人来说，这应是一次生命的警告，钟扬却把它理解成工作倒计时的闹钟。

"他有一种想把时间抢回来的劲头。"拉琼回忆道，病好以后，大家都以为原本忙碌的钟老师可以调整一下超负荷的生活节奏，"收敛一点"。没想到的是，他变得更加拼命了。

拉琼展示了钟扬2017年6月24日的行程安排：上午到拉萨贡嘎机场，下午3点半参加西藏大学博士生答辩会，下午5点跟藏大同事和研究生处理各种学科建设和研究生论文等事情，晚11点回到宿舍网上评阅国家基金委各申请书，凌晨1点开始处理邮件，凌晨2点上床睡觉，清晨4点起床，4点半又赶往墨脱进行野外科学考察。

钟扬未完成的愿望很多，他希望继续收集青藏高原的种子资料，希望帮助西藏大学学科建设不断提高，希望培养出更多扎根高原的植物学人才……

脑溢血之后，医生、亲友、同事都劝钟扬不要再去西藏，说他简直是拿自己的生命做赌注，而他第三次向组织递交了继续担任援藏干部的申请书，成为第八批援藏干部。

"再次进藏时，我明显感觉到他的身体大不如前，连上车和下车都特别吃力。但他总说'没事，我很好'。他对我说，自己的时间太短了，必须这样。"拉琼说。

2017年9月25日，钟扬忙碌的行程在"出差赴内蒙古城川民族干部学院做报告'干部创新能力与思维的培养'"之后戛然而止。

而在他双肩背包的很多张小纸条中，他的工作依然很满——

9月26日，他将回到复旦大学上党课，带大家学习科学家黄大年的先进事迹；

9月28日，他将来到拉萨，参加29日的西藏大学生态学一流学科建设推进会；

之后，他将完成和拉琼参与创办的西藏植物学期刊的创刊文章；和杨亚军一起完成关于"生物样本库的伦理问题和管理政策研究"的国家社科基金项目的招标；继续英文科普书籍《不凡的物种》的翻译工作……

未来，他还希望在成都或上海建立青藏高原研究院，让上海的红树林实现自由生长，让更多的中小学生通过科学课程提高科学思维，让更多的学生致力于青藏高原的种子事业……

"任何生命都有结束的一天，但我毫不畏惧，因为我的学生会将科学探索之路延续，而我们采集的种子，也许会在几百年后的某一天生根发芽，到那时，不知会完成多少人的梦想。"对于生命的意义，钟扬这样说。

三、评论

（一）融合新闻评论的定义

融合新闻评论即通过互联网平台对新闻事件和社会热点发表评论。评论既包括专业媒体在互联网上的评论，也包括网友们所发表的观点。

（二）融合新闻评论的特征

1. 交互性大大加强

网络媒介具备极强的交互性，这就使融合新闻的评论更为多元，同时发表评论的各方又能基于这个平台进行互动。

2. 新闻时效性得到更好体现

融合新闻评论的特点之一就是快速，可以更好地体现出新闻的时效性。相关新闻一经发出，网友们就可以立即进行评论，发表自己对该新闻事件的看法，体现了融合新闻的互动性。这一点是传统平面媒体所无法比拟的。此外，读者及时有效的反馈也可以促进融合新闻媒体工作者提高工作效率。

3. 评论的广度和深度明显增强

网络能够承载无限内容，既可以承载传统媒体上的评论，又能将传统媒体的评论上传到线上，便于读者查阅。虽然各种评论的角度与切入点不同，但都能在一定程度上提升评论的深度，引导读者对社会热点进行更深入的思考。

（三）融合新闻评论的功能

融合新闻评论有着正、负两方面的功能。

1. 融合新闻评论的正功能

融合新闻评论的正功能主要表现在：① 关注社会热点问题，同时进行舆论监督，有利于弘扬社会主义先进文化，同时揭露一些落后、腐败的不正之风，提高人们的思想道德修养和科学文化素养；② 促进社会文化传播，提高文化自觉和文化自信；③ 开辟体现民意的新通道，培养民众的公共精神，表达民众的合理诉求，合理引导公共舆论，从而有利于解决我国的民生问题。

2. 融合新闻评论的负功能

事物的两面性决定了融合新闻评论也存在负功能的一面。融合新闻评论的负功能主要表现在：① 由于网络的匿名性和虚拟性，危言耸听的网民散布各种谣言，大肆传播虚假信息，影响社会安定和人们的身心健康；② 网民之间随意谩骂，网络暴力事件时常发生；③ 敌对势力利用互联网从事破坏活动，从而影响国内和平与安定；④ 目前关于互联网的法律法规还不够完善，缺少规范的争论，西方文化的大肆传播冲击了我国传统文化，以及部分民众对西方文化的狂热追求，导致部分民众对本国文化缺乏认同感；⑤ 网络上不文明的言论影响国民素质。

总之，融合新闻评论有其正面功能，也有其负面功能，我们应该正确看待融合新闻评论的利与弊，趋利避害，从而促进社会的公平与进步，避免给社会带来一系列的负面影响，包括影响国民素质，不利于社会进步，甚至会带来相关的不稳定因素，影响社会安定。作为融合新闻媒体工作者，要合理引导受众，坚守媒介的社会责任，针砭时弊，同时坚持平民立场，关注民生，积极进行舆论监督，从而推动相关社会问题的解决。

四、新闻特写

（一）新闻特写的定义

新闻特写是用形象化的语言来描述新闻事件，让读者真实地感受到新闻现场的某个片段，身临其境，从而产生共鸣，达到报道效果的一种新闻报道体裁。

（二）新闻特写的特点

新闻特写除了报道具有人情味、题材普遍、内容有趣味性、写作具有艺术性这些与其他新闻报道体裁类似的特点之外，它还与电视特写相融合，具有自身的特色。

（1）三维立体性。网络具有多媒体的特点，因此融合新闻特写可以做到三维立体地展示新闻事实的全貌，让网民产生身临其境的感觉。

（2）表现多样性。网络通过在多媒体中加入解说词、画外音等方式，丰满新闻特写的内容和形式，给网民以新鲜感。

（3）时效性。网络可以通过自身速度快的优势，缩短新闻特写成品和受众之间的时间距离，不像电视那样录好了节目之后还要等待档期，可以最快地将新闻特写作品呈现给观众。

（三）新闻特写的"细节"

新闻特写，应该在"特写"和"细节"上下功夫。新闻特写的语言要简练，描写要准确、生动。新闻特写虽然也是新闻报道的一种体裁，但是它更能感染人、激励人，比新闻本身还更有力量。很多时候，新闻特写其实可以借助一些文学的描写方法或者电影的记叙方法，使新闻内容在保持客观真实性的同时，也可以更加生动形象，新闻就变成"活生生的新闻"，被受众所喜欢。

（四）新闻特写的种类

（1）人物特写。人物特写是新闻特写的一个重要组成部分，以表现人物形象、凸显人物性格为主。人物特写一般能再现人物的具体行为，绘声绘色，有强烈的动感色彩。比如，70周年国庆大阅兵中习近平主席的相关特写，希望工程中大眼睛的小姑娘的特写，这都是非常典型的人物特写，能给人以非常深刻的印象。在所有类型的特写中，人物特写是新闻特写中最为常见的一种形式，优秀的人物特写往往震撼人的心灵，使人们久久不能忘怀，还会激发读者进一步思考，甚至会推动整个社会对一件事情的持续关注。人物特写在新闻报道中往往起着非常重要的作用。

（2）事件特写。一般是截取与再现重大事件发生的重要场面，比如国庆大阅兵、全国两会、汶川地震的现场图、奥斯卡电影节的开幕仪式或者闭幕仪式等。都是一些可预见性的重大事件或者突发性的重大事件，场面壮观，具有十分强的现场感染力。

（3）场面特写。一般指的是相关新闻事件中出现的一些精彩场面，值得被铭记的重要场面。

（4）景物特写。主要是描写一些具有特殊意义或者十分罕见的景物。将全场景物的一部分进行具体细致地描写，使之形象突出，带给读者强烈的震撼。比如，新闻记者对陕北黄土高原窑洞的描写、对塞罕坝的描写等，都是一些突出景物的描写，突出了环境的厚重感以及环境背后发人深省的人物故事，具有十足的感染力，读者仿佛身临其境。

(5) 工作特写。主要是对某一工作场面的生动再现,并对其进行细致描绘,使读者身临其境。比如,某位记者对在大山深处的铁路养护工作者的特写,使读者深刻地感受到这一特殊工作群体的境况,同样具有十足的感染力,使读者身临其境。

(6) 杂记型特写。将各种具有特写价值的内容进行再现。

在所有类型的特写中,人物特写是新闻特写中最为常见的一种形式,优秀的人物特写往往震撼人的心灵,使人们久久不能忘怀,还会激发读者进一步思考,甚至会推动整个社会对一件事情的持续关注。人物特写在新闻报道中往往起着非常重要的作用。

五、网络专题

(一) 网络专题的定义

网络专题指的是围绕某一特定主题,对某一新闻事件使用多种形式进行报道的新闻形式。其中主要包括政治、经济、文化、社会、娱乐等方面的突发性事件和重大事件。网络专题的产生,很大程度上是基于互联网时代信息的海量性。在互联网时代,要制作一个专题,相应的选题至关重要。因此,对于网络专题的制作,新闻从业者要瞄准选题,做到快而准,才能做出优秀的专题。

(二) 网络专题的特点

(1) 交互性。网络专题的交互性表现为媒体与受众之间的沟通交流、受众意见调查、特约来宾与网友的交流互动等。有时候也通过网络专题投票的方式来获取受众对相关议题的看法,实现新闻工作者与受众之间的良性互动。新闻工作者应把握好网络专题的选题角度,将相关信息进行有效分层,充分利用新闻网站与读者之间的互动,将互动内容转化为网站新的制作内容,为网站的发展注入源源不断的动力。

(2) 可链接性。超链接使得信息文本顺利归类,将海量信息按照类别排列组合,受众通过超链接可以了解专题的全貌,找到所需的信息,成功获取关联新闻。

(3) 多媒体性。多媒体呈现是网络的一大优势,融合新闻记者在制作网络专题时,需要使用多种媒体形式,并应考虑到网络专题在多媒体平台的传播情况,比如文字、图片、音频、视频以及动画等多种呈现方式,形成连续不断的冲击波。

(4) 时效性。网络专题的时效性是其重要的特色和优点。当一件突发事件或者可预见到的重大新闻事件发生时,网络专题可以及时进行滚动播报,不断更新事件的最新动态,给受众以不断的视觉冲击;同时,网络专题也可以及时接收受众的意见,这一点是传统平面媒体无法比拟的优势。

(三) 网络专题的选题

(1) 首先是重大突发事件的报道。比如,2008年5月12日汶川大地震发生以后,各大门户新闻网站都对该重大突发事件进行了一系列专题形式的报道,包括新浪网、搜狐网、腾讯网、网易等。这些网站分别用文章、图片、音频、视频等方式展开报道,包括地震灾区的最新情况、救援情况,领导人的最新指示,地震相关背景知识的普及等,不断进行滚动式播报,使该事件一时间成为全世界人民关注的热点。对于重大突发事件来说,网络专题报道可以全面、连贯地展现事情的前因后果以及最新发展动态,是报道重大突发事件的一种很好的方式。

(2) 其次是可预见到的重大事件。2008年的另一件重大事件就是8月份在北京举办的第29届夏季奥运会。自从2001年北京申奥成功之后,举办奥运会对我国来说就成了一件非常重要的事件。各大门户网站也对奥运会这一盛事进行了一系列的网络专题报道,分别从奥运圣火的传递、吉祥物选取、奥运会开幕式、奥运会场馆建设、奥运会赛事情况等多方面进行了综合报道,同时配以相关文字、图片、音频、视频、投票等多种媒体形式。借助网络专题形式对北京奥运会进行全面、实时的跟踪报道,能尽可能全面地呈现这一体育盛事。当然,除了北京奥运会之外,历年的两会、国庆、著名电影节开幕式与闭幕式等报道,都可以作为可预见性的重大事件来进行报道,同时制作网络专题。

(3) 最后是当前的热点事件。热点事件往往是普通群众较为关心的事情。比如,住房问题、教育问题、环境问题、医疗问题、交通问题等,这些社会热点问题与人民群众的日常生活息息相关。作为新闻媒体工作者,要树立为人民服务的意识,所以更应该关注民生热点问题,将民众真正关心的问题做成网络新闻专题,搜集更多人民群众的意见,反映人民群众的诉求,从而推动相关问题的解决。

(四) 网络专题的功能

(1) 网络专题有助于信息的整合和集中传递。网络专题有助于提高读者的阅读效率,提升读者的阅读满意度,增强读者对网站的信任感和依赖度,吸引读者更加全面、更加翔实地了解相关热点新闻和热点评论。同时,网络专题可以随时更新信息,使读者可以了解事件的最新动态,进行横向和纵向对比。在网络专题里面,新闻工作者可以加入图片专栏、投票功能和相关的音频与视频动画内容,让读者可以更直观、更形象地了解某件事情的前因后果。总之,网络专题具有较强的互动性、针对性以及趣味性。

(2) 网络专题有助于发挥互联网的舆论引导能力。网络专题能够使融合媒体有效地发出自己的声音和观点,任何一家媒体都应该有自己独特的声音,不应该人云亦云。网络专题可以形成舆论强势,既有相关的文章、图片、音频与视频内容,还有相关的读者评论以及投票链接,可以形成连续不断的冲击波,给读者带来强烈的视觉冲击和心理冲击。

(3) 网络专题有助于打造媒体的形象。网络专题有利于解决网络新闻"碎片化"和"瞬间化"的问题,同时网络专题对媒体的产品宣传具有积极意义,有利于提高新闻单位的综合竞争力和社会责任感;网络专题能为受众提供更好的服务,这样一定程度上也可以提高媒体的形象。

网络时代的到来,不仅给社会带来了一场革新,也让融合新闻写作从传统的新闻写作手法中脱颖而出,并形成自身独特的写作模式和规律。融合新闻写作要以受众的需求为依据,在遵循新闻真实、客观、准确、新鲜、时效等基本要求的前提下,向受众罗列新闻事实、挖掘事件真相、展示新闻及相关信息的全貌,灵活运用新闻写作体裁,以达到最佳传播效果。

思 考 题

(1) 什么是融合新闻写作?与传统新闻写作相比,它具有哪些特征?
(2) 融合新闻写作的基本要求有哪些?
(3) 融合新闻评论有哪些功能?
(4) 新闻特写最需要重视的是什么?
(5) 什么是网络专题?它的特点有哪些?请举例回答。

第五章　互联网时代的新闻标题和制作

第一节　新闻标题的内涵及我国新闻标题的发展历程

一、新闻标题的内涵

我国有一句俗话："秧好一半谷，题好一半文。"一个好的新闻标题是整篇新闻的文眼，是留给读者的第一印象，也是吸引读者进一步深入阅读新闻的关键，甚至起到画龙点睛的效果。

《新闻传播百科全书》将"新闻标题"定义为"通常位于新闻正文之前，用以揭示、评价、概括、表现新闻内容的最简短的文字。所用字号大于正文，通常作为整篇新闻的代称"[①]，可见新闻标题具有高度的概括性和浓缩性。新闻标题是新闻工作中的术语，是报刊上新闻和文章的题目，通常特指新闻的题目。制作标题是新闻编辑的主要工作程序之一，报纸编辑部用标题来概括、评价新闻的内容，帮助读者阅读和理解新闻。[②] 新闻标题不仅是新闻编辑工作的一部分，也贯穿于新闻创作的整个过程。新闻工作者通过一系列采访活动，搜集新闻线索和资料后，就可以依据新闻价值、宣传价值、写作风格、新闻体裁、语句结构、修辞手法等，将看到的问题、事实、现象进行概括，即对新闻标题进行锤炼创造。一方面，新闻工作者可以简明扼要地点出事实；另一方面，也可以在新闻事实发生发展的基础上，利用文学创作的方式让标题虚化，起到气氛烘托的作用。

近年来，伴随互联网技术、移动通信技术的发展，报纸、电视台、广播等传统媒体也加快了媒介融合的步伐，向"互联网＋"和新兴媒体靠近。新闻标题也随之加速了通俗化、娱乐化的发展趋势。同时，为迎合以流量为衡量标准的眼球经济，不少新闻标题出现了夸张、虚假、煽情、不规范等问题。

[①] 邱沛篁等．新闻传播百科全书［M］．成都：四川人民出版社，1998．
[②] 彭朝丞．新闻标题的内涵及应掌握的要点［J］．新闻前哨，1995（01）：7-8．

二、我国新闻标题的发展历程

新闻标题从无到有，伴随着新闻活动的发展变化而变化。新闻活动又伴随着社会生产力水平、人口规模、阶层分化、地理交通、技术发明等各类社会条件的变化而革新。广义上，新闻活动被定义为为了反映、沟通客观世界新近变动的事实而进行的所有活动，不仅仅限于大众传播媒介开展的新闻报道。中国古代的结绳记事、烽火戏诸侯等事例，反映了古代人进行消息传递、信息交换的方式。从"口语传播"、"图画传播"到"文字传播"、"电子传播"，新闻标题也发生了从无到有、从简单到复杂、从单一到多样的变化。

（一）新闻标题从无到有

1. 无标题的官方"邸报"

"邸报"又称"邸抄、抄报"，是中国古代报纸的统称。史料记载，"邸报"出现于唐代，宋代得以命名，是一种类似公告的新闻文字抄录与通报形式，专门用于朝廷中央和地方之间下发文书、收集民情，以达到广而告之、上传下达的作用，进一步起到帮助当权者维护政权、保障社会稳定的作用。

在《经纬集》中，唐人孙可之写到读"开元杂报"时的情景，"得数十幅书，系日条事，不立首末"，例如以下几则：

"八月初三 奉上谕 本年值更换学政之期 除江西学政孙瑞珍 福建学政李嘉端 广东学政李棠楷 奉天府府丞兼学政李纯 俱毋庸更换外"

"谕内阁 内操原有祖制 向缘虑从南北部 及皇陵恭祀 以严内外之们 但演教销知进退而已 而言官不知 妄行非论 亦是职责之分 姑都且不究 今已停止 卿等知之"

可见，当时的邸报多是对皇帝日常的言行、上谕和任命或贬责官吏的文字记录进行依次罗列，反映战争变动、政策变动的公告新闻较多，其他贴近民生、社会的通俗性的新闻较少。这一时期的邸报，既没有新闻标题，也没有所谓的落款或结束语。

2. 多文一题或一文一题

19世纪中叶，伴随着两次鸦片战争的爆发，古老的中国受到西方列强的侵略，被迫打开国门。伴随着国门的打开，西学东渐趋势也日益加强。西方传教士和资本商人开始不断进入中国投资办厂，同时，为宣传西方的宗教思想和思维理念，西方传教士开始在中国制作、分发小册子，随后又进一步创建办报机构。通过西方人士自办、投资或中外合办、雇佣国人等形式，西方的办报理念和排版形式得以在中国流传和发扬,新闻开始出现标题。

例如,以地域位置和新闻来源冠以标题。当时的部分报纸会将北京的新闻消息统一放在"上林春色"标题下进行刊发;将武汉的新闻消息统一放在"鹤楼流韵"标题下进行刊发;而皇帝下发的文书、上谕等会放在"奏折"标题下统一刊发;还有特别设立的《上海新报》的"福州消息"、"京报全录",等等。这些新闻标题与现代报纸中分栏的栏目名称作用相似,采用多文一题式分类发布,也可称为类题。此外,以时间、地点、人物、事件为主,突出变动事实重要要素的具体标题也在逐渐出现和发展,一文一题的排版方式也在部分报纸版面出现。

(二) 新闻标题的复合化、抽象化

20世纪初,随着交通工具、通信设备、印刷技术的发展,世界各国的交往进一步加强,人们对于快速、准确、具体的新闻报道的需求增多。由此,新闻标题开始从单一向复杂转变。因为新闻标题是整篇新闻的题眼,是读者对报纸新闻内容和办报机构的第一印象,所以办报者为了吸引广大受众订阅和购买报纸,进而获得购买收入和广告收入,持续在新闻报道和新闻编辑上开展了剧烈的革新竞争。例如:使用快报版面,报道紧急且重要的突发性新闻;增加评论和言论版面,用于表达报纸和报人的新闻报道视角、态度和观点;设置图片专栏和文字边框,提升报纸版面的美观性和整齐程度等。除此之外,新闻标题也开始打破以往一文一题、多文一题的写作格式,出现复合式结构,通过引题、主题、副题等复合型结构的多种搭配形式创作新闻标题,甚至有的报纸编辑还在新闻正文部分,给局部段落添加小标题,引导读者分块、分段、分类阅读。例如:

唐总理出亡(即出逃)续记录
一、补述出亡时形势
二、总理府使者之络绎
三、唐逃后之无赖
四、总统之超然态度
五、国务院之态度

(《时报》1912年)

这则新闻叙述了当时唐总理出逃事件发生、发展、高潮、结局的整个过程,同时还配有当局政府部门对此出逃事件的态度和看法。而在文章的正文部分,局部段落内容被划分,并概括出"出逃时形势"、"出逃后境况"、"总理府门口使者络绎不绝的盛况"等小标题,放置在该局部段落内容的开头,让读者可以一览无余,并且根据自己的兴趣点和好奇之处有选择性地进行阅读。

相较于描述具体事实的标题，这一时期抽象化的虚题也开始出现。例如：

> 春云初展之政局
> 图穷而见匕首之政局

（《时报》1913年）

以上这则新闻便是借助"荆轲刺秦王"中"图穷而匕首现"的危急时刻，形容当时社会同样也是政局动荡、民族危亡的紧要时刻。

（三）新闻标题的精细化

国内外新闻标题都经历了从无到有，从简到繁，从繁杂到精细化、标准化的过程。现代新闻标题打破了栏的限制，由竖向排版变为横向排版。除了叙述型的新闻标题，阐述新闻意义、背景、评价的标题也有出现。除了单一型、复合型、实题、虚题等结构、内容的变化，互联网时代的融合新闻标题出现了网络用语、数据化、口语化、情绪化等新特征。制作合适的标题，要在切合新闻事实的同时，拥有强大的吸引力，这十分考验新时代新闻标题制作者的专业和创新能力，这部分内容将在下面的章节进行介绍。

第二节 新闻标题的分类

新闻标题可分为以下类别：主题、副题、引题、插题、边题、尾题、提要题、栏目题和通栏题等。消息中最常见的三种标题是主题、引题和副题。

主题，也叫主标。一般来说，新闻中最主要的事实和思想的概括与说明都由主题来表达。它是一个完整的概念和意思。没有主题，标题就不能成立。它在整个标题中字号最大，居于最显著的位置。主题一般为一行，有时也用两行，但至多只能有两行，否则重叠太多，反而不醒目。

引题，也叫眉题或上副题，是复合型标题中导引主题的辅题。引题通常不是一个完整的句子，放在主题的上方或前方，只能与主题搭配出现，是从属于主题的"先行官"。引题一般用来交代背景、说明原因、烘托氛围、解释意义。

副题，也叫子题、下辅题，通常出现在主题之后，主要是为了弥补主题的部分重点内容的缺失。同时，副题通常也是对主题的解释与说明。副题和引题相区别的是，副题主要在以下情况中对主题进行解释和说明：第一种情况是，如果主题表明了事情的发生，副题则需要对事情的结果进行说明；第二种情况是，如果主题表明了主要发生的事实，副题则需要表明次要事实；第三种情况是，如果主题对事实的表达较为简洁，那么副题则需要表达具体事实。总而言之，副题在通常情况下需要对主题进行解释和说明。

完整的标题可分为三行，分别是引题、正题、副题。例如，以下一则消息的标题：

缓解交通瓶颈　优化产业结构（引题）

青藏铁路助推西藏跨越式发展（主题）

去年进藏游客突破四百万人次　旅游收入同比增长七成多（副题）

（《人民日报》2008年4月26日）

由上例可以看出，标题的引题主要是对标题进行引导、烘托和渲染，起着"引出、引导"的作用。既可以是实题，概括出主要的新闻事实或者交代新闻事实的部分要素；也可以是虚题，从新闻事实中引出记者的观点，交代新闻背景、说明事件原因及表明记者倾向性等。正题用来点明新闻中最主要的事实和观点，它是标题的核心部分，表明新闻最主要的内容或说明传媒及其从业者的态度，多讲究短而充实。而副题起着对主题进行补充和解释的作用，它与主题的搭配形式有两种：一种是主题只表明论断或者疑问，由副题来回答；二是各自承担部分事实，对事实进行解释和补充。

一、按结构形式划分

新闻标题的结构形式是指一条标题的组成部分及其相互联系的方式。按照标题的结构形式来划分，标题分为单一型标题和复合型标题。

（一）单一型标题

单一型标题只有主题，没有引题和副题，又叫单行题。这类标题要求以最简单明快的语言标出新闻最有价值的内容。例如：

台风"海葵"进入安徽现12级大风

少将：钓鱼岛态势正有利于中方

（2012年8月9日新浪手机网）

这两则标题分别直接介绍了12级台风"海葵"进入安徽和钓鱼岛态势利弊的情况，是十分简单明了的单一标题制作方式，能够开门见山地将新闻事实告知读者。

（二）复合型标题

复合型标题是指由两个或两个以上的标题所组成的多行题目。复合型标题可以使新闻标题显得更为丰富，一般用于报道重大事件或者因素复杂的事件。复合型标题又可以分为以下四种形式。

1. 引题＋主题

例如：

    公交优先，私家车使用成本增加（引题）
    广州"治堵"双管齐下（主题）
            （《人民日报》2011年1月10日）

    首份防治年报显示机动车污染形势严峻（引题）
    江城拟全面重启车辆环检（主题）
            （《楚天都市报》2013年6月5日）

2. 主题＋副题

例如：

    苏丹南部公投在平静中进行（第一现场）（主题）
    南方自治政府新闻部长表示，公投之后南方将继续与中国发展
      传统友好合作关系（副题）
            （《人民日报》2011年1月10日）

    世界500强过半落户四川（主题）
    境外企业直接投资规模超百亿美元（副题）
            （《人民日报》2013年6月5日）

3. 引题＋主题＋副题

例如：

    落实结构性减税　依法加强征管（引题）
    2010年全国税收收入77390亿元（主题）

    国内增值税、国内消费税、营业税分别增长14.8%、27.5%、23.8%，
      所得税增长20.4%（副题）
            （《人民日报》2011年1月10日）

    中办国办发出通知要求（引题）
    切实做好元旦春节期间有关工作（主题）

确保全国各族人民度过一个欢乐祥和安宁的节日（副题）

（《人民日报》2010年12月27日）

4. 双主题

例如：

中国一举一动都被盯紧
印度扩军却无人管

（《参考消息》2013年6月5日）

两个主标题一同使用，一般是因为新闻内容包含多个主体，且多个主体都具有关键性的作用和影响，缺一不可。为保持整个新闻内容的平衡和读者对多个主体的同步关注，新闻从业者一般采用两个主标题一同使用的方式，进行对比和类比，反映同样的重要性。

与此同时，根据传播媒介自身特点的不同，采用新闻标题的方式，也会有所不同。例如，纸媒由于文字表述空间较多，因此可采用复合型标题。报纸作为传统的以文字为传播介质的媒体，其文字表述的空间更足，且文字说明要求翔实而具体，能更加直观地、准确地反映和概括新闻内容，在此基础上下功夫、出新意，便可以较多地采用复合结构的标题。网络媒体由于用户跳跃式阅读习惯，则用简单的单行标题，当然，依据新闻内容的通俗性、贴近性，也可以不局限于此，而采用多行标题或制作局部小标题的方式，增加人情味和趣味性。电视媒体由于信息转瞬即逝，因此多采用单行标题。广播和电视媒体，一个是以听觉为主的传播渠道，一个是以视觉为主、听觉为辅的传播渠道，都存在信息一次性、不可重复、线性传播的特点，所以需要在较短的时间里，用直白、简要的方式，让受众听清楚、看清楚，这就要求制作新闻标题时不宜过长，标题结构不要复杂，以免读者因冗长而抓不住重点。

二、按功能划分

按照标题的不同，可以将标题分为三种。

（一）内容概括型

新闻标题的一项重要功能就是标出最重要的事实，用最简洁的语言介绍和概括新闻的主要内容。同时，受众能根据这类标题所揭示的事实，结合自己的阅读兴趣对信息内容有大致了解。随着传播方式的演进，越来越多的受众走进了"读题时代"，所以内容概括型标题也越来越受到受众的青睐。例如：

青年万亩示范草场在贵州建设

（《中国青年报》2013年6月6日）

"我等飞机几小时，飞机就不能等我两分钟？"（引题）
航班舱门关闭旅客怒砸指示牌（主题）

（《楚天都市报》2013年6月6日）

这两则内容概括型的标题，都简洁、直白地将新闻的主体内容告知了读者。但是，内容概括型的新闻标题很容易让人感觉过于简单、平实，所以，第二则标题采用多行复合结构，通过飞机乘客主动抒发感慨和情绪化动词"怒砸"，为新闻标题增加了形式上和内容上的层次感和动态感，让读者读得有滋有味。

（二）表明立场型

新闻具有商品价值和文化价值双重属性，既有提供信息的具体实用功能，也承载着一定的文化、精神和意识形态。我国的传媒业是引导舆论的重要工具，所以很多新闻从其标题表露的态度和情感倾向，就可以看出是正面新闻还是负面新闻，或者中性新闻。传媒及其从业人员往往都是通过某一新闻标题表明其所属机构和个人的立场、观点、态度及倾向性。这种倾向性可以用三种方式来表达：一是通过对新闻事实的选择性报道表明立场，即报道还是不报道；二是通过把事实安排在不同的位置进行评价，即读者会依据新闻报道"顺序排列"的先后来判断该新闻的重要性，所以放在头版或位置靠前的新闻消息会首先受到读者的重视；三是通过选用不同感情色彩的词语或者句式表明倾向，即新闻是主观和客观的统一体，对于客观事件发生的变动，新闻媒体及从业人员会依据自身的媒介立场、价值判断等，为新闻报道添上一定的主观色彩，而这种主观倾向会在读者头脑里反映、思考或判断。例如：

广西：征集微心愿 关爱青少年

（《中国青年报》2013年6月6日）

饲料厂垃圾站怪味 困扰光谷上万居民

（《楚天都市报》2013年6月6日）

反击光伏大棒 中国对欧葡萄酒双反
光伏新政有望6月底出炉，刺激光伏业回暖

（《南方都市报》2013年6月6日）

第一则和第三则新闻通过"关爱"、"有望"等正面词汇，可以很快让读者感受到这则消息是采用正面报道的视角进行写作的，新闻事件的发生可能会带来积极的影响，促进社会青少年健康成长和光伏产业的发展。而第二则新闻标题中的"怪味"、"困扰"明显是负面词汇，能让读者直接联想到日常生活中"垃圾产生的异味"困扰自身生活的体验。

（三）激发兴趣型

新闻标题制作得是否有吸引力以及标题包含的新闻价值大小直接决定着新闻能否抓住受众眼球。尤其在信息爆炸、生活节奏日渐加快的今天，受众新闻信息的视听习惯已到了"读题时代"，所以新闻标题能够贴近受众的兴趣点显得尤为重要。例如：

岳阳市介入调查华容县　28岁"选美"副县长

（《中国青年报》2013年6月6日）

疯狂醉男拳砸玻璃　钻车底寻死

（《南都网》2013年6月4日）

三、按表现手法划分

表现手法是指作者在行文、措辞和表达思想感情的过程中所使用的特殊语句的组织方式，可以具体地由点到面进行抓取，包括议论、叙述、抒情等。按照标题表现手法的不同，通常将新闻标题分为四种类别：白描式标题、抒情式标题、比喻式标题与对偶式标题。

（一）白描式标题

白描式标题是指用朴素、简练的文字描摹新闻事实，而不重辞藻修饰与渲染。白描式标题用精炼的文字粗线条地勾勒人物或事物的特征，较常用于纸质媒体和网络媒体。例如：

高考期间多省大范围降雨

（《湖北日报》2013年6月6日）

南京书报亭将变身"便民服务亭"

（《南京日报》2013年6月6日）

这两则标题形式上都比较短小，直接反映了高考期间的降雨情况和书报亭即将发生的变化，简洁朴素、直观明了。

(二) 抒情式标题

抒情式标题，重在表达情思，抒发感情。它与叙事相区别，在表现手法上更为主观，也更为诗意。例如：

"双反"欧洲葡萄酒不是中国唯一子弹

(《环球时报》2013年6月6日)

外媒高度评价习近平美洲之行　魅力攻势带来黄金时代

(《人民网》2013年6月6日)

抒情式标题使用的词汇相较于概括性或直接描写的标题，会更加考究和含蓄。以上两则标题中"唯一子弹"和"黄金时代"两个词汇的应用，反映出新闻从业者是借助比喻或具有感情色彩的词汇来制作标题的，增加了标题的可读性。

(三) 比喻式标题

比喻这一修辞对语言的生动化具有重要影响，在标题中使用比喻修辞能够更吸引受众的注意力，在当今融合新闻的标题制作中经常使用。例如：

进入寻常百姓家　买菜好使能保值

人民币在朝鲜很"吃香"

(《河南日报》2013年6月6日)

变"满堂灌"为师生互动交流

来凤中小学尝鲜新课标

(《湖北日报》2013年6月6日)

通过比喻的方式，可以将新闻标题中的内容更加生活化地反映出来。"人民币吃香"、"尝鲜新课标"，都是将纸质物比喻成生活中的菜色，能够让读者感受到货币和教育与生活日常息息相关，而且其变动的结果就是像日常吃的饭菜一样会带来持续性、巨大的影响，需要大家的密切关注。

(四) 对偶式标题

对偶式标题即将结构、字数、意义都相同或相关的短语对称排列。对偶式标题常见于电视媒体、网络媒体等媒体机构中。这种标题主要是为了突出形式上的整齐、对仗以及口语上的抑扬顿挫、易读易记。例如：

上海市中心突遇大面积停电　地铁 2 号线部分区段停运

（《人民网》2013 年 6 月 6 日）

重视引进"海龟"　不应该忽视"土鳖"

（《中国青年报》2013 年 6 月 6 日）

第三节　新闻标题的功能和特点

新闻标题是受众在一篇新闻报道中首先会注意到的部分，甚至决定了新闻报道能否吸引受众继续阅读或观看。一个出色的新闻标题，能够为新闻报道增色，也能够对受众的阅读起到引导、选择、判断等帮助作用。在融合新闻时代，互联网蓬勃发展，碎片化阅读与日俱增。新闻标题对吸引受众有着比以往更为重要和突出的作用。

一、新闻标题的功能

大体上来说，新闻标题的功能分为以下几个方面。

（一）激发受众兴趣

兴趣被定义为人在认识某种事物或从事某种活动时的心理倾向，它能够指引人们去认识和探索外界事物，是驱动人们主动、积极思考、参与行动的良好导师。人们长期以来形成的视听习惯决定了受众在读报、看电视、上网获取信息的过程中，第一眼看到的是新闻标题。标题制作得是否具有吸引力及标题本身包含的新闻事实价值的大小决定了受众对新闻的接受与否。有关调查显示，70% 以上的受众新闻信息的获取是从读题中来的，只有不到 30% 的受众能够有兴趣进一步了解详情。这种情况在融合新闻中表现得尤为明显。例如：

他们为何折磨一只"老鼠"？

（《南京日报》2013 年 6 月 11 日）

建邺警方"摆摊"请居民评议

（《南京日报》2013 年 6 月 11 日）

以上这两则新闻标题，单从字面上来说，看不出到底是什么新闻事实。但是都设下了悬念，很好地吸引了读者的阅读兴趣。

(二) 介绍新闻内容

在信息爆炸、生活节奏加快的今天，新闻标题所揭示的新闻事实往往决定着受众的阅读兴趣，并引导读者根据标题对信息内容有大概的了解。在今天的"读题时代"，各类媒体也都开始注重标题的导向作用，并设立固定的导读栏目，如《南方周末》的"十大热门"，《楚天都市报》的"要闻提示"等，都是通过新闻标题进行集成式发布，吸引受众的注意力。例如：

买报纸　送纸巾
武汉多少路口，行人无奈做"刘翔"
19所高校预估在鄂录取分数线
黑的夺路狂奔撞伤执法总指挥

（《楚天都市报》2013年6月11日第一版要闻提示）

如今，许多综合类网站、新闻网站、电视节目和报刊等，都采用了集成式新闻标题内容率先播发，让受众先睹为快，迅速了解当天报道的重点内容和主推新闻。

(三) 评价新闻内容

自古以来，新闻媒体都是引导舆论的工具，21世纪新闻媒体也同样肩负着引导社会舆论、定位社会导向的历史重任。新闻标题不仅能够揭示最重要的新闻事实，而且代表着最广大人民的意见，传递着最真切的群众呼声，由此就要求新闻标题有某种倾向性，以引导社会舆论朝着正确的方向健康发展，从而维护社会的主流价值观和秩序的稳定。新闻媒体评价新闻内容的方式有三种：一是通过选择不同的新闻事实对内容进行评价；二是通过带有褒贬色彩的词语和句式进行评价；三是通过标题中的位置安排进行评价。例如：

37个项目集中签约　青洽会凸显"湖北声音"

（《湖北日报》2013年6月11日）

刀劫珠宝店　得手三分钟被擒
事发珠海，男子抢得90万元珠宝，还没捂热就栽了

（《南方都市报》2013年6月11日）

(四) 组织新内容

在纸质报纸中，一个新闻版面上通常存在多篇主题不同的新闻报道，这些新闻报道相对独立、各成一体，但也有在同一新闻版面上出现主题相同的多篇报道的情况。在这种情况下，就需要有一个能将这些新闻报道组织起来的标题。

例如：

神十今日 17 时 38 分发射　3 名航天员首次亮相
[3 名航天员：聂海胜　张晓光　王亚平　聂海胜任指令长]［滚动]
[神舟十号发射前各项准备已基本就绪　探访神十发射基地]
[长征二号 F 遥十火箭开始加注推进剂　神十计划在轨飞行 15 天]
[媒体：神一到神十花费 390 亿元　外国航天员未来可乘神州]
外媒：中国向太空"野心"又迈进一步
[神一到神十中国载人航天突破全回顾]
[神十将首次绕天宫一号飞行　为建造空间站做准备]

（新浪网 2012 年 6 月 11 日）

这类标题十分类似于以往的"类题"，即将同一类型的新闻或者同一主体的持续性报道放在同一栏之中，方便读者进行同类观看，让其能够一次浏览多篇文章，进行比较或深入理解新闻事件的整个过程。

（五）索引搜索

互联网时代，新闻标题不仅是网民们浏览的对象，也是网民们发挥主观能动性、深入挖掘信息的索引。通过一个新闻标题，网民们可以在信息的海洋里，进一步利用搜索引擎、超文本链接等进行搜索、跳转，发现新闻背后的故事或观看更多类似的、相关的新闻内容。

例如，搜狐网发布了一条《不忘初心　牢记使命　激发老党员干事创业热情》的新闻，网民们通过搜索关键词可以发现"不忘初心，牢记使命"的内涵、提出过程，以及从中央到地方的不同地区，科教文卫等的不同行业通过座谈会、专题研讨会、国旗下讲话、党课等多种多样形式的新闻报道。

（六）解释报道形态

人们经常会在报刊或网站上看到新闻标题的末尾出现"图文""附图""组图""视频"等字眼，这便是关于该新闻报道形态的解释。读者可以通过新闻标题后面附有的标注，了解新闻的主体内容是文字为主、图片为主、图文并茂，还是音视频播报为主，从而依据自身兴趣、喜好和时间长短等进行选择性浏览或跳过。

二、新闻标题的特点

（一）文题相符

作为新闻的一部分，新闻标题需要文题相符。新闻的本质是真实，标题的重点是新闻。标题要对新闻报道的具体内容进行高度概括,将新闻内容准确、生动地表现在标题中。因此,文题相符可谓是新闻标题最基础的特点。文题相符一定要注意标题对新闻内容概括的准确性,为吸引眼球故意闪烁其词或故弄玄虚的标题并不讨巧。2012年国内十大新闻中的一些标题就很好地体现了新闻标题平实的特色。例如,《海域管理加强 公布钓鱼岛标准名称并设立三沙市》、《首艘航母交接入列》等,都合乎实际地将主体内容做了概括,是主体新闻的精炼和总结。

(二) 清晰简洁

新闻标题的字数不宜过长。如何在有限的字数中对新闻报道要表达的内容进行高度概括,需要在标题制作上格外注意清晰、简洁。优秀的新闻标题都是能够用清晰简洁的语言准确概括新闻报道内容的。例如,在2001年7月13日中国申奥成功后,大多数新闻标题并没有运用冗长的字句,而是突出了"赢"。用四个字"我们赢了",甚至仅用两个字"赢了"来表达。尽管字数较少,但表达的内容相当丰富,自然能够在第一时间吸引受众,给受众留下深刻的印象。

(三) 新颖生动

优秀的新闻标题还需在短短几个字里新颖生动地概括新闻报道,在短时间内吸引受众。比如,2012年度黑龙江省十大优秀新闻报道之一的《最美教师时代楷模》系列报道的一些标题:"谢谢你说'谢谢你'"、"那一刻春暖花开"、"不信东风唤不回"等。这些标题都具有简洁、清新、生动、活泼的特点,感情真挚、引人深思,能引起受众的共鸣。

第四节 不同媒介新闻标题的制作

报纸、广播、电视、网络等不同的新闻媒介,其标题制作的侧重点会有所不同,根据新闻媒体不同的传播特点制作出各具特色的新闻标题,是目前新闻采写人员需要重视的实务训练。

一、报纸新闻标题的制作

新闻标题作为现代新闻不可分割的部分,担当着概括新闻主题与吸引读者的重要作用,这在报纸新闻中体现得尤为明显。这就促使报纸从业人员积极探索新闻标题的制作风格,以适应读者的阅读习惯。

（一）报纸新闻标题的制作要求

（1）题文一致。报纸新闻标题当然也要遵循新闻标题的制作特点。在题文一致上，注意把握标题所传达的信息，与新闻报道内容完全一致。

（2）一语中的。报纸新闻报道中有众多内容，报纸新闻标题的制作要学会抓主次，将最重要的精华部分概括在新闻标题中。这不仅能够节约读者的时间，也能够吸引读者，减少读者观看文字时的单调感。

（3）简洁明快。标题的制作要格外注意字数，字数不宜太过冗长，要简洁地表达新闻内容，将不必要在标题中表达的细节、过程选择性省略。

（4）态度鲜明。作为大众传媒工具的报纸，要有一定的报道思想和宗旨，在报道新闻时要有一定的倾向性，以引导舆论，树立正确的舆论导向。

（5）生动形象。标题要生动形象、吸引受众，还原事实真相。看到现场记者所看，以感染读者。可以在标题制作上运用多种修辞方式，如比喻、拟人、对偶等。

（二）报纸新闻标题的制作技巧

1. 重视标题的亲和性

在时事政治的新闻报道中，重视新闻标题的亲和性能够让新闻标题的语言生活化，从而拉近与读者的距离。在经济新闻、科技新闻的报道中，由于这类报道通常具备较强的技术与专业性，重视这类新闻报道标题的亲和性，能使这类新闻以通俗易懂的方式被读者理解，增强其可读性。例如，《当我们拿起手机时，我们要感谢这三个人》，是三联生活周刊制作的关于2019年诺贝尔化学奖和物理学奖颁发的新闻标题。锂离子电池作为专业科学领域知识，大众可能并没有兴趣去了解，但手机却是当今社会绝大多数人每天都会用到的电子产品。编辑人员巧妙设置标题使之具有亲和力并贴近读者，让读者对诺贝尔奖的获奖者产生浓厚的兴趣。

2. 强调标题的冲击力

在报纸新闻标题的制作中，强调新闻标题的冲击力，能够在第一时间吸引读者，并给读者留下深刻印象。强调报纸新闻标题的冲击力，不仅能够在当前的注意力经济环境下制造"轰动效应"，而且能够运用打动人的新闻标题，触动读者的人文情怀，打造出标题的艺术形象。

3. 关注标题的表现力

传统的报纸新闻标题，较多地运用中性语言来叙述。但是当今报纸新闻标题的制作，更加注重生动性和形象性，有着更强的表现力。传统的报纸新闻标题更为精巧和含蓄，如今的新闻标题正好相反，更为写实和粗犷。

4. 发挥辅题的新功能

在当代社会的发展中，伴随着互联网的快速发展，读者阅读新闻更加追求快速化，带有较大的随意性。因此，传统的报纸新闻需要在标题中注入更大的信息量，发挥新的功能。新闻标题的信息量加大，一般可以加长引题和副题，不宜对主标题进行过多加工。

二、电视新闻标题的制作

（一）电视新闻标题的制作技巧

电视新闻标题与报纸等新闻标题不同的是，电视新闻标题要针对电视新闻的个性化特征进行制作。首先，要关注电视新闻画面传达的主要信息，将标题进行精炼；其次，电视新闻标题一定要清晰且准确，防止产生歧义；最后，电视新闻标题要直观，能够让观众迅速明白电视新闻传达的主要内容。同时，电视新闻标题也要生动形象，让标题充满可视性。

（二）电视新闻标题的类别

1. 叙述式标题

叙述式标题主要运用直接叙述的方法，将新闻报道中最具新闻价值的信息简练标出。这种标题广泛运用于电视新闻标题的制作中。例如，《天安门广场竖起'中国对香港恢复行使主权'倒计时牌》，就用了直接叙述的方法将新闻的主要事实告诉观众。

2. 概括式标题

这是电视新闻标题中十分常见的一种方式。它是指新闻标题对新闻报道内容、主题的凝练。电视新闻报道中的概括式标题能够将最重要的新闻事实第一时间传达给观众，基本上可以等于一句话新闻。例如，获得第十七届中国新闻奖的一篇电视新闻报道作品《山西在全国率先进行煤炭采矿权改革》，将新闻事实简明扼要地概括得清清楚楚。

3. 提示式标题

它是指新闻标题本身就具备信息量，能够在标题中对新闻事实进行补充和升华。电视新闻标题制作较少采用提示式标题，提示式标题多在短消息中出现。例如，2004年辽宁广播电视新闻奖评选中，有两篇对同一新闻事实的报道，标题分别为《百米烟囱今晨爆破 沈阳工业告别粗放》和《一个情字了得——铁西工人泪别烟囱》。这两篇新闻尽管报道的是同一新闻事实,但因不同的视角出现了有区别却都为佳作的标题。

三、融合新闻标题的制作

融合新闻与传统新闻标题的制作有较大的差别。融合新闻的受众阅读新闻更为快速和随意,所以在标题制作上要更为简洁,同时要能够传达出新闻的主要内容。

(一)融合新闻标题的特征

(1)题文分家。融合新闻标题的制作优良与否,决定着受众是否能长久地停留在新闻页面,也对受众能否对这一新闻报道进行传播有重要影响。因此,融合新闻报道的标题要更具备对受众的强大吸引力。这就需要融合新闻报道的标题制作者能够清晰简练地提取新闻报道的主要内容,使得新闻标题既具备新闻要素,又能够吸引受众。

(2)题长受限。融合新闻报道的标题一定要简短,以16~20字为最佳。同时尽可能地单行排列,一般不使用多行题。

(3)多用实题。传统的新闻标题存在虚实的不同。实题主要传达新闻的主要事实,虚题一般传递主要倾向。因此,传统新闻报道标题需要题文一致。而融合新闻报道的标题却有很大不同,多用实题,尽量不用虚题,让受众有更大的主动选择权和判断能力。

(二)融合新闻标题的制作技巧

(1)充分发挥融合新闻媒体的优势,表现新闻媒体的多媒介化。融合新闻标题的多媒介化能够增强新闻报道的表现力,生动形象地抓住受众的眼球。

(2)以标题加摘要的形式提示新闻报道的主要内容,吸引受众阅读。融合新闻报道的标题一定要简洁,多使用单行题。因为融合新闻报道的标题往往比较简短,所以可在标题后加上摘要对新闻报道的主要内容进行总结。

(3)逐层展开新闻信息,全方位地吸引受众注意力。做到以点带面,由小到大,多层面展示新闻信息;要在新闻报道标题中强调重点,为受众带来较强的视觉冲击,引导网络舆论,与受众加强互动。

第五节 当代新闻标题制作中出现的问题及改进

信息化时代,眼球经济成为信息流通过程中媒体、企业、政府等各个领域的竞争市场。2012年5月,《中国青年报》对全国31个省、市、区的11394人做了一项调查研究。结果显示,20.1%的受众平时观看新闻时,只看标题不看正文;66.3%的受众选择在看完标题后快速浏览正文;仅有11.2%的受众会花费较长时间,对正文进行详细阅读。在当下这个"读题时代",制作短小精悍的新闻标题,满足受众短时间、浅层次、碎片化的阅读习惯,成为各大传统媒体、新兴媒体取胜的法宝。

一、当代新闻标题的制作类型

(一) 概括总结式

概括总结式的新闻标题是常用的一种标题制作类型。它简明扼要地概括总结,在有限的字数下,对新闻内容进行直白、有效的提取,让读者对新闻内容的重点一目了然。而且可以采用隐藏部分信息的方式,吸引受众深度阅读。例如:《故宫修整11天后开门迎客》,《他在无声的世界里放歌》。

对比前者的标题,后者的标题采用了抒情的方式,将主人公用代词"他"隐藏了起来,将"聋哑的世界"用"无声的世界"进行概括,报道了一位听力障碍人士取得优秀工作成绩的故事。

(二) 问题式

问题式新闻标题通过提问的方式制作标题,引发读者的阅读兴趣,让读者寻找答案。

绿水青山就是金山银山
"北大荒"成了"北大仓"

这则新闻标题将无粮食的"北大荒"和收获满满的"北大仓"进行对比,告诫人们绿水青山就是金山银山,只有保护好生态环境才拥有推动经济发展的生态物质基础。

(三) 网络流行用语

互联网时代,大量的新闻标题开始使用网络流行用语,拉近与广大受众的距离,用网络流行语的亲切感、时尚感、趣味性来吸引读者。例如:

干部主管部门三玩"躲猫猫"(《羊城晚报》2003年3月4日)

宁波首批高校创业讲师亮相 "80后"指导"90后"(《钱江晚报》2010年)

土项目 HIGH 到尖叫　民族体育大联欢在畲乡景宁举行（《浙江日报》2010年 11 月）

撸起袖子加油干　争做出彩济南人（《济南日报》2017 年 3 月）

（四）共情感

共情感，即同理心、同感。当代不少新闻标题的制作运用共情原理，通过相近的地理位置、群体阶层、文化背景、情绪、情感等，激发读者对新闻事件代入同理心，从而进一步关注新闻内容。例如：

火车停开五小时为救乘客一只手　1300 多名乘客耐心等候（《楚天都市报》2005 年 10 月 23 日）

太浪漫！兵哥哥用阅兵勋章求婚（中新网　2019 年 10 月）

前者通过描绘"停"、"救"的场景和数据，让读者产生现场感并体会到救援现场的艰难、紧张气氛；后者通过"太浪漫"直抒胸臆，感慨军人用"勋章"求婚的光荣感、自豪感。

二、当代新闻标题制作中出现的问题

（一）复合结构滥用

1. 引题、主题位置颠倒

在各类新闻媒体都在追求出奇制胜的过程中，越来越多的记者和编辑忽略了基本的新闻素养，有些新闻不经推敲就以引题与主题位置颠倒的状态出现。例如：

省地矿局建设和谐队伍出实招（主题）
以发展地矿经济为基础 以提高生活水平为目的（引题）
（《甘肃地质矿产报》2006 年 1 月 4 日）

省地矿局工作会议在兰州召开（主题）
实现找矿重大突破　构建和谐地矿系统（引题）
（《甘肃地质矿产报》2006 年 12 月 27 日）

以上两例标题均为引题与副题位置颠倒，不符合复合式标题的制作规律。

2. 引题虚占其位

不少记者在报道重大新闻事实或者相对复杂的新闻事件时，为了突出其重要

性和综合性,在新闻标题中增设引题,但并没有发挥引题的导向和引导作用。例如:

甘肃煤田地质局 2005 年(引题)
新发现煤炭资源量 2.2 亿吨(主题)

(《甘肃地质矿产报》2006 年 3 月 1 日)

此标题实际上只有主题,没有引题,如果将其做成单行式主题反而更加贴切。

3. 滥用长标题

部分新闻记者为了省事,不将正文首段的内容加以精简,直接充当新闻标题,使得新闻标题冗长、乏味且与主体内容重复。例如:

《陕西省召开经济稳增长工作部署会议　省委常委、市委书记王浩主持会议并强调权利冲刺第四季度　确保完成全年目标任务》

——快资讯

整个标题达 50 余字,地点、人物、内容等新闻要素皆包含其中,完全可以作为简讯进行报道。过长的标题,加上重复性的新闻内容,容易让读者觉得累赘。

此外,有的记者为了夺人眼球,采用多行标题作为噱头。但整个标题虽为多行复合结构,却分不清主题、引题。这类标题不仅没有发挥揭示、引导作用,而且标题内容毫无意义。例如:

要梅西不要"叉腰肌"
高,实在是高!
伊辛巴耶娃再创撑竿跳世界纪录

《现代快报》2008 年 8 月 19 日

这则体育新闻的标题被牵强地分成了三行,前面两行与主题联系不强,也没有起到揭示背景、引导读者的作用,完全是口号型噱头。

(二)盲目跟风,缺乏新意

有些新闻记者制作标题时,因循守旧,人云亦云。这种标题在如今的各类新闻媒体中均有显现,尤其是互联网门户网站的新闻标题。例如,2012 年 11 月 13 日针对十八大新闻中心发布的一则新闻公告,各媒体所设标题如下:

新一届中共中央政治局常委 15 日与中外记者见面(新浪网)
新一届政治局常委 15 日 11 时与中外记者见面(腾讯网)

新一届中央政治局常委 15 日 11 时许公开亮相（搜狐网）
政治局常委 15 日见记者（新华网）
新一届政治局常委 15 日上午 11 时许与记者见面（央视网）
新一届中共中央政治局常委 15 日上午与记者见面（深圳卫视）

（三）"标题党"的出现

除了以上问题之外，媒体的新闻"标题党"也越来越多地进入人们的视线。标题党是指对在以互联网为代表的媒体上通过制作耸人听闻或媚俗、低俗、庸俗的标题来吸引网友注意力，置新闻内容的基本事实于不顾，以达到增加点击量、知名度或牟取一些不正当利益等目的的记者、编辑、管理者和网民的总称[①]。其惯用的手法往往有断章取义、歪曲事实、故弄玄虚、哗众取宠等。

一是标题文字"百转千回"，走煽情路线。有些新闻在标题制作中为了吸引受众眼球，追求视觉效果，走"百转千回"描绘故事的路线，其间还不忘煽情加以渲染。例如以下一则新闻标题：

《武大人质案中枪民警唤爱妻名字　见妻留言落泪》

（搜狐网 2009 年 6 月 8 日）

二是以暴力性词汇刺激公众眼球，滥摆噱头。在浮躁不安的都市生活中，越来越多的标题党用暴力词汇来刺激公众眼球，用煽动性的大标题对新闻事件进行渲染、夸张，使受众每天都生活在海量的暴力词语中。例如：

《夫妻吵架母亲暴打 6 岁孩子　邻居称"全身都是血"》

（《钱江晚报》2009 年 6 月 6 日）

以上标题就是追求暴力渲染的标题党的惯用手法。

三是对尚未发生的事件随意猜测，捕风捉影。这也是很多标题党所常用的方法。因为新闻事实尚未发生，记者又不想错失报道机会，便不惜冒着新闻失实的风险，对新闻事件妄加猜测。例如：

《徐明暗助陕西逼走成耀东？实德沪灞后台已是同盟》

（新浪网 2009 年 9 月 3 日）

四是题文严重不符，误导受众。有些新闻标题为找噱头，使标题与正文内容严重不符。例如：《燕赵都市报》2007 年 1 月 6 日的一则新闻标题《张曼玉突然暴瘦　自言最爱梁朝伟》。细读正文才发现，是有人问张曼玉最默契的搭档是谁，她脱口而出："梁朝伟！"所以"最爱梁朝伟"只不过是"最愿意与梁朝伟合作"

---

① 朱继东. "标题党"泛滥的危害、根源和对策 [J]. 新闻爱好者，2012（9）：15-18.

而已。显然，这条新闻的标题靠忽悠读者来吸引读者眼球。

五是罗列"暧昧"词语，混淆视听。有些标题靠词语歧义对新闻事实进行夸大或者扭曲。例如，某贴吧的帖子《闹市中惊现悬挂于车外的裸尸》，事实上，所谓的裸尸，只是一只被粗心主人悬挂于车外的白条鸡而已，看罢之后让读者哭笑不得。

六是故意打造虚假新闻事件或未经核实的新闻。这种新闻标题缺乏真实性，归根到底在于新闻事件本身就是虚假的。例如，2013 年 3 月，《深圳最美女孩给街边乞讨老人喂饭》被中国新闻网报道，但随后深圳媒体证实，这是一名商人为牟利而炮制的一起虚假新闻。

七是胡乱调侃，滥用词汇。2016 年 4 月 28 日，网易将新华网上一篇名为《多地整治网约车探索"规范路径"》的报道转载为《网约车属高端服务 不应人人打得起》，将原本正面客观的新闻标题变为带有冲击力的博人眼球的调侃性词汇。此外，"门"、"且行且珍惜"、"PK"等热门网络词汇四处套用的现象也时有发生。

八是渲染负面信息。以下两则新闻都通过大数值制作新闻标题。《东莞时报》甚至将其中的 60、30、6 的字样采用黄色特大号字突显，利用警示讯息渲染负面情绪，力求给读者带来视觉上的冲击感。

《津 500 套房竟引千人暴乱》（搜狐网 2016 年 7 月）

《京福高速徐州段，因大雾 60 车相撞 6 死 30 余伤》（《东莞时报》2012 年 3 月）

九是胡编乱造，肆意省略。2013 年 11 月 30 日，《中国青年报》发布了一篇题为《人大要求处级以上干部上交护照》的消息，肆意省略"人民大学"为"人大"，引发歧义，却吸引了大量网民的关注。2013 年，新京报报道的题为《元旦春节均不放假》的新闻也是如此，以偏概全，胡编乱造，将中国女足休假状况这一前提在新闻标题中隐去，夸大事实，引起恐慌。

三、问题出现的原因

进入新时期，媒介从信息化时代跨越到高度信息化时代，信息流通的速度加快，人们对信息的需求出现快速、便利、短小、有趣等特点。与此同时，互联网新兴的自媒体平台喷薄而出，涉及社会交友、游戏、资讯娱乐等多方面，同时还可以作为提供信息、搜索资讯的工具。人们不仅可以接收信息、搜索信息，甚至可以通过"直播"、"贴吧"、"微博"等打造自己的发布、分享平台，成为信息生产的参与者。人们的时间、精力、注意力被分化，传统的媒体市场也进一步被挤压。

从传播者为中心过渡到受众为中心，从传统主流媒体独占鳌头到新兴自媒体遍地开花，伴随着技术发展的潮流，我国的媒介生态环境也在发生变化。面对大量的竞争和挑战，不少媒体机构和新闻从业者出现了负面心理，如从众心理、不知所措、顺应资本市场、急功近利等。此外，国家管理部门面对这一局面也存在管控不严、机制改革不及时、新形势难以应对等情况，从而放纵了因利益驱使、急功近利而制作虚假新闻、售卖新闻、瞒报压制等现象的不断出现。

面对当前读者注意力分化、信息需求增多、传播主体多元化、短时间阅读增加的趋势，传统媒体、新媒体、网络平台、政府机构、网民、非互联网读者等都应该在自律与他律的社会责任意识下，维护好我们的媒介生态，避免人们在媚俗、虚假、泛娱乐化的负效应影响下，丧失对媒体权威性和公信力的认可，增加社会的不确定性、不安全感。

四、问题的改进措施

网络"标题党"的泛滥，正说明网络媒体从业者的新闻伦理意识还远远不够，新闻伦理教育在一定程度上存在着缺位。

网络"标题党"等现状很容易使受众感到不满，这种非主流的形式在短期内是难以改变的。要让网络媒体及其新闻从业者的良知体现在标题上，则需要新闻伦理、道德开路，等到教育培训制度逐步完善、融合新闻编辑人才和民众整体素质得到提高，以及其他各方面条件都具备时，才能使融合新闻标题文化真正走向积极、健康、理性的方向。

具体措施可以参考以下内容。

（一）新闻标题制作需遵循真实、准确原则

2017年，在第四次世界互联网大会的讲话中，凤凰卫视总裁特地提及了"假新闻"和"后真相"两个新闻关键词。其中，"假新闻"在2017年的使用率较上一年增长了365%。而因情绪、情感先行，忽略客观事实的"后真相"也使得专业媒体人和广大网民对新闻的第一生命——真实性的地位产生担忧。

在高度信息化的今天，信息流转迅速、冗余，再加上真假难辨，让身处信息海洋世界的人们愈发难以看清。讲求"真实、客观、准确、全面、公正"的新闻专业主义成为扭转局势的关键因素之一。以新闻事实为基础，进行全面、客观、准确的报道，坚守公正的立场，是专业媒体人、新闻人的职业准则，也是新闻报道过程中衡量客观事实和伦理道德的良好标尺。

新闻标题的制作应该坚持以客观事实为依据，避免主观臆断、肆意拔高、文不对题等问题。以"真实、客观、准确、全面、公正"为准则，制作长短适度、简洁明了、突出重点的高质量新闻标题。

(二) 新闻标题要反映重要性、价值性

早在20世纪末,美国学者就针对当时新闻媒体存在的问题,提出了"公民新闻"、"公共新闻"的概念,并加以探讨,以对新闻领域出现的不良现象。

新闻媒体是商品属性和精神属性的结合体。作为社会信息系统中的关键部分,新闻媒体承载着提供信息、引导舆论,维护广大人民公共权益的社会责任。摒弃过度媚俗化、娱乐化、低俗化的眼球信息,转而更多地关注社会公共事件、富有价值的硬新闻,揭示社会公共领域不同行业存在的不良现象,引导和推动人们对公共问题的探讨和思考,是新闻人、媒体人应该树立的社会责任。

新闻标题作为新闻的"眼睛",在"读题时代"更是凸显新闻内容时新性、重要性、接近性、显著性、趣味性的关键。面对"性、暴力、明星"等娱乐化、媚俗化、低俗化的新闻标题吸引读者眼球,同时赢得了巨大的资本市场这一现状,具有专业性的传统和新兴新闻媒体人,更应该思考如何合理应用修辞手法、数据素材为新闻标题增色;如何在社会责任意识的引导下制作有价值、有重点的新闻标题;如何确立、选取"公共事件"新闻报道的视角、立场;如何在凸显人文关怀的同时,不陷入煽情诣媚的局面。依据新闻人的职业规范和社会责任感进行新闻标题的制作,让读者顺其自然地接受新闻标题的吸引和触动,培养读者对社会公共议题的关注,引导人们形成积极向上的生活态度,以及对社会、他人、自然的关怀,而不是被猎奇心理、享乐心理所短暂驱使。

(三) 关注媒介素养教育

媒介素养教育是指人们在面对不同媒介及其传播的各种不同的信息时,要养成对信息的理解、选择、质疑、评价、思辨以及创造生产的能力。20世纪90年代,日本、澳大利亚、德国等国家就已经对中小学生开展了媒介素养教育课程。媒介素养教育能够提升网民的媒介接触获取能力、认知理解能力、解读判断能力、应用创造能力等,对净化当下网络环境、推动社会信息系统安全、健康发展具有重要意义。

(四) 健全标题及新闻内容审核监督机制

健全审核监督机制,强化对虚假新闻、媚俗新闻等造成不良影响的新闻的惩戒机制。通过政府监督、媒体监督、网络平台监督、群众监督,建立主体多元化的监督机制,将自律与他律相结合,对标题党、虚假标题、低俗标题进行举报、抵制,依据不良影响的程度加以惩处。

(五) 发挥正面引导、创新带头作用

传统主流媒体和新时代意见领袖是当前互联网时代新闻信息生产与传递过程中的中流砥柱。面对虚假、题文不符、以偏概全、夸张戏谑的标题，主流媒体与具有影响力的意见领袖应该带头抵制，利用手中具有权威性、公信力的媒体平台，制作切合实际、具有价值、简洁明了的新闻标题。当前人工智能也在不断发展，媒体人也可以充分利用智能媒体的优势，将读者的需求、喜好精准化、数据化，通过创新意识、发散思维打造新颖的新闻标题。

思 考 题

(1) 新闻标题可分为哪几类？分别适用于哪些新闻事实？请举例。
(2) 简析新闻标题的作用。
(3) 简析不同媒介新闻标题的制作技巧。
(4) 试论当下新闻标题制作出现的问题及改进措施。

第六章　互联网时代的新闻导语及特色

第一节　新闻导语发展简史

一、新闻导语的定义

新闻导语，是消息这一新闻体裁独有的构成部分，是消息区别于其他报道体裁的重要特征。

关于新闻导语的定义，《辞海》提出：导语，新闻术语。在一篇比较长的报道开头，用简洁的话介绍最主要的内容，提示它的主题思想，以便引导读者进一步阅读全文；也有作者认为，导语一般是新闻的头一句或者第一段话，也可以有两个以上的段落。① 导语的定义说法虽有所不同，但都说出了导语的重要本质。也就是说，新闻导语一般是整篇消息的第一个单元，它以凝练的形式和简洁的文字来表达新闻的中心内容，告知受众新闻事件中最重要的新闻事实和观点。简洁凝练是新闻导语的重要特征。《中国新闻实用大辞典》中认为，导语的长度一般以中文110字或英文35词为限。

二、新闻导语的作用

(一) 以简洁、精练的语言概括新闻的要点和轮廓

晋代陆机在《文赋》中曾强调"立片言以居要"，导语的写作正印证了这句话。导语不能像散文一样讲究"峰回路转"、"一波三折"，在信息爆炸的今天，新闻导语要以最短的时间、最小的成本吸引受众眼球，开门见山地勾勒出要表达的新闻事实。这就要求新闻从业者具有较强的总结能力和概括能力，将新闻的时间、地点、事件发生发展的过程等关键要素用简洁明了的语言组织重构。

---

① 汤世英. 新闻通讯写作 [M]. 北京：中国人民大学出版社，1998.

(二) 开启全篇,为整篇报道定下基调

客观事物是多面性的,不同传媒机构的立场和不同从业人员的思想观点也是具有不同倾向性的。传媒机构和新闻从业者从不同的角度看待同一件事,会得到不同的新闻主题。导语是整篇新闻报道的眼睛,受众可以从导语中看出整篇报道的倾向性,判断该新闻是正面效应为主还是负面效应为主,以及是否符合自己的主观价值感受。记者、编辑也可以通过导语表达自己对新闻事件的看法和思想倾向,如新闻报道中是偏向于受害者还是权力行使人,是肯定整个新闻事件并给予正面评价,还是对事件涉及的不良后果进行否定批评,从而在导语中为整篇报道定下基调。

(三) 吸引读者阅读全篇报道

一篇报道的开头要具备吸引读者的功能,新闻报道的导语更是如此。正如新闻学者杰克·海敦所说,导语需要作者付出的力量最多,是促使读者继续阅读的诱饵。导语的重要性可见一斑。新闻作为信息产品,广大读者充当着消费者的角色,是讲求利益和回报的现实主义者。如果导语索然无味,再加上新闻价值不大,受众就会对后面的内容失去兴趣。若长期处于这样的境地,新闻媒体机构的受众便会大量流失,没有了读者和广告主的青睐,媒体机构极大可能就会陷入生存和发展的困境。所以,制作导语要像制作标题一样,不遗余力,做到"语不惊人死不休"。

三、新闻导语的发展简述

新闻导语与新闻标题一样,有一个逐渐诞生和发展的过程。新闻导语从无到有,从简到繁,以及之后出现分段、修辞等更多的制作标准,经历了整整四代的漫长演变。一开始,新闻导语表现为用文字简要叙述事实,并囊括一篇报道中的新闻要素。这样的新闻导语在生动性上必然有所缺失。随着社会的发展,对新闻业的要求也与日俱增。导语开始出现多样化的发展,总的来说,更趋向通俗和散文化。

(一) 导语的诞生和演变——第一代新闻导语

"导语"这一概念源于欧美,但欧美早期的新闻中并无导语的存在,导语的产生经历了一个从无到有、从粗糙到精致的递进过程。19世纪40年代,莫尔斯发明了电报技术。19世纪60年代,美国南北战争爆发,电报技术被运用于战地记者向通讯社传送有关战争的最新消息。由于战争动乱,加上当时的电报技术尚不算发达,致使信息传送不稳定且易中断,为了更加快速、准确地将战争情报送

回军事指挥室和听众那里，记者们必须将最重要的新闻事实先发送出去，于是"倒金字塔"式结构便出现了，新闻导语也随之产生。

中外新闻学历史上一般认为，1865年林肯遇刺时美联社记者拍发的新闻"总统今晚在剧院遇刺重伤"是导语的雏形。这条新闻只有一句话、短短11字，但基本新闻要素俱全，仅仅缺少事件的细节。

而被业界和学界视作新闻写作的"写作定法"的"五要素"模式，则源于1889年3月30日美联社记者约翰·唐宁的一条长消息。在该长消息中，引导语第一次包含了"何人、何事、何时、何地、何因"（who、what、when、where、why）这五个要素。后来，随着社会的进步和发展，欧美的许多记者和学者认为，"五要素"导语的缺陷日益明显：首先，"五要素"集中在导语中，会使段落包含的信息过多、段落太长，进而显得主次不分明、重点不突出；其次，将重要的关键新闻事实全部放在消息的开头，消息主体便成了对导语的补充和解释，常常因此形成内容上的重复。其后，有的欧美学者又在"5W"的基础上加了"1H（怎样）"，由此形成完整的新闻"六要素"。例如：

元月7日至13日，中共中央政治局常委、书记处书记胡锦涛在山东考察工作。他十分关心山东的城市建设，考察期间专门抽出时间考察了济南的城市基础设施建设情况。他特别强调，要保证城市立交桥的工程质量，搞好绿化，把立交桥建设成为城市景点。

（《中国建设报》1999年1月22日）

这则导语除反映了基本的"5W"新闻要素之外，还特别描述了胡锦涛同志对山东城市建设情况的关心，运用"专门"、"特别强调"等词汇加上"HOW"这一新闻要素，表现了胡锦涛同志对该地区城市建设和环境优化的重视程度，也塑造了一个兢兢业业、关心民生的良好领导人形象。

我国真正全面认识导语的作用是在20世纪初。1919年，北京大学教授徐宝璜所著《新闻学》出版。在该专著的概述中，徐宝璜教授将新闻分为"撮要"与"详记"两个部分。关于"撮要"，该书这样写道："新闻之第一段，曰撮要"，"新闻之撮要，以新闻之精彩及数问题之简单答案组成之"，"内容不出以下六种……何事、何地、何时、何人、为何及如何"。

1922年，任白涛所著的《实用新闻学》出版。该书写道："新闻记事之制作，欧美报界有一惯例，即将事件要纲，提置于起首作冒头……读者只读起首之一项，即可明了……冒头者，诱起读者读欲之饵也，故饵味不可不使之美。"著名新闻工作者邵飘萍在《实际应用新闻学》中也表达了新闻必须"将第一段为大概之叙述，以后再叙远近因"的观点。

不难看出，上述之"撮要"、"冒头"、"第一段"，正是新闻写作之导语。

（二）各具特色、百花齐放——第二代新闻导语

随着新闻事业的不断发展，新一代的记者认为，没有必要在一则新闻导语里同时呈现"5W"和"1H"，而应该"量体裁衣"，根据具体新闻的内容和消息的特点，以及新闻写作题材等从六要素中挑选一两个最重要、最能激发读者阅读兴趣的要素写入导语中，其余要素则放入新闻主体中分别叙述。这种强调有选择性地将新闻事实中部分要素写入导语的新闻导语，被称为"第二代导语"。它的特点是开门见山、重点突出且生动活泼，争取以最少的新闻要素报道最新的消息。例如：

3月1日，《中华人民共和国建筑法》颁布实施。

（《中国建设报》1998年3月）

上述导语中只出现了两个新闻要素，即何时、何事，其余要素分别随主题展开加以说明。显然，这样的导语简洁明了、短小精悍，对比较重要的硬新闻来说，具有很强的吸引力和感染力。

第二代导语因为突出要素的不同又可以分为人物导语、事件导语、时间导语、地点导语、原因导语和方式导语。

伴随着电子传播技术的发展、人类信息传播渠道的多元化，导语写作的模式在不断加快的社会节奏下也逐渐被丰富，导语写作呈现出描写式、议论式、悬念式等百花齐放的局面。其中，导语写作的多样性可以概括为以下几个方面。

1. 略做描写，形神兼备

在导语中用三言两语或一两个生动传神的词汇略做勾勒，起到表达、烘托主题的作用。例如："10月1日，庆祝新中国成立70周年大会在北京隆重举行"，直抒胸臆，表现大会的隆重和盛大。

2. 提出问题，引导读者

导语采用提问式，先抑后扬，可以加深读者对新闻事实的印象，对新闻事实起强调作用，同时引发读者的思考。但是，导语提出的问题必须和新闻事件相关联，不能凭空出现。例如，《山东济宁公开政府会议招待费 9单位一年花667万》的新闻导语——"政府部门的会议费、招待费到底花了多少、花到哪里去了？这是公众关心的问题。……近日，山东济宁公开财政审计结果，部分单位会议费首次曝光"，通过发问的形式，引发读者对政府公费花销去向和数量的好奇。

3. 运用对比，突出重点

对比式导语是把有明显差异的事物组织在一个导语之中，这样彼此之间会形

成鲜明对照。例如,"8年前,重庆市约有三分之二的人口生活在农村,但现在这个比例已经下降了55%,这意味着至少有360万人从农村走进了城市",通过时间先后和数据的对比,反映新时代城乡人口流动和规模的变化。

4. 比喻起兴,富有文采

比兴式导语又可称为间接性导语,这种导语不直接报道新闻主要内容,而是运用一些文学的手法,间接描述环境、渲染气氛或形象来展示人物的情态,使导语简洁清晰而富有文采,常用于非事件性新闻或新闻特写。例如,《浙江日报》的一则导语:"昨天下午,一位中年客户在杭州发光理发店请樊师傅理完发后,小心翼翼地拢下了头发,在镜子前照了照,满意地笑了。"形象地展示了杭州市18位高级理发师为顾客服务后收获的"笑脸迎人",是对高级理发技师的服务精神与态度的褒奖。

5. 巧借典故,引出事实

这类导语借用历史故事、历史人物、神话传说、典故等,巧妙地揭示新闻主题或引出新闻事实,生动形象,可以引人联想,同时拉近读者与新闻之间的距离,促使人产生阅读的欲望。例如,"李自成农民起义闯进北京,最终因贪腐奢靡而不战而败。而今1944年,又是中国农历甲申年,郭沫若创作《甲申三百年祭》。毛泽东读后有感,告诫全体我们绝不当李自成。"通过清末李自成农民起义攻占北京,但后来因奢靡行为最终不战而败失去江山的历史典故,引出当时郭沫若创作文稿警示执政者要保持艰苦奋斗的革命精神和毛泽东同志对该文的重视之情。

6. 略加评议,揭示主题

一般情况下,记者不应对新闻事实发表自己的见解,但是在适当的时候做一点议论,对于揭示新闻主题也是有益的。

以上这些新闻导语写作的表现手法,丰富了导语写作的形式和呈现方式,并且增加了导语的可读性,拉近了读者与新闻之间的距离,使导语更加富有生命力。

(二)导语的散文化和通俗化——第三代新闻导语

1. 新闻导语的散文化

现代西方许多新闻报道在确保报道内容真实准确的同时,会配以生动形象、有血有肉有的导语,或抒情、或描写、或议论。这些导语正在朝着散文化的方向发展,其散文化的笔调紧紧吸引着读者,使人欲罢不能。

散文的主要特点是形散神不散,写法自由洒脱、不拘一格,语言文字隽永的同时富有深刻的寓意。借鉴散文的笔法写新闻,主要是跳出传统新闻模式的写作框架，将散文的写作手法穿插进新闻导语写作中，把新闻变得生动活泼、清新明快，以文学气息感染和吸引读者。

下面几则导语正是散文化导语的极佳范例。

（1）《福特总统遇刺幸而无恙》的导语：

今天晴空万里，阳光明媚，那个娇俏玲珑的红衣女郎同群众一道，等待看福特总统从他们面前走过。

（2）《尼罗河自述》的导语：

我与天地同庚，像宇宙一样壮丽，像车轮一样有用。我辽阔、魅力、历史悠久，像诗歌一样引人入胜。我是全世界最长的河流——尼罗河。

这两则导语都用了散文化的笔法，前一则导语如同小说开头，描述新闻发生时的环境，与标题相互照应，但没有直接切入新闻标题中提到的"福特总统遇刺"的新闻事实，留下悬念，吸引读者往下读。《尼罗河自述》中的导语，运用拟人的手法，以第一人称视角进行写作，新颖的切入视角带动读者共情的同时使人历久不忘。散文化的导语应抽象出消息所要报道的主旨，适当地、贴切地运用议论、感叹等写作手法，画龙点睛，引人思考。

对于写人物一类的新闻，导语散文化应该与人物的身份、经历密切结合，通过对抒情、描写等手法的贴切运用，给读者呈现电影镜头似的场景画面，增强读者阅读时的临场感。而事件类的导语应贴切地运用比喻、拟人、象征等表现手法，吸引读者的注意力和阅读兴趣。

深刻、生动的导语，可以为一篇消息的成功奠定良好的基础。导语的散文化也是写好新闻导语的一个努力方向。如何在确保新闻事实准确真实的同时，学会散文化导语的写作笔法，进一步提升新闻的可读性和生动性，需要新闻从业者长时间的阅读积累和写作锻炼。

2. 新闻导语的通俗化

伴随着科学技术的发展，新闻传播媒介得到了丰富。现在，广播电视和融合媒体成为人们获取信息的主要媒介。与传统的书面新闻相比，这两种传播媒介对新闻导语的通俗化提出了更高的要求，主要体现在两个方面：一是用通俗的语言强化新闻的效果，以三言两语作点评，适当表达记者的意见；二是用贴近读者的语言向观众介绍新闻的主要内容，引导观众往下看。

简单来说，电视新闻导语的通俗化就是用人们喜闻乐见的语言"讲"新闻。以《贼大胆，偷来货品开商店》的新闻为例，这条新闻讲述的是一个广东省的家族盗窃团伙，把从别人的商店偷来的货品明目张胆地摆在自己开的商店里，最终被人发现的事件。

我们比较以下两个导语。

导语1：

在深圳龙华镇，有一间杂货店，这里卖的东西从外表看没有什么特别，但仔细看看外包装你会发现，上面竟然还贴着别家商场的价格标签，原来这里卖的东西都是偷来的。

导语2：

深圳警方近日抓获一个家族盗窃团伙，从其住处搜出被盗商品两千余件，价值六万多元。

导语1没有采用直接铺叙新闻基本要素的方式，而是制造悬念，让受众心中形成几个基本问题：这个杂货店的老板是谁，这些货是从哪里来的？吸引受众继续了解新闻事实。导语2虽然符合新闻导语写作的基本要求，罗列清楚了具体的新闻要素，但是索然无味，很难吸引受众的注意力。因此，用通俗的语言来"讲"新闻，就会起到事半功倍的效果。

在互联网上，大量的信息不断保持着更新，读者大多选择快速地浏览新闻而不是逐字逐句仔细阅读，这就对融合新闻的导语提出了更高的要求：导语需要让读者在浏览一篇新闻时可以迅速抓取新闻的主要内容并产生阅读兴趣。因此，融合新闻的导语写作必须符合人们"快速"、"碎片式"、"关键词"、"精炼"等网络阅读习惯和阅读偏好，通俗易懂、生动活泼。同时，一个好的融合新闻导语应该具备简洁、准确、鲜明等特点，将新闻内容中最重要、最能吸引人的新闻事实放在开篇，以便读者能在尽可能短的时间内知晓新闻内容。

（四）导语发展新趋势：流线型导语——第四代新闻导语

目前，一种导语写作的新趋势正在西方新闻界兴起，即"流线型导语"。这种导语不同于传统导语写作的是，它并不注意对新闻事实的完整概括，也不要求突出新闻事件中最重要的内容，但是更强调自由化和吸引力，同时要求富于想象力；抓住高潮出现之前最后的关键点，尽可能为复杂的事件注入戏剧感，并把导语用几个轻松、简短的段落表现出来。例如：

新华社昆明4月3日电 小凉山农民哲布里清楚地记着10年前县里挖坑种苹果时发了两根竹竿。

他说："这两根竹竿，一根代表要挖多宽，另一根代表要挖多深。我们村里人多数不识字，跟我们说有多宽多深没得用。"

这些"竹竿"可能是中国扶贫工作中采用的简便有效的工具之一。正如国务院扶贫开发领导小组一位官员指出的那样，"我们缺少的不是农业技术，而是如何使它简单易学,以便于在落后地区推广"。

在过去10年中,中国政府设法使农村贫困人口从一亿两千五百万人减少到五千八百万人,主要就靠普及技术,发展种植业、养殖业和以当地农副产品为原料的加工业。

相较于传统导语来说,流线型导语在格式上没有硬性框架,语言简洁明了的同时,形式新颖,能吸引受众的注意,可读性强。这种类型的导语在点明新闻报道主题的同时,还能突出主题的要求,它所产生的阅读效果是传统导语无法企及的。这种流线型导语更能体现新闻导语的发展方向,它必将随着新闻文化的发展而占有重要地位。

第二节 新闻导语的分类

一、根据表现形式划分

根据表现形式,可将新闻导语分为硬式导语、软式导语和复合式导语。

(一) 硬式导语

硬式导语是指比较规范直观的导语,如"六要素"导语、归纳式导语等。它常被用在动态消息、政策性强、内容单一的短消息,以及突发事件等新闻中。

例如,新华社驻美记者任毓骏、王如君报道:

2001年9月11日上午9时48分,一架飞机撞到了纽约世界贸易中心大楼,飞机把大楼撞了个大洞,在大约距地面20层的地方冒出滚滚浓烟。就在楼内人员惊慌失措之际,18分钟后,又有一架飞机撞上了世贸大楼,这架飞机是从大楼的一侧撞入,由另一侧穿出,并引起巨大爆炸。

这类导语开门见山,让受众首先得到的信息是最重要的新闻事实,满足了受众对信息获取的需求,是最常用的导语表现形式。硬式导语在写作手法上突出写实,很少运用感情色彩强烈的词句,用词凝练,笔法简约。

硬式导语曾被前人奉为新闻导语写作的典范,然而由于它的规范直观,容易使文章显得呆板、苍白,落入"千篇一律"的窠臼。因此,软式导语也就应运而生了。

(二) 软式导语

软式导语与硬式导语相对，形式多样、写作手法灵活，被新闻工作者广泛使用。

软式导语常以描写式、反问式、仿写式、悬念式、隐喻式、背景式等表现形式出现，其中以描写、抒情、说明手法最为常见。描写型的软式导语多用一些散文的笔法，不强调对全部新闻事实的概括，而是选取新闻报道中对读者具有吸引力的一个关键点，将关键点串联起来组织成一个富有戏剧性的开头，以集中读者的注意力。软式导语结构松散、构思巧妙，景、人甚至是故事，都可以作为其开头，灵活多变。

例如，《纽约时报》的理查德·赛弗罗采写的有关去纽约市后失踪的几千名妇女中的一名妇女的故事报道，就是以小故事而不是具体的新闻要素为导语开始的：

这毕竟是乔安妮·巴肖德不快乐的半年中最快乐的一天：在她二十四年的生活里，她的家人从未见她这样高兴过。九月二日，乔安妮在纽约市的贝勒弗尔医院的某个地方的公共电话亭打电话时宣布说："昨天我生了个女孩。"她的妹妹巴巴拉在俄亥俄州柯特兰的巴肖德住处接到这个电话时大吃一惊。全家人谁也不知道乔安妮已怀孕，甚至连她住在哪儿都不知道。

打电话的四天后，这个婴儿就死了。婴儿是在被乔安妮称为家的东哈莱姆贫民窟里被乔安妮宠爱的、唯一的伴侣——一条饥饿的德国牧羊狗咬死了……

这类导语的特点是先抑后扬，使读者一开始就感受到某种强烈的气氛，产生临场感，或是作者所预期的某种情绪效应，加强读者的阅读体验和情感共鸣。

与硬式导语的开门见山相比，软式导语更加含蓄内敛，表达方式更为曲折委婉，多用藏头露尾而非一语中的的方式。

(三) 复合式导语

复合式导语，是硬式导语和软式导语有机结合的产物，既具有硬式导语的准确性、客观性和快捷性，也具有软式导语的可读性、可视性、可听性和感人性等特点。

目前比较流行的流线型导语就属于复合导语的一种表现形式。写好新闻导语是创作新闻稿件的基础。那么，如何确定导语写作的工作思路呢？美国明尼苏达大学教授丹尼斯说："好的导语可以简短而明快，可以细细道来，将读者徐徐引入正文，也可以热火朝天、气势如虹。导语可以设下悬念，也可以蓄力而发，导语应当适应稿件的特殊需要。导语之所以重要，不仅因为它可以传达信息，而且因为它可以为稿件确定情绪与基调。"因而导语在其写作手法上应灵活多样，根据新闻题材、新闻视角、新闻要素、写作体裁等具体的情况进行调整，切忌陷入程式化、公式化的框架，充斥套话、空话和老话。

浏览国内外的优秀新闻作品，大多都有一个形象、生动、有血有肉的导语，这些导语或抒情，或描写，或议论，或叙述，其灵活多变的笔调紧紧抓住读者，使受众欲罢不能。

二、根据写作手法划分

导语的写作手法多种多样，有的突出新闻要素、有的突出背景和理由、有的突出理念和观点。根据写作手法，可将新闻导语划分为叙述型导语、描写型导语、提问型导语和评述型导语、日期型导语、引用型导语、场景型导语和对比型导语。

（一）叙述型导语

叙述型导语，又称为开门见山型导语，即运用叙述的方法，简明扼要地向读者呈现新闻中最重要的、最新鲜的事实。

这种导语包括以下两种类型。

（1）陈述型导语，即用简洁的语言罗列新闻要素，直接叙述新闻中的主要具体事实。例如，消息《一超级市场屋顶塌陷，死亡10人伤90多人》的导语：

法国尼斯一家繁华超级市场的水泥屋顶昨天发生塌陷，造成10人死亡，至少90人受伤。

这种导语直截了当，重点突出，多用于事件性消息和内容单一的非事件性消息。

（2）概括型导语，即用高度概括的语言，对许多事实进行综合性的概述，让受众对所报道的内容有个大概了解。例如，中央人民广播电台播出的《在我国纺织机械厂搞横向联合》的新闻导语：

我国纺织机生产的大企业——中国纺织机械厂，对跟自己联合的企业，在经济利益上发扬谦让风格，在产品质量上一丝不苟。几年来，同他们联合的6家工厂经济效益显著、技术水平提高，横向联合越来越紧密。

这种导语多用于综合性消息。由于综合性消息所报道的内容涉及面广，事实多且复杂，只有用概括手法，才能用较少的文字交代清楚新闻的概貌，提示主题。

总体来说，以上两类叙述型导语是当前最常用的写法，这些导语有简练、明快的优点，但同时有死板、毫无生气的不足。

（二）描写型导语

描写型导语，也被称为现场呈现型导语，即在导语写作中适当运用白描的修辞手法，使导语生动、形象，增强临场感。这种导语的优点有二：一是有趣，能以形象的画面引起读者的好奇，令读者不能不读；二是能以情境感染读者，让读者先共情，继而投入对新闻事件的理解，最终引向对事实的理性思考，从而强化新闻的报道效果。这种导语多用于事件性新闻，比较常见的有以下两种。

第一种是通过对新闻事实所处的特定时间和特定环境进行简要描述，引出报道的内容。例如，《首都200万军民今天义务植树》的导语：

今天是个好天气，春光明媚，日丽风和，成千上万的首都居民走出家门，参加义务植树。在河边路旁、房前屋后，种上了一株株、一丛丛绿色的希望。

导语中的"春光明媚，日丽风和"，是对今天成千上万的首都居民义务植树这一新闻事实所处的特定时间、特定环境的描写。它烘托、升华了主题，说明这个季节正是植树的好季节。

再如，《07高考顺利开考》中的导语：

6月7日上午9点，随着开考铃声的响起，郎溪县2007年高考正式拉开序幕。晴好的天气，良好的考试环境，今年的高考对于广大考生来说，也是占尽了天时、地利、人和等有利因素。

第二种是运用叙述、描写相结合的手法，对消息的主要事实或人物的活动，作简洁有特色的描写，以刻画人物、烘托气氛，为报道增添声色。例如，《杨飞飞隔铁窗与儿子同台唱戏》的导语：

昨天下午，著名沪剧演员杨飞飞饱含热泪，和她儿子所在的上海监狱新岸艺术团一起，在邮电俱乐部举行的上海法制文艺会演闭幕式上演出了沪剧《金桥》选段，使观众为之动情泪下。

这条导语在叙述事实的过程中插入适当描写："杨飞飞饱含热泪"、"使观众为之动情泪下"，不仅增强了形象感、真实感，而且使得消息充满人情味，有利于烘托主题。

描写式导语，无论是平铺直叙的描写形式，还是叙述和描写相将结合的描写形式，都要有利于表达、烘托主题，否则会画蛇添足。而且要非常简练，保持导语简洁明快的特征，避免滥用华丽辞藻，仅用一两笔加以勾勒。

(三) 提问型导语

提问型导语，也被称为吸引读者型导语，先利用简明扼要的疑问句引出消息中已经解决了的主要问题，然后用事实简要回答，设置悬念的同时引起受众的注意和深思。比如，中央人民广播电台播出的关于维护社会治安的消息导语：

社会主义国家的公民和干部，对于维护社会治安，应当采取什么态度？哈尔滨市出现了两个对比鲜明的事例。在这两个事例中，一个人是贪生怕死，另一个人是见义勇为。群众对前者表示谴责，对后者表示赞扬。

这条导语，问题提得鲜明，回答则具体、确切，从而揭示了主题。

提问式导语，要注意在设置问题时，重点关注受众普遍关心的与日常生活有直接关系的问题，受众未知而欲知的问题，以及对一些现象存在疑问的问题。

对于一些受众急于知道的信息，不宜用提问式导语。比如，报道1981年长江上游出现的新中国成立以来的最大洪峰已顺利通过葛洲坝的消息，导语就不能这样写：

我国最大的水利工程葛洲坝是否经得起新中国成立以来最大洪峰的考验？今天凌晨，长江上游出现的新中国成立以来的最大洪峰，顺利通过葛洲坝。

这样提问很不适应受众心理，因为人们急于要知道的是洪峰能否顺利通过葛洲坝的信息。因此，第一句话应该开门见山、直截了当地告诉大家洪峰已经顺利通过葛洲坝。如果先来一句没有什么价值的明知故问，反而不宜。

(四) 评述型导语

评述型导语指夹叙夹议、有述有评的导语。评述型导语可以在消息的开头就定下编辑和记者的立场，这种导语观点鲜明、主题突出。

评述型导语往往有两种表现形式：一是通过引用某人或者某篇文章中能提示主题或表达主要事实的原话作为导语；二是直接亮明记者自己的观点，对整篇报道起到提纲挈领的作用。

以印度尼西亚森林火灾的消息为例。该国每年被大火破坏的林木约有3000万立方米，造成的经济损失达840亿美元。1997年8月底再次发生森林大火。9月2日路透社在报道这场火灾时，导语中有一句引人注目的评论：

（路透社新加坡1997年9月2日电）一位森林专家对本社记者说，用来同印度尼西亚全国每年发生的森林火灾做斗争的主要武器应当是经济因素，而不应当是水。这些大火使得这个国家和它的邻国笼罩在烟雾中,从而使环境受到严重污染。

"是经济因素,而不应当是水。"这句议论点明了火灾的实质和问题的要害,令人恍然大悟,不能不点头称道。主体部分阐释说,"火灾是由于印度尼西亚为了清理建设用地放火造成的,结果火势失去控制"。又说,"在印度尼西亚,大公司急于谋求利润;而食不果腹的农民使用火作为清理土地的最快方法"。

再如,针对文艺评论中存在的问题,新华社发过一篇《求实评论对新人不一定"捧杀"》的消息。其导语如下:

(新华社北京8月5日电)过度的赞扬会使艺术变得廉价,而公正的评判才是对艺术的尊重。当电视导演程捷就自己的创作日前在北京举办研讨会时,一种求实、不虚张的评论作风令记者感叹:良好的风尚需要大家创造,更值得在文艺界提倡。

这条导语的首句和末句都是"评",都是直接议论,它们可以引起读者共鸣以令读者对导语之后的"如何"以及"为何"产生兴趣。

(五)日期型导语

日期型导语一般是为了突出重大事件发生的日期和时间点,让读者留有深刻印象。例如,新华社发布的有关汶川大地震的消息导语:"据中国国家地震台网测定,北京时间2008年5月12日14时28分,在四川汶川县(北纬31.0度,东经103.1度)发生7.6级地震。"

这一导语重点突出了地震发生的时间、地点,让全国人民深刻记住了"5.12"汶川大地震这个灾难性纪念日。日期型导语多用于一些国家性或世界性的重大事件和重大节日、纪念日的开头,让"日期"成为受众脑海中的记忆标签。汶川地震便是这样,自2008年以来,每年到5月12日,国内各媒体机构都会做出相应的新闻报道。

(六)引用型导语

引用型导语主要涵盖两种情况。一是对被采访人所叙述的话语或重大会议中关于重要任务的发言讲话,进行原模原样地引用,用话语开头,引出新闻事件。

例如:"党的十八大以来,党风廉政建设和反腐败斗争步步深入,全面从严治党取得了显著成效。但仍有一些基层党员干部置党纪法规于不顾……",某区纪委监委负责人表示。

这则导语便是直接引用政府领导干部在工作会议上的讲话，让读者直观地感受到会议内容的目的和重点，以及相关领导干部的观点。

二是对典故、谚语、俗语、诗词、歌词、名人名言、网络流行语等与新闻内容有关或能够突出新闻要点的语句进行引用，起到以史鉴今，引发现场感、视觉感，或营造文学氛围等作用。

例如："我们的家乡，在希望的田野上"，"一条大河波浪宽，风吹稻花香两岸"，一曲曲动人的音乐伴随着几代人的青春，今晚在北京音乐厅举办了改革开放经典乐曲音乐会。

这则消息导语便是对音乐会上表演者演唱的部分歌词进行引用，增强导语的动态感，让读者在开头便想起这首改革开放时期的经典曲目，进而引发读者的亲近感和阅读兴趣。

（七）场景型导语

场景型导语的写作类似于电影手法中的蒙太奇，通过橱窗展现的方式，将所涉及的画面以白描的方式逐一呈现，让读者有身临其境的现场感。

例如："五环广场上灯火通明，红灯笼、绿丝带随风飘扬。元宵灯会吸引了仅百余名游客和手工艺人前往。"

这则导语让人在阅读的过程中，好像亲身前往了元宵灯会，实景观看到"灯火通明"、"红色灯笼"、"绿色彩带"，并赏美景、逛笼会、猜灯谜了一样，打造了一种真实感和现场感。

（八）对比型导语

对比型导语是把新旧、美丑、对错、优劣等事实情况进行对比，利用欲扬先抑或先扬后抑的衬托方式，突出新闻的主体和事件所产生的价值及意义。

例如，《寂寂烈士墓　纷纷春雨泪》开头的导语："一场纷纷扬扬的春雨，泪水似的洒落在银河革命公墓公安坟场的烈士墓碑上，令近在咫尺的豪华墓园与黄土一堆的烈士坟形成了强烈反差，扫墓者不经为之心碎。"

这则导语便是将豪华墓园的奢侈和烈士墓的颓败状态进行对比，突出烈士墓园未能受到重视，革命历史未能得到铭记的问题，并用"不经为之心碎"抒发感慨，以主观情感加以正面引导，引发读者对该新闻事件的思考。

从不同角度分类可以得到不同类型的新闻导语。新闻导语的表现形式是伴随时代的发展和受众的需求而不断发展变化的，这种发展变化对新闻的发展而言有着重要的意义：导语新闻的开头，是新闻中非常重要的一部分，导语的不断发展带动了新闻内容的丰富，使新闻跳出了模式化，朝着更加生动化、形象化、通俗化、多元化的方向发展；同时，多样化的导语形式使新闻内容更加丰富多彩，能够吸引受众的注意力，影响人们的情感和态度，甚至引导读者的反思和判断。随着新闻传播业的发展，导语在新闻中所占据的位置越来越重要，导语的不断发展使新闻更具可读性，也是新闻的生命所在。

第三节 新闻导语写作技巧

俗话说，"好的开头是成功的一半"。文章开头的好坏，直接影响到主题的表达和写作的成败。历来善为文者，无不视文章"起笔"为重中之重，仔细斟酌。导语作为新闻的开头，影响着读者的阅读兴趣和阅读意愿，而读者也需要根据导语的内容、形态、价值来确定是否要继续阅读。从这个意义上来说，导语的优劣决定着新闻稿的成败。

一、新闻导语的特点

（一）概括性

概括是将大量的、具体的、复杂的事物进行抽象化和升华的一个思维过程。如苹果、梨和西红柿被区分为蔬菜和水果的抽象概念。新闻导语也是如此。

新闻导语追求用简洁精彩的文字表达最主要、最新鲜或最富有趣味的事实，在简明扼要的同时，突出通篇新闻的中心思想，而不是让一般化的过程、措施和经验、体会遮掩了报道的中心思想，让具体的经验和细枝末节局限了新闻事件本质属性的反映。事物的实质内容往往是最具有特色的，把事物特点紧紧抓住，就能起到提纲挈领的作用。

（二）独特性

独特性即要求新闻导语具有唯一性和特色感。新闻的思想性主要体现在事实本身的分量上，而不在普遍性的、人尽皆知的口号上，所以，记者在撰写新闻导语时最好在"一鸣惊人"上多下功夫，突出新闻事实的独特性，尽量避免套话、空话。导语写作最好从一个精心选择的场面、情节、镜头或者细节开始，将之精心设计、逐一呈现，然后再将主题事实列出来。而场景、情节、镜头必须是主题事实的一部分且具有个性，而不是泛泛地写景，脱离新闻事实的空谈。

（三）生动性

新闻导语要在新闻开头截取新鲜画面、抓住事物的特征，合理运用词句、语法和修辞，写得生动形象的同时还需推敲表现的角度。首先，通过群众的口写出新闻，使新闻事件贴近读者，使报道形象、生动、有力的同时，拉近读者和报道之间的距离；其次，抓住最能体现事实本质的形象，让导语抓取一系列反映事物本质的、具有深刻内涵且有力量的形象；最后，还要反映新闻事实中最新鲜且有具体感觉的形象。这种导语表现十分灵活，不拘写作的切入点，或以具体描写开头，或从现场气氛写起，用生动形象的方法表达出经过提炼后的新闻事实。

二、新闻导语的写作要求

新闻导语，无论是采用哪种表达形式，都要遵循导语写作的基本要求。古人云："文有大法，无定法。"就是说，做文章有一个大的基本要求，但是没有具体的框架。导语写作也是如此，新闻导语写作的基本要求如下。

（一）重点突出，揭示要旨

一篇消息反映的事实总有主次之分，导语需要把消息中的核心与精华呈现给读者，同时要文字简洁、突出重点。导语的定义说明，一条消息的导语必须重点突出，揭示要旨，否则不能称之为导语。这是导语的第一个要求，或者说是导语的基本原则。

下面我们分析两条报道王军霞、谢军被评为世界十佳运动员的导语：

（1）由新体育杂志社、中央电视台体育部、北京华滋食品有限公司联合举办的"华滋露杯"1993年世界十佳运动员评选活动揭晓暨颁奖大会日前在北京举行。

（2）本报讯王军霞、谢军被评为"华滋露杯"1993年世界十佳运动员。

第一条导语的败笔之处在于没有抓住消息的核心事实和实质内容——王军霞、谢军被评为世界十佳运动员。而第二条导语则重点突出、语言简练。在这则事实中，由谁举办、何时揭晓、在什么地方举行颁奖大会等信息均不是主要事实，也不是大家最关心的事实，应该放在主体部分交代。

（二）开门见山，简洁明了

导语的表达要求用尽可能少的字数，表达清楚主要的事实，让读者在接触新闻之初便能了解新闻事件的要旨。这要求导语写作的语言干净利落，不能拖泥带水、繁杂冗长。在导语简练方面，西方新闻导语的写法，值得我们学习和借鉴。

比如，关于我国在日本举办"北京猿人展览"的报道。新华社的导语：

中国科学院和日本中日文化交流协会、读者新闻社昨天在北京签署了关于在日本举办"北京猿人展览"的议定书。

某西方外电的导语：

新华社说中国同意夏天在日本展览北京猿人。

对比这两则导语，明显后者更加简洁明了，开门见山地交代清楚了主题事实。

(三) 最近写起，时态新鲜

新闻即"新近发生的事实的报道"。从定义上看，强调了"新"，即时效性，而这也是新闻的可贵之处，所以每条新闻最好一开始就从时间上给人一种新鲜感。但从我们的新闻工作实践来看，不少新闻所报道的核心事实并非新近发生的事实。在这种情况下，将那些旧闻甚至历史事实作为新闻报道的常用方法有两种。

一是"由近及远"写，将导语的切入点设置为新闻事实中最近的点：找到离写稿时最近的事态，把它写进导语里，给受众以新鲜感。例如以下两则导语：

(1) 州长昨天做出每月节约 2.5 万美元工资开支的决定，州公路局因此裁员 10 名。

(2) 今天，10 名公路局的职员卷铺盖离职了。他们是州长为了每月节约 2.5 万美元的工资开支这一决定的牺牲者。

显然第二条新闻导语抓住了最近的时间，给读者以新鲜感。

二是找到并突出新闻根据。新闻根据又称"新闻由头"，是新闻事实的出处，也是这一事实之所以成为新闻的依据。例如，1979 年 11 月 22 日新华社发的《唐山大地震死亡 24 万多人》的新闻导语：

在 1976 年 7 月 28 日发生的唐山大地震中，总共死亡 24.2 万多人，重伤 16.4 万多人。这两个数字是唐山、天津、北京地区在那次地震中死伤人数的累计。这是今年 11 月 17 日至 22 日在中国地震学会成立大会上宣布的。(后面介绍唐山地震)

这条消息所报道的事实是 3 年前的事实，已是旧闻。它之所以成为新闻，就是有新闻根据：

"这是今年 11 月 17 日至 22 日在中国地震学会成立大会上宣布的。"但是新闻根据处理得不突出。如果是中国地震学会成立大会闭幕那天宣布的，则可以变成今日新闻。导语可以这样写：

今天中国地震学会成立大会上宣布，在 1979 年 7 月 28 日发生的唐山大地震中，总共死亡 24.2 万多人，重伤 16.4 万多人。这两个数字是唐山、天津、北京地区在那次地震中死伤人数的累计。(后面介绍唐山大地震)

（四）生动有趣，耐人寻味

新闻导语要吸引受众，不仅要在时效性上琢磨，还要在写作形式和文字表达上下功夫、尽量给读者以新鲜感。例如：

> 重庆市自来水公司不久前"花钱买批评"的行动在山城市民中被传为佳话。

这条导语从时间上讲，提到的是"不久前"的事件，并不新鲜。但这条导语仍是大家公认的好导语。它简洁明了又具有趣味性，吸引着受众将新闻关注下去，了解"花钱买批评"的真相。

再如《湖北省自动化所为高炉配上电脑》的导语：

> 武钢二号高炉报告喜讯：湖北省自动化所的一项科技成果，使它的"饮食"更加科学，从而有效防治了暴饮暴食的"慢性病"。

在这条导语中，记者将"饮食"、"暴饮暴食"、"慢性病"等人的行为和状态置于高炉之上，采用了拟人的手法，既生动形象又通俗易懂，让读者在认识"高炉供料控制系统配置电脑"这一科技成果时没有理解障碍，并且保持了报道的趣味性。

三、新闻导语的写作技巧

导语从创立至今，已经经历了四个阶段："六要素"俱全的导语、只提炼部分新闻要素的导语、打破常规多样化发展的导语和流线型导语。但是，无论记者具体采用哪种形式构思新闻导语，都离不开以下几种方法技巧。

（一）高度浓缩概括，简明扼要

导语处于报道开篇，应该概括整篇报道的主体和轮廓，为读者提供事件的核心事实和一个整体性的认知。同时，新闻导语需要给读者提供一目了然的信息，让读者清晰地明白报道在讲述什么，不能含糊不清、模棱两可、拖泥带水。这就是说，导语必须简明扼要、言简意赅。只有这样，才能使导语写得具体、明确、短小精悍、干净利落。例如下面这条导语：

> 本报武汉专电 3 日下午，武汉市江岸区发生一起液氨泄漏事故，造成数十人不同程度受伤。
>
> （《湖南日报》2000 年 9 月 5 日）

这条导语只有一句话，共 31 个字，但是清楚地交代了新闻事实时间、事件和结果三个要素，让人一目了然，可谓简明扼要、高度概括。为了达到"简明扼要"这一要求,许多著名通讯社都在字数上做出了具体规定,如美联社先是规定导语只能在 27 个字以内,后又规定不能超过 23 个字。又比如,新华社规定对外报道的导语最好不超过 25 个英文词。这就要求在进行导语写作时,避免复杂的句式结构,如复合句和从句,而要尽量采用最简单的结构:主语—谓语—宾语或主语—谓语。例如下面的导语:

本报福州讯　日前,福州九星集团公司正式向福州市中级人民法院提出诉讼,对武汉市技术监督局在该公司与其他公司的专利侵权案中,向法院及国家专利局出具虚假文件,导致其巨额损失事件,要求武汉市技术监督局在媒体上赔礼道歉,并赔偿 500 万元经济损失。武汉市技术监督局这样国家打假的监督行政机关,因涉及在专利侵权案中作证被推上被告席,为全国首例。

(《羊城晚报》2000 年 9 月 7 日)

这则导语,仅纯文字就已超过 100 字,几乎占据了整条新闻的一半。读者在阅读报道之初,很难及时抓取记者想要表达的内容。这样的导语,难以让读者清晰把握消息的主旨,完全丧失了导语的作用。记者试图在开头段就交代清楚事情的所有内容,于是将本应放在正文中叙写的新闻背景、新闻主要内容都放了进来,适得其反,让读者难以抓取最重要的信息。

导语难以面面俱到,要尽可能地只突出一个方面,达到"立片言以居要"的境界。这要求提炼、概括信息,新闻中是不容许那些可有可无的字词存在的,导语尤其如此。

(二) 设置悬念,吸引受众

导语位于报道开篇,需要有足够的吸引力,可以采用设置悬念的方式巧妙地点出精彩或重要的新闻事实,抓住读者的阅读心理。

提出问题或者摆出困惑以引起受众的关注,是导语中制造悬念的常用方法。例如,1978 年 6 月 25 日的《人民日报》刊发了一篇新闻报道,导语是这样写的:

国财贸大会上传说着这样一件事:上海服装进出口公司床上用品组的职工救活了两只鸳鸯,挽回了一大笔外汇。

服装进出口公司的职工为什么要救活鸳鸯?救活了两只什么样的鸳鸯?鸳鸯又和外汇有什么联系?怎样挽回了外汇?导语对此一概不说,读者想了解具体的信息就只能往下读。

再如:

一架飞机能从宽仅 14.62 米的巴黎市中心的凯旋门门洞飞过吗?巴黎的英雄

们正在做着他们的试验。

在这则实例中,读者首先读到的是一个未知结果的悬念,而且导语中巴黎的英雄们究竟是谁,没有点明,要想了解具体的信息读者只有接着往下读,才能找到答案。这则导语起到了很好的吸引读者的作用。

(三)特写镜头,增强现场感

导语写作可借鉴电影手法,抓住人物或事物的局部特征进行细致的描写,为读者提供一连串的特写镜头,给人留下电影镜头般的印象,加强新闻事件的画面感和读者的临场感,牢牢吸引读者。

例如,《湖北日报》1981年发表了一篇歌颂老师的消息,由于导语中用了一个"老师为学生送棉大衣"的特写,使报道非常感人:

9月初的一天早晨,从钟祥开往武汉的长途汽车就要启动了。考取了北京大学的农家子弟柯洪云欢欢喜喜地登上了汽车。这时,一位中年妇女急急忙忙地赶来,把一件棉大衣塞到了他手上。乘客们以为,这一定是这个学生的妈妈!可是,人们怎么也没有想到,这位妇女却是柯洪云的老师。

(四)由近及远,以新闻带旧闻

新闻的时效性要求在写作时,尽量找出新闻事件中最新的时间要素、最明确的事情作为新闻导语,由近及远,以新带旧。如何在导语中表明新闻事实的时效性,可以考虑以下两点:第一,注意寻找"由头",即寻找最近的时间点,以新闻的方式带出旧闻;第二,注意变动,变动的事实往往是新鲜的,以变动点为线索引出旧闻也是记者写非事件性新闻的常用手法。

例如,1956年初上海市政府就发出公告,要求取消人力车。到同年2月25日,当时最后两辆人力车被送进博物馆时,新华社发出了一篇时效性极强的新闻稿,其导语为:

上海市交通局今天把上海的最后两辆人力车送给了博物馆。原来的人力车工人曾为此自动集会庆祝,感谢政府替他们挖掉了穷根,帮助他们走上了新生活。

(五)巧用修辞,生动有趣

在导语写作中运用比喻、拟人等修辞手法,不仅可以增加新闻报道的"人情味"、可读性,拉近报道内容和受众间的情感距离,还可以在视觉上给予受众真实感受,增加阅读体验。

例如,1993年11月1日,《杭州日报》创办了我国历史上第一张下午版报

纸。当天,《新民晚报》发了一条消息。导语是这样写的:

中国新闻史上第一次响起了一个与众不同的声音:嗨,下午好!我国第一张下午版报纸今日由《杭州日报》正式创刊。

报纸是静态的物品,并不会说话,但作者却用拟人的手法,赋予报纸人的特征,写出了声音:"嗨,下午好!"仿佛一位久违的朋友伸出双臂向你奔来,很亲切。

再如,1988年7月12日,"冰心文学创作生涯70年展览"在北京图书馆开幕。《北京日报》刊发的消息导语如下:

由北京图书馆与中国现代文学馆联合举办的记录着88岁高龄的女作家冰心从1918年在《晨报》发表的第一篇小说《两个家庭》到现在为止的"冰心文学创作生涯70年展览",7月12日到31日在北京图书馆展览厅展出。

这条导语虽然清晰地交代了各新闻要素,但复合从句使得导语显得冗长、拗口,更谈不上形象生动。

同是这个题材,《北京晚报》的导语却写得别具一格,令人赏心悦目:

昨天,热爱月季的冰心先生,接受了北京图书馆、中国现代文学馆献给她的一簇最美丽的月季——"冰心文学创作生涯70年展览"在北京图书馆开幕。

这条导语的作者打破了常规写作模式,巧妙地运用了比喻的修辞手法,以冰心喜爱月季为引,把"冰心文学创作生涯70年展览"开幕比成"一簇最美丽的月季",自然贴切又独具匠心,点出此次展览意义的同时,使导语更加简明扼要且文采斐然,洋溢着诗情画意,趣味性强,给读者一种审美愉悦。

(六)导语故事化,以情动人

故事化导语通常利用独特的事例,将传统的"5W"要素变成在特定背景下新闻事件的人物主体依据时间顺序和主观动机而实施的行为,以具有人情味的方式来叙述整个新闻事件从开端、发展、高潮到结局的完整情节。这种故事化的手法能够吸引受众,对具体的新闻事件产生兴趣,进行深入阅读。

例如,"皇甫加达是一个平凡的人,平凡的身材,平凡的脸,平凡得一如他所钟爱的事业——种树",导语在这里戛然而止,转而进行新闻主体内容的描写和分析。通过朴素的语言勾勒出人物形象,激发起读者对主人公种树故事的兴趣,同时被其平凡却不易的事业所触动。

(七)利用数据对比,增强说服力

数据化导语在目前大数据、云计算、算法推进等技术快速发展时期,愈发受到新闻媒体和其他传播平台的重视。数据化的信息能够直观地让读者感受到新闻事件所产生的影响力，给人留下深刻的印象。

例如，法新社的这则新闻导语："如果把联合国去年在纽约和日内瓦印刷的全部文件首尾相连排列起来，总长度将达 27 万公里。"导语突出了联合国印刷文件之多的同时，将其描述为"27 万公里"，让数据更加可视化，从而增强读者的记忆。

综上所述，消息导语的写法有很多种，但记者在写作导语时，切忌循规蹈矩、用模式化或者标准化的方式进行写作，而是要根据新闻事实本身的性质和意义，从实际出发进行考量，决定导语的形式和内容。同时，不要刻意求新、剑走偏锋，给人一种不伦不类、哗众取宠的感觉，既白费力心思，又影响了消息的传播效果。

第四节　当代导语写作出现的问题及改进

清华大学李希光教授认为，在过去几十年里，我国新闻导语写作——新闻传播学教育的核心和精华，没有被摆在大学新闻教育的突出地位，以至于大部分中国记者不会写新闻导语。尤其是只会写一些无新闻的导语，而不会写有新闻的导语。[①] 确实，我国很多媒体的新闻导语，起不到导读作用。长导语长得出奇而无意义，短导语又短得浅显而苍白。

导语起不到引导的作用，就没有受众注意力市场，并且也减弱了新闻本身的吸引力，而这会对新闻信息的传播造成不利的影响。但可喜的是，有一部分主流媒体如《南方周末》《人民日报》等在积极求变求新，吸引了受众的注意，积累了良好的口碑，形成了很好的品牌和市场。

一、当代新闻导语写作中出现的问题

知名新闻学者范长江说："新闻写作对导语要求很高，要写得有魅力，令老百姓看了非读不可。"但是，从当下各类媒体的版面看，有魅力的导语并不多见，这也说明了我国新闻导语写作中存在着一些亟须改进的问题。

（一）立于宏观角度，似大实空

"角度宏观、似大实空"，即新闻导语宏大全面，看似面面俱到实则空洞抽象、言之无物，这是当前我国新闻导语写作最常见的问题。这样的新闻导语往往

---

① 刘海贵，张骏德. 新闻心理学 [M]. 上海：复旦大学出版社，2001.

给受众以"弃之有肉,食之无味"之感。这个问题往往需要具体情况具体分析:中央级媒体立于全面全局的高度,立意宏观是必要的,但有些地方媒体盲目效仿,结果却适得其反。地方媒体塑造"宏大"的导语视角,会让新闻远离地方受众的日常生活,长此以往,受众对地方媒体新闻的认可度和关注度就会降低,受众与媒体终将渐行渐远。

例如:为弘扬某观点,学习贯彻某要求,某时某地召开某会议,某某出席会议并讲话。大量罗列该会议所贯彻的政策、方针,且采用冗长的全称进行叙述,看似表现出了会议的重大性和重要性,实则没有揭露会议的关键和重点,落入程式化写作的窠臼。

(二) 领导称谓繁多,头衔冗长

当前很多新闻导语在写作时加入领导人的头衔、地名称谓,在"有限的导语空间投入了无限的'无新闻'内容",烦琐枯燥的同时,增加了受众的阅读和理解压力,无法满足受众对信息的诉求,传播效果较差。这类导语给人"多此一举"的感觉,失去了导语的价值。

例如,甘肃兰州读者集团成立,当地一家媒体的新闻导语为:

昨日上午,读者集团成立。省委常委、省委宣传部部长、省新闻出版研讨小组组长×××视察了读者集团并与集团员工合影。

这则导语共55字,但是领导称谓占了30字,而且导语的重心从核心事件"读者集团成立"转移至"领导出场视察"。这类刻意"经营"领导头衔的导语,本末倒置、喧宾夺主,容易给读者带来"领导就是新闻,报纸版面是为了报道领导而非报道新闻"的印象,读者更倾向于阅读与自己切身利益更接近的新闻,罗列领导反而容易造成疏离感,不利于读者继续阅读。

(三) "据悉"式导语,虚无的证明

这类问题最常出现在地方媒体的新闻导语中。"据悉……"、"为了……"、"根据……""在某某的推动下……"、"在某某的支持下……"和"某某告诉记者说"、"记者赶到现场时"、"记者最近从某某部门了解到"等语句,几乎会出现在每篇新闻报道中。这类导语的本意是增加新闻的可信度,但从受众对信息的诉求来看,这种简单的"证明"实则空洞,并不是受众所需,且受众自身对新闻的可靠性有自己的独立判断。

"据悉"式导语,难以满足当前受众的信息诉求。新闻导语在简洁明了的同时贵在新颖求变,准确表达内容的同时要求时间新、内容新、角度新,"据悉"式的导语使得新闻导语在语言上失去了生气和新鲜感,在内容上丧失了准确性、真实性、全面性和公信力。

（四）草草敷衍，词不达意

在有些新闻信息必须要见报但又实在没什么"卖点"可写的情况下，一些记者无奈之下只能草草敷衍了事。另外，在一些竞争激烈的媒体中，记者以完成任务的心态进行新闻写作，在制作导语时，不加思考和创造，或者干脆把新闻通稿的导语用上。这样写出的导语是不具有价值的，它也毁掉了整篇新闻。

例如，《兰州日报》的《转换机制天地宽：兰州远东化肥有限公司步入良性发展新阶段》的导语：

4月18日，风和日丽，气候宜人。记者慕名来到榆中县夏官营镇兰州远东化肥有限责任公司。这个曾在我市国有企业"393"改革前风波不断的企业已步入了生产稳定增长，员工精神饱满，面貌焕然一新的局面，处处呈现出一派生机盎然的景象。当日下午，在离厂区几公里的地方，记者就看到了该厂造粒塔上硕大显眼的"远东化肥"的字样。一走进厂门，昔日破旧的两扇铁门已被崭新的不锈钢电动伸缩门所取代，所有厂区的建筑楼面也被粉饰一新，办公楼前的花坛也被整理得规范有序，正在等待千余株花卉的"下嫁"。办公楼前，寓意未来美好光明前景的厂徽和"以人为本，科技创新"的大字赫然在目，给人以强烈的视觉冲击，让人初步领略了企业的文化内涵。

这则导语从化肥公司的历史"风波不断"切入，提及员工"精神饱满"，最后又提到当天观察所见，洋洋洒洒300余字，只为证明该化肥公司有了"新"发展。并且用"一走进厂门，昔日破旧的两扇铁门已被崭新的不锈钢电动伸缩门取代，所有厂区的建筑楼面也粉饰一新……寓意未来美好光明……'以人为本，科技创新'的大字……视觉冲击"等文字为该公司的"新"发展造势。但是，记者提到的旧铁门刷新也好、企业文化大字也罢，并不能准确证明该公司的"新"和企业文化内涵。这种导语是记者在"企业授意"下草草敷衍而成的，记者用完成任务的心态为企业做宣传，敷衍且内容空洞。

（五）过度细致，重复累赘

由于前期采访和资料收集比较辛苦，部分新闻消息在编辑排版时将所得线索塞满全文，对有的信息着重强调以突出其重要性和价值，反而显得十分累赘。例如："我国加入世贸组织之后，对国际型人才的需求越来越大，大量的优秀学生选择在目前的招聘旺季回国就业。在用人单位收到的求职者提供的各种证书中，五花八门的'洋文凭'让人眼花缭乱，真假难辨。昨天，记者从我国唯一一家国外学历认证机构——教育部留学服务中心获悉，近期大量的个人前往中心申请国外文凭认证，且部分单位为认证收到的'洋文凭'特地集体送来中心检验。"

《北京青年报》的这则消息导语洋洋洒洒写了两百余字，事无巨细地介绍了"洋文凭"盛行的原因、背景、伪造、验证等多方参与者的全貌，让人感觉冗长且修饰语过多，埋没了新闻的重点。

二、问题出现的原因

当前导语写作中存在的以上问题有两方面的原因：一方面，长期受传统写作思维的影响，新闻导语写作困于传统的框架，随着媒体环境的不断变化逐渐失去对受众的冲击力和吸引力；另一方面，媒体自身的创新意识和媒体从业人员学习借鉴新事物的意识跟不上受众市场的需求。具体来说，有以下几点原因。

（一）写作思维仍未求变

受到 20 世纪七八十年代甚至今天的党报、党刊理论思想高屋建瓴式的宣传模式的影响，不少新闻写作总会受到《人民日报》、新华社的影响，而且一直沿袭传统写法。例如，《甘肃法制报》一则新闻《国家联合督查组督查武威环保工作》的导语：

4 月 10 日至 11 日，以国家环保总局环监局局长陆新元为组长的中共中央办公厅、国务院办公厅联合环保督查组，对武威市加强环境保护治理、落实国家环境保护政策等工作情况进行了督查。督查组充分肯定了该市高度重视环保工作的做法和取得的成绩，并就下一步的工作提出了意见和建议。

这则导语"肯定……成绩"，"提出……意见"，具有典型的传统导语的影子。

但是从传播心理学的角度来说，现代受众阅读不仅有求知层面的需求，还有消遣和娱乐需求。为了满足受众的需求，需要立足受众的角度求美求新。传统观念认为，新闻导语的写作应严格控制在固定的格式内。其实，传统导语写作手法是特定时代背景的产物，适应当时时代的要求。比如，在政治严肃年代，导语必须中规中矩，格式和口径必须统一。但是，随着现代媒介手段的发展和受众媒介素养的提升，受众的阅读习惯和信息诉求也随之发生了变化，这要求导语写作也要跟进，更加通俗化、口语化、趣味化，贴近群众、贴近现实、贴近生活。否则，不着边际的导语，只会把新闻埋葬。

（二）媒体自身业务制约

目前，新闻记者大多数仍是分口画线，记者长期负责固定的板块，这种分口虽能提升效率，但是存在记者会产生思维惯性的弊端：记者多年跑一个或几个部门，采访空间有限，知识面、眼界不可避免受到限制，在进行新闻导语的写作时按照固定的思路进行，格式一致，鲜有新意和变化。

同时，新闻媒体尤其是地方性媒体的从业者，存在着相当一部分人需要提升新闻业务素质的情况。同时，在新闻界存在着"老带新"的情况，新的记者、编辑入行先由资格老的记者带，这样的"一脉相承"，导致很多新的从业人员会顺应老记者的思维进行新闻写作，从而形成不自觉创新求变的惰性。

（三）记者新闻意识不强

导语写作一般有构思、设计、制造、规范四个步骤，记者的新闻意识应该贯穿导语写作的各个步骤。但是大多数记者的新闻意识并不是很强，因此导语写不好。

比如，记者要报道一件事，首先要对新闻事实进行选择：谁做的？牵涉到谁？问题根源在哪里？其次要在新闻的表达形式上下功夫，进行细节、情节的设置：类似的事件会是怎样的情况？与当前社会的主流思想距离是远还是近？这一系列问题都需要记者拥有很强的新闻意识。但是，因为很多记者新闻意识的缺失，造成了"空大"导语、"据悉"导语泛滥成灾。因此，在进行导语写作时，不应拘泥于固定的模式或框架，而要改革求变，标新立异。

（四）求快逐利　故意填充

伴随着市场化进程的影响不断扩大，有些新闻记者出现了懒惰怠工的倾向，想要用最少的精力、最快的速度、最少的时间来赚取最多利益。这种急功近利的思想，在资本化时代不断蔓延侵入新闻产业之中。同时，随着互联网技术的不断发展，网络发布平台日益增多，它们也在追逐读者"眼球经济"的过程中，追逐着点击率、浏览量、流量化带来的广告利益，进而要求新闻从业者或者信息线索的提供者更快地发布消息，完整地达到写作字数要求，填满网页版面。所以，这使得部分新闻从业者为了赶稿而写稿，为了达到字数要求而写稿，为了快速获得稿费收益而写稿，直接将收集的线索和资料一股脑铺到版面上，不加概括、不予整理，为了达到稿件版面字数要求，将核心价值不强的"边角料"也作为字数填充。长此以往，信息冗余状况会愈加严重，读者对于新闻的新鲜感、好奇感也会被消磨。

三、问题的改进措施

（一）导语须提取最重要、最新鲜的事实

记者在进行报道时需要对新闻事实进行重要性划分，避免一般化的过程、措施和泛泛而谈的经验掩盖了重要的、实质性的内容。事实的实质性内容往往最有

特色、最受读者关注,也最有吸引力。只有最重要的,才是最有意义的;只有最新鲜的,才是最有吸引力的。新闻价值的重要性和时新性是撰写新闻报道时不可忽视和缺少的部分,需要新闻从业者聚焦和重视。

在导语制作过程中,不强求完整体现新闻的六要素,但可以根据每条新闻的特点,从中选取一两个能激起人们阅读兴趣的要素,在新闻导语中突出呈现,其余的要素则放入正文部分进行补充。

例如下面这条新闻导语:

"对照党章党规找差距是主题教育学习和检视问题的主要内容,也是班子成员进行自我检视、自我反省、自我完善的重要举措……"区纪委监委副书记周幼坤对班子成员语重心长地说。

这条导语中只出现了"what"和"who"两个新闻要素,而将六要素中的其他要素均放在正文中具体地进行阐述,很好地突出了新闻主体人物身份的重要性和其所谈内容的严肃性,能够引导纪检监察干部对党规党章引起重视,将整改理论落到实处。

(二) 导语须生动有趣,引人入胜

导语要激发读者的兴趣,就需要依靠新闻事件的重要性、影响的广泛性、后果的严重性、地点的接近性,以及事情的特殊性、知识性、趣味性等。但是,并不是所有的新闻都具备这些特性。如果新闻事实比较平淡,就需要记者在导语写作技巧上下功夫:选用从多种角度来看待形象的新闻事实,用富于文采的语言或细节描写、情感抒发来写作导语。例如下面这条导语:

今天下午,记者终于见到了陆蓓英。撩开门帘进来的,是一个身材瘦小的年轻妇女。她一头齐耳短发,遮住了瘦削的脸庞,只有两只眼睛透出神采来。

这条导语用"身材瘦小"、"瘦削的脸庞"、"只有两只眼睛透出神采"等细节,来描写被拐卖妇女陆蓓英的外在形象,富有特色,因而让人读之便欲罢不能。

其实,在进行新闻导语的写作时完全可以"借用"文学作品中的形象描写的手法。毛泽东曾说过:"我看新华社的消息看第一句,第一句看不下去就不看了。"这既说明了导语的重要,更说明了导语必须生动活泼、引人入胜。只有这样,方能激起读者"探知"的欲望和好奇心,诱惑和吸引读者继续阅读下去。

(三) 导语须求新求异,不能墨守成规、死守教条

新闻导语的写作,随着实践的不断演变,已经总结出了一些新闻界公认的基本要求和规范。但我们在写作新闻时,不仅要注意角度的独特和内容的新鲜,还

需要在表达方式上进行创新，力求和别人写得不一样。即便是原本有新意的新闻事实，在俗套表达的包装下也会失去光泽，达不到应有的传播效果。因而新闻记者要敢于创新、敢于别出心裁和标新立异。

在导语写作上，"创新"的重要性尤甚：新闻导语讲究出语不凡，尤其是导语的起势，一语定意，对新闻导语甚至是完整的新闻报道都影响巨大，不能等闲视之。

例如，新华社著名记者郭春玲在1982年7月写的新闻《金山同志追悼会在京举行》的导语：

新华社7月16日电　鲜花、翠柏丛中，安放着中国共产党员金山同志的遗像。千余名群众今天默默走进首都剧场，悼念这位人民的艺术家。

这条导语从追悼会的场景而不是时间、地点等信息切入，突破了追悼会消息的传统格式，从千篇一律、刻板至极的"某月某日某人追悼会在某地召开"到"鲜花翠柏丛中"、"金山同志的遗像"，一反常规，给读者耳目一新的阅读体验。

思　考　题

（1）简述新闻导语的发展历程。
（2）简述新闻导语的分类。
（3）简述新闻导语的写作技巧。
（4）试论当代新闻导语写作中出现的问题，并说明原因及改进措施。

第七章　互联网时代的新闻主体写作与类型

新闻导语之后的新闻内容就是新闻主体。新闻导语对事实的表述只是概括的或局部的，这就需要新闻主体对新闻的标题、导语等进行详细描述，为读者了解新闻做进一步的展开介绍，使读者对新闻事件的前因后果有一个详细了解。同时，在新闻主体写作的过程中，加入超链接、新闻背景等元素，对新闻的完整性和详细性是一种较好的补充。另外，时间顺序、倒金字塔、跳笔等，都是新闻主体的写作手法。

第一节　新闻主体的作用与写作

一、新闻主体的作用

新闻主体位于导语之后，对导语做详尽的介绍，通过充足的背景材料说明事实，并用生动而充满特色的语言点明主旨。新闻主体是整个新闻报道的躯干，占据最大的文字比例，是新闻报道中不可或缺的一部分。在新闻主体写作中，需要遵循 5W+1H 原则——何时、何地、何事、何因、何人+如何。

（一）解释导语，展开新闻事实

（1）对新闻六要素展开说明。规范的新闻报道包含新闻六要素及其详细说明。值得注意的是，导语中出现的新闻六要素并不会十分全面，可能存在省略一种或几种要素的情况，所以需要新闻主体对其进行详细介绍与说明，这样读者才能明白新闻事件的前因后果，同时也有利于整篇报道的完整性。

（2）对新闻来源做出交代。新闻的真实性需要新闻来源作保障，所以新闻来源十分重要。在新闻主体的写作中需要阐明新闻来源，这样才能使新闻具有可靠性。在网络新闻写作中，新闻来源分为两种：一是标明消息从何处转载；二是交代消息的获取渠道。其中，第一种标明消息转载出处的处理办法，是由网络编辑将消息的原始出处在正文前或正文后标出，读者可以自行判断消息的真实性；第二种交代消息获取渠道的处理办法，则需要在新闻主体中具体告知。无论是转载还是标明消息获取渠道，其真实性都是非常重要的，需要在导语或者新闻主体中做出说明。以下的案例1选自《中国日报》新闻，该篇新闻在导语中说明了新闻的来源为中国证券网。

【案例1】

万科A早盘急拉 王石宣战"宝能系"回应[①]

2015年12月18日 来源：中国证券网

中国证券网讯 受消息影响，万科今日小幅高开，此后迅速下行，一度跌逾1%。然而，开盘15分钟后，万科突然急速拉升，截至发稿，报24.03元/股，涨逾8%。

消息面上，在"宝能系"的连番猛攻之下，作为万科灵魂人物的王石终于在17日高调发声，亮明自身立场——不欢迎"宝能系"成为万科第一大股东。

在讲话中，王石阐明了不欢迎"宝能系"的多种原因，重申了万科的企业价值观，并在团结中小股东的同时，又不断为公司团队和员工打气。言语中，有其客观介绍、分析的一面，但也不乏略带情绪化的表述。可见，面对着来势汹汹、一只脚已迈进万科大门的"宝能系"，以王石、郁亮主导的万科管理层这次真的急了。

21年前的"君万之争"已成往事，如今的"宝万之争"也似不可阻挡。用王石自己的话说，"这场较量才是开始"。

而"宝能系"也很快做出了回应，18日盘前，宝能集团发表声明回应王石质疑，称集团恪守法律，相信市场力量。

(3) 对新闻背景进行补充。在一些新闻事件中，读者需要进一步了解事件原委，因此就要在主体部分对新闻背景进行补充说明。在案例1中，新闻报道页面尾部附有该新闻事件的相关阅读链接，有助于读者对"宝能入股万科事件"有更为深入的了解。

（二）补充导语，丰富新闻内容

导语往往只体现出整个新闻事件最为关键的一部分，所以很多新闻细节并不会在导语中出现。如果想对某新闻事件有较为清楚地呈现，则需要在新闻主体中对次要新闻事实进行具体说明，通过这种方式来保证新闻的完整性。

在网络新闻采写中，导语的作用更多体现在抓取关键和重要信息来吸引读者，获得较高的关注度和点击量。然而导语不能概括新闻细节与主旨，所以在对新闻次要事实和事件细节、背景等的交代上，需要配合新闻主体来使用。比如，在案例1中，新闻标题并未说明王石回应的内容，只有通过新闻主体才能看到具

[①] 新浪财经网：http://finance.sina.com.cn/stock/t/2015-12-18/doc-ifxmttck8223707.shtml。

体的事件细节。

在网络新闻报道中,经常出现一些非常"博人眼球"的标题,吸引读者点击,俗称"标题党"。在这种情况下,新闻主体对新闻事件的说明就显得更为重要了,不仅要交代清楚事件的背景和始末,还要让读者更加清楚地了解事件的真相。

二、新闻主体的写作要求

新闻标题与导语让读者对新闻有大致的了解,并使其产生阅读的兴趣,在接下来的新闻主体中,有必要对标题和导语的内容进行扩充和解释。因此,需要清晰而富有条理、翔实而生动的新闻报道主体,以保证读者能够清楚地知晓新闻事件。

网络新闻主体写作与传统新闻主体写作大同小异。若想掌握新闻主体的写作方法,立体而生动地报道新闻,吸引读者的阅读兴趣,需要参考以下几点。

(一)主体部分要紧紧围绕导语所概括的内容,前后一致

新闻主体的作用之一就是对标题和导语展开说明,补充其没有提到的新闻事件的细节和背景。在写作主体时,不可脱离标题和导语中的内容,而是要通过对新闻六要素的补充和事件细节、背景说明,让读者对新闻事件和新闻主题有较为深入的了解。

新闻主体写作忌讳把新闻背景和事件资料进行胡乱堆砌,这样不仅影响新闻稿件整体基调的统一性,而且使得整篇文章逻辑混乱,不知所云。所以在网络新闻主体写作时,要注意选取与新闻主旨高度相关的新闻材料,从不同视角反映新闻主旨的同时,进一步深化主题。另外,标题和导语决定了新闻写作的基调,写作时要注意兼顾主体与标题和导语的关联。

【案例2】

量子卫星将于 11 月开始科学实验[①]
2016 年 10 月 13 日 中国青年报

本报北京 10 月 12 日电 记者今天从中科院在北京召开的新闻发布会上获悉,全球首颗量子科学实验卫星"墨子号"正在开展为期 3 个月的在轨测试,目前状态良好,预计 11 月中旬完成全部在轨测试工作,随后卫星将交付使用,正式开始科学实验。

---

① 中国青年报: http://zqb.cyol.com/html/2016-10/13/nw.D110000zgqnb_20161013_4-04.htm.

量子科学实验卫星"墨子号"于今年 8 月 16 日在酒泉卫星发射中心成功发射，这是我国科学家向"无条件安全通信"的目标迈出的重要一步，也意味着我国将在世界上率先实践星地量子通信，有望构建天地一体化的量子科学实验体系。

当天，量子科学实验卫星首席科学家、中科院院士潘建伟介绍，量子科学实验卫星任务计划分为 3 个阶段，包括发射入轨、在轨测试和开展实验阶段。目前正处于第二阶段，即在轨测试，主要包括卫星平台测试、有效载荷测试、天地链路测试三部分，目前卫星平台测试和有效载荷测试已经完成，天地链路测试部分完成。

潘建伟说，根据已有的测试显示，卫星平台方面，电池组状态正常，太阳帆板供电正常；遥控成功率 100%；卫星姿控系统运行正常，性能稳定。有效载荷方面，各单机开机检查，状态均正常；载荷内部光轴匹配精度满足任务要求；完成载荷单光子探测专项测试，指标符合预期；完成对所有地面站的跟瞄，稳定性良好，跟踪精度满足要求；纠缠源工作正常，光源亮度等指标满足任务要求。

天地链路测试是其中十分关键的一步，潘建伟说："只要天地链路建立起来，就意味着量子卫星可以沿着信标光导引的路径将量子信号传递下来。"目前，量子卫星已完成了与兴隆站、德令哈站、南山站的单站跟瞄测试，建立了天地链路；同时还完成了南山站与德令哈双站跟瞄测试，建立了双边纠缠光链路；此外，完成了与阿里站的跟瞄测试，建立了隐形传态光链路。

据了解，量子卫星的主要科学目标是借助卫星平台，进行星地高速量子密钥分发实验，并在此基础上进行广域量子密钥网络实验，以期在空间量子通信实用化方面取得重大突破。根据潘建伟的说法，目前这三种不同链路的打通，为量子卫星的三大科学任务打下了基础，接下来的测试中将寻找最佳工作点，并积累有效数据。

案例 2 的导语交代了"墨子号"即将开始在轨测试任务，并在不久后正式交付使用。而主体中，先交代了该消息的背景信息，即"墨子号"卫星的发射时间及其意义，同时通过对相关科研人员的采访，介绍了量子科学实验卫星任务的规划。后又对当前测试状况进行了介绍，并对未来的实验工作进行了展望。此新闻主体部分对导语缺失的内容进行了详尽的补充，让读者阅读时对事件有了全面的了解。

（二）主体部分要有严谨的结构，层次分明衔接自然

每一篇新闻稿件都有一个新闻主旨，也叫新闻主题。新闻主旨往往通过一个或一系列具体的事件展示，而新闻主体就是要将这些事件有条理地向读者交代。事件的始末、相关事件材料的信息量往往很大，这就需要记者合理地布局分层，

对事件进行逻辑性地梳理，使读者能在最短的时间内理清事件的原委。

同时，在网络阅读习惯中，受众偏向利用碎片化时间，很难在一篇新闻稿件中有长时间的停留，这就要求新闻主体尽可能简短明了，层次分明，主旨突出，满足读者的阅读习惯。

案例2中主体部分按时间顺序分别介绍了"墨子号"实验任务的发射、测试、未来规划等，在短小的篇幅中将量子科学实验卫星的任务介绍给了读者。

（三）主体部分要有充实的内容，详略得当

新闻主体作为对标题和导语的详细说明，在新闻稿件中起着至关重要的作用。作为全篇占比最大的文字，必须要注重详略的分配。

新闻主体要为新闻主旨服务，稿件全文要能够彰显主旨。在新闻主体的写作中，记者要在把握好详略的前提下，注意把六要素交代清楚，同时注意点明主旨。

【案例3】

武侠小说泰斗金庸在港逝世[①]

2018年10月31日　中国青年报中青在线

本报北京10月30日电　一代武侠小说泰斗金庸先生今天在香港病逝，享年94岁。

金庸原名查良镛，生于浙江省海宁市，1948年移居香港。他与黄霑、蔡澜、倪匡并称"香港四大才子"。

金庸生前创作多部武侠小说，包括《射雕英雄传》、《神雕侠侣》、《倚天屠龙记》、《天龙八部》、《笑傲江湖》、《鹿鼎记》等脍炙人口的作品，取其中14部作品名称的首字，可概括为"飞雪连天射白鹿，笑书神侠倚碧鸳"。

前不久，在中国青年报社主办的第三届会稽山论坛暨第十届文化中国讲坛上，南开大学教授、横山书院院长陈洪举办专题讲座"挑灯看剑说义侠"，酣畅解读了金庸武侠小说世界所蕴含的传统文化风骨。其实在现实生活中，陈洪和金庸本人也有交情。

"斯人已去，徒留遗响。"今天接受中国青年报·中青在线记者采访时，陈洪回忆了与金庸交往的一些往事。此前，陈洪邀请金庸到南开大学讲学，等金庸抵达时，陈洪因临时出差未能碰面。"巧合的是，我出差去苏州大学，他来南开大学，恰为各自的母校（苏州大学与金庸就读过的东吴大学同宗同源为一脉——记

[①]　中国青年报中青在线：https://baijiahao.baidu.com/s?id=1615791514915770903&wfr=spider&for=pc.

者注)。"

陈洪说,他曾与金庸讨论通俗小说价值。当时很多人抨击金庸的小说没有文学价值,就是说故事而已。金庸对陈洪说,不愿意别人叫他武侠作家、通俗作家,陈洪当时给金庸打气,表示武侠作家、通俗作家并不意味着"低"。陈洪还赠诗给金庸:"把酒论文学,说侠意兴殊。浅俗蕴厚重,执手老独孤。"

"我评价金庸小说,就是500年后的《水浒传》。"陈洪认为,通俗文学经过经典化之后,尤其是像金庸作品这样的登峰造极之作,是文学史和文化史上绕不过去的现场。"随着经典化,更加显示出价值。现在写文学史,不可避免要写到金庸了。"

1999年8月29日,在中央电视台一间小小的会客室里,金庸先生曾接受本报记者的独家采访,寄语青年"为国为民,侠之大者",并欣然题词:"向中国青年报的读者致意。"采访中,金庸对本报的大学生读者提出自己的希望:"能接受大学教育是一个非常难得的机会,能得到这个机会的人比例很少,要充分利用时间,千万不要错过这个机会。在大学念书不单单是考试的问题。除了求学,还有做人的学问。"

自20世纪中期开始,金庸武侠小说便成为影视剧改编的热门素材。金庸武侠小说的每一次重拍,都能开启新一轮的热议。

作为一名教育家,金庸认为自己重要的工作是通过言传身教引导他人,"让他们思想开明,头脑开放,不固执己见"。他曾对中国青年报记者说:"读书不是为了自己今后名誉好,地位高。应该对社会有一种关注,对国家、民族有一种关怀。这也就是所谓'为国为民,侠之大者'。我很欣赏这种人生态度。"

北京大学教授陈平原评价金庸:"不只是具体的学识,甚至包括气质、教养与趣味,金庸都比许多新文学家显得更像传统中国的'读书人'。"

案例3是一篇典型的人物通讯,在导语中点明了金庸先生逝世的消息,包含时间、地点、人物及原因,在主体部分对金庸先生的生平进行简要介绍,而后引述名人名家对金庸先生的评价,借以表达社会各界对金庸先生的缅怀之情。

(四) 主体部分的内容要形象生动,持续吸引读者的阅读兴趣

网络信息庞杂,受众面对如此海量的信息,需要进行筛选。当标题和导语成功吸引读者注意力之后,新闻主体同样也要能够用生动的描写来传递新闻信息,吸引读者持续的注意力。

要写出生动并引起读者注意的新闻,在保证新闻客观真实性的前提下,引入故事化的新闻情节,并注意生动的细节描写。让读者读之有身临其境之感,使新闻事件和人物跃然纸上。当然,也不可过分渲染甚至编造,导致新闻失实。

【案例4】

男子半夜看电视地砖一块块翘起　专家：气温激变①

2015年12月18日　来源：华西都市报

"难道是我电影看多了，地砖下会有东西钻出来？吓死个人！"12月17日，家住自贡温州商城的邓先生拨打96111求助，16日晚上10点半左右，他正在客厅看电视，突然听到撕裂的声音传来，四下寻找才发现声音来自脚下，"10余块地砖无缘无故翘了起来，真是撞鬼了！"到底是房屋结构问题，还是其他原因？

客厅看电视，地砖突然翘起10余块

"晚上10点半左右，我一个人正在客厅看电视，隐约听到好像有什么东西撕裂的声音。"邓先生说，听到这个声音，他的第一反应以为是楼上或楼下在拖凳子，就继续看电视，"然而声音越来越大，就好像是来自自己脚下，地砖也在晃动，我吓了一跳赶紧跳开躲闪。心里以为是地震，站定却未发现震动，好奇怪！"

撕裂的声音仍在持续，受到惊吓的邓先生慌张地把已经睡着的家人喊了起来，"我又赶紧把客厅的所有灯都打开来查看，才发现客厅地砖有10多块都松动翘起，基本呈一条线分布，那场景感觉就像美国电影里，有东西要从地板钻出来一样，好吓人！"

邓先生说，地板间翘起发出的撕裂声持续了5分钟左右，"我赶紧找保安联系楼下邻居，看楼下天花板是否出现同样的问题，但楼下天花板却完好无损。"

据悉，邓先生家住3楼，属于住了十余年的老小区，楼上楼下的邻居都没有出现类似现象，发生松动翘起的地面位于客厅，不存在渗水的问题，而当时自贡及周边也并未发生地震，除地砖外，家里的门窗均正常无结构变化。这样离奇的事情让邓先生百思不得其解。

与地砖和水泥标号有关

12月17日，华西城市读本记者就邓先生家发生的状况联系了自贡市规建局相关建筑专家。据建筑专家分析，鉴于邓先生家住3楼的情况，已排除是地面下降的因素，"十余年的老小区，地砖出现松动的情况并不多见。"在排除其他因素的情况下，那必然是地砖或者砂浆随时间推移而发生了改变，加之气温激变导致了地砖松动翘起。

有20多年工作经验的建筑师傅王聪明从技术层面对这一现象进行了分析。王师傅表示，12年前的房子，地面贴砖通常是采用的湿贴工艺，即把地砖"喂水"（浸泡在水里）后，再把地砖贴到砂浆上面，"湿贴较为方便，如果技术不到

---

① 中国新闻网：http://www.chinanews.com/sh/2015/12-18/7677015.shtml.

位，不够严丝合缝，后期就容易松动翘起。"

王师傅说，现在房屋装修贴地砖已经不用湿贴工艺了，而是采用干贴法，"现在贴地砖不是用砂浆，而是用的净水泥，就是没有掺杂沙砾的水泥。这种水泥的标号高，黏性强，所以很少出现松动翘起的情况。"

对于邓先生家地砖翘起的情况，王师傅认为，一是因为老房子采用的湿贴工艺，砂浆与瓷砖间有缝隙，加上水泥标号不高，黏性不够，"而且又是未抛光的老瓷砖，如果当时的贴砖师傅技术不过硬，在气温激变的环境下，出现松动翘起就是时间早晚的问题了。"

案例4通过再现当事人的对话，串起了整个新闻事件，画面感较强。"吓死个人"、"撞鬼了"这样的描述使得事件描写非常"接地气"，无形中拉近了新闻与读者的距离，吸引了读者的阅读兴趣。另外，新闻主体对标题的呼应也非常紧密，一开始说明事件的结果，再随读者的思路进一步去探析事件背后的原因，简洁利落，读者浏览完全篇就能了解事件发生的具体原因，解开"地砖翘起"的疑惑。

第二节 新闻背景的作用与写作

新闻背景即新闻发生和发展所具备的各种条件，主要是历史条件和环境条件。其中，新闻事实发生和发展的历史条件是指事实自身的历史状况；环境条件是指事实与周围事物的联系。新闻背景的写作是新闻写作过程中的重要一环。在互联网蓬勃发展的当下，新闻背景的写作因为网络的出现而有了不同。网络新闻背景的写作也是新闻从业者需要掌握好的技能。

一、新闻背景的作用及其类型

（一）新闻背景的作用

1. 强调新闻的突出意义

新闻事实的呈现如果缺少一定的新闻背景，就会显得极其平淡，对新闻价值的提高并不利。对新闻事实的背景做出介绍，并将新闻事实放在一定的背景中进行报道，能使新闻的意义得以强调。

2. 辅助读者了解新闻

新闻最终要抵达给受众或读者。一则新闻的传递效果的好坏，取决于这篇新闻是否能让大众了解。晦涩难懂、不利于读者了解，就会使新闻的传播效果大打折扣。新闻背景的出现，有利于读者了解新闻事实发生的背景，帮助读者了解新闻。

3. 增强新闻的可读性

新闻事实相同但新闻背景不同，会使新闻传播效果千差万别。新闻有了可读性，才能够吸引读者阅读，从而传播新闻事实。比如一则人物报道，如果缺乏对人物背景的介绍，就会显得异常平淡，降低读者的阅读兴趣。

【案例5】

"中国天眼"首次发现新脉冲星[①]
2017年10月11日　中国青年报

本报北京10月10日电　被誉为"中国天眼"的500米口径球面射电望远镜（FAST）终于迎来首批成果。今天，中国科学院科学传播局、中国科学院国家天文台在北京举行新闻发布会宣布，FAST已于今年8月22日、25日发现两颗新脉冲星——这是我国射电望远镜首次发现新脉冲星，也是中国人首次用自己的望远镜发现新脉冲星。

FAST是我国"十一五"重大科技基础设备之一，由国家发展改革委投资建设，于2016年9月25日竣工进入试运行、试调试阶段。国家天文台研究员、FAST工程首席科学家、总工程师南仁东将其定义为"为下一代天文学家准备的观测设备"，是目前世界上最灵敏的单口径射电望远镜。

在今天的新闻发布会上，国家天文台台长严俊表示，经过一年的紧张调试，FAST已实现指向、跟踪、漂移扫描等多种观测模式的顺利运行，调试进展超过预期及大型同类设备的国际惯例，而且已开始系统的科学产出。这其中就包括今天对外发布的"新脉冲星的发现"。

国家天文台研究员、FAST工程副总工程师李菂说，截至目前，FAST望远镜已探测到数十个优质脉冲星候选体，其中两颗通过国际认证：一颗编号J1859-0131（又名FP1-FAST pulsar #1），自转周期为1.83秒，据估算距离地球1.6万光年；一颗编号J1931-01（又名FP2），自转周期0.59秒，据估算距离地球约4100光年。这两颗脉冲星都是由FAST在南天银道面通过漂移扫描发现的。

李菂说，对脉冲星进行研究，有望得到许多重大物理学问题的答案。不过，由于脉冲星信号暗弱，易被人造电磁干扰淹没，目前只观测到一小部分。具有极高灵敏度的FAST是发现脉冲星的理想设备——其接收面积相当于30个足球场大小。

---

① 中国青年报：http://zqb.cyol.com/html/2017-10/11/nw.D110000zgqnb_20171011_4-01.htm.

他今天还透露，接下来两年，FAST将继续调试，以期达到设计指标，通过国家验收，实现面向国内外学者开放。与此同时，FAST也有望发现更多守时精准的毫秒脉冲星。

案例5是一篇介绍我国科学发现的通讯，这类通讯具有较强的专业领域特征，普通读者较难以理解，因此介绍时需要对一些基本背景，包括历史背景、知识背景、地理背景等进行补充，以帮助读者充分理解消息的内容。在案例主体部分，作者首先回顾了被誉为"中国天眼"的500米口径球面射电望远镜（FAST）的建成背景及其意义，接着介绍了该望远镜已经取得的发现成果，用一些专业数据呈现其精确性，帮助读者建立清晰的认识。

（二）新闻背景的类型

1. 历史背景

历史背景，即在新闻报道中对新闻事实的历史或由来做出说明。历史背景对阐明新近发生或发现的新闻事实的延续性有一定的帮助，例如以下这则新闻节选。

【案例6】

中国为何不接受南海仲裁：历史性权益有据可考[①]

2016年07月13日　来源：人民日报

中国一直在历史和法律层面强调其对中国南海拥有绝对主权。毫无疑问，是中国人最早在中国南海地区航行、捕鱼，甚至命名这一海域的。从东汉的《异物志》到随后唐、宋、元、明、清年间的众多史料显示，中国南海屡次被以"石塘""长沙"等词汇命名。七下西洋的郑和曾在他的《郑和航海图》中确认过这些地名。清朝的《四海总图》中更是将该片海域划分为"东沙""西沙""中沙"和"南沙"四大群岛。由于缺乏淡水，中国人并没有在南海定居，但中国历朝政府在该海域的巡查从未间断。从辛亥革命到新中国成立这段时间里，中国在东沙建有海上瞭望台。1933年当法国军队在中国南海侵占9座岛屿之时，中国坚定地捍卫自己对这一海域的主权，并于1938年将法军赶走。日本侵华战争期间，日军曾占领南沙诸岛，但之后的《开罗宣言》及《波茨坦公告》均责令日本归还包括南海在内的一切中国领土。正是基于对中国南海历史权益的考证，中国政府在1948年出版的中国地图上标志出"11段线"（后

[①] 环球网：http://w.huanqiu.com/r/MV8wXzkxNjQ0NjlfMTM0XzE0NjgzNjcxNzg=?s=uc_zaozhidao.

被更改为"9段线")。时至20世纪70年代,除了越南以外没有任何国家反对中国在中国南海的主权地位。

然而,20世纪70年代后期,不断有国家开始声张其对中国南海诸座岛礁的主权甚至将其侵占,其中包括菲律宾在中国南海仁爱礁停靠军舰并借机占领。借助联合国海洋法就12海里领海以及海上专属经济区的规定,菲律宾希望将这种占领合法化进而公开地攫取这一地区的自然及海洋资源。而这恰恰是中国不接受仲裁的原因,因为无论是联合国海洋法还是此类仲裁,都无权裁决中国对南海拥有绝对主权。由于领土主权与海洋权益是内部相联系的,当事者双方共同协商将有利于问题的解决。将此类问题诉诸国际仲裁非但无意义而且会被中国唾弃。

2. 社会背景

社会背景,即新闻报道中对新闻事实所发生的政治、经济、文化环境的介绍。由于读者与新闻事件可能处在不同社会环境,对社会环境背景的介绍可以帮助读者以更加全面的视角理解相关事件发生的原因和后果。这类背景介绍在国际新闻中较为常见,例如以下案例。

【案例7】

"通俄"调查穷追不舍 特朗普要赦免自己?[①]

2018年06月05日 新华网

新华社北京6月5日电 美国总统唐纳德·特朗普的律师鲁迪·朱利安尼3日说,特别检察官罗伯特·米勒主持的"通俄"调查组如果对特朗普提起公诉,这名现任共和党籍总统"或许"有权赦免自己,尽管他并无此意。

这一说法引发哗然,就连一些共和党人也认为总统自我赦免不妥。

朱利安尼说,特朗普的私人律师小组将尽力阻止米勒当面询问特朗普。

可能性

原纽约市长朱利安尼今年4月被特朗普聘为私人律师,工作重点涉及"通俄"调查。他3日做客几档时事新闻栏目,谈及前一天公开的一封特朗普律师小组信件。

这封信件由现已离开的时任首席律师约翰·多德寄给米勒,落款日期是今年1月29日。信中说,所谓特朗普可能干预司法的说法有待商榷,理由是美国宪法赋予总统权力,"如果他愿意,即可终止这项('通俄')调查,甚至行使赦免权",没有必要以妨碍司法方式阻碍调查。

---

① 新华网:http://www.xinhuanet.com/world/2018-06/05/c_129886405.htm。

信件没有讲明特朗普将赦免何人。朱利安尼告诉美国广播公司《本周》栏目，总统"可能"有权力赦免自己，"或许能在宪法中找到答案"，但特朗普"没有这种打算"。

无法想象特朗普会"赦免自己，那会即刻导致弹劾"，朱利安尼告诉全国广播公司《与新闻界对话》栏目，"他没有必要那样做，他没有做错事"。

米勒2017年5月17日由司法部副部长罗德·罗森斯坦任命，调查特朗普团队是否在2016年竞选总统期间与俄罗斯方面"串通"，特朗普就任总统后是否试图妨碍司法。

引争议

总统自我赦免的可能性一经抛出，立即引发关注。

新泽西州前州长、共和党人克里斯·克里斯蒂告诉美国广播公司："听着，那种情况不可能发生，原因是它将成为政治问题……一旦总统真要赦免自己，他会遭国会弹劾。"

国会众议院共和党领袖凯文·麦卡锡告诉美国有线电视新闻网，总统不应该赦免自己。

前任纽约曼哈顿联邦检察官普里特·巴拉拉说，在任总统赦免自己"不像话"，相当于"弹劾自己"。

1974年，时任美国总统理查德·尼克松因"水门事件"遭遇弹劾压力，黯然辞职。一份尼克松辞职前4天写成的司法部备忘录显示："基本原则是，没有人能成为自己所涉案件的法官，总统不能赦免自己。"

怕面谈

朱利安尼告诉美国广播公司，特朗普的律师小组反对总统接受米勒团队的当面问话。

法新社援引他的话报道，律师小组担心，如果特朗普当面接受询问，会一不小心"作伪证"。

特别检察官调查组今年3月初与特朗普律师小组会面。米勒提出，如果特朗普拒绝"面谈"，他可能向特朗普发出大陪审团传票，强制他作证。

朱利安尼说，律师小组将想方设法阻止特检组迫使特朗普在大陪审团面前作证，视这种举措为"骚扰"或"没必要"，理由是白宫已经向特检组递交大量文件并且提供数名证人。

特检组已经起诉19人，但不包括特朗普，一直争取直接向总统本人问话的机会。

又喊冤

特朗普和白宫多次指认"通俄"调查是对他的"政治迫害"。俄方否认干预美国总统选举。律师小组信件曝光后，特朗普再次在社交媒体平台"吐槽"。

特朗普3日发"推特",称如果联邦调查局和司法部事先就保罗·马纳福特"有问题"提醒他,他绝不会聘请马纳福特出任竞选经理。

"那时候,只有两个人可能成为总统,而我是其中之一,为什么联邦调查局和司法部没告诉我,他们正在暗中调查保罗·马纳福特(而且依据10年前的指认)。"

在选情胶着的2016年8月,《纽约时报》爆料马纳福特曾经收受亲俄罗斯的乌克兰地区党钱财,帮助俄罗斯谋取利益。马纳福特后来辞去竞选经理一职。

去年10月,特检组对马纳福特提起公诉,指控他为先后为乌克兰总理、总统的维克托·亚努科维奇及其领导的地区党从事游说活动多年,获得巨额收入,却不向美国政府报备自己的"代理人"身份。马纳福特及其同伙经由海外秘密账户转移资金,在美国过"奢华生活"、不报税。不过,这些指控与"通俄"无关。

3. 地理背景

地理背景是对新闻本体所处的地理环境的说明以及相关联的地理环境说明。例如以下这则新闻节选。

【案例8】

神农架入选世界自然遗产 中国世遗总数达50处①

2016年07月18日 来源:新京报

北京时间17日20时许,联合国教科文组织官微称,中国此次提交的湖北神农架申遗项目通过终审,成为世界自然遗产的一员。至此,湖北神农架也成为中国首个获得联合国教科文组织人和生物圈保护区(1990年)、世界地质公园(2013年)、世界遗产(2016年)三大保护制度共同录入的"三冠王"名录遗产地。

中国此次提交世界遗产大会审议的两个项目分别是广西左江花山岩画文化景观和湖北神农架,前者已在15日成为世界文化遗产;后者昨日申遗成功后,成为中国第50项世界遗产。

据神农架景区官网介绍,湖北神农架世界自然遗产地面积73318公顷,分为西部的神农顶/巴东片区和东部的老君山片区,遗产地缓冲面积为41536公顷。目前,神农架遗产地内有3767种维管束植物,已记录脊椎动物600多种,已发现昆虫4365种。其中有205个本地特有种、2个特有属和1793个中国特有种,旗舰物种神农架金丝猴数量达1300多只。

然而,在更多人眼中,神农架是因"神农教民稼穑、尝百草"的传说闻名,

---

① 新华网:http://www.xinhuanet.com/world/2016-07/18/c_129153807.htm.

景区内至今也留存着神农祭坛；近年来，神农架也有野人出没的传说。

世界遗产委员会认为，湖北神农架在生物多样性、地带性植被类型、垂直自然带谱、生态和生物过程等方面在全球具有独特性。特别是其生物多样性，弥补了世界遗产名录中的空白。

4. 知识背景

知识背景是指对消息中涉及的专业性较强的知识进行必要的介绍。例如以下这则新闻节选。

【案例9】

恰逢闰二伏　三伏贴今年变"四贴"①

2016年07月18日　　来源：北京青年报

"三伏贴"作为一种传统的中医疗法，从夏至到末伏期间进行贴敷，对容易感冒、慢性鼻炎、咽炎、慢性支气管炎等患者进行驱寒化痰。今年有闰中伏，也就是说"三伏贴"变身"四贴"。其中，头伏时间为7月17日至7月26日，中伏时间是7月27日至8月5日，闰中伏时间为8月6日至8月15日，末伏为8月16日至8月25日。

北京中医医院呼吸科主治医师孟广松提醒市民，"三伏贴"不是"万能贴"。"三伏贴也属于用药，它的适用症就是慢性咳、痰、喘类疾病，像孕妇、皮肤过敏和发烧患者以及严重心脑血管患者不适宜贴敷。"孟广松说，"拿不准的最好提前跟医生沟通，看自己是否适合贴。"

5. 人物背景

当新闻事实与人物密切相关时，就要提供相关人物材料。对受众有所了解的新闻人物，背景要简明扼要地点明人物的特色；对受众不熟悉的人物，要介绍人物的概况。有关人物的出身经历、身份特点、社会关系的背景材料，对说明新闻事实很有作用。例如以下这则新闻节选。

【案例10】

欺世盗名的"怪胎"——揭露菲律宾南海仲裁案仲裁庭的真面目②

2016年07月17日　　新华社

首先有必要了解一下仲裁庭的"操盘手"——柳井俊二，他指定了本案大部分仲裁员。

---

① 搜狐网：http://www.sohu.com/a/107459714_119780.
② 新华网：http://www.xinhuanet.com/world/2016-07/17/c_1119231354.htm.

据各项资料显示，柳井俊二是日本资深外交官，也是日本右翼势力的代表。柳井长年担任安倍政府安保法制恳谈会会长职务。这一职务的实质就是安倍政府智囊团的首席。其个人政治立场非常明确。早在1990年海湾战争期间，任日本外务省条约局局长的柳井推动通过了《联合国维和行动协力法》，让自卫队正式走向世界；2013年8月4日，在仲裁庭组建刚满1个月时，他以安保法制恳谈会会长身份参与日本NHK《星期日讨论》节目，并在节目中公开阐述政治立场，认为日本的岛屿受到"威胁"，强调日本存在"敌人"，需要强化武力等多方面来"保障"日方安全。2014年5月，正是柳井将要求"解禁集体自卫权"的报告书交到日本首相安倍手中。柳井还曾于1999年任日本驻美大使，深得美方信任。2001年10月，他因牵涉滥用外务省机密费受到处分而丢官赔款，其"职业道德"亦令人怀疑。

二、网络新闻背景的表现形式

（一）与传统新闻报道相同，新闻背景直接贯穿于新闻主体中

网络新闻背景和传统新闻报道背景的表现形式相同，即在新闻事实的呈现当中介绍新闻背景。网络新闻背景写作方式原则上与传统媒体新闻写作方式基本相同，即在新闻正文的写作过程中，直接介绍与报道内容相关的背景资料，这里不再赘述。

（二）网络新闻背景异于传统新闻背景的两种表现形式

1. 设置节点

网络新闻背景的独特之处在于可以在正文中设置节点。节点即为一个新闻背景的链接，能给予受众更多的自主权。受众可以自主选择是否要获得与该新闻直接而紧密的相关背景内容。下面是关于威尼斯电影节的一则新闻。

【案例11】

威尼斯电影节将首度迎来"聚焦中国"主题活动①

2016年07月18日　新华网

新华网罗马7月18日电　全球最为古老的威尼斯电影节，今年将把更多关注的目光投向中国。"我们将在意大利多个政府机构和电影节组委会的指导下，举行名为'聚焦中国'的官方活动，希望借助此举进一步促进中意乃至中欧之间

---

① 新华网：http://www.xinhuanet.com/world/2016-07/18/c_129155736.htm.

的影视、文化和经贸交流。"意大利电影工业协会国际部主任罗伯托·斯塔比莱近日对记者说。

诞生于1932年的威尼斯电影节是世界上第一个国际电影节，号称"国际电影节之父"。今年的第73届威尼斯电影节将于8月31日至9月10日举行。斯塔比莱介绍说，在电影节期间，由意大利文化与旅游部、意大利对外贸易协会和威尼斯双年展（即电影节组委会）等机构指导，由意大利电影工业协会主办的"聚焦中国"活动将首度亮相，活动还邀请了诸多意大利的相关机构作为合作伙伴。

"我们将和新华网共同主办本次活动，以借助新华网的传播力和影响力取得更好的效果，"斯塔比莱说，"我们的活动还得到了中国电影合作制片公司和其他一些中国机构的支持。"

"电影节是一个汇聚影片和电影人的重要场所，也是不同文化相互交流的重要时刻。"刚刚参加完北京电影节的斯塔比莱说，"意大利电影工业协会参加北京电影节意义重大，因为这是将意大利的影片带到中国一个重要的方式、一个窗口，并且也是意大利电影人与中国同行们交流的重要平台。"他特别提道："曾经担任威尼斯电影节主席的马可·穆勒先生为中意两国电影节合作做出了重要贡献，他也曾担任北京电影节首席顾问，将意大利威尼斯电影节的经验带到中国，也让更多意大利人认识北京电影节。"

斯塔比莱认为，威尼斯电影节保持活力最重要一点，"在于它能在传统的基础之上做出很多的创新。就像池水一样，表面上看起来很平静，但实则它每天都有活水注入，不断更新。威尼斯电影节是一个历史悠久、传统坚实的电影节，并且能在这样其固有的框架下，探寻新的前进方式和空间"。

作为加强中意两国影视和文化交流的具体举措之一，意大利电影工业协会刚刚在北京设立了一个永久办公室，以为今后的合作打下坚实基础。

"我们将在今年威尼斯电影节'聚焦中国'活动上促成中意双方人员的交流，商讨各种合作的可能性，还会有一些意大利的视觉媒体也参加活动，并希望进行更多包括影视在内的文化和经贸合作。"他说。

该则新闻在导语处设置了链接"威尼斯电影节"，点击这一链接即获得关于威尼斯电影节的相关内容。例如："威尼斯电影节终身成就奖诞下'双黄蛋'""洪尚秀、金基德新片入围威尼斯电影节"等。

在报道正文中链接关键词的写作方式，请看例文：

在今天刚刚结束的半决赛中，琼斯17投9中，13罚11中，砍下29分，外加5个篮板7次助攻和2次抢断，率队杀入总决赛。美国时间明晚九点，他们将迎战公牛队，争夺本次夏季联赛的冠军。

琼斯今年20岁，身高1米85，他此前就读于杜克大学，大一赛季场均能够贡献11.8分5.6助攻和1.5次抢断。去年的NCAA决赛，琼斯在下半场轰下19分，全场贡献23分率队夺冠，并当选四强赛MOP。

去年的选秀大会，琼斯在首轮第25顺位被骑士队选中，随即被交易到森林狼队。上赛季他为森林狼队出场37次，场均出战15.6分钟，得到4.2分1.3个篮板和2.9次助攻。

此外，琼斯还入选了夏季联赛最佳阵容第一阵，与他一同入选的还有本·西蒙斯（费城76人）、乔丹·麦克雷（克利夫兰骑士）、鲍比·波蒂斯（芝加哥公牛）、阿兰·威廉姆斯（菲尼克斯太阳）。

在上面这则例文当中，专有名词"克利夫兰骑士""芝加哥公牛""菲尼克斯太阳"设置了链接，为感兴趣的受众了解更多新闻背景资料提供了条件。并且，链接设置的位置也比较自由。

2. 独立背景链接

在整篇新闻报道之外，通过设置独立背景链接，可以让受众获得某一新闻的全面的背景资料。网络媒体的超链接功能使得网络新闻背景有了极大优越性。这种超级链接可以分为两种形式：纵向链接和横向链接。纵向链接指将位于当前页面的受众正在浏览的新闻报道与同一主题的前期报道相连接。而横向链接是指将新闻报道与报道内容相关联的新闻背景材料相连接。无论是纵向链接还是横向链接，都是基于互联网技术特征下的功能延伸。这在传统印刷媒体里面是无法实现的。

以下这则新闻报道属于纵向链接形式。在报道最新消息的同时，通过链接让受众能够看到同一事件在不同时期的变化。此类链接主要是按照事件发生的时间顺序链接相关背景材料。

东方之星沉船事件调查全面展开涉保险金额9252万　2015年06月11日
东方之星船体倾斜80厘米武警连夜装沙袋调平　2015年06月10日
"东方之星"翻沉事件现场排查清理工作全部完成　2015年06月09日
"东方之星"号遇难者遗物出舱　2015年06月08日
440名沉船遇难者家属完成DNA取样　2015年06月08日
武警出动船艇部队搜寻东方之星客船失踪人员　2015年06月08日
湖北省卫计委为"东方之星"乘客家属印发医疗服务告知书　2015年06月08日
"东方之星"客船翻沉事件两位生还者出院　2015年06月08日
又搜寻到2名遇难者遗体　遇难人数升至434人　2015年06月08日
"东方之星"号遇难者遗物出舱　2015年06月08日

客轮翻沉：官方组织千名家属到事发地进行吊唁　2015年06月08日
潜水员官东看望"长江之星"客轮幸存者　2015年06月08日

以下这则新闻属于横向链接形式。受众可以通过独立的背景链接，获取关于这则新闻的相关内容。

中国空军赴南海战巡：轰-6K赴黄岩岛等地巡航

相关阅读：

黄岩岛

中国空军

- 驻土美空军基地恢复运转　此前曾进入红色警戒 2016年07月18日
- 美方：土耳其切断美国在土空军基地电源　2016年07月17日
- 中国空军首次曝光轰-6K 巡航黄岩岛高清照片　2016年07月15日
- 空军：时刻不忘能打胜仗这个初心，继续在实战化训练的道路上前进 2016年07月15日

第三节　新闻主体的写作风格

记者对新闻稿件的编排会受到新闻主体写作风格的影响。在新闻主体写作中，可以根据多元化的写作风格来对新闻材料进行一定的排列，满足读者多样化的阅读需求，增加新闻的曝光率。新闻主体的写作结构主要有以下几种。

一、倒金字塔结构

倒金字塔结构是新闻主体写作中较为常见的写作手法。它按照事情的重要程度，将最为重要的信息放在新闻开头，依次往下排序，每一段一般只说明一个事实。这种结构就像一个上大下小的倒金字塔。这种写作手法比较适合网络读者的阅读习惯，阅读到新闻开头，就能通过重要的新闻信息明白整件事情的大致情况。

（一）倒金字塔结构的特点

（1）按新闻事实的重要性排列材料。在倒金字塔式的新闻写作中，核心和重要内容被安排在文章开头，读者通过阅读新闻导语就能快速了解报道的重点。在之后的新闻主体中则详细交代事情发展的始末，同时依据各元素的重要性来对新闻事件进行排序。所以，一篇新闻报道给读者呈现的新闻事实排列结构是：最重要、较次要、再次要、最次要。

(2) 通过"因果倒叙法"来陈列新闻事实。倒金字塔式的写作特点将新闻事件中最重要的事实写进导语中,而导语包含了新闻事件的核心信息,也就是将事情的"果"提前交代。在之后的新闻主体中则通过事实的重要程度来对"果"进行排序及详细描述。

(3) "断裂行文"的写作手法。不同于按事件自然发展的时间顺序记叙的手法,倒金字塔式写作是按照事情的内在联系来行文的。新闻稿件的每一段都是一个相对独立的新闻事实,每段之间的内在联系不是基于时间先后关系,而是围绕某一个核心新闻主体展开,具有"形散神不散"的特点。

案例 12 和案例 13 向我们展示了倒金字塔结构的写作特点,行文段落按事物内在联系排列,简洁而富有逻辑,让受众通过导语就能了解新闻事件的核心内容。

【案例 12】

肯尼迪遇刺丧命　约翰逊继任美国总统

1963 年 11 月 22 日　路透社达拉斯

急电:肯尼迪总统今天在这里遇到刺客枪击身亡。

总统和夫人同乘一辆车中,刺客发三弹,命中总统头部。总统被人紧急送入医院,并经输血,但不久身亡。

官方消息说,总统下午 1 时逝世。

副总统约翰逊将继任总统。

【案例 13】

沈阳商场或结束免费停车　不少私家车常蹭停[①]

2016 年 04 月 05 日　来源:东北新闻网

这个清明假期,家住铁西区的王先生开车到北一路万达广场,却发现原本可以免费停车的地下停车场,从 4 月 1 日起收费了。与北一路万达广场毗邻的沈阳宜家家居的停车场也在今年年初开始告别免费停车。由于假期开车来宜家购物的市民较多,停车收费处排起了长队。商家此举,是否预示着沈阳免费停车时代即将结束?

北一路万达告别"免费停车时代"

"尊敬的顾客您好:沈阳北一路万达广场停车场,定于 2016 年 4 月 1 日起,取消 3 小时免费停车优惠活动。收费标准:早 10:00 至 22:00 每小时 2 元,22:00 至早 10:00 每小时 4 元,长期停车卡 1200 元/季度。"昨日,在

---

① 新浪新闻网:http://news.sina.com.cn/c/nd/2016-04-05/doc-ifxqxcnr5307663.shtml.

北一路万达广场，记者看到一则"收费通知"的通告已贴在停车场电梯间的玻璃上。

据介绍，2012年9月开业的北一路万达广场拥有地下车位1150个左右。此前的太原街万达广场和沈辽路万达广场已实行停车收费，而北一路万达在开业3年半后才开始实行停车收费。

对于新实行的停车收费政策，一位停车场的工作人员告诉记者，收费对前来吃饭、看电影、购物的市民影响并不大，"白天才2元一小时，基本上看个电影、吃个饭3个小时都能完事，也就6元，这相当于沈城多数商家地下停车场5元/小时的停车费标准。"

宜家家居也加入停车收费行列

无独有偶，与北一路万达广场毗邻的沈阳宜家家居停车场也在今年年初开始告别免费停车。在宜家家居入口处，竖着一个停车场收费标准告示牌："停车场开放时间7：30—22：00，收费标准4元。减免优惠：顾客当日消费满一定金额，凭购物小票可享受减免停车费。家具、家居类商品购物满100元或宜家餐厅、食品消费满50元可免费停车3小时。减免优惠仅限当日22：00前凭购物小票至'中央收费处'结算，不可累计，不可叠加减免。"

"其实，减免优惠之后，还是基本不用交停车费的，毕竟来一趟，吃饭是必需的项目，再买些家居用品，基本上就够优惠减免标准了。就是赶上节假日，开车来的人实在太多了，在收费处排了15分钟才办上停车费减免。希望能在节假日增设一些交费窗口，或是设立一些停车费自助缴费机。"假期带着家人逛宜家的黄先生说。

免费停车引来不少"蹭停族"

在同一商圈的星摩尔购物中心，也于去年开始对免费停车加以限制。"前3小时免费，超市购物满88元前5小时免费，会员购物任意金额前5小时免费等。"对于停车场不再免费为消费者开放，停车场一位工作人员向记者道出了商家的难处，现在周边的小区越来越密集，地上免费停车位成了稀缺资源。加之地铁沿线施工又占用了一部分地上空间，很多并没有购物意愿的人只是将商家当成了免费停车场。

于是就出现了"蹭停族"，有些附近的居民甚至长时间将停车场当成自家车库，有些车一放就是好长时间。为此商家先后出了停车不许过夜、免费停车3小时等规定，最后就干脆实行了计时收费。

停车其实也是商家的"营销学"

沈阳工业大学广告营销学教师赵巍认为，曾几何时，免费停车是很多商场集聚人气的手段。不过，单一的免费停车很可能使商场车库沦为免费停车场，因此如何通过停车费这一杠杆拉动消费，成为众商家比拼的重点。沈城多数商超停车已告别免费,有的商家提出消费满额减免停车费的方式;有的鼓励消费者登记成为商场会员,然后用消费得到的会员积分兑换停车时间;还有的采取"第二小时免费"的规则,目的是拉长消费者在商场内的停留时间,让消费者走走看看然后心甘情愿买单。

面对不断激增的驾车顾客,各大商圈也在上演着不同的停车营销,在收费与优惠的进退间取舍。赵巍表示:"中心商圈停车难,已成为老大难问题,未来,商场通过停车营销的手段,以及对停车促销的多元化尝试,或将为消费者提供更多的停车便利。"

(二) 倒金字塔结构的优势

19世纪60年代,在美国南北战争的电报发送中,首次运用了倒金字塔写作手法,这意味着倒金字塔结构写作手法的诞生。记者通过电报传送战报,但受限于当时的电报技术,稿件在传输过程中容易出现中断和遗漏。为了解决这个问题,记者们将战况的结果写在最前面,再按事实的重要性对战况进行顺序排列,从而保证新闻传输的准确性和连贯性。而这种为保证新闻的快速准确传播而将重要事实写在前面的写作手法,逐渐成为一种新兴文体,并衍生出新闻写作的三大优势。

(1) 便于记者撰写稿件。使用倒金字塔结构的写作模式,记者只需区分新闻材料的重要程度即可以对材料进行排列整理。同时,这种相对程式化的写作有利于提高记者的工作效率,是紧急突发新闻事件报道中的常用写作手法。

(2) 便于编辑编排稿件。由于倒金字塔结构将新闻最核心的信息写进导语中,编辑在审核稿件的时候,不必浏览全文,通过导语就能了解新闻报道概要,从而决定稿件去留。在网络新闻的采写中,对新闻稿件有简明清晰的要求,需要在有限的页面呈现有价值的信息,所以编辑会对一些不符合字数长度的稿件进行删减。而对倒金字塔式的写作结构来说,编辑只需要从后往前对稿件进行删减,这样不仅简单易行,也不会破坏新闻稿件的完整性。

(3) 便于受众阅读。在受众浏览网络新闻的过程中,快速了解新闻资讯是其主要诉求。但在网络庞杂的信息汪洋中,受众的注意力很容易被其他内容分散,而倒金字塔结构的新闻能让其在短时间内了解新闻事实和核心内容,这种方式非常符合网络受众的阅读心理,在迅速吸引其注意力的同时也能提高阅读效率。

(三) 倒金字塔结构的局限性

虽然倒金字塔模式在处理突发新闻时,能以高效率的写作方式受到记者和编辑的青睐,且符合网络读者的阅读习惯,但也存在着一些局限。

(1) 倒金字塔结构的写作方式能很好地运用到突发新闻事件中，但对具有人情味和故事性的报道，则不太合适。

(2) 倒金字塔结构的写作手法固定，能提高记者撰写稿件的速度，但文章结构较为呆板，不利于记者发挥具有个人的写作风格。

(3) 倒金字塔结构的行文段落比较跳跃，适合受众快速了解新闻信息，但由于段与段之间存在一定的分隔性，而不适合受众的长久阅读，容易让受众遗漏一些新闻事实。

另外，在使用倒金字塔结构的写作模式，记者要注意新闻主体行文的内在逻辑，切忌追求精简短小而将稿件写得凌乱分散、支离破碎。

二、《华尔街日报》结构

华尔街日报结构源于《华尔街日报》头版的常用写作模式。这种结构多用于非新闻事件的采写，并流行于西方商业新闻报道中。在这种写作模式中，记者通过一个与新闻主题相关的人物或场景描写开头，引出新闻主体，进而展开论述并深化主题。这种写作风格颇具新意，把读者从枯燥的新闻稿中解放出来，通过故事性开头来吸引其注意力。

(一)《华尔街日报》结构的优势

(1)《华尔街日报》结构是故事化的写作结构。在《华尔街日报》结构中，记者通过开头故事的引入，自然地过渡到新闻主体，而新闻主体的写作也紧密围绕该故事场景。受众在阅读的过程中，能够感同身受地理解故事情境，进而对新闻稿件有充分的了解，激发起阅读兴趣。

(2)《华尔街日报》结构具有较强的现实性。新闻贴近受众生活，站在受众的角度寻找新闻突破口，再通过典型故事为新闻主体进行铺垫，这种现实性可以增强新闻的可读性。

(3)《华尔街日报》结构具有人文关怀性。场景化的事物描写和人物素描高度贴近现实生活，引起受众的共情，使受众能够对新闻事件或新闻群体进行关注，同时也引发其对新闻主题的深入思考。

(二)《华尔街日报》结构的局限性

虽然《华尔街日报》结构的写作以具有人情味的故事描写开头，让读者的阅读欲望在这种故事化场景中得到激发，将抽象的新闻转变为生动、具体的故事，受到读者的喜爱，但这种写作手法也存在一定的局限性。

(1) 容易一味对故事进行渲染，导致故事和新闻分裂。《华尔街日报》结构的显著特点就是通过对故事的描写将读者带入新闻主体，进而呈现新闻主题。而对故事进行过度刻画，脱离现实，会导致故事与新闻主题出现冲突或者脱节，有损受众的阅读体验甚至找不到报道重点。

（2）《华尔街日报》结构不适合所有的新闻体裁。这种写作手法仅适合于需要通过人情化的场景描写来探讨主题的新闻报道，而对突发新闻事件的处理却并不适用。

（3）故事性的描写有失真之嫌。《华尔街日报》结构通过平易近人的故事来激发受众的阅读欲望，这对记者挖掘和讲述故事的能力有所要求。记者必须整合采访或者生活中的大量人物、场景素材，才能把开头的小故事讲好。但这种故事的获得并非轻而易举，有时候需要记者编写出类似的故事来配合此类文体的写作，而这种做法有损新闻的真实性。

【案例 14】

过来人口述：我那遥远的中小学时代[①]

2016 年 04 月 05 日　　来源：新华网

常言道"十年树木，百年树人。"作为一名在教育战线工作了一辈子，如今已经 74 岁的我，经历过解放战争时期的苦难岁月，更完整地经历了新中国成立后的小学、中学的学生时代，以及后来长期工作并与之相伴的学校教育工作。

我父亲出生在江苏海门一个贫苦农民家庭，12 岁时去了上海，在一家工厂做童工，抗战时期参加了革命，母亲一直在乡下种地。因生活所迫，直到 8 岁我才开始上小学。

小学时，家里除了田里的收成，没有其他经济来源。父亲虽然在机关单位工作，是供给制，但是对于家里的困难却无能为力，我们的生活连吃粮、柴烧都很困难。记得那会儿，从家里到学校也有几里路远，每天放学回家，别的同学一边走路一边玩耍，而我总是一边走路一边拾柴。到家后，放下书包和柴火，就忙做家务，扫地、挑水。因为年纪小，只能挑两个小桶，每只装半桶水。那时还养着一只山羊，每天放学后就到处去割青草。年终时家人把羊卖掉，补贴了家用。那时候每天吃完饭，我总会抢着洗碗，母亲不让我洗，说灶台太高，我个子矮够不着，但她每次看到站在小方凳上，趴在灶前洗刷的我，也就不说什么了。

1954 年秋季，父亲把我从乡下接到南京读书。那会儿父亲在江苏省省级机关工作，马路对面就是南京市鼓楼小学，于是从五年级到小学毕业，我是在那里度过的。当时我就住在机关集体宿舍，吃在机关食堂，放学后在父亲办公室做作业，做完作业在机关阅览室读书。印象特别深的是，我长到这么大，第一次看到

---

① 新浪教育：http://edu.sina.com.cn/zxx/2016-04-05/doc-ifxqxcnp8599582.shtml.

有那么多书，那么多杂志、报纸，我觉得自己什么都想看，内容太多，又根本看不完。那时我还自己订了《中国少年报》和《少年文艺》，每一期都爱不释手。看完后都要按出版时间顺序用夹子夹好，整整齐齐地放在我做作业的那张办公桌上。父亲的同事总夸我勤奋、好学、办事有条理。《钢铁是怎样炼成的》的作者的那句著名格言也已经深深刻在我的内心深处，在人生的道路上激励着我向前。那时，我天天穿着母亲用自己织的土布做的衣服出现在小朋友面前，有人讥笑我土，但我却觉得很舒服。

……

中小学时期教育，为我的一生打下了扎实的知识基础，德育教育更是在以后几十年的人生征途中引领着我，让我受益无穷。无论过往岁月已是多么久远，我都不会忘记我的童年和青少年时代，不会忘记母校给我的教育，不会忘记那个激情年代里的理想、奋斗和家国情怀。

三、时序结构

时序结构也称编年体结构，这种类型的新闻写作方式以事件的时间为基本线索，按照时间顺序对新闻材料进行排列和组织，发生较前的事件写在稿件前面，发生较后的事件写在稿件后面。时序结构的写作方式着重于事件的发生过程，新闻价值通过时间的发展和情节的推进得到体现，新闻主题孕育在事件的发展顺序中。这种写作方式从导语开始就按事件的时间发展顺序来安排新闻材料，主体跟随导语继续叙述事件的发展进程，直到事件结束。

(一) 时序结构的优势

(1) 时序结构的写作手法还原了事物的发展顺序，使新闻报道的故事性大大增强。根据时间和情节的发展顺序来安排新闻材料，对新闻事件进行了完整记叙的同时，也保证了新闻报道的故事性和连贯性。

(2) 时序结构遵照了受众对事件的认知习惯，根据事件的发展顺序揭示悬念和主题，随着时间的推移而递进到事件的高潮，引导受众持续阅读，极大地激发了受众的阅读兴趣。

(3) 时序结构具有较为流畅的行文，按照事件的发展顺序来组织新闻稿件，这样可以使新闻的主体脉络清晰，整体性和连贯性都得到了体现，记者能够一气呵成地完成新闻稿件。

(二) 时序结构的局限性

(1) 在新闻报道中容易出现平铺直叙与拖沓的弊病。由于要依据时间发展顺序来记叙新闻事件,对事件始末从头进行梳理,因此导致行文节奏缓慢,篇幅较长,文字烦冗拖沓,受众容易在中途失去阅读兴趣。

(2)时序结构的核心事实通常在新闻后面,影响受众的阅读欲望,造成受众中途流失。时序结构的开头较为平淡,记叙中途没有波澜感,这种平铺直叙的手法间接地拉大了时间间隔,妨碍了受众的阅读兴趣,导致其在没有看完全文的情况下离开新闻界面。

作为一种必要的写作模式,时序结构适合较为复杂的、具有故事性和人情味的新闻事件。但是在这类新闻的写作中,记者要注意避免拉大时间跨度,导致结构松散和行文拖沓。另外,记者也要顾及新闻事件中各材料的主次地位,尽量在新闻报道中做到详略得当。

【案例 15】

冲出尼泊尔:中国驴友一路逃亡归国路①
2015 年 4 月 27 日　搜狐网

前有地震后有雪崩

杭州人张辉第一次出国,就遭遇了一趟注定难忘的旅途。

行程之初,一切似乎无比美好——两位老友对大理的美景赞不绝口,然后斗志昂扬地抵达珠峰大本营。在那里,他们还用相机拍下雄鹰飞过雪山之巅的绝美画面。

汽车刚开出七八十公里,路过一个小村庄时,司机下车做例行检查,车上七人正在等候,车外突然传来"嘣"的一声,震耳欲聋。

匆忙下车的张辉看到,一大群尼泊尔人已经蜂拥上公路,开始惊惶逃离——他们遭遇了尼泊尔百年一遇的 8.1 级大地震,已造成数千人遇难。

"死亡峡谷"

不一会儿,他们的车就被几个求助的尼泊尔山民拦住了。路边,是十几户尼泊尔山民的砖木屋,其中一座已全部坍塌。惊悚的一幕呈现在张辉面前——废墟中,一个五六十岁的老太太只露出半截身体,下半身都埋在砖土中。她的脸上,血和黄土结成了一块。血肉模糊中,依稀传出微弱的求救声。

村民们搬来铁锹等工具,半个小时后,奄奄一息的老人终于被救出,抬上车辆送往医院。老人并非唯一的受困者——在她身下,张辉们又挖出三个人,其中一个三四岁的孩子和一个五六十岁的妇女已经停止了呼吸。

……

冲出"死亡峡谷",抵达尼泊尔首都加德满都,张辉总算松了一口气。他想

---

① 搜狐新闻网:http://news.sohu.com/20150427/n411972498.shtml.

不到的是，此刻的加德满都已成"孤岛"——古城区百年建筑大面积坍塌，死亡人数不断上升；大半城市断电断网；居民和游客纷纷搬出房屋，在空旷地避难；接二连三的余震还在时刻晃动人们的心。

冲出"孤岛"

然而，张辉们的劫难还没有结束。

4月26日，当地时间早上五六点钟，机场外，挂着某航空公司胸牌的工作人员正在售票，面前排满了滞留的华人游客。快排到张辉时，人群突然发生骚动。售票的工作人员大喊，声称自己被人打了。

张辉这才得知，该工作人员现场叫价，平时价格在两三千元的机票被炒到8000元到10000元，并扬言只收现金。"他说，如果没有现金，就必须请国内亲友帮助订票，才能获得通行证。"张辉回忆。

下午3点左右，尼泊尔发生7.1级余震，震中离加德满都很近。夜幕降临，加德满都的街上到处是抱着毯子、带着水和食物的尼泊尔人，他们走向体育场、学校、公园甚至马路中央的狭窄绿化带等所有能避难的场所，等待又一个黑夜的降临——当地时间0时左右，5.2级余震再次袭来。

4月26日下午，张辉和朋友们终于借助暂时恢复的网络订到两天后回国的机票——连日来，在媒体对天价机票的炮轰下，票价终于恢复正常。

……

四、悬念式结构

悬念式写作结构结合了倒金字塔结构和时序结构这两种写作手法，因此它既有倒金字塔结构中将新闻的核心事实置于文前的特点，又兼备时序结构中通过时间顺序来记叙新闻事实的特点。

（一）悬念式结构的优势

（1）悬念式结构通过设置悬念来吸引受众注意。在这种写作方式中，精华与重要的新闻事实被置于开头的新闻导语中，使受众的阅读欲望得到了激发。

（2）悬念式结构保证了行文的平衡，避免了新闻报道中头重脚轻的问题。悬念式结构整体遵循"重要—次要—重要"的沙漏式行文结构。

（3）悬念式结构使新闻报道条理清晰、重点明确，有利于受众对新闻报道的理解，在新闻事件发展的叙述中，能够较快掌握新闻信息。

（二）悬念式结构的局限性

（1）悬念式结构不利于编辑对新闻稿件进行删改。这种写作方式需要编辑通篇阅读新闻才能决定稿件的去留与删减细节。

（2）悬念式结构的新闻导语已经体现了新闻的核心信息，但新闻主体中依然需要按事件的发展顺序来对新闻进行梳理，这容易给受众造成重复冗长的感觉，不利于新闻的持续阅读。

悬念式结构写作手法使得新闻报道行文逻辑清晰、重点明确突出，符合受众的阅读习惯。这种写作手法便于记者快速熟练地掌握，可在一定程度上避免出错。值得注意的是，悬念式结构不适合所有的新闻体裁，记者在写稿的时候要注意新闻事件的不同性质，以选择合适的写作手法。在撰写悬念式结构的新闻时，要注意合理安排新闻材料与主体部分的写作。

【案例 16】

科比仅 6 分湖人 22 分惨负快船　保罗 25+8 轻松大胜[①]

2016 年 04 月 06 日　新浪体育

（新浪体育讯）北京时间 4 月 6 日，湖人在客场以 81∶103 不敌快船。

快船（49∶28）二连胜。克里斯·保罗拿下了 25 分 8 次助攻，是首发中唯一上双的，JJ.雷迪克 9 分，德安德鲁·乔丹 7 分 14 个篮板，布雷克·格里芬 4 分。替补出场的杰夫·格林 21 分。全队 13 人上场，都有得分进账。

湖人（16∶61）二连败。科比·布莱恩特 12 投 2 中，得了 6 分。德安吉洛·拉塞尔得了 12 分，乔丹·克拉克森 10 分。替补出场的慈世平 17 分，莱恩·凯利 12 分。

虽然湖人和快船同一个主场，但从名义上来说，这是科比职业生涯最后一次客场打快船。

科比兑现他的承诺，剩下的比赛每场都会出战。面对快船，科比的湖人曾经统治了多年，但近几年，却是快船统治洛杉矶。

科比首发出场，但状态欠佳，首节 6 投全失，只靠罚球得了 2 分。快船以一波 20∶2 的攻击波开局。本节打了近一半后，湖人只投中一球。本节还有 6 分 05 秒时，拉塞尔三分命中，这是他们第二次运动战得分。快船此后命中率有所下降，湖人抓住机会，在首节过后将比分追成 22∶33。

第二节还有 2 分 20 秒时，科比终于投篮命中，湖人以 38∶45 落后。双方开始交替得分，本节还有 24 秒时，科比抢下进攻篮板，反手上篮命中，湖人上半场以 44∶52 落后。

格里芬复出之后，还未能找回手感，而上场时间也不多，上半场他 5 投仅 1 中。第三节开始后，他篮下造成犯规，两罚两中，保罗也投中一球，快船以

[①] 新浪体育：http://sports.sina.com.cn/basketball/nba/2016-04-06/doc-ifxqxcnp8666663.shtml。

56∶44取得两位数的优势。本节中段,保罗连续三分命中,乔丹空中接力扣篮,快船以71∶47拉开差距。双方差距一度达到27分,三节过后,快船以84∶60领先。

第四节打了近一半后,快船只投中一球,湖人也未能找到感觉,只能将比分追成67∶86。本节还有6分09秒时,威尔考克斯上篮得手,快船本节第二次投篮命中,他们以91∶67保持大比分领先。

科比不再上场,而湖人也未能构成威胁,接受客场失利的命运。

五、新闻跳笔

新闻跳笔也称跨笔、衬笔或变笔。新闻跳笔指在新闻报道的撰写中,不按照事情发展的时间顺序或逻辑顺序来叙述事件,而是通过删除较为次要的情节,用多个段落来概括新闻事件的写作手法。

不同于倒金字塔结构中新闻材料按事物重要性排列,也不同于时序结构中新闻材料按时间发展顺序排列,新闻跳笔的写作方式有两个显著的特点:一是对新闻事件的描述采取多段落和短段落的形式;二是段落之间的跳跃性较大。

(一)新闻跳笔的优势

(1)新闻跳笔符合受众快速阅读的习惯。新闻跳笔的写作风格较为简洁精炼,一个段落表明一个事实,这种清晰明确的形式有助于受众通过快速浏览掌握核心新闻信息。

(2)新闻跳笔有助于记者形成节奏明快、逻辑清晰的写作风格。以新闻跳笔的方式叙述段落之间的跳跃性,可以简洁、迅速地推进行文节奏,有利于记者快速写稿。

(3)新闻跳笔可以加大新闻报道中的信息量。采用新闻跳笔写作的报道中,一个段落能够提供一个潜在的新闻事实,而多个段落的组合能使整个新闻事件更加饱满充实,能为受众提供多角度的新闻信息。

(二)新闻跳笔的局限性

由于段落较多,且段落之间具有相对独立性,新闻跳笔适合短新闻稿件。如果运用新闻跳笔进行长篇新闻的写作,容易造成内容和层次的混乱,不利于受众的阅读。

新闻跳笔的写作方式使受众能够快速获得新闻信息,使用这种方式要从新闻信息入手,对新闻材料进行有效筛选,将有价值的内容通过短小的段落进行表达。只有这样构思和运用新闻跳笔,才有可能写出吸引受众的优秀新闻。

【案例 17】

我的朝鲜留学经历：轿车分级别 夜里有城管[①]

2016 年 04 月 05 日　新浪新闻

最近数月以来，因为核试验、卫星发射以及随之遭受的安理会最严厉制裁，朝鲜成为国际舆论关注的中心。但作为一个相对闭塞的国家，朝鲜内部的状况一直不为太多人所知，外界对朝鲜的了解，也多止于朝鲜官方媒体报道和"脱北者"的口述。明珠是一名在朝鲜已经留学 5 年的中国学生，她向新浪国际讲述了这 5 年间零距离接触到的真实朝鲜。

在我留学的大学宿舍基本都是一人一间屋子，每间屋子里都挂着两位已逝领导人的画像，卫生间是公用的，楼下就是浴池，每周三都可以免费使用。朝鲜的浴池有点日本的味道，跟樱桃小丸子里出现的很像，坐在水龙头前面用盆接水冲洗，好一点的浴池里会有供人泡澡的水池。

在朝鲜可以使用美金、欧元、人民币、朝币消费，有个别的地方也可以使用日元。

我们来的第一年，辅导员陪着我们去国际通信局买朝鲜自产的"阿里郎"牌手机。手机很小，类似国内的小灵通，能打电话发短信，仅供外国人之间联系，月租 8 美金，赠送 200 分钟免费通话以及 20 条短信，这样一部手机在这里值 260 美元。高昂的费用只针对外国人。第二年下半年开始，就可以拿自己从国内带来的电话开通朝鲜网络了，电脑也可以办理网络，不过价格十分高昂。用于上网的手机每年都要在辅导员的带领下重新登记，辅导员要写下自己的电话并签名为留学生担保。

在朝鲜买东西尽量要用零钱，因为小一点的商店、饭店零钱不是很足。条件较好商店里货物都是进口的，以中国、日本为主，价格通常会翻上两三倍。不过普通家庭购物一般都不太会去这种地方，在市场就可以花较少的钱买到一切想要的。平壤的市场是综合性质的，什么都有得卖，从果蔬鱼肉到衣服鞋帽乃至家具装修器材等应有尽有，平壤最大的市场就是统一市场。有时候路过卖糕饼的摊子，朝鲜阿妈尼还会亲切地切下一块给我们尝一尝。

平壤的贫富差距挺大的，有人过着下馆子一顿饭一两千美金也稀松平常的日子，也有人依然挣扎于温饱线上。在朝鲜，男人的工资并没有多少，甚至很低，他们主要赚取的是粮票之类的票子，女人大多出来做些买卖贴补家用。在平壤经常能看到弯腰驮着沉重包袱蹒跚在道路上的老奶奶，夜晚漆黑的路灯下也有一边警惕着"城管"，一边打着手电卖东西的妇女。

---

① 新浪新闻：http://news.sina.com.cn/w/zg/2016-04-05/doc-ifxqxcnr5341634.shtml.

朝鲜民众出行有公交、电车、地铁、出租车，以及自行车、私家车等交通工具，不过大多还是步行或是骑自行车。以前平壤的自行车只有男人可以骑，但最近两年骑自行车的女人也逐渐多了起来。平壤的交通规则非常奇怪，自行车不在公路上行驶，而是在马路牙子上面和行人一起赶路，速度特别快不太会给人让路，所以经常发生一些小事故，令人钦佩的是他们在结着冰的路面上依旧如此，我们都说这是正经的朝鲜飞车党。

私家车并没有多少人能开得起。据说平壤的车牌根据颜色划分了好几个级别，级别比较高的车在经过时交警会立正行军礼。平壤也是奔驰车博物馆，这里可以看到各个年代的奔驰颠簸在道路上，圆的、方的、红的、蓝的，各种都有。

朝鲜出租车不多，还有一部分拒载外国人，经常也有黑车出没。出租车司机跟国内一样，大多很健谈。在发现搭车者是中国人时，也会问我们很多中国国内的信息。

六、提要式结构

提要式结构，又称一二三四结构，是一种把倒金字塔结构和并列式结构结合起来的写作形式，适用于综述性新闻。这种结构通常时间跨度极大，着眼于时代大事记，是反映一个时期或某一活动、某一事件全面情况的新闻报道。常见的提要式结构有两种综合方式：一是对诸多报道对象某一共同方面情况的横向综合，即并列；二是对某一报道对象某方面情况的发展过程的纵向综合。也有横向和纵向结合来写的。写作时，立足点要高，要通过对大量材料的归纳、综合，提炼出观点，注意突出特点，防止面面俱到。例如以下案例新闻。

【案例 18】

鲲鹏展翅九万里——新中国成立 70 周年民航发展成就综述[①]

2019 年 10 月 12 日　来源：中国交通新闻网

"北京大兴国际机场正式投运！" 9 月 25 日，天安门正南 46 公里处，中共中央总书记、国家主席、中央军委主席习近平郑重宣布。凤凰展翅，叩问九天。一个新动力源，驱动京津冀，引领国家经济社会发展，重塑新格局。

飞天，人类的梦想。对于勤劳智慧的中华民族来说，这一梦想不仅因为嫦娥奔月的神话传说显得浪漫多彩，更因为历代民族精英、志士仁人的不懈追求和牺牲奉献显得愈发真切，可望而可即。历史的天空，书写着中国民航人的雄心壮志与理想追求。

---

① 中国新闻网：http://www.chinanews.com/cj/2019/10-12/8976943.shtml#zw_cyhd。

从"岭外音书绝"到天涯咫尺、天堑通途，民航改变着人们的时空观念，改变着世界的面貌，改变着你我的生活。截至2018年年底，中国民航定期航班、航线已达4945条。2018年全年运输总周转量达到1206.53亿吨公里，旅客运输量达61173.77万人次，货邮周转量达262.5万吨公里，民航运输规模连续14年稳居世界第二。70载峥嵘岁月，中国民航随新中国腾飞，留下了一道道辉煌的航迹。

广开航线网联天下　扩大开放深化合作

2017年5月5日，我国具有完全自主知识产权的新一代大型喷气式客机C919惊艳起飞，经历1个小时20分钟的飞行后完美落地。这是我国民航史上具有划时代意义的一刻，标志着国产大飞机技术历经磨难取得了突破。

如同国产大飞机的首字母"C"一样，中国民航的发展之路不是一条平坦的直线。

1949年11月2日，新中国民航正式成立，一周后，中国共产党成功策动"两航起义"。"两航起义"归来的大批技术和业务人员，成为新中国民航事业建设中一支主要的技术、业务骨干力量，他们为新中国民航事业的建立和发展做出了重要贡献。

1950年8月1日，"北京"号飞机在欢呼声中从广州起飞，经停汉口，用时7小时40分钟抵达天津。"天津—北京—汉口—重庆"与"天津—北京—汉口—广州"两条航线的开辟，标志着新中国民航国内航线正式开通，掀开了民航史上"八一开航"的重要一页。

再将目光投向70年前新中国民航的第一条国际航线。1950年7月1日，中苏民用航空股份公司成立。受当时条件所限，我国民航还不具备"飞出去"的能力，航线由苏方执飞。

20世纪50年代，新生的共和国百业待兴。但囿于国内政治、经济、外交、技术等条件，中国民航只与苏联、朝鲜、缅甸、越南、蒙古、斯里兰卡、老挝等邻近国家签订了通航协定，通航总里程仅有4000公里左右。

1965年3月下旬，周恩来总理率我国党政代表团赴罗马尼亚，参加时任罗马尼亚共产党总书记乔治乌·德治的葬礼，租用了巴基斯坦航空公司的飞机。在回国的路上，周恩来总理充满期待地询问身边一位中国民航局的负责人："什么时候才能坐上我们中国民航自己的飞机出访？"

中国民航积极做好准备，等待着飞出去的机会。1965年6月，周恩来总理出访坦桑尼亚等非洲六国。中国民航派出当时国内拥有的最先进的伊尔-18涡轮螺旋桨飞机执行这次重要的专机任务。首次远航的伊尔-18专机，历时14天，途经12个国家和地区，行程约4.5万公里，经历了重重磨难与考验，终于凯旋。这是新中国民航一次里程碑式的远航。

1964年4月29日,我们与友好邻邦巴基斯坦通航。从此,西部的大门打开了,中国民航的飞机经巴基斯坦可以直接飞往欧洲和非洲。外电评说,中巴通航是世界航空史上"外交航空"的盛举。

在被称为地球第三极的世界屋脊青藏高原,多少年来,能够在这里飞翔的只有被藏族人民顶礼膜拜的神鹰。然而,一只比神鹰更大、飞得更高、飞得更快、飞得更远的钢铁之鹰飞来了,它飞向了世界屋脊,飞进了西藏,飞到了各族人民心间。这一天,是1956年5月29日,从北京经四川广汉飞来的"北京"号飞机成功地降落在西藏拉萨当雄机场。

北京航空博物馆内,屡建功勋的"北京"号斑驳的机身上、褪色的机翼上,刻满了搏击风云的痕迹,曾经充满力量的发动机虽已失去活力,却仍然屹立着,向人们诉说着那段难忘的历史。"北京"号退出了现役,但是敢为天下先的精神却在一代代民航人的血脉中奔涌流淌。正是凭借这种精神,新中国民航人克服重重困难,顽强地把航线伸向祖国大江南北、白山黑水、雪域高原、长城内外,遍布神州大地。

中国民航的大发展,始于改革开放。党的十一届三中全会召开之后,中国民航勇当先行,以北京、上海、广州为中心,开辟一批干线、支线。为适应航线发展的需要,中国民航加速机型更新,进一步缩小我国运输飞机同国际民航先进水平的差距。为适应发展航空运输对运力的需求,20世纪90年代初,中国民航加快飞机引进和更新换代的步伐,采取多种融资方式添置运输飞机,使机队规模不断扩大。

改革开放以来,民航的体制发生了三次重大变化。通过三次改革,使原来军民合一、政企不分的民航管理体制,逐渐转变为政企分离、机场属地化管理、多种所有制企业平等竞争的民航管理体制。不断推进民航市场化改革,通过加强市场竞争,增强市场活力,满足广大人民群众日益增长的出行需求。截至目前,我国共有60家运输航空公司,形成了主体多元、竞争有序的市场格局。其中,客运航空公司51家,货运航空公司9家。

中国民航也是对外开放的先行者。

1980年5月3日,由民航北京管理局与香港中国航空食品有限公司合资经营的北京航空食品公司正式开业。这是党的十一届三中全会以后批准的我国第一家合资企业,被称为"天字第一号"。

1994年,民航总局和外经贸部联合发布外商投资民航业的政策规定,确定中国民航对于外商投资入股、参股,在中国民航运输业进行试点。根据这一政策,海南航空公司于1995年9月27日发行了10004万外资股,成为国内第一家由外商参股的航空公司。此后,东航、南航、国航先后在海外上市,开辟了中国民航利用外资的渠道。

随着中国国际关系的发展和民航技术力量的成长，中国民航的国际关系按计划、有步骤地发展，为我国外交、对外经贸、文化交流、旅游等工作提供了便利。中国参与和组织了多次各种类型的国际性论坛和会议，在国际民航事务中的参与度越来越高，官方的、民间的各种类型的国际性民航活动中都有中国民航的身影，中国民航在世界民航中的地位越来越重要，民航成为中国软实力传播的重要桥梁。

我国民航业以积极的态度，制定了面向世界、开放发展的国际航空运输政策，积极、渐进、有序、有保障地开放航空运输市场。在此政策下，我国民航与世界各国建立了越来越密切的航空运输关系。截至2018年年底，我国已与全世界126个国家和地区签订了双边航空运输协定。

悠悠70载，"C"字像一张被拉弯的弓，在一代代民航人的接续奋斗中，在交通强国的使命担当中，射出了刺破云霄的箭！如今，打开中国民航航线示意图，大小不一的代表着机场的红点和密集交织的航线网令人惊叹。截至2018年年底，中国民航定期航班、航线已达4945条。2018年全年运输总周转量达到1206.53亿吨公里，旅客运输量61173.77万人次，货邮周转量262.5万吨公里，民航运输规模连续14年稳居世界第二。民航人饱蘸心血，写意蓝天，绘出了一幅最新最美的画卷。

机场规模持续增长　临空经济欣欣向荣

2017年早春，习近平总书记考察了建设中的北京大兴国际机场，强调"新机场是首都的重大标志性工程，是国家发展一个新的动力源"。依然是在这年春天，2017年4月1日，中共中央、国务院决定设立河北雄安新区，新时代改革开放前沿、高质量发展的样板如春芽破土而出。北京大兴国际机场，与天安门的直线距离46公里，距雄安新区55公里，将直接助力雄安新区的"千年大计"，成为推动区域协同发展的样本。

改革开放以来，机场建设迎来了井喷式的大发展。机场建设的一个显著特点，就是对当地经济起到了极为明显、极其有力的拉动作用。经济特区把机场建设作为开发特区不可缺少的先行项目，沿海开放城市相继新建或改建机场；各省会城市和大中城市都相继要求与首都、口岸城市通航，并将机场建设视为推动经济发展的重要基础设施项目，机场建设出现了前所未有的兴旺局面。

在万里长江的入海口，一座气势磅礴的航空枢纽傲然屹立。9月16日，上海浦东国际机场新建的全球最大单体远距离卫星厅正式启用。这座62万平方米的卫星厅将与现有两座航站楼成组运行，满足浦东机场年旅客吞吐量8000万人次的需求。而20年前的这一天——1999年9月16日，上海浦东国际机场一期工程建成通航，上海成为我国第一座拥有两个国际机场的城市。

世界级机场群与世界级城市群相伴相生。作为我国最具活力、开放程度最高、创新能力最强的区域，长三角的机场群建设初具形态，航空运输业务规模快速扩大，国际和区域航空枢纽初步建成。自1999年以来的20年间，长三角地区民航机场数从16个增加到23个。预计到2025年，长三角地区的航空运输机场将达到30个。2018年，长三角23个机场共运送旅客2.5亿人次，占华东地区的63.2%，占全国的19.6%；共完成货邮吞吐量569万吨，占华东地区的83.6%，占全国的35.1%。

截至2018年年底，我国民用航空运输颁证机场已达235个，旅客吞吐量超过1000万人次的有37个。初步形成了"以北京、上海、广州等国际枢纽机场为中心，省会城市和重点城市区域枢纽机场为骨干，以及其他干、支线机场相互配合"的格局。

70年时空流转，机场早已不再是传统意义上单纯的交通基础设施，已经成为深刻影响经济产业结构的催化剂。

新中国成立70年来，伴随着西部大开发国家战略的实施，一个山河壮阔、经济发展、社会进步、民族团结、人民富裕的新西部正在崛起。西风漫卷，云起云飞，西部已经成为蓬勃发展的热土。而民航，正是这股滚滚洪流中的"急先锋"。

"十三五"期间，面对快速增长的航空运输市场，我国西部地区主要机场掀起了新一轮改扩建大潮。继成都机场之后，重庆、昆明机场先后迈入"双跑道"时代，贵阳机场也将于2020年迎来双跑道运行。同时，一大批西部中小机场的新建和改扩建也相逐浪高。到2018年年底，世界500强企业中有347家落户四川，287家落户重庆，43家落户云南。世界500强企业大规模落户西部，不仅极大地改善了当地投资和营商环境，也带来了大量的人员流动。从国际到国内，从国内到省内；从干线到支线，从支线到支线，一张层级分明的航线网逐步覆盖了西部天空，缩短了山高水长的西部与全国和世界的距离。

可以说，机场的新增和扩容已经成为西部经济社会全面发展的先导和缩影。数据显示，2018年中国GDP突破90万亿元，同比增长6.6%，在18个GDP增速超过全国增速的省份中，贵州和西藏以9.1%的增速并列第一，四川达到8%，青海达到7.2%。

物流飞天，产业落地，城市兴旺，经济腾飞！

在中国辽阔的版图上，中部六省勾勒出一条南北贯通的大国"脊梁"。要开放，修机场；要想强，上民航。作为社会经济发展的重要驱动力量，民航始终助力中部地区擎起大国挺立的"钢铁脊梁"。

新中国成立70年来，一座座人便于行、货畅其流、四海通达、充满活力的现代化都市，以崭新面貌屹立于中华大地之上，其中郑州、长沙、武汉、鄂州成为首批空港型国家物流枢纽承载城市。中部地区加速奔跑，经济总量和综合实力不断提升。2006年至2018年，中部地区生产总值年均增长10.8%，比全国平均增速高1.9个百分点；地区生产总值占全国比重由18.6%上升到21.1%。2018年，中部地区生产总值增长7.8%，高于全国平均水平1.2个百分点。

响应国家战略，服务振兴大业，东北民航近年来在自身发展过程中也交出了一份亮眼的成绩单。党的十八大之后，东北地区建成并投入使用8个新机场，改扩建9个机场。一座座机场的建设，一条条航线的开辟，让东北的冰天雪地变为金山银山有了无限可能。

仰望长空，机场将城市与世界连为一体；俯瞰大地，航空经济强劲驱动城市发展转型。展望未来，机场必将为经济腾飞、社会发展带来新活力，开辟更广阔的蓝天！

飞入寻常百姓家　云上开出幸福花

1957年10月5日，周恩来总理在民航局《关于中缅通航一周年的总结报告》上批示："保证安全第一，改善服务工作，争取飞行正常。"这三句话也成为中国民航的工作指导方针，并随着时代的变化不断被注入新的内涵。

2018年5月14日，注定被载入史册。这一天，川航3U8633航班突发特情，风挡玻璃破裂。机组成员与西南民航各单位通力协作，完成了一次史诗般的成功备降，保证了机上119名旅客的生命安全，被民航局和四川省政府授予"中国民航英雄机组"称号，机长刘传健被授予"中国民航英雄机长"称号。

2018年9月30日，习近平总书记邀请川航"中国民航英雄机组"全体成员参加庆祝中华人民共和国成立69周年招待会。"安全是民航业的生命线，任何时候、任何环节都不能麻痹大意""伟大出自平凡，英雄来自人民""平时多流汗，战时少流血"，习近平总书记高度赞扬了英雄机组在处理险情时的英雄行为，并对进一步做好民航工作做出重要指示，对民航业和全体民航人产生了巨大鼓舞。

人民航空为人民。70年来，中国民航服务人民，保证航空安全，提高服务质量的努力和追求从未停歇。

乘坐飞机出门旅行，对今天的老百姓来说，已经稀松平常。在大众航空时代，飞行正在深刻地改变着人们的生活。地球变小了，视野变大了，人类交流的空间和心理距离缩短了。但是，在改革开放初期，由于民航发展不能满足社会日益增长的航空运输需求，坐飞机难，买飞机票难，成为令各方头疼的一个难题。20世纪90年代，虽然已经取消了乘坐飞机必须凭借介绍信的规定，但机票仍然属于"稀有商品"。

如今，打开手机就能网上订票，到机场还能自助打印登机牌、自助托运行李，甚至无须身份证件，刷脸即可乘机。但是在几十年前，机票长什么样呢？一张老照片记录了当年的一张手写机票，乘客的姓名、始发地、目的地、票价、航班号等信息，都由工作人员手工填写。

2000年3月，南航在国内率先推出了电子客票。人们购票后，只需要拿着身份证，就可以去机场值机柜台直接兑换登机牌，极大简化了乘机流程。到2011年年底，中国最先成为全球航空电子客票普及率100%的国家。一张机票形态的变迁，背后折射出的不仅是民航业服务水平的提升，更是70年来，民航业不断创新发展所带给人们真真切切的便利和幸福。

近年来，民航业更加重视服务质量，提出"真情服务"理念，推进行业从高速发展向高质量发展。连年开展服务质量专项行动，服务质量和消费者满意度均逐步提高。

在刚刚结束的第45届世界技能大赛上，年仅23岁的东航乘务员吴佳妮在餐厅服务项目中以第九名的成绩荣获优胜奖，这是中国选手在此项目中获得的历史最好名次。我国民航服务人员的专业能力获得了全世界的认可。"无纸化"便捷出行、机票"退改签"服务改进、"军人依法优先通道"、机场母婴室建设等一系列便民服务措施实实在在、深受好评。

在大中型机场规划布局基本完成的背景下，为了让偏远地区百姓也能享受民航便利，近年来我国机场建设的重心转为新建支线机场、通用机场和通勤机场。支持和鼓励低成本航空发展是民航惠民政策的又一表现。2014年年初，《民航局关于促进低成本航空发展的指导意见》出台后，低成本航空在中国加速扩张。如今"支线＋低成本"的发展模式更加丰富，短途运输航班让更多的百姓将坐得起飞机、坐得上飞机。此外，通用航空拉近了人们与"私人飞机"的距离，"低空旅游"、"航空小镇"增加了百姓旅游的选择，"通航＋旅游"让旅游的触角和眼睛无远不达、无险不及。

壮哉，大地之上，华夏脊梁巍峨立！美哉，蓝天之下，鲲鹏展翅九万里！一架架飞机轰鸣着飞上蓝天，与飞机同时起飞的还有人们的希望与梦想。中国民航正振翅双翼，向着更高的目标奋飞！

思 考 题

（1）简述新闻主体的作用。
（2）简述新闻背景在新闻中的重要性。
（3）举例说明网络新闻背景在当代的新发展。
（4）互联网时代，新闻主体的写作风格有哪些新突破？

第八章　融合新闻写作的角度选择

"角度"一词始于摄影领域,意在拍摄时选取一定角度以达到美学价值。生活中人们提到的"角度"是指对事物认知的出发点和侧重点。所谓"横看成岭侧成峰,远近高低各不同",就是指观察者对不同角度的视野有着不同的体会。看待同样的事物,选择的角度不一样,人们所持的观点和看法也不一样,有的人侧重全局,有的人偏好细节。对于同一个体,在有些人眼中是善,在另一些人眼中却是恶。如图8-1,它既可以被看成瀑布,也可以是一只高脚杯;而在图8-2中,有的人看到了白天鹅,有的人却看到了黑天鹅。不同人对客体的感受,显示了不同的事物观察角度。

图 8-1　瀑布高脚杯双关图

图 8-2　白天鹅还是黑天鹅

第一节　新闻角度的概念

一、什么是新闻角度

新闻角度是指新闻采写人员在发掘、表现新闻事实过程中的侧重点和着眼点。不同的侧重点构成了事物的各个侧面，因此新闻报道可以从中选取不同的角度。在新闻报道的写作中，新闻角度选取是否恰当，关系着新闻事实的体现和新闻报道的成功与否，一个优秀的记者往往能在某一新闻事件中通过最佳角度来表现新闻主题。选取最佳新闻角度反映新闻的侧面，使受众能够窥一斑而知全豹，是记者在写作时需要提升的技能。

同一则新闻，从不同的新闻角度进行深浅不同的挖掘，往往有不同的思想意义和新闻价值。例如，发生在 2018 年 11 月的"重庆万州公交车坠桥事件"引起了社会的广泛关注。不同的媒体记者选择了不同的报道角度，下面两则新闻报道从事故发生的个人心理原因和网络舆论两个不同的角度对本事件进行了评论。

【案例 1】

把公交车带入深渊不是失控的方向盘，而是致命的情绪[①]

2018 年 11 月 2 日　中青在线

重庆万州公交车坠江事故举国关注，事故原因目前已经查清。据车内黑匣子监控视频显示，公交车坠江原因系乘客与司机激烈争执互殴致车辆失控。

看到事故发生前最后一刻的视频，相信每个人都会扼腕叹息。如果乘客不与司机发生争执，如果双方不将言语争执激化为肢体冲突，如果司机及时稳住方向盘……但是，残酷的事实没有那么多"如果"。目前，搜救人员已经打捞出 13 名遇难者遗体。这辆载有 15 名驾乘人员的公交车一头栽向深渊，给生者留下了惨痛的教训。

很难说涉事人员都有多大的恶意。因为道路维修改道，与司机发生冲突的乘客刘某坐过了站，产生负面情绪本来可以理解；司机对公交车线路更改尽到了提醒义务，在刘某坐过站以后试图解释，也难免感到委屈。但是，双方并没有将情绪克制在有限范围内，而是任由失控的情绪主宰行动，最终酿成悲剧。

根据新闻资料，在重庆这条 22 路公交车线路上，因司乘冲突发生交通事故已有先例。2015 年 12 月 12 日，一位女乘客因为坐过站暴打司机并抢夺方向盘，

[①] 中青在线：http://news.cyol.com/yuanchuang/2018-11/02/content_17746565.htm.

致公交车撞上行道树；这起事故发生几天以后，一位老人在公交车过站停靠时抢夺方向盘，再次让公交车撞树。其实，在全国各地很多公交车上，都爆出过类似的新闻。

也许是因为之前事故的教训不够惨痛，加强对司乘双方行为约束，并没有得到充分落实。其实，看似防不胜防的风险，就掩藏在我们身边，就在一次次安全底线的冲击中积累和发酵。我们不能以侥幸心态纵容风险，而要把风险看作随时到来的更大危机的警示。

谁都会有情绪，但任由情绪主宰行动，归根结底还是对规则缺乏敬畏之心。不干扰司机正常工作，是常识，也是乘坐公交车的基本规范。而司机始终以安全驾驶为最高原则，也是其最基本的职业伦理与规范。遗憾的是，双方在这起事故中都视规则为无物，实际上违反了刑法规定，涉嫌犯罪。

本次事故原因公布后，很快有网友建议，在公交车司机座位四周安装物理隔断措施，由此减少司乘双方发生肢体冲突的可能性。这样的措施当然会很有效，在当下也应该尽快执行。但是，额外的安全设施，就是全社会为少数人的戾气埋单。现在，很多公共机构都在升级安全设施，安全水平是上去了，但这并不是文明的胜利。

在重庆公交车坠江事故中，根据现有信息，尚不足以判断现场其他乘客是否有采取措施，缓和双方矛盾。但可以确定的是，在公共场合发生矛盾与纠纷时，周围的人不应该做旁观者，而要力所能及地参与秩序的维护。雪崩前，没有一片雪花是无辜的。这不仅是一种社会道义的彰显，也是对危险的主动防范。

人人都盼望一个更安全的出行环境，社会也呼唤一个所有成员都遵守规范的秩序空间。重庆万州公交车坠江事故，则给人沉重的提醒，情绪不仅影响心情，还会致命，希望这样的教训是最后一次。

【案例2】

媒体："女司机"、"坏老人"污名是怎样形成的[①]

2018年10月31日　来源：北京青年报

重庆万州公交车坠江事故发生后，"女司机逆行"的说法与事故发生的消息几乎同时出现在网络和微信平台上，很多人对女司机口诛笔伐。虽然在真实情况公布之后很多人反思"欠女司机一个道歉"，但如果没有这个反转，如果确实是逆行导致了如此惨烈的车祸，批评一下逆行者其实并无不可。尽管批评声中不乏对"女司机"群体的嘲讽，但更多还是表达了对导致严重事故造成重大伤亡的违章者的义愤。

---

① 新华网：http://www.xinhuanet.com/2018-10-31/c_1123637942.htm。

如果因为女司机是无辜的而且被错怪，承受了不该承受的责难，首先应该道歉的不是依据报道给予批评的读者和网友，而是最初消息源的发布者，以及发布新闻且贴上"女司机"标签并有意突出和放大的相关媒体，包括传统媒体、新媒体和自媒体。某些媒体在标题或副标题中使用醒目的"女司机"标签时，对后续反应难道没有预判吗？后续对女司机群体的挞伐难道不是某些"女司机"一词使用者引导的结果吗？

作为区别于"男司机"的"女司机"，这个词语最早出现时并没有今天这般味道。早些年，司机群体中多数为男性，之所以对"女司机"要加上一个性别定语，就是为了使信息更加清晰准确，避免信息的接受者对当事人性别产生误判。如同女飞行员、女仪仗兵，以及男护士、男保育员等等，如果不特别说明，或使人错判性别。

正因为如此，最初报道交通事故时出现"女司机"一词，大约也只是为了使信息更加精准。因为女司机相对较少，女司机肇事也相对较少，有时反倒成了一个吸睛的新闻点，随着女司机相对量和绝对量的不断增加，对女司机事故的报道也不断增加，且更加醒目和突出，终致女司机是"马路杀手"的调侃不胫而走。

在这样的背景下，一些媒体特别是自媒体从吸引眼球和流量考虑，也往往有意去迎合这样的说法。其表现在于，一是大量男司机肇事事件未必有人报道，而女司机肇事案则曝光率很高；二是男司机肇事即使被报道，因为没有吸睛点，往往不被人关注，而女司机肇事则会成为关注和议论的焦点，于是便形成了报道越多，越引发关注和议论，越容易引发关注和议论，就越被重点报道和特别"关照"的恶性循环。

无论是对女司机肇事的特别关注，还是对整个女司机群体的调侃，即使够不上性别歧视，也是一种与实际情况不符的不公。不仅这样的说法没有大数据的支撑，且许多数据还证明，无论是肇事的绝对量、相对量，还是事故的惨烈程度，男司机都远高于女司机。10月29日《中国青年报》的一篇报道披露，2016年男司机发生的交通事故与女司机相比，杭州市是6倍，南京市是2.4倍，而女司机肇事致人死亡数仅为男司机的五十分之一。其他数据也证明，交通肇事者中的男女比例明显高于司机中的男女比例。

现实生活中，与女司机被污名化类似的，还有"老人变坏了"或是"坏人变老了"的说法。与"女司机"相似的是，"老坏人"或"坏老人"之说也完全没有大数据的支撑。笔者长期观察发现，从"扎堆过马路"到自助餐的浪费，各个年龄段都大有人在，至于"碰瓷"和"霸座"，当然多是年龄较大者，但把各类违法行为或不道德行为做一个年龄分组，会发现不同行为中的年龄比例虽有所不同，但整体上不会支撑一些人对老龄群体的非议和责难。

判别人类社会文明程度的重要标志之一，就是是否在性别、年龄、种族、地域等方面存在偏见和歧视。公众的态度和反应固然是重要的，而媒体更不应忘记自己应负的责任和道德担当。无论是正规媒体还是自媒体，也无论是传统媒体还是网络平台，都不要为了流量和阅读量，有意臆造一些与实际不符且有歧视倾向的热点和概念，而读者和公众也应该多一些理性、客观的判断和认知。

二、影响新闻角度选择的因素

（一）不同的媒体定位会有不同的新闻角度

媒体定位会对新闻角度选择产生较大影响。新闻媒体的生存和发展离不开合适的定位，要做到定位准确的同时力求风格鲜明，选择的新闻角度必须符合媒体自身定位。

不同的媒体有不同的定位。官方媒体的定位是政府的"喉舌"，其选择的新闻角度与政府的立场一致，多以政府政策和官方消息为新闻信息。地方性媒体，如大楚网等，则多关注地方性政府措施与社会民生。

（二）不同的受众期待导致不同的新闻角度

关注受众的诉求是新闻媒体的立身之本，不同的受众对新闻视角的关注不同。网络背景下的受众需求更加多元化，同时也对新闻视角提出了多元化的诉求。媒体在选择新闻角度时，要对受众的类别进行细致的划分，从而对传播对象进行分门别类，达到针对性的传播效果。例如：

自2015年12月27日全国人大常委会审议通过修订后的《人口与计划生育法》以来，各地相继开始修订地方计生条例。据查，目前至少已有26个省份的新计生条例正式出台。

2015年12月27日颁布的《人口与计划生育法》取消了晚婚假，同时对产假和男性陪产、护理假做出一定调整。调整后，山西、甘肃婚假达30天，吉林女性产假可延长至一年，重庆女性产假在128天基础上可延长休至子女一周岁，云南的男方护理假有30天。

同样是对新出台的《人口与计划生育法》进行报道，两则新闻的报道角度大相径庭。第一则新闻主要针对地方立法及其进度进行说明，强调整体工作的部署；而第二则新闻则详细提到了各地男、女性的（陪）产假具体情况，主要是面向有（陪）产假需求的相关市民。以上案例告诉我们，不同的新闻角度可以满足不同的受众需求。

(三) 独特的新闻角度有利于提高媒体的竞争力

要想新闻报道受到更多的关注，实现较大的新闻价值，一个独特的新闻角度必不可少。在网络媒体激烈竞争的时代，媒体的生存压力逐渐加大，新闻报道能否吸引受众眼球很大程度上决定着网络媒体能否存续。所以，找准合适的新闻角度，在网络媒体的竞争发展中起着举足轻重的作用。

三、选好新闻角度的重要性

在新闻界流传着这样一句话：角度找好得一半。这充分说明了找准新闻角度对新闻报道的重要性。不同的新闻有着不同的侧重点，角度的适当与否与新闻成败紧密相关，同时也是衡量新闻记者职业素养的重要标准。

(一) 新闻角度对新闻价值的呈现有直接影响

新闻角度直接影响新闻价值的呈现，在新闻报道中，要注意通过最佳角度来更大限度地呈现新闻价值。新闻价值决定着新闻角度的选取，而新闻角度又反映出新闻价值的大小。所以，在网络新闻采写过程中，要准确选取新闻角度，正确判断新闻价值。

【案例3】

怀孕要排队？媒体："家规"岂可大过国法[①]
2016年04月06日　来源：工人日报

近日，多家媒体对河南郑州中牟县女教师生育二胎需排队一事给予关注——二孩政策放开后，中牟县第一高级中学向全体教师下发通知，明确规定了各个学科可以怀孕二胎的教师名额，且指标不用过期作废，怀孕后还可能被转岗。学校领导多次表示："做不到就走人！"当地教体局相关人员称："国家政策下来了，具体到一个单位了，肯定要以单位为主……"

中小学里，女教师居多，如果扎堆生二孩，显然会影响学校的教学安排，所以学校想对女教师的生育问题"宏观调控"一下，其实可以理解。问题是，这种调控以什么样的方式方法去实现。教书育人的地方，循循善诱，晓之以理，动之以情，难吗？非要采用这种强硬和简单粗暴的做法吗？

方法不恰当的背后，其实是一种偏误的观念在作怪——你既然是我的员工，就得听我的，国家法律像"县官"，内部规章制度是"现管"，"县官"不如"现管"。

---

① 中国新闻网：http://www.chinanews.com/gn/2016/04-06/7824594.shtml。

按照国家有关规定，我国妇女有生育子女的权利，也有不生育的自由。随着相关法律法规的日臻完善，对已孕女性的保护也越来越多，企业以女职工怀孕为由降低其工资待遇、与其解除劳动合同等，都是不被允许的。

而从法律效力和位阶上来说，上位法优于下位法，宪法、法律、行政法规、地方性法规、地方政府规章，其效力是递减的，下位法不能与上位法冲突。不难发现，一些单位的内部规章、制度的位阶很低。当然，这不是说职工没有必要遵守内部规章，而是说内部规章不能与国家的基本法律法规相冲突。

现实中，这种把内部规章看得比国法重，制定或者践行的"家规"违背国法意图、内容的情况时有发生。比如：有的企业明文规定，"职工上班时间不准喝水、上厕所"；有的企业要求员工剪同一款发型，否则予以辞退；有的企业规定各种惩罚员工的奇葩手段，爬楼、下跪、裸跑之类；有的企业加班只管饭不给钱……

出现这些情况，首先是因为有的单位不懂法、不畏法，法治意识淡薄。全面推进依法治国，需要全社会树立法治意识、法治思维。如果每个用人单位都心心念念自己的"小九九"，动辄用"家规"去对抗国法，还不受任何惩罚，那么国法的威严如何彰显？一些基层地方和单位应该明确，"家规"可以有，"家规"的框是国法，出了框的"家规"其实是违法的。

其次是不尊重员工的利益和诉求。休息权、人格尊严、人身自由、生育权，这些都是法律明确赋予职工的权益，一些用人单位之所以在这些权益上设坎、设阻，还是因为没把职工当回事儿。相较单位的强势，"饭碗"掌握在别人手中的劳动者显然没有太多选择。

法律一旦颁布实施，其调整范围内的人和事都必须受其约束，不能附条件执行或在执行上打折，也不能强制设定额外的义务。企业欺负职工可以找到一千个理由，维护职工权益的办法只有一个——依法办事，"不越雷池半步"。

此番对"家规"与国法之间内容和效力的讨论，不仅是在为女教师的生育权鼓与呼，而且是在为所有劳动者的权益伸张。"家规"也要守国法，这一点没有商量的余地。

以上新闻将"国法"与"单位规定（家规）"相结合，以二胎政策为切入点，提出了单位规范不得超越国法的观念。同时，也点出了员工正当利益诉求应该得到保障的呼吁，符合当下的时代背景，突出了"国家法规对员工正当权益的肯定"这一主题，体现了非常重要的新闻价值与意义。

第二节　新闻角度的选择

一、如何选择新闻角度

在西方学者看来，选择新闻角度要直中要害，寻找最能说明问题的角度、受众最关心的角度、最能唤起受众兴趣的角度、最有人情味的角度、受众最能接受的角度。一滴水在阳光的照射下会折射出七彩的光芒，一则新闻素材也能通过不同角度的解读，形成不同的新闻报道，但这些报道也有优劣之分。若想充分挖掘新闻价值，提高新闻效果，一个准确的新闻角度十分重要。所以，在新闻写作中需要以人为本、以小见大。

（一）要善于从小处着手、大处着眼——以小见大

在新闻写作中，以小见大是常用的写作手法。其中，"小"是指新闻素材的选取要来源于生活，具有普遍意义。但"小"不代表琐碎，而是要能够呈现新闻的本质，触动时代脉搏，使受众能够窥一斑知全豹。在新闻稿件的撰写中，记者需要谨记"心中有全局，手中有典型"，选取小的切入点和角度，以精简的篇幅反映较大的主题，以微言见大义。

【案例 4】

白血病男 2 天获捐 45 万　女友：生命不再属于他自己[①]

2016 年 04 月 06 日　来源：人民日报

"没想到短短两天就筹到了医疗费，有那么多人为我们捐款，帮助我们。我们现在要比任何时候都坚强，一定会挺过这个难关！"近日，在河北燕郊的陆道培血液肿瘤医院，说起为男友蒋显飞筹款治病的经过，杨青一个劲地说"感谢"。

去年 11 月 12 日，大学刚毕业，在昆明打拼准备结婚的两位年轻人遭遇了人生中最为黑暗的时刻——蒋显飞在广州南方医院确诊为急性非淋巴细胞白血病。

"当时我们完全蒙了。"杨青说，哭完以后，还是要面对生活。这位"90 后"姑娘决定与男友共同面对。然而病魔无情，3 月 18 日，在经过几次化疗病情好转之后，蒋显飞转院到陆道培血液肿瘤医院，又接到噩耗。医院检测蒋显飞的 KIT 基因突变、急性髓系白血病伴融合基因阳性，需要做造血干细胞移植手术。

---

① 中国青年网：http://news.youth.cn/jsxw/201604/t20160406_7823993.htm.

对于这两个分别来自贵州仁怀和湖南宁远农村的孩子来说，痛苦可以挺过去，但高达70万元的医疗费是无论如何也凑不齐了。

杨青说，为了筹款，蒋显飞的父亲在老家的建筑工地上打工，母亲也去了东莞打零工。而为了照顾病人，杨青之前的工作也停了，原本贫困的家庭一筹莫展。

好在人间有真情。蒋显飞所在的中建三局南方公司率先发出捐款倡议，50元、100元、500元、1000元……25万余元善款迅速到位；化疗过程中，由于蒋显飞的血小板指数偏低，公司还在内部招募了B型血血小板志愿者，每周安排两人为其捐献血小板。

钱款仍不够。万般无奈之下，3月27日20点，杨青在微信朋友圈发出了一条求助信："恳求大家救救我的白血病男友吧！我爱他，可我的力量有限……"随后这条求助帖又被转到了一个众筹平台。

这条求助信俨然一条召集令，一时间，爱心集聚。支付宝转账、微信红包、众筹平台、银行转账……相识的、不相识的人纷纷伸出援手，善款以各种形式从四面八方汇聚。还有不少人专门去杨青的微店"清飞扬"购买东西，奉献爱心。

"我妹妹也患有白血病，现仍在医院化疗，希望你早日康复！""加油，一切都会好起来。"……随着捐款而来的，还有饱含真情的祝福、鼓励。

短短两天时间，截至3月29日19时，杨青共筹集善款45万多元，至此，蒋显飞的治疗款积累到了70万元。看到治疗费差不多够了，杨青赶紧关停了众筹平台上的捐款项目。

"从生病那天起，男友的生命就不再属于他自己，是你们用爱沐浴了他，在他身上撒满了爱的种子。"杨青留言。

如今，医院已经为蒋显飞做了造血干细胞配型，初步确定中华骨髓库、台湾骨髓库共3人与其造血干细胞相匹配。医生介绍，预计将于5月底实施造血干细胞移植手术。

"谢谢大家无私的关心与援助，让我深切感受到社会大家庭的温暖，也给了我抗争病魔的信心与勇气。"蒋显飞哽咽地对记者说，病好之后，他要尽最大的可能去帮助其他白血病患者。

案例4中选取了平凡生活中互帮互助的典型例子，对白血病患者蒋显飞患病筹款的过程进行了充分而全面的报道，使我们看到众人的一点微薄爱心，逐步汇聚成力挽狂澜的巨大力量。这充分体现了当前我国和谐、友善的社会风貌，紧扣和谐、友善的社会主义核心价值观，对社会有积极的引导作用。

（二）要做到以旧见新、挖掘新意

新鲜性作为新闻的重要属性，决定着新闻内容的新鲜感。这里所说的"新鲜感"不仅指内容上的新意,同时也指角度上的新意。报道新发生的事件,要选取有新意的角度,这样才能写出鲜活的新闻,要坚信"只要角度新,随处有新闻"。如春运、两会、高考、节假日等每年都会出现的事件,怎样在新闻报道中表现"年年岁岁会相似,岁岁年年报不同"的效果,是新闻记者业务能力的体现。新鲜的角度不但能够发掘更多的新闻事实,而且容易创作出独家新闻,提高媒体自身的竞争力。所以,能否做到"以旧见新"是判断一篇新闻作品是否有生命力的重要标准。

【案例5】

(两会快评)"雷人提案"为啥少了[①]

2016年03月06日 来源:中青在线

前些年每逢全国两会,"雷人提案"常常被媒体报道,抢占公众眼球。3月6日,政协会议已经到了第4天,按理说不少该亮相的提案也亮相了,抱着对"雷人提案"的好奇,我搜索了大半天新闻,竟然找不到一条"雷人提案"的报道,连能拿来吐吐槽的也不多。这至少说明了一个问题:两会上的娱乐性话题越来越少。

"雷人提案"是一个笼统的说法。严格意义上的提案,写作主体是政协委员。人大代表可以提出议案或建议,鉴于议案需要以代表团名义或者30名以上的代表联名的形式向大会提出,所以"雷人"的可能性不那么大。那些"雷人提案"、"雷人建议",其实很多还没有书面成文,时常是接受记者采访时的拍脑袋之作。我们知道,人大代表拥有言论免责权,政协委员虽然没有这个法定权利,但是也没有人因为在政协的言论而受过追究。也就是说,尽管这些提案、建议"雷人",也不算是原则性错误,并没有强制性的限制措施。而且,不乏媒体等着"雷人提案"来搞一个"大新闻"。如今,"雷人提案"减少了,说明代表委员们参政议政的能力在不断加强,两会上的发言建议更接地气了。比如,在政协第一场小组会议文艺界别的讨论中,姜昆委员说自己原来带来了三个提案,但是觉得提案应该高效率,所以自己就把其中的两个提案删除了。这种重质不重量的想法估计代表了不少代表委员的观点,大家在两会期间发表提案和建议更加深思熟虑,无用和"雷人"的内容随之减少。

有些超前的想法、"异想天开"的想法,也未必不能发表,但至少要有理有据,选择恰当的时机发表。与两会召开期间议案、提案、建议多的热闹场面相比,闭会期间有多少政协委员提出提案,有多少人大代表传达建议,却没有多少人关注。其实,一些值得提出但不一定要在大会期间提出的内容,就应该在闭会

[①] 一点资讯网:http://www.yidianzixun.com/article/0Ca9wZRG? s=co&appid=.

期间提出，这样也可以有更充足的时间展开讨论和论证，而不至于消耗大会期间短短十来天的宝贵资源。两会上需要讨论商议的大事不少，代表委员更应该关注迫切和普遍的公共议题。

一味指责有些提案、建议"雷人"，恐怕也不公允。前几年"雷人提案"盛行，掩盖了一些有真知灼见的提案、建议的光辉，这固然不足取。要知道，有些代表委员年年关注一个领域的问题，随着时代的变迁，一些当初显得"雷人"的想法可能逐渐不"雷人"了。只要真正面对现实问题，一些代表委员所执着的"雷人"，或许也是人民群众所期待的美好愿景。

"两会"一直是普通大众非常关注的议题，案例5中对两会议题的报道既满足了内容的新鲜性，也实现了角度的新鲜性。记者对"雷人议题"减少这一现象进行剖析时，首先阐释了往年这一现象频发的可能原因，再采用今昔对比的手法论证"雷人提案"减少的原因，即代表们的参政议政能力正在提高，这也引导着人们采用辩证、历史的眼光看待这一问题。

（三）要争取独辟蹊径、出奇制胜

在撰写新闻、选择角度的过程中，要懂得取舍，有特色、有点"奇怪"的视角需要被关注，以满足受众的好奇心。能够写好一个"奇"字，可以给受众留下深刻的印象，从而引起强烈的反响。

如2008年《新民周刊》在报道北京奥运会时，策划了许多颇具创意的专题活动，如"奥运浮世绘"、"到家观奥运"、"我为英语狂"等，这些新闻专题视角新颖，眼界独到，受到了读者的热捧。

（四）要坚持以人为本、以情动人

在新闻素材的选择中，要寻找贴近生活、贴近群众的角度，多报道百姓生活中的人与事，以人为本；同时也要选择具有人文关怀、贴近情感的视角，以情动人。这样能够拓宽新闻报道的受众面，使新闻报道具有更大的可读性。

【案例6】

习近平讲述"精准扶贫"背后的故事[①]

2016年03月09日　新华社

3月8日上午，人民大会堂东大厅，湖南代表团审议现场。

"去年有多少人娶媳妇儿？""7个。"

习近平与湘西土家族苗族自治州州长郭建群代表的对话，让代表们会心地笑了。

---

① 新华网：http://www.xinhuanet.com/politics/2016lh/2016-03/09/c_1118275227.htm.

总书记问的是湘西花垣县排碧乡十八洞村的情况。他为什么这么关心一个普通村寨大龄男青年的"脱单"问题?这段对话又从何而起?新华视点记者从现场发回了报道。

总书记与十八洞村的情缘

这天上午,习近平参加湖南代表团审议。郭建群在发言中,回忆起2013年11月总书记到十八洞村考察的情景。

习近平说,我正式提出"精准扶贫"就是在十八洞村,前几天中央电视台报道的十八洞村脱贫进展情况,我都看了。

"现在人均收入有多少了?"总书记问。

"您当年来的时候是1680元,现在已经增加到3580元。"郭建群答。

郭建群接着说,十八洞村百姓收入增加,村容村貌变化,已成为全省文明村和旅游定点村,村民笑容多了、求发展愿望强了,连大龄男青年解决"脱单"问题也容易了。

接下来,便是本文开头记述的那段对话了。

总书记关心十八洞村村民的婚姻大事,实际上是关心贫困地区的扶贫脱贫进展。以前,由于贫困,村里的男青年找对象成为大问题。

对话还在继续——

当得知全州还有50万贫困人口时,习近平问:"条件比十八洞村还差的有多少?"

郭建群说,十八洞村的条件算中等的。

总书记追问:"不如它的有多少?"

"接近一半。"郭建群答。

总书记提出这个问题,意在强调"精准扶贫"的重要性。一把钥匙开一把锁,扶贫必须因地制宜。

习近平要求当地党委和政府,加大工作力度,带领当地群众一起艰苦奋斗,早日实现脱贫目标。

两年多前,习近平来考察时,十八洞村还穷得叮当响。

那次考察中,习近平实地走访了多个低保户、特困户家庭,和村干部、村民代表等座谈。看住处、揭米仓、进猪圈,习近平仔细了解村民的生产生活情况。从水、路、电到教育、医疗,他都一一询问。

就是在那次考察中,习近平提出"精准扶贫"。他说,抓扶贫开发,既要整体联动、有共性的要求和措施,又要突出重点、加强对特困村和特困户的帮扶。

确保到2020年农村贫困人口全部脱贫

习近平8日在参加湖南代表团审议时再次提到早日实现脱贫目标,显示总书记对扶贫开发工作的高度重视。

从太行山区的河北阜平县骆驼湾村、顾家台村，到大雪封山的云南鲁甸地震灾区，再到井冈山深处的江西茅坪乡神山村……党的十八大以来，习近平 28 次国内考察，有一半以上都涉及扶贫开发。

"我到过中国绝大部分最贫困的地区，包括陕西、甘肃、宁夏、贵州、云南、广西、西藏、新疆等地。这两年，我又去了十几个贫困地区，到乡亲们家中，同他们聊天。他们的生活存在困难，我感到揪心。他们生活每好一点，我都感到高兴。"去年 10 月，习近平在 2015 减贫与发展高层论坛上表露心声。

扶贫开发，直接关系到数千万人民的福祉，关系到 2020 年全面建成小康社会的目标能否实现。

……

总书记强调："要坚持以民为本，民有所想所求，我们就要帮助他们，为他们服务。"这些话，暖人心，顺民意，聚民力，是践行党全心全意为人民服务宗旨的生动写照。

案例 6 中，记者用习总书记提出的一个非常生活化的问题引入，一瞬间就将读者带入情境之中，拉近了与读者之间的距离。精准扶贫是当前党和政府工作的重点，也是人民群众最关切的议题。记者通过对习总书记和湖南代表团代表对话的描写，从百姓生活的角度展示了精准扶贫所取得的成绩，使整篇报道富有温情，也使政策宣传更加深入人心。

选取新闻角度要从人民群众最关心的事实出发，要从揭露事物本质的角度出发，从引导舆论的意图出发，这样才能够选取最佳的新闻角度。

二、常见的新闻角度

在新闻报道的写作中，有以下几种常见的新闻角度。

（一）思辨角度

思考哪些素材可以更好地说明核心问题，达到理想的新闻效果。例如：

应该看到，这些年国家在化解农民工欠薪问题上，上上下下做了很多努力：恶意欠薪入刑了，行政执法更主动，监察执法与法律援助联动更通畅，工资保证金等制度也在完善之中……有各方的重视、有法律的保障、有治理的给力、有制度的支撑，一个持续多年也解决了多年的问题，终究为何仍陷入常抓常有的怪圈？或许很大程度上是上有政策、下有对策的原因。依旧有人在国家政令的层层关卡里寻找空子，不断损害农民工群体的利益。而国家，绝对不会给此类狡诈行为以存在的空间和可能。

——新华网

要避免"世界遗产"变"世界遗憾",关键是要给当前的"世界遗产"旅游热降降温。如果各地申遗成功后不注意保护,只知道一味地无序开发,把"世界遗产"当作"摇钱树",最终必将付出沉重代价。期待所有"世界遗产"地理性对待当前"旅游热",要在保持"世界遗产"完整性、真实性和延续性的前提下,合理地进行旅游开发。即以保护为前提,严格按照功能区分遗产区,整治错位开发,拆除超载开发,严禁破坏性开发。要懂得让"世界遗产"世代传承、永续利用,这才是我们的历史使命。

——红网

从思辨角度出发可以引导读者认识问题的本质,在发问中逐步接近问题的核心。在新华网的案例中,作者首先阐述了农民工欠薪问题在法律制度逐渐完善的情况下仍有发生,接着引出核心问题在于仍有企业在态度上没有改观,农民工仍处于弱势地位,权益无法得到充分保护,而这需要全社会从上到下的共同努力来改变。在红网的案例中,作者对过度开发"世界遗产"的现象进行了抨击,认为这实际上是短视的,引发人们对世界遗产保护和可持续发展的思考。

(二) 表现力角度

通过一个合适的切入点来更好地表现新闻信息。例如:

两对双胞胎当日告诉记者,走在大街上,不少路人都说两对新人之间仿佛隔了面镜子。不光是邻里亲戚,就算是新郎新娘本人,也常会犯"喊错媳妇牵错郎"的失误。他们当日讲述了生活中发生的不少"囧事",让人忍俊不禁。哥哥赵鑫回忆,有一回兄弟二人正搭着肩膀在村口看日落,突然不知道背后被谁拍了一下,转过头看见贠扬(当时还是弟弟的女友)时,她脸上瞬间浮现"尴尬"神情,显然,她是错把哥哥当成弟弟了。

——中国新闻网

当两对双胞胎成为两对新人时,如何呈现这种戏剧感,本例就提供了非常好的示范。记者首先给出"不少路人都说两对新人之间仿佛隔了面镜子"的结论,再讲出两对双胞胎之间也互有认错的情况来佐证,描绘得生动有趣,抓住了双胞胎长相极为相似的核心特点。

总而言之,新闻角度的选取是新闻价值的保障,要谨记"角度找好得一半",尽量选择切口小、有新意、有人情味的角度,这样才能写出更具表现力和传播效果的新闻报道。

第三节 互联网时代的思维能力

思维能力是指人们在遇到问题时进行分析、综合、概括、比较、系统化,对感性材料进行加工并转化为理性认识来解决问题的一系列过程。互联网时代具有信息容量大和交互性强的特点,记者在对网络新闻进行采写时需要具备创新思维、多向思维、发散思维、动态思维与换位思维,将传统思维转化为互联网思维,以适应互联网时代新闻采写要求的转变。

一、多向思维

多向思维是从问题的多侧面、多渠道、多层次、多角度和多切入点进行推测与想象的思维。这和大数据一样,通过多个角度的资源收集和思考,得出的结果肯定比单一角度得出的结果更加有效和趋近完美。多项思维有利于记者在描述新闻事实时,突破个人见识的局限性,穿越层层迷雾来揭示事物的本质,获取最有价值的新闻信息。

互联网时代下的新闻写作,要注意让思考中的新闻信息朝多种方向扩散,引出更多的新信息,并在遇到相应问题时提出各种解决方案。例如:

晚上,一个房间里点燃了五支蜡烛,吹灭了一支,问第二天早上还剩几支蜡烛?

简单的答案是一支,就是被风吹灭的那支蜡烛。

但如果燃着的四支蜡烛在夜里有一支被风吹灭呢?如果四支当中有一支较大,因而到了第二天早上仍在燃烧呢?如果……那么答案显然就不只是"一支"了。

"标准答案"不止一个,通过多向思维训练,能够得到许多正确并且合理的答案。具有多向思维能力的记者是具有创造力的,他能从多个角度与方向来整合新闻信息,给受众展示相对客观的新闻全貌,用独特而新颖的方式吸引读者。提升多向思维能力要做到如下三点。

(1)多向选择信息资源。在网络新闻采写中,要运用多向思维对新闻材料进行整合研究,打破以往的固定思维模式,想得更远、更深,以全新的视角来看待新闻事件,不遗漏有价值的新闻线索。

(2)多向观察新闻现场。在网络化背景下,只有对新闻信息进行深度挖掘,才能写出有价值、有新意的独家新闻。一是记者亲历新闻现场,用专业眼光寻找一般人难易发现的新闻角度;二是记者要对新闻现场进行多向透视,通过现象来看本质，取得出奇制胜的效果，让受众耳目一新。

（3）多向加工新闻作品。这里的"加工"是指记者要学会通过多向思维对新闻作品进行适当的软包装，例如在文本方面，运用更丰富的语言风格，更多样化的媒体呈现方式，以提升新闻效果，引起受众关注。

每个新闻事件都具有多面性，尝试着从不同角度出发，去了解和探究，必然会带来不一样的看法。

【案例7】

天津港爆炸事故折射大型港口监管难[①]

2015年09月17日　中国青年报

天津港"8·12"爆炸事故发生后，大型港口管理问题引人关注。

港口的危险化学品监管由谁负责？港区公安、消防该由谁来管理和领导？谁来负责对港务集团的管理？

由于历史原因，港口管理往往涉及交通、安监、消防等多个部门，容易出现权责不明等情况，一些地方港口管理部门对大型港口有着"该管的没管上，想管也管不上"的尴尬。

事涉多头，港口管理九龙治水

我国港口管理实行的是"属地管理"模式。2001年国务院办公厅转发《交通部等部门关于深化中央直属和双重领导港口管理体制改革的意见》，《意见》确定了港口管理体制的基本原则：港口下放、政企分开。

但是，在现行的"属地管理"模式下，港口管理中的问题也逐渐凸显：港口管理涉及交通、安监、消防、规划等多个部门，容易出现职权重叠、多头管理或权责不明。

在天津港"8·12"爆炸事故中，天津港内危险货物的安全生产监管工作由谁负责的争论曾引起广泛关注。8月17日，国家安监总局的官方网站上挂出了一份由交通运输部颁发的文件——《港口危险货物安全管理规定》。这项从2013年开始实施的《管理规定》明确：危险货物的安全评价审批和监管由各地的港口行政管理部门负责，实行属地管理。

而根据我国《安全生产法》，安监部门负责对行政区域内的安全生产工作实施综合监督管理，负责生产、经营项目的安全条件审查、审批及日常监管等。

但是，国务院2011年颁发的《危险化学品安全管理条例》规定，新建、改建、扩建储存、装卸危险化学品的港口建设项目，由港口行政管理部门进行安全条件审查。

[①] 中国青年报：http://zqb.cyol.com/html/2015-09/17/nw.D110000zgqnb_20150917-1-06.htm.

另据媒体报道，天津港"8·12"爆炸事件中，瑞海国际获得的危险化学品经营许可证是由天津市交通委员会颁发的，而根据《危险化学品经营许可证管理办法》，该证书本来应该由安监部门颁发。

"这直接暴露出体制的割裂性。"媒体在报道时如此评论。

另外，随着港口开发与城市化建设的不断发展，原本与居民区保持一定距离的大型港口与城市在规划建设方面的矛盾也逐渐凸显，并加剧了港口管理所面临的困难。

徐明（化名）是某地港务集团的中层管理人员。他表示，随着城市化进程的加快，出于产业布局和成本的考虑，很多地方政府往往会在临近港口的地区布局临港产业园，以发展服务业、制造业，比如临港发展的石化企业。"有时还会把居民区布局在离港区很近的地方"。

但是，随着港区的纵深开发，其与城市化进程的矛盾越发突出。武汉理工大学交通学院教授严家其表示，由于土地资源有限，而城市化建设和港口开发也在加快进程，因此这一矛盾将会增加港口管理面临的压力和困难。

由于港口开发和城市建设的矛盾还涉及城市规划和建设、国土资源管理等工作，牵涉面广，"这给当地政府的规划建设和土地管理能力也提出了挑战。"严家其说。

一些大型港口政企"分而不离"

此外，一些大型港口企业本身也存在着"政企分而不离"的情况。

在"政企分开"前，各地港口管理部门在履行港口管理、监督职责的同时，还承担着港口建设和航道管理等工作。

2001年国务院办公厅转发《交通部等部门关于深化中央直属和双重领导港口管理体制改革的意见》，按照这项《意见》的有关规定，我国港口管理权逐步下放给地方政府。港口在下放后应实行政企分开，港口企业不再承担行政管理职能，并按照建立现代企业制度的要求，进一步深化企业内部改革，成为自主经营、自负盈亏的法人实体。

此后，各地港口陆续实现政企分开。例如，2003年11月，天津港务局实行政企分开，行政职能转交天津市交通委员会，天津港务局转制为天津港（集团）有限公司。

但是，这些大型港口的管理体制改革并不彻底，甚至还存在着"政企分而不离"的情况，其中争议最大的是港口自建的公安、消防体系。

《意见》规定，在港航公安管理体制全面改革之前，港口公安管理暂维持现状，其所需经费仍由港口企业营业外列支和财政拨付事业费的办法解决。

业内人士告诉记者，类似天津港这样的大型沿海港口往往都建立了独立的公安、消防系统，直接服从港口集团的人事行政部门管理，在人员编制上不属于公安消防系统。

天津港公安局即由天津市公安局和天津市交通委员会双重管理。

此外，天津港集团还通过天津港公安局组建了天津港内部的消防队伍，该消防队属于企事业单位专职消防队，在编制上并不属于消防系统，且消防员大多为合同工。

根据我国《消防法》的有关规定，储备可燃性物资的大型仓库、主要港口等地应当建立单位专职消防队，承担本单位的火灾扑救工作。因此，港口企业自建专职消防队也符合相关规定。

但对于港口公安的角色，外界仍有争论。中国港口协会第六届理事会副秘书长杜麒栋表示，港口企业本身不应该建立自己的公安队伍。"港口企业其实需要的是保安，不是公安。"杜麒栋说。

但他同时也表示，由于港航公安管理体制改革尚未启动，港口公安这个历史遗留问题短期内还难以解决。

"该管的没管上"，"想管的也管不上"

大型港口的管理为什么会出现"政企分而不离"的尾巴？在杜麒栋看来，这是由于地方政府的港口监管部门没有行使好自己的职权，"该管的没管上"。

他进一步解释，实行"属地管理"后，地方政府的港口监管部门在港口规划建设、项目审批、安全评价与监管等方面都拥有职权。但是，一些地方港口监管部门没能履行好相应的职责，导致港口企业在这些方面缺乏监管，承担了本应由监管部门承担的职责。

"从监管来说，这是地方港口管理部门不到位造成的。"杜麒栋说。

而在严家其看来，大型港口企业往往是国企，而且行政级别比往往比港口监管单位高，导致地方港口监管部门在监管执法时面临"想管也管不上"的尴尬。

此外，由于大型港口对地方经济具有拉动作用，有的港口集团的董事长等领导职务会由港口所在地区的政府领导兼任，这也给港口管理部门的监管带来更大困难。

除行政级别较低以外，也有观点认为，地方港口管理部门对大型港口之所以"管不上"，更深层次原因在于港口对地方经济影响重大，而且国有港务集团在港口码头的运营中占据绝对优势，缺乏足够的市场竞争。

大连海事大学交通运输管理学院教授陈超表示，从20世纪90年代开始，随着工业化和港口贸易的发展，很多港口的吞吐量大幅提高。大型港口对贸易增长作用巨大，而且还能带动石化、物流等工业项目的增长，因此一些地方政府对大型港口的依赖尤为明显。

陈超表示，正是由于大型港口对地方经济作用巨大，所以才会出现一些大型港口"该管的没管上，想管的也管不上"的情况，并且由此衍生出很多港口行政管理中的"死角"。

"在涉及港口管理的具体问题时,地方港口管理部门往往要先征求港口集团意见,并对港口提供很多补贴,对港口的很多项目、监管也是一路绿灯,很多港口管理部门的人都自称'给港口打工'。"陈超说。

此外,港口运营企业缺乏足够的市场化竞争,也被认为是造成港口管理"想管也管不上"的一大原因。

严家其表示,我国《港口法》明确了"一城一港"的要求,而在同一港口内可以有多个港口运营管理公司,所以并不存在港口资源被垄断的情况。但是由于从港务局转制而来的港务集团往往最先进入港口的运营,拥有先天优势,所以在港口码头经营企业中,它们往往实力最强,在港口经营中也占据绝对优势。

陈超认为,国有港务集团在各地港口经营中占据绝对优势的情况造成了港口经营缺乏充分的市场竞争,由此导致港口管理效率低下,并且增加了港口的安全隐患。

陈超还表示,另一个值得注意的问题是"港口的手伸得非常长",国有港务集团的业务开始向港口产业链上下游延伸,通过在港区附近建立物流中心等方式,发展公路的集装箱运输。在他看来,这也给大型港口的监管带来了更多的困难。

港口管理问题尚未引起重视

面对历史遗留问题和各种新情况,该怎么管理情况复杂的大型港口?

杜麒栋认为,应该撤销大型港口内部自建的公安、消防体系,由当地公安、消防部门统一负责港口内公安、消防工作,或者将满足要求的港口公安、消防人员收归地方政府的公安、消防体系。

而作为港务集团的管理人员,徐明认为大型港口规模庞大,在消防安全工作方面有特殊需求,而且也有实力维持自建专职消防队的支出,应该保留港口专职消防队伍。"港口达到一定规模后,有需要也有能力,可以把消防功能'内部化'"。

而对于港口码头经营由国有港务集团占据优势的情况,杜麒栋和陈超都认为应当进行市场化竞争的尝试。

杜麒栋认为,应该学习和借鉴中国香港、新加坡等地港口管理的模式,引入市场竞争机制,避免政企"分而不离"等问题。他还建议,选择一两个港口试点,将一个港务集团分离成几个企业,强化内部市场竞争,让一个大型港口内部的不同港区相互竞争。

关于港口市场化竞争,陈超认为是一个大课题:"一方面,港口对地方经济来说太重要了,既有的利益格局很难打破;另一方面,由于港口下放,交通部对港口的管理有限,而地方政府对推进港口市场化竞争也会有很多顾虑,因此港口的市场化改革没有明确的政府推手。"

由于这两方面的原因，陈超认为推动和建立港口市场化，引入竞争机制很困难：“没有当地政府领导下决心（推动），是很难做到的。"

一方面，一部分港口内部竞争不充分；另一方面，还有一些港口面临着同质化竞争和重复建设问题。

据媒体报道，天津、河北两地港口岸线资源丰富，但由于两地距离较短，货源腹地有一定重合，港口定位模糊，重复建设较多，争抢货源的情况时有发生，由此造成港口产能过剩。

徐明表示，邻近区域的不同港口都可能会面临重复建设和同质化竞争。在他看来，相邻港口间应建立一体化协同机制，或者实现跨地区的港口企业兼并重组，避免"窝里斗"。

另据媒体报道，浙江目前正在筹建浙江省海洋港口发展委员会，此前，浙江省交通运输厅还召开动员会，宣布成立"宁波—舟山港"管委会工作组，并且将成立统一的港口开发集团。

严家其认为，这可能是统筹港口资源的一种积极尝试。但在这一过程中，"政府的手不要伸得过长"。

陈超表示："目前港口管理最大的问题不是市场化改革的困难，也不是各方的利益博弈，而是大多数人都还没有意识到港口管理问题，地方政府也没有重视港口问题。"

二、发散思维

发散思维是指从思考对象出发，向周围的其他事物进行联系性思考的一种思维方式。这种思维方式会呈现出扩散状态，有利于拓宽思维的广度。作为创造性思维最主要的特性，发散思维在互联网新闻写作中被广泛运用。通过发散思维，将某一个新闻信息联想和扩展进而深化为一组新闻，新闻的深度与广度被强化的同时，也提升了新闻效果。

（一）发散思维的特点

作为一种综合性、全方位的思维方式，发散思维具有如下特点。

(1) 流畅性。在较短的时间内能够呈现出较多的概念，并且同时能够接收和消化新的思维观念，以达到思维活动的灵敏与迅速。流畅性是发散思维的重要前提，它反映了发散思维的速度和数量特征。

(2) 灵活性。通过触类旁通、举一反三来实现思维的灵活多变。它要求我们克服头脑中的思维定式，以新的思考方向来探索问题。思维的灵活性与跨越性能够提升思维的变通意识，让思维沿着多样的方向扩散，呈现问题的不同侧面。灵活性是发散思维的关键所在。

(3) 独创性。从前所未有的思维角度来认识新事物的本质,并通过这种思维加工发现与众不同的观点。独创性不仅是发散思维的本质,而且是发散思维的最高目标。

(二) 发散思维的作用

由于发散思维具有流畅性、灵活性与独创性等特征,在网络新闻采写中发挥着非常重大的作用。

(1) 发散思维能够让记者通过多个角度透视事物的本质,增强新闻报道的思辨性。

(2) 发散思维能够使记者在观察新闻事件时注重多个侧面,加强新闻报道的立体感。

(3) 记者运用发散思维能够更加深刻地解释新闻事实,使报道更为深刻,加强新闻效果。

【案例8】

多地景区"黄牛"乱象调查:60元故宫门票炒到了300元[①]

2016年04月06日　新华社

上海迪士尼乐园开业首日的门票"一票难求",门票甚至被炒至官方票价十倍之多;原价60元的故宫门票,在官方渠道当日售罄后"黄牛"叫价达300元;利用本地人身份带游客逃票,随后捆绑销售获利……

清明小长假期间,"新华视点"记者在北京、湖北、安徽、吉林等地旅游景点采访发现,一些景区的"黄牛"能够拿到低价真票,有的"黄牛"把价格炒高数倍获利,有的则还带着游客逃票然后强制消费。

记者在故宫门口亲历"黄牛"炒票

清明节期间,记者走访发现,在一些热门景区,由于门票供不应求,出现大量高价"黄牛票"。

4月3日,在北京故宫,由于每日限流8万人次,中午时间电子大屏就提示当日门票已售罄。不过,记者在门口却发现不少"黄牛"兜售当日门票。原价60元的门票大多开价150元,最贵的要价300元。

当有游客质疑门票的真伪,一名"黄牛"说:"放心吧,这里都有监控拍着呢,没人敢卖假票。"据"黄牛"称,他们手头有十几张身份证和几十个证件号码,专门用来购票。

从贵州来京旅游的李女士,以450元的价格买了一张3人券,平均每人花费

---

① 新华网:http://www.xinhuanet.com/politics/2016-04/06/c_1118546693.htm。

150元。"带着父母来一趟不容易，买'黄牛票'就是图省事。"

上海迪士尼度假区启动主题乐园售票后，在抢票潮下，票务系统一度出现间歇性故障。一些游客于是转而寻求代理甚至通过"黄牛"购票。原本370元、499元两档的门票被炒至上千元，部分商家甚至挂出"首日门票3899元"的价格，高出官方渠道售价10倍之多。

据了解，景区门票被"黄牛"炒到价格翻番甚至更高的诸多乱象，在福建武夷山、上海自然博物馆等景点均曾出现，已成为不少热门景区扰乱旅游秩序的"顽疾"。

而在一些资源并不紧张的景区，门票"黄牛"同样活跃。记者在武汉举办的第十届中国园博会门口发现不少"黄牛"在兜售门票，窗口售价100元的门票一般被"黄牛"以90元或80元的价格交易。

三类"黄牛"大行其道

记者调查发现，活跃在景区周边的"黄牛"有多种门路获利。

——钻实名制执行漏洞囤票炒票。目前，北京故宫、厦门鼓浪屿、甘肃莫高窟等景区实施门票或船票实名制，游客购票需输入身份证信息，人、证、票一致才能进入景区游览。然而，一些景区在实名制实施过程中，存在检票时对身份核验不严等漏洞，为"黄牛"囤票炒票提供了空间。

在北京故宫，记者从"黄牛"手中以每人100元的价格与两位游客合买了一张3人券。经过检票口时，工作人员并没有核验身份证，记者拿着用其他身份证购买的门票顺利进入景区。

安徽新天地国际旅行社总经理岳青松说，当前，高价"黄牛票"的来源复杂。除了一些"黄牛"利用实名制实施环节不严密的漏洞，套取他人身份证提前囤票外，还有一些"黄牛"是通过与一级分销商联手提前把票抢空，然后共同把票价炒高牟利。

——当地人带游客逃票，然后强制消费获利。在安徽省一处5A级风景区山脚下，记者遇见一群"带逃票黄牛"。他们利用本地身份带游客逃票，但要求游客必须在其经营的客栈或餐饮店消费一定的额度。

"就说你是我的亲戚，过来探亲。我们有关系在里面，走过场查下你身份证，登记一下就行。"一位陆姓"黄牛"说。当地人告诉记者，这些"黄牛"所开的餐馆往往价格很高，游客一旦被"坑"很难维权。

天津市民王敏告诉记者，她去年十一和家人赴莫高窟旅游时，发现无法预订到当日门票。后经人介绍在宾馆里找到一家"特殊机构"，只要在此包车就可以顺利拿到当日门票。最终，她为了赶在当日游玩，一家三口无奈以800元的价格包了一辆车。

——线上线下一起"倒票"。旅游达人张瑶曾在淘宝上以低于市场价的价格，购买了一家景区的门票。但到出发前一天晚上，卖家突然称因人数不足无法出票。"虽然退款成功，但完全打乱了行程。"

旅游业内人士介绍，这些价格特别低廉的团队票，多是针对旅行社散客拼团形式，有人数最低限制，并且要求统一时间集中验票。但"黄牛"往往是将门票以低价先挂出去，如果购买量达到出团人数，游客便能顺利拿到票。可一旦人数不足，游客只能被退款。

一些在线旅游平台也成为低价"黄牛票"的重要来源。黄山旅游发展股份有限公司营销中心总监赵晖说，此前，为鼓励在线业务，景区曾对平台销售一张门票返利5元钱，但自2016年取消了返利。因为他们发现，一些电商和旅行社存在倒票的苗头。"他们将票倒卖出去流到线下，有的'黄牛'就在景区门口现场把门票卖给游客。我们卖230元，他们就卖225元，扰乱景区现场管理，也影响了景区价格公信度。"

专家建议完善门票预约制与实名制要双管齐下

目前，一些地方旅游部门和景区已经意识到"黄牛"门票对市场的扰乱，采取办法打击这种乱象。如黄山风景区加大现场管理力度，采取一个ID只能订购8张门票的方法，提升违规操作的难度。武汉园博会曾打击过20多批次的"黄牛党"，并处罚相关违规操作的旅行机构。目前，该园博会的所有门票都可以实现追溯，即根据门票信息便可了解门票来源。

中国社科院财经战略研究院副教授魏翔说，在加快建设国家公园等公益性景区背景下，景区"黄牛票"乱象将减弱公益性景区普惠制的福利效应，损害游客正当权益。

中国未来研究会旅游分会副会长刘思敏认为，涉及公共产品与公共利益的景区门票带有社会福利性质，决不允许有"黄牛"据此牟利；而对于完全市场化的景区门票，如迪士尼乐园门票，则需要根据供求关系变化来体现市场价值。

多位专家建议，加快完善门票预约制，并将实名制管理贯穿预约、现场查验等环节。这样既可以有效分流游客高峰，还可以堵住现行景区门票管理漏洞，让"黄牛"无机可乘，保障游客权益。

魏翔说，从一些发达国家的经营情况看，解决"黄牛"套利问题需要加强监管手段，在智慧景区建设过程中加快探索应用人脸识别、二维码等新技术，加强对门票流向与使用的监管；强化内部管理，避免出现内外勾结，完善规则制度防"黄牛"。

案例8中，记者亲身参与事件之中，对假期中各类景区的"黄牛"乱象进行了详尽展示。首先使用了横向对比的思维方法，将不同种类的"黄牛"现象进行了列举：一些景区的"黄牛"能够拿到低价真票，有的"黄牛"把价格炒高数倍获利，有的则还带着游客逃票然后强制消费，表现了黄牛乱象的严重性。然后在此基础上调查分析产生各种"黄牛"的原因：有的是钻了政策的空子，有的是黄牛联合分销商囤票炒高价格，有的是利用本地身份帮游客逃票并捆绑消费。通过对票源、交易环节的梳理发现，门票预约制、实名制的施行仍然存在诸多漏洞，对相关责任方监管不到位等都是造成这种乱象的原因。

记者针对不同情况，具体问题具体分析，从不同角度深入调查"黄牛"乱象的前因后果，使问题的探讨深入、立体，实现了发散和聚焦的统一。

三、动态思维

动态思维是一种运动的、具有调整性的、不断优化的思维活动，它根据事物不断变化的规律，对思维的切入点、方向和程序进行相应地改变，在变化中认识事物的本质。敏捷性和创造性是动态思维的特点。通过动态思维，我们可以在事物的变动中挖掘新闻。在网络新闻采写中，记者更需要灵活地运用动态思维，在事物的变化中寻找合适的切入点，写出更具新闻价值和具有生命力的报道。

动态思维具有以下特点。

（1）流动性。变动是动态思维的出发点。它是指在思维过程中，对思维进行动态性的调整与控制。因此，记者要善于运用动态思维来寻找合适的新闻角度，体现新鲜感与新闻价值。

（2）择优性。动态思维能够创造最优方案，让记者通过事物的变化选取合适的报道角度，获得更优传播效果。

（3）建构性。动态思维在对环境变化的分析、反映过程中，也在建构着思维结构，以此扩大思维的空间，带来更加丰富、全面的报道。

（4）整体性。动态思维是一种整体性思维，以全面、系统的视角观察事物，实现多因素、多层次、多角度的全面考察。

【案例 9】

跨境电商税收新政今实施　你还会去海淘吗？[①]
2016 年 04 月 08 日　中国证券网

4 月 8 日起，我国将实施跨境电子商务零售进口税收政策，并同步调整行邮税政策，即跨境电子商务零售进口商品将不再按邮递物品征收行邮税，而是按货物征收关税和进口环节增值税、消费税。这意味着跨境电商开始告别"免税时代"。

---

① 中国证券网：http://www.cnstock.com/v_news/sns_yw/201604/3758029.htm。

税负有增有降

一直以来,我国对个人自用、合理数量的跨境电商零售进口商品在实际操作中都是按行邮税征税,大部分商品税率为10%,总体上低于国内销售的同类一般贸易进口货物和国产货物的税负。由此产生的税负不公等现象不仅对中国实体经济发展带来一定影响,还造成了税收流失等问题,各方对此十分关注。

3月24日,财政部、海关总署、国家税务总局联合发布《关于跨境电子商务零售进口税收政策的通知》,取消了50元免税额度,将现行的行邮税制改为按一般贸易中的增值税和消费税率的70%予以征收。而且对个人交易限额进行了规定,个人单次交易限额2000元,年度为20000元。并对之前分别为10%、20%、30%、50%的四档行邮税率,调整为15%、30%、60%三档。

苏宁云商相关人士表示,跨境电商新税收政策有利于规范跨境电商行业内的不正当竞争现象,提升国内平台商品品类的丰富度,拉开商品价格区间,对行业的长期、健康发展有积极的促进作用。此外,新税制实施后,跨境电商将更有效地刺激引导消费升级、拉动境外消费回流。

社科院财经战略研究院研究员蒋震也认为,此次税改将进一步完善税收制度,规范市场秩序。同时,激励国内企业在更加公平的环境中生产出质量更高的产品。

据一些机构测算,税收调整后,母婴、食品、保健品类税负会有所增加。而对于化妆品、电器类则因价格不同,税负有升有降。比如购买100元以上(2000元以下)的化妆品,新税32.9%的税额要比原来50%的行邮税低了17.1%,这就意味着国外单品价格相对较高的中高端品类将迎来较大降价空间。

"有些税负虽然比原来高,但是比一般贸易还是低一些,未来预计会趋同于一般贸易。"商务部研究院电子商务研究部副主任张莉说。

"正面清单"将发布

"税收新政发布明确了跨境电商政策长效机制的建立,也释放了一个信号,那就是国家的相关监管措施将越来越严格规范,此后还会陆续出台一系列与此相关配套的政策措施。"张莉说。

相比4月8日实施的税收新政,业界更为关注即将发布的《跨境电子商务零售进口商品清单》。据悉,这个清单是税收新政的配套政策,将对税改内容作补充和细化。

张莉认为,"正面清单"内容不会比一般贸易增加太多。预计清单内商品享受现有税制,清单之外也会走一般贸易途径。可以引导企业根据自己的需要来布局产品,进行策略调整,不是依赖低价策略,而是从技术、细分市场等方面去发展自己的优势,从而避免产品出现同质化。

此前,洋码头创始人曾碧波曾向媒体透露,已经收到相关部门提供的正面清单初稿,该正面清单初稿内包含了跨境电商已有的绝大部分商品,所以并不存在税改前能跨境进口但税改后不能跨境进口的商品,对跨境电商企业影响并不大。

案例9中介绍了跨境电商税收新政的颁布实施,在当前互联网经济,尤其是网络购物活动空前繁荣的时期,跨境电商税收政策的变化与普通百姓生活息息相关。跨境电商"免税时代"的终结,必然会影响海淘商品的价格。因此,海淘用户可能会认为海淘商品价格将会全线上涨,海淘将会愈发困难。记者在标题中提问"你还会去海淘吗?",就体现了对用户这一反应的考虑。记者从这里切入,回应用户最关心的问题,表明税负有增有降,海淘市场将会越来越规范。

记者的写作运用动态思维,联系新政出台前后的变化,在事物动态发展的介绍中,充分把握用户、市场、海淘电商等多方利益关系,及时回应关切。

四、换位思维

换位思维指两个或两个以上的思维主体在思考问题时,有意识地站在对方立场来思考问题的一种思维形式。在网络新闻采写过程中,记者要有换位思维意识,善于站在群众的角度来想问题,以人为本,多报道群众的心里话,这样才能写出具有新闻价值和人情味的报道,加强新闻传播效果,也促进社会问题的解决。

【案例10】

孕妇卡护栏身亡:设计不安全公共设施成隐形杀手[①]

2016年03月31日 腾讯网

导语:3月28日下午,陕西榆林米脂县一名女子双腿跪地、脖子卡在路边防护栏的视频在网络流传,警方确认孕妇当场死亡。虽然具体死因需尸检后进一步确定,但从网络流传的监控视频和媒体采集的信息来看,酿成这起一尸三命惨剧的元凶(该女子身怀8个月双胞胎),可能就是我们生活中最常见的护栏。

护栏间隔缝隙过窄,可能是导致这起悲剧的直接原因

这起悲剧究竟怎么发生的?陕西榆林米脂县警方调取现场周边监控视频还原了事发经过:3月28日下午1时许,在米脂县富泰百货对面,这位孕妇自南向北正常步行,可能一时身体不适,便将胳膊搭在马路一旁护栏上歇息,1时13分该孕妇突然失去意识,两只胳膊迅速下垂、脖子被卡在护栏的缝隙中,双腿跪地。视频还显示,虽有多位路人上前试图拉开护栏救人,遗憾的是并未挽救成

---

① 腾讯网:http://view.news.qq.com/original/intouchtoday/n3481.html。

功。根据新京报的报道，该孕妇在120急救人员赶到时，已没有生命体征。

孕妇为何突然昏迷，由于未进行尸检，不能从医理上得出结论。根据事发地视频监控录像，当地警方初步将此案定性为意外事件，而护栏间隔缝隙过窄，无疑是导致这起意外的直接原因。根据华商报报道，死者家属已就此向当地政府提出异议。

事发护栏间隔缝隙有多窄呢？华商报记者实地测量，发现缝隙宽为8厘米。这是什么概念？成人脖子的直径约9—10厘米，身高超过130厘米的儿童脖子直径6—7厘米。这样的间隔缝隙，加之顶部呈圆弧形，与下面的条状缝隙形成上宽下窄的漏斗形构造。人趴在上面休息时，一不小心颈部就可能滑入其中，若没有专业手段和急救措施，则难以脱身，很容易窒息而亡。

事实上，由于设计存在隐患，"护栏夺命"事故屡屡发生

所谓护栏，本是为公众阻止和降低车祸危害的，为何屡屡变成夺命凶器？

这就要从护栏的规范标准说起。我国护栏主要分两大类，一类是防撞护栏，主要在高速公路上使用，对机动车具有一定的防护作用。这一块护栏有国家标准。另一类是隔离护栏，主要在车行道和人行道上使用，不具备防撞性能，对于这一类护栏，国家虽然对材质有要求，但具体如何设计、规格并无统一标准。各地规范同样缺失。如北京2012年公布的《公路护栏设置规范》（曾获北京公路学会科学技术二等奖），同样没有对隔离护栏缝隙提出明确标准。

由于没有统一标准，因此隔离样式和规格五花八门，通常厂家销售护栏的规格只公布包括高度、材质、单根护栏的直径等数据。至于缝隙间隔规格，则是按照用户需求而定的。

由于设计问题危害公众安全的公共设施，不仅仅只有护栏

从公众聚集场所疏散走道说起。上海外滩发生"拥挤踩踏"事件，36条年轻生命陨落。事件发生后，有很多关于悲剧为何发生的反思，比如信息发布存在问题、政府人潮管理措施不足、个人公共安全教育缺失等等，不一而足。但上海外滩陈毅广场台阶式设计的因素却被忽略，这样的广场设计正是造成群体性挤踏事件的重要原因。人流拥挤时使用台阶不仅会降低人群行进的速度，而且会因为某个个体减速或摔倒引发"多米诺骨牌"效应。2004年北京密云挤踏事故、1991年山西太原踩踏事故，还有国内一些火灾事故的伤亡，很大程度上是由于逃生通道不畅引发的人员踩踏、滞留。这就要求在设计公共场所时要对这些重点区域进行科学规划，特别要避免"瓶颈"。

再看我们身边经常发生的夺命电梯事故，当然一部分是由于电梯老化或者检修不到位导致的，而另外一部分则是源于电梯自身设计缺陷，如2015年7月荆州沙市电梯吞人事故，事后调查组确认事发电梯的盖板结构设计不合理，容易松动和翘起。而这个安全防护措施考虑的不足最终导致悲剧发生。

此外，还有交通信号灯设计不合理致交通事故，公共环境中没有任何装饰和标示的玻璃门容易让人产生错觉而误撞等等。这些事故的发生原本可以在设计之初就可以避免的。

多少生命代价，才能换来公共设施设计安全标准制定？

今日话题曾普及过消费品安全的概念，简单来说，就是要保障消费品的安全，除了打击假冒伪劣，更要注意很多产品会因为本身的设计问题而存在安全隐患。因此，产品的设计，必须要保证产品不会给使用者的人身安全带来危害。

这当然也适用于公共设施，而且对于面向所有人开放的公共设施，要求更严苛。拿护栏为例，虽然一般人不会拿脑袋来护栏上玩，但是总有老弱病残幼，想倚靠休息一下，或是小孩调皮，或是大人不慎摔倒，极有可能把脖子卡在这个地方，市政交通部门应该主动考虑到这种情况，对护栏设计另作要求。

这里介绍德国的公共交通设施设计，为打造德国城市交通的安全性，德国政府事先把人的安全和便利放到一个更加重要的程度，把安全风险和意外事件的发生概率预设到"最大"。比如，在一些行人经常通过的路口，采用控制车辆通行速度的弯道或设置障碍物，消除车辆驾驶员视线遮挡物（如树木、公共设施等），甚至有时适度抬高过街人行道板，总之用尽一切可能的手段，保护行人安全。

通过德国的案例，我们不难发现，对于公共设施，强调安全，不光是质量安全，更应该有设计的安全，否则一个设计不科学的栏杆，质量越是牢靠，可能意味着越无法及时切割，反而更要人命。当然，护栏的合理性是单一的安全问题，德国路口的设计已经上升到"系统性保障安全"的角度。然而，在我国的公共设施建设中，这样的安全意识是普遍缺失的。最大的体现就是缺乏合理可靠的标准，让人们无章可依。这一课，必须得补起来。

多向思维、发散思维、动态思维和换位思维是互联网时代下新闻记者需要运用与掌握的重要能力。只有具备这些创造性思维能力，才能在互联网时代的激烈竞争中处于不败之地，才能使新闻报道具备深度、广度、特色与人情味。

但在四大思维的运用上，不能脱离一个基本核心——新闻事实，同时也要注意强调新闻价值，表现新闻效果，做到"立于新闻事实但超于新闻事实"。通过记者的多维透视，表现不同的侧面与不同的层次视角，全方位地、灵活地运用创造性思维，达到新闻作品的"新鲜"、"客观"、"贴近"等目的，这是创造性思维的根本落脚点和归宿。如果不遵守新闻事实，不遵循新闻规律，仅靠主观想象，有再丰富的创造力也是毫无意义的。

信息化背景下，媒体之间的竞争从"抢新闻"逐渐过渡到了"找角度"。因此，在对新闻进行策划、选材和立意时，新闻角度所发挥的作用将会越来越突出。好的角度会提升新闻价值，引起社会反响，增强新闻的独家性，选准新闻角度的重要性不言而喻。

值得注意的是，在互联网背景下，信息快速更新与海量积累的特性，对新闻采编人员也提出了更高的要求，在网络新闻写作时，要善于突破传统的写作思维，对创新性思维进行熟练掌握与灵活运用，培养自身的表达力、行动力、创造力、思辨力、策划力与学习力。通过持续的探索与完善自身，提升互联网时代全媒体采写能力，实现自我竞争力的不断飞跃。

思 考 题

（1）举例说明应如何运用不同的新闻角度提升媒体的竞争力。
（2）简述选好新闻角度的重要意义。
（3）如何有效选择新闻角度？
（4）互联网思维是什么？应当如何培养互联网思维？

第九章 融合新闻写作的类型创新
——滚动和图片新闻

传统媒体是网络媒体新闻的主要转载来源，在转载过程中网络媒体会沿袭传统媒体的体裁、内容等。但网络媒体通过对网络新闻传播规律的探索和把握，在实践中也呈现出自身独特的传播特点和报道方法：快速、及时、海量、多媒体。其中，滚动新闻和图片新闻是较为常见的网络新闻呈现方式。

第一节 滚动新闻

一、滚动新闻的定义与分类

滚动新闻是利用动态滚动条，使得最新、最近的新闻动态能够以滚动的形式呈现与发布。它体现了网络新闻的时效性，被视为新闻网站快速处理突发新闻的首选方式。滚动新闻使得新闻能够伴随互联网一起"动"，对保持新闻的新鲜与信息量大有裨益。常见的滚动新闻可以分为以下类别。

（一）常态滚动新闻

将常态报道以滚动的形式呈现与发布。当网站将大量篇幅让位给重要新闻时，滚动新闻为只具有一般价值的新闻提供发布的位置。滚动新闻在网页中占据的位置较少，多条新闻以滚动条的形式在页面呈现。将不同新闻事件以滚动新闻的形式进行发布，能够在保证信息时效性的同时，提高单位页面区域的利用率。

新闻网站的编辑按照一定的选稿标准，从网络新闻发布系统中筛选出有价值的新闻，以逐条滚屏的方式呈现出来。滚动新闻的制作十分考验编辑在有限时间内选稿把关和处理稿件的能力。在选择时要考虑真实性、时效性、显著性、地域性等，然后根据一定的标准对新闻稿件的标题和内容做出修改和加工。滚动新闻发布快速且及时，对新闻编辑的综合能力提出了更高的要求。在常态滚动新闻制作过程中，网络编辑要时刻警惕虚假信息的入侵，在追求滚动新闻时效性的同时要加强对信息的把关，从传播源头消除虚假新闻。

(二) 突发事件滚动新闻

重大突发事件发生后，网络媒体会不间断地进行滚动报道，这与以往传统媒体在新闻事件结束后才发出消息的报道方式不同。对于突发事件的报道，网络媒体在时效性上占据了很大的优势，网络编辑能够在事发第一时间进行编辑报道，而滚动新闻借助其滚动形式能够动态地展现事件的发展进程并及时进行报道更新。

网络媒体可以随时更新发布事件的最新动态，将无序、散乱的内容整合成能够反映新闻事态进展的滚动新闻。报道突发新闻事件非常考验记者现场取材、实地编辑的能力。因为记者必须在突发事件现场快速搜寻具有新闻价值的新闻素材，并运用相关设备记录下现场资料，同时迅速编辑滚动新闻的标题和内容。

突发事件对新闻记者和报道设备的要求较高，同时需要媒体平台提供大量的媒介资源，推广突发性新闻事件的报道，让滚动新闻信息更迅速、更全面地传达给受众。一般情况下，较大型的报业或传媒集团都具备多种媒介传播的能力和渠道优势，能够在新闻事实出现的第一时间进行快速滚动播报。例如，广州日报报业集团在2007年成立了全国第一家报纸滚动新闻部门，这一新成立的部门以《广州日报》下属的大洋网为平台，针对重大、突发新闻进行采编。

二、滚动新闻的作用

(一) 全时性发布，全时性知晓

滚动新闻的发布突破了时空的制约。一般的网络新闻会因为新闻价值的大小和网站的需要而随时被替换，编辑能够根据实际情况随时随地发布新闻，读者却可能因为新闻位置的不断更新而错过重要内容。因此，一般的网络新闻做到了全时性发布，而用户对于新闻信息却不能做到全时性知晓。滚动新闻则会在网页上保留一定的时间和相对稳定的位置，用户能够轻松地通过滚动新闻来获取具有一定时间跨度的新闻信息。

(二) 新闻量大、单位页面承载新闻条数多

相同面积的滚动新闻区能够容纳比固定新闻区多出2~3倍的新闻，再加上滚动新闻的更新频率高，能够传递更多的信息。滚动新闻单位面积传达的信息量远远大于普通网页新闻，这既达到了网络媒体平台传播更多新闻信息、丰富页面内容的目的，也满足了用户快捷获取新闻报道的需求。

(三)跳动性,第一时间吸引受众

滚动新闻一般采用自下而上以及自左而右的跳动性方式滚动。相对于普通固定位置新闻,跳动式的滚动方式在视觉上更容易引起用户的注意,在第一时间吸引到受众。与文字直播、实时新闻这类同样在第一时间报道事实的新闻形式不同的是,滚动新闻还可以是针对不同新闻事件的报道。在同一区域,滚动新闻提供了不同的新闻报道,一方面能为同一用户群体提供多样化的新闻内容,另一方面通过对新闻主题进行精心编排,能够达到快速吸引不同领域、不同层次的受众的目的。

三、滚动新闻的特点

(一)短

滚动新闻的篇幅要短,用几句话概括新闻事件的主要内容即可,重点是要吸引受众的眼球,让受众主动查看滚动新闻的具体内容。滚动新闻在短时间内就会动态滚动,留给受众反应和思考的时间很短。内容复杂、篇幅过长的新闻在短时间内难以被理解;要素清晰、篇幅精简的新闻能够在短时间交代清楚事件的主体内容,快速抓住用户的注意力。虽然滚动新闻不追求展现新闻的"5W",但也需要将新闻事实交代清楚,对于一时不能完整表述的,要持续追踪、随时更新。在报道中应当对事件现场的情况进行简单描述,并运用部分文字为后续报道埋下伏笔。在后续的报道中,需要针对之前报道中不清晰的事件细节进行深入报道,提供更多的新闻信息,全面立体地展现新闻事实。比如下面这条滚动新闻:

广州日报滚动新闻部报道 2007年6月15日上午5时许,广东,325国道九江大桥被一艘运输船撞击桥墩,造成200多米桥面坍塌,现事故正在处理中。

该新闻仅用短短52个字就描述清楚了事件发生的时间、地点和简要情况,并为后续报道埋下了伏笔。

(二)平

滚动新闻的编写要平实,把握住新闻的核心事实,用简洁、白描式语言直奔主题,介绍新闻现场的所见所闻。与一般的新闻不同,精雕细琢的文字反而会降低滚动新闻的质量,加大滚动新闻的理解难度。平实质朴的语言在充分展现新闻要素、快速吸引受众注意力等方面能够发挥更大的作用。滚动新闻是在一种快节奏状态下写作的,它并不是孤立的。平实的写作语言与滚动新闻快节奏的发布状态是相适应的。快节奏的发布状态难以追求新闻内容的语言优美、辞藻丰富,而新闻编辑在快节奏的状态下能更轻松地使用简洁明快的语言，生产高水平、高质量的新闻内容。以下还是关于"广东九江大桥坍塌"的滚动报道：

12点45分消息　大洋网记者林锐鹏赶赴现场后找到第一位报料的关先生，他称当时他们从开平出发，运货行经九江大桥时，看到前面有车调头，便立即拨打110报警。5点29分，海事局派出救援小组赶往事故现场。据记者了解，受轻伤的两名伤者是运砂船的船员。

（三）快

滚动新闻的现场记者应当形成"获取新闻线索－处理新闻素材－发布新闻内容"的高效工作方式。快节奏的工作方式来源于滚动新闻对时效性的高要求。特别是在报道突发事件时，先于其他平台发布事件的最新进展，能快速吸引受众的注意力。因此，滚动新闻要求新闻现场记者与后方编辑快速连线对接。这就要求滚动新闻的记者尽量带齐采访设备，如智能手机、iPad、录音笔、即拍即传相机、摄像机等，或者携带功能齐全且兼容性较高的设备，在最短的时间内，将新闻以口述、文字、图片、视频等形式发布到网络媒体上。记者在现场报道时要充分结合现场的情况，选择合适的采访设备，尽可能获取丰富的现场素材，尽快处理并上传新闻报道。在事发现场网络通信条件差、难以实现现场发布的情况下，记者应该利用手机与编辑联系，及时将现场情况传递出去，让编辑完成新闻内容的发布。2010年全国两会报道中，很多媒体记者在人民大会堂现场用手机上传内容到微博，三言两语就将在会场直击的场景或花絮快速发布出去。《广州日报》在关于"广东九江大桥坍塌"的滚动报道中，从事件发生到通过大洋网发出新闻只有几个小时，而赶到现场的记者在短短一个小时之内发回了4条消息，最短的时间间隔只有7分钟。

（四）精

滚动新闻要写清楚事件发生的时间、地点和背景。时间能反映出新闻的更新情况，可以精确到分、秒；地点可以告知读者新闻发生的地理位置，精确到街道、路段。尤其在报道突发性或重大事件时，滚动新闻需要提供精确的时间、地点和背景。含混的信息会导致读者难以清晰地了解事件进程，增加受众接收信息的难度；精准的信息结合滚动新闻动态播放的特点，能让读者快速捕捉新闻要素，短时间内了解新闻事态的发展进程。滚动新闻一般可以在短时间内持续更新，以精确的事件要素全面地呈现新闻事件。在提供精准的新闻报道时，编辑需要挑选核心的事件要素，删除次要的要素，避免滚动新闻内容琐碎化、降低受众阅读兴趣等。

例如，2009年7月19日中国新闻网上的几条滚动新闻：

1：29　汶川地震致水土流失经济损失逾500亿元
2：25　部分汶川地震幸存者大脑区域功能失常
2：51　四川农房地震灾后重建年底将全部完成
11：01　图文：防化兵们在废墟之中穿行

（五）报道形式多样

滚动新闻大多采用多媒体的报道形式。多媒体报道形式包括文字、图片、音频、视频以及动画等形式。不同的报道形式拥有不同的优势。图片和视频可以刺激受众的视觉感官，传达更多信息；音频能刺激受众听觉，增强临场感；动画可以增添新闻报道的趣味性。随着网站经济实力的增强，采访设备的更新完善，过去那些不便于运用文字进行报道的新闻事件，可以用图片或者视频辅助播报。滚动新闻可以综合利用不同的多媒体，提升新闻播报的整体效果，为受众提供全面立体的新闻报道。

四、滚动新闻记者的要求

滚动新闻记者可谓全能，要独立完成集合图文、音视频的新闻采写和编播。滚动新闻记者在外采访作业时的必要装备如下。

① 数码相机。

图片的形象感和视觉冲击力更能吸引受众眼球、打动人心。记者能够通过相机定格事发现场的真实画面，捕捉精彩的历史时刻，通过图片向受众传达文字内容难以传达的细节信息，让受众了解事发现场的真实境况。

② 数码摄像机。

滚动新闻记者用摄像机拍下现场情况并即时上传，以视频新闻的方式将新闻事件展现在受众面前，让事实说话。受众仿佛置身新闻现场了解事情进展。需要注意的是，数码摄像机容量有限，滚动记者应当尽量捕捉现场的重要时段并及时在电脑上备份。

③ 笔记本电脑。

率先发声、抢占头条是获得更高关注和阅读量的关键。在一些突发事件或重大事件的报道中，滚动新闻记者可以用笔记本电脑在现场实时写稿，发布信息，更新动态。这就实现了零距离、无时差的新闻现场同步。笔记本电脑对使用环境尤其是网络环境有较高的要求，因此滚动新闻记者应当根据现场情况，尽量选择合适的场所及时进行新闻内容的编辑及发布。

④ 手机。

手机兼具录音、拍照、视频等功能，还可以在断网的紧急情况下与后方编辑进行电话交流，将采访到的内容传达给编辑记录下来，随后整理发布。因此，滚动新闻编辑在现场时应当保持手机时刻处于开机状态，与后方编辑保持随时联系状态，做到第一时间报道现场情况，抢占新闻头条。

总而言之，滚动新闻永远是现在进行时，滚动新闻记者永远在路上。

第二节 图片新闻

图片新闻能够直观、生动、真实地反映新闻事实的发生与发展，在网络新闻报道中的重要性越来越明显。图片新闻借助互联网平台，以图片为主要载体，向读者传播新闻信息。图片新闻具有信息含量大、视觉冲击力强等优点，因此备受网民青睐，使得网络新闻阅读进入"读图时代"。

一、图片新闻的定义

图片新闻是将单幅、多幅、静态和动态的图片配以简要文字说明来进行报道的新闻形式。图片新闻一般由标题、图片和文字说明三部分组成。标题简要说明图片的主要内容，揭示图片的意义，起到画龙点睛的作用。好的标题不仅能够点明图片亮点、深化图片立意，而且能够瞬间抓住用户眼球，吸引用户持续阅读。

图片是图片新闻的主体内容。在图片新闻中，传递新闻信息、展现新闻要素、体现新闻价值的功能全部要由图片来实现。可以说，采集到成功的图片素材，图片新闻的制作就完成了一半。优秀的图片应当不仅能实现基本的表情达意，而且能够瞬间吸引用户，产生令人震撼的视觉力量。

对于图片新闻来说，文字说明也有其存在的重要意义。在图片新闻中，文字说明一般被当作新闻事实的过程、背景、意义和内容的交代工具。字数一般在百余字，力求简洁但需具备完整的意义。图片新闻虽然以图片为主，但简洁明晰的文字说明能够在提供事件背景、延伸图片内容、刻画图片细节等方面提供丰富的新闻信息，提高图片新闻的整体质量，帮助读者对图片新闻进行深入解读。

二、图片新闻的分类

根据表现形式的不同，图片新闻可以划分为新闻照片、新闻漫画、新闻图示和新闻图饰四类。

（一）新闻照片

新闻照片是对具有新闻价值的人、物、景的拍摄，是展现新闻事件发生瞬间以传递新闻信息的一种影像。

按照不同的标准，可以把新闻照片分为不同的类型。

新闻照片按照拍摄内容的性质可以划分成事件与非事件的新闻照片。通常，事件新闻照片以新闻事件中的人物或事件为拍摄对象。事件新闻照片主要包括可预知新闻照片和突发性新闻照片。可预知新闻照片是指事先知晓事件发生的时间、地点、内容、采访对象，有组织、有计划、有安排地拍摄的新闻照片。突发性新闻照片是指在不可预知的情况下拍摄突然发生的新闻事件的照片。非事件新闻照片对一段时间或若干空间内发生的情况做概括性或阶段性反映。

新闻照片根据照片的表现形式可以分为静态照片、动态照片以及当下流行的360度全景照片。静态照片可以捕捉事件现场的重要时刻，定格精彩瞬间；动态照片多通过静态照片叠加制作而成，能够展现一段时间内事件的发展进程；360度全景照片能够体现更多的现场信息，加强用户的临场感。

不同类型的新闻事件在拍摄图片时有不同的拍摄手法和注意事项。会议新闻照片是一种典型的新闻照片，一般以全景拍摄为主，以横幅等典型标志的特写来突出重要信息，还要兼顾领导发言和听众表情。要尽量多拍几张以留备份，构图上要留有余地以供后期剪裁。体育新闻照片作为另一种典型的新闻照片，和会议新闻照片拍摄方式及编辑方式存在较大差别。体育新闻照片以特写为主，通过抓拍运动员的肢体动作及面部表情来反映运动员的临场心态。在体育赛事现场，新闻摄影记者需要全神贯注地进行多角度拍摄，避免错过重要的精彩时刻。

（二）新闻漫画

著名漫画家华君武曾说过："配合新闻同时发表的才算是新闻漫画。"漫画理论家张耀宁也曾谈道："新闻漫画的基本含义即用漫画的形式报道新闻和评论新闻。"刘一丁先生认为："新闻漫画是一种在报刊、电视等特定新闻报道载体上，运用夸张和幽默的造型语言专门报道或评议国内外新近发生的时事、社会问题的绘画。"随着网络评论频道的发展，网络新闻漫画专栏这一新兴的网络编辑形式逐渐兴起。网络新闻漫画开辟了崭新的网络新闻创作领域。网络新闻漫画所具有的评论性、艺术性、趣味性让网络新闻更显生动诙谐，更易引发读者共鸣。因此，许多新闻网站都在积极建设自身频道的漫画新闻专栏。例如，人民网"观点"频道的"漫画也是生产力"专栏，以及红网"红辣椒"频道的"幽默一刀"专栏等。新闻漫画的特点可以总结为以下四条。

(1) 标题简短有力，往往为四五个字。新闻漫画的标题尤为重要，因为读者对新闻漫画的解读方向往往由标题所传递的信息来决定。标题必须通过短短的四五个字来突出新闻漫画所传递的主体内容与观点。

(2) 海量生产。网络新闻漫画追求海量生产，是与网络新闻读者的需求相适应的。网络新闻读者来自不同的领域、不同的阶层，对网络新闻漫画也有着不同的兴趣取向。在这种情况下，有意识地、快速地生产不同风格、不同方向的新闻漫画才能吸引更广泛的网络新闻读者。例如，人民网"观点"频道的"漫画也是生产力"专栏，从2010年2月11日至2011年2月10日一年间就刊发了193条新闻漫画作品；中国经济网"看图说话"专栏每天坚持更新两条新闻漫画。

(3) 注重原创图片。互联网信息传播速度很快，高质量的网络新闻漫画往往在短时间内就会被多个平台报道转载。在新闻漫画趋向同质化的情况下，专注于打造原创漫画图片栏目，在吸引大量用户方面相较其他平台具有优势。

(4) 注重互动版块。充分利用互联网的强互动性提高网络新闻漫画的制作水平。网络新闻漫画一经发布，用户马上就能通过网络平台对漫画的内容和主题进行探讨，提出增强漫画表现力和深化漫画主旨的建议。例如，"漫画也是生产力"的一个子栏目"我对栏目说两句"，从用户视角思考问题，及时吸收用户的反馈意见，与用户形成了良好的互动状态。

总体而言，新闻漫画目前在报道社会热点事件方面发挥了重要的作用，漫画的夸张表现手法和幽默诙谐的风格，为图片新闻增添了更多趣味性，促进了图片新闻的发展。漫画领域专业人士应当积极加入新闻漫画的创作队列，学习新闻漫画的创作技巧，促使新闻漫画朝着良性的方向不断发展。

(三) 新闻图示

学界对新闻图示还没有明确的界定。新闻图示一般配合文字使用，将文字中较抽象或难以表述的内容以统计图表、示意图或地图等形式传递给读者。

按照是否能够独立报道新闻为标准，新闻图示可以划分为插图新闻图表和图表新闻两类。插图新闻图表不具有独立报道新闻的功能，它是对新闻中的某一个或某几个要素的形象化展示，展示时须与文字新闻相互配合。与此相区别的是，图表新闻具备独立报道新闻的功能。图表的类型包括饼状图、直方图、折线图、流程图等多种形式。图表新闻既可以独立向受众传递完整的新闻信息，也可以添加少量文字说明来完善图表内容信息或注释图表中的信息。图表新闻能够快速、简洁、一目了然地传递出新闻的核心信息，展现事物之间的逻辑关系。

新闻图示在传播上具有一定的独特意义：首先，新闻图示能够有效传达事物的主要内容，通过多种图片编辑手段让读者第一眼就捕捉到最核心的信息，了解到新闻中最重要的内容；其次，新闻图示能够高度概括新闻中的主要信息，简化、浓缩、提炼出复杂事物的特征，同时通过图示流程能有效地展现出新闻事件的逻辑关系；最后，新闻图示具有较强的叙事功能，能够通过图表将抽象的数字具体化，让事件动态化，真正做到"图中有话"。

相较于传统的新闻图示，网络新闻图示借助互联网视觉设计技术，如 HTML 网页设计等，制作出视觉效果好、种类丰富且具有互动性的新闻图示。随着数据新闻的崛起，网络图示新闻的应用越来越广泛，常常与大数据技术结合起来，在数据可视化领域发挥了重要作用。在数据新闻蓬勃发展的大背景下，各大新闻网站都在积极推动着图示新闻的发展。

（四）新闻图饰

不同于新闻图示，新闻图饰不传递任何新闻信息。它一般是用美术图案点缀、装饰标题、栏题以及版面的其他部位，使整个版面更加美观。新闻图饰相较于其他类型新闻图片，具有较低的信息传递作用。然而它在优化网页版面、区隔不同板块、装饰新闻文章等方面的作用也不容忽视。

三、图片新闻的传播优势

（一）诠释力强

图片能够形象传达新闻的内容和意义，适合各个层次和年龄的读者。相较于文字报道，图片在传播新闻信息方面有独特的优势，能够有效地刺激读者的视觉神经。图片生动形象、一目了然，提高了新闻内容的直观度，便于读者进行快速解读。赫尔马斯·根舍姆1962年就曾写道："摄影是世界各地都能够理解的唯一'语言'。"我国著名报人戈公振也提出："图画为新闻之最真实者，不待思考研究，能直接印入脑筋，而引起其爱美之感，且无老幼、无中外，均能一目了然，无文字深浅、程度高下之障碍。"揭示了图片新闻通俗、易读的特点。图片新闻直观易读的特点在扩大读者群体方面也发挥了重要作用。以文字为主的新闻报道对读者的受教育水平及文字素养有较高的要求，而且大篇幅的文字报道往往比较枯燥和乏味，让读者望而却步。图片新闻对读者来说有"望图知意"之便利，降低了对读者群体阅读水平的要求，极大地拓宽了读者群体的范围。

图片除了能直观地传达新闻信息外，还能充分发挥视觉感知的优势，给读者带来意想不到的阅读体验。图片真切、生动，产生的强烈视觉冲击能够给读者巨大的心灵震撼。新闻编辑人员在拍摄图片时，借助特定的拍摄手法和构图技巧，能够突出事件中的亮点，达到"用画面讲故事"的效果。特别是在战争、火灾、地震、洪涝等重大新闻事件的报道上，图片新闻能够表现出其特有的魅力。

【案例1】

来自凤凰网的一则图片新闻：1月28日下午，广州市荔湾区一地铁施工工地旁发生地面坍塌，路边危房和商铺直接陷落下去，有5家店铺倒塌。当晚9时许，地陷现场再次发生塌陷。

【案例2】

1月13日，云南省昭通市镇雄县发生山体滑坡导致46人遇难。一处被摧毁的房屋内4名小孩中仅有1名存活。

（二）现场感强

图片新闻将新闻现场稍纵即逝的场景定格，将新闻形象地展现出来，有效补充了文字新闻无法传达的内容。为读者打造一种历历在目、身临其境的现场感一直是新闻报道追求的目标。文字报道经常通过大量的细节描写来增加报道的现场感，但依旧很难真正地再现场景。图片新闻却能向读者直接展示事件场景，无偏差地反映现场细节。优秀的图片新闻能够定格历史时刻，完美还原现场气氛，为读者展现最真实的新闻事件现场。例如，1998年1月21日《人民日报》刊登了一幅《翻译误译 引出笑声》的照片。

【案例3】

1988年1月20日邓小平会见挪威首相布伦兰特夫人时，邓小平同志对客人说："我今年84岁，该退休了。"翻译把84岁误翻成了48岁，会客大厅里立即响起了爽朗的笑声。新华社记者按下快门，记录下了这一刻。

新闻记者在新闻事件现场时，需要保持高度的警觉并时刻关注具有价值的场景或画面，随时准备捕捉精彩瞬间。新闻记者应当具有冷静思考的能力和较高的摄影水平，即使处在混乱嘈杂的现场，也能快速锁定拍摄对象并运用合适的摄影手法来体现拍摄对象的特点，深度挖掘新闻事件的价值。真正有生命力的照片就是抓拍下来的新闻事件的精彩瞬间。这要求新闻记者具备一定的新闻敏感性和思想水平。

四、图片新闻的特点

（一）快

网络时代，新闻的发布追求时效性。在互联网时代，信息的传播速度与传统媒体时代不可同日而语，每一分、每一秒都产生着巨大的变化。因此，对网络新闻来说，在素材的采集、内容的编辑和发布等各个生产环节都必须追求时效性，图片新闻也不例外。采访设备的更新换代、传输技术的逐步升级使得临场生产、编辑、发布图片新闻成为现实。先进的智能数码拍摄设备有助于迅速捕捉并及时发布新闻信息。随着5G、人工智能图片处理等技术进入市场，以及摄影设备的升级迭代，图片新闻将进入一个高速发展的"快车道"。比如无人机、自动摄像机等摄影设备，将帮助新闻记者更方便、更准确地锁定新闻目标；AI技术将自动对图片素材进行预处理，节省记者挑选、编辑图片的时间；5G技术将提升图片传输速度，图片新闻的时效性将得到进一步提升。随着更多新技术进入图片新闻制作环节，各大网络平台关于图片新闻发布的速度之争也会愈演愈烈。

例如，2008年奥运会，新华社采用带传输功能的专业相机将赛场的新闻照片进行"现场签发"。摄影记者在赛场拍完照片，通过专线系统传输给编辑，编辑将照片进行编辑后签发上网，有效保证了新闻照片的第一时间发布。中国第一张夺金照8月9日10：54：08签发，比路透社快1分19秒，比法新社快1分32秒，比美联社快5分15秒。

（二）表现形式多样

网络图片的表现形式多种多样，可以是单幅、多幅、拼图或者图集，也可以是静态单图、多图切换、360度全景图，还可以是纯图片、图文结合、Flash动图。不同图片的表现形式也会不同。例如，静态图片能够定格经典瞬间，锁定画面亮点，直观地向读者展示新闻事件中的要点；多图切换从多角度观察事件主体，让读者了解到更多细节；360度全景图展示了事物的全貌，较大限度地保留了场景的真实性。每种类型图片都有自身独特的风格和优势，新闻采编人员要结合新闻事件的特性选择不同的表现形式，对应的文字说明则不需过于复杂。只要图片新闻配上简单的文字说明表达清楚新闻事实即可。

（三）配合简要文字说明

图片新闻以图片为主体内容，但文字说明同样是图片新闻的重要组成部分。好的文字说明能够对图片新闻起到画龙点睛的作用。一般来说，文字说明可以包含以下几点。

① 事件过程。即新闻中的"5W"，这是图片中无法传达而必须用简要文字叙述出来的。文字说明需要和文字新闻相区别，突出与图片相关的信息。文字新闻中，"文字为主，图片为辅"，几乎所有的信息都通过文字传达给读者，图片只起到简单的补充作用；在图片新闻中则恰恰相反，图片难以传达的事件信息才交给文字来表达。因此，文字说明应与图片内容紧密相关，起到强化图片内容的作用。

② 背景说明。简要的文字说明，能够强化图片新闻的故事性。文字说明中添加关于背景信息的描述，有助于读者对图片内容进行解读。

③ 画面交代。画面交代分为两种。第一种是指代画面，指代画面是指对方位的提示，对画面内容中各个元素进行位置关系的简单描述，以提示读者画面中重要元素的方位关系，起到强调重要内容的作用；第二种是解释画面，解释画面是对画面中不易理解的事物进行说明。对画面中难以理解的内容进行解释能够帮助读者理解新闻信息，对画面细节的进一步解读能够深化新闻内容、强化新闻主旨。文字说明中的解释内容也不能过多，否则画蛇添足之嫌。

总体来说，图片新闻的文字说明应该做到"简洁但不简单"，既要简洁明了地传达出新闻要素，又要起到解释图片内容、强化图片表达效果的作用。

五、图片新闻的选图原则

编辑在选图的时候，首先看重的是图片的内容，其次是形式，如视觉效果、情感张力等。通过综合评价图片的内容和形式，图片新闻编辑可以选出具有新闻价值和传播价值的图片。理想的图片能让读者看到日常看不到的人或事，能把读者带到无法去的地方，激发读者的情感，影响读者对待事物的看法与态度，甚至还能在智力上对读者有所启发。

图片新闻的选图原则包括以下几点。

① 真实性。图片新闻反映的内容应该是真实、自然的，而不是摄影者伪造、摆拍的。编辑在处理图片时应当时刻注意图片新闻的真实性，不能因为个人价值取向或追求商业价值等原因，而故意对照片进行违背新闻事实的引导性剪裁。编辑要加强自身的专业素养，提升识假辨假的能力，在选择新闻图片时筛除存在作假可能性的图片。

② 价值性。图片新闻所呈现的新闻事实通常是最近发生的、显著的、具有趣味性的新闻事实。一般来讲，图片新闻要素具备得越多，则新闻的价值越高。同一张图片新闻对不同读者群体来说，具有不同的价值，因此在衡量图片新闻价值时，应充分考虑读者的信息需求及喜好偏向。图片新闻采编人员在编辑图片新闻时，应当尽可能综合评价图片的各项新闻要素并结合读者需求，选择新闻价值更高的图片，筛选掉新闻价值较低或者不具有新闻价值的图片。

③ 正面性。图片新闻反映的内容应当具有正面社会效果，避免副作用。相较于传统媒体，网络新闻借助互联网平台进行传播，能够在短时间内产生巨大的社会效应。因此网络编辑在挑选图片新闻时应该选择正面积极的素材，避免使用负面或争议性较大的图片。有一些照片虽然真实、具有震撼力，但也可能造成一些困扰和不良影响，甚至有时候会泄露国家机密。发布震撼人心但导向负面的新闻内容，在短时间能带来浏览量和点击量的提升，但对网络媒体的形象却可能造

成不可磨灭的影响，不利于网络媒体的长久发展。

④ 主题性。好的图片新闻应该突出新闻主体，使之成为图片本身的视觉中心，次要或无关的部分只能作为陪衬，在必要的情况下甚至可以"虚化"。在互联网时代，每张图片能占据的读者阅读时间和阅读专注程度极为有限，只有主体突出、鲜明的图片新闻才能抓住读者的眼球；画面内容混乱、元素冗杂的图片新闻只会让读者厌烦。即使画面主体不够突出，也应该在标题或文字说明部分中突出强调新闻主体。

第三节 滚动新闻与图片新闻的编辑

一、滚动新闻编辑

（一）滚动新闻编辑中存在的问题

1. 虚假信息，缺乏真实性

互联网带来庞大信息量的同时，也混杂着一些与事实不符的信息，尤其在网络传播管理和建设还不完善的当下，虚假信息随时可能侵入，新闻编辑稍有不慎就会助长虚假信息的扩散，造成制谣、传谣的行为，损害媒体的公信力。鉴别信息的真实性、识别虚假信息是对新闻编辑最基本的能力要求。

一个熟练的新闻编辑，应该形成获取新闻线索—甄别事实真伪—发出权威声音的高效工作模式。在生产新闻的每个环节中，新闻编辑都有可能受到虚假信息的影响，其中最容易混入虚假信息的就是获取新闻线索环节。在采集新闻线索的过程中记者会接触到当事人、知情人以及当地相关机构等多个信息源，每个信息源所提供的信息会有一定偏差，因此核实信息的真实性至关重要。在获知新闻信息后，第一时间与当事人、知悉者、当地相关机构联系以进行核实，准确把握口径，及时以滚动新闻的形式发布权威消息。在整理新闻素材、编辑新闻内容时，记者应当时刻保持注意力集中，避免出现因为个人疏忽或主观臆测扭曲了新闻事实的情况。这样可以保证新闻的真实性，同时也稳固了新闻媒体的权威地位。

2. 制谣传谣，缺乏导向性

媒体之间的竞争，不可避免地要抢先、抢快、抢头条。滚动新闻更是网络时代追求快速报道的典型。在求新求快的过程中，一些谣言也误登热门榜单，使新闻媒体因此失去了正确的宣传导向。一小部分的媒体平台为了抢占头条新闻、追求高点击量，甚至故意生产、发布含有虚假信息的新闻，造成了恶劣的社会影响。

坚持良性传播，避免制谣传谣，是新闻编辑必备的专业素养。网络信息的传播的高速度对新闻编辑识别谣言、避免制谣的能力提出了更高的要求。一方面，要了解谣言的基本特征，善于识别谣言以避免无意识地传播谣言；另一方面，应当端正网络新闻生产的态度，避免为了商业利益故意制造谣言，做一个有专业素养、有职业道德的新闻从业人员。李普曼在谈到"拟态现实"的概念时指出："新闻就像黑夜里的探照灯，只能把一个区域照亮，让我们注意到这个有限的区域内发生了什么，但其他部分却仍处在黑暗之中。"总之，被视为大众喉舌的新闻媒体，应该充分发挥正面引导的职能。在新闻生产过程中，新闻编辑应当始终坚持以新闻价值为导向，传播正面、积极、真实的新闻内容，致力于营造和谐美好的社会氛围。信息浪潮中，滚动新闻记者应当兼具发现新闻的见识、眼光和心胸、良知，避免偏颇。

3. 简单堆砌，缺乏延展性

目前，滚动新闻能够做到90％以上的内容更新率，然而信息量大、资讯杂乱，也造成了滚动新闻形式单一、特色不鲜明、有效性不强等问题。在网络时代，滚动新闻编辑致力于生产信息量大、时效性强的滚动新闻的同时，也应注意滚动新闻的内容质量。粗制滥造的滚动新闻内容不仅会使滚动新闻快速更新的优势无法体现，还会造成读者大量流失。而且，网络时代的信息共享使得"独家新闻"很难实现。这对新闻编辑提出了更高的要求——在新闻素材基本相同的情况下，如何在短时间内比其他平台更快地挖掘出优质的滚动新闻。因此，滚动新闻要将当天或近期的热点新闻，从不同角度发掘出新的内容，重新整合，立体解读，既要横向联播，又要纵向延展。不断挖掘事件报道的角度、创新新闻的报道形式，是拓宽滚动新闻延展性的关键。

（二）滚动新闻编辑的改进措施

1. 以新闻事实为基础，加强滚动新闻的真实性

真实性是新闻的基本属性，也是新闻报道的基本原则。它是指新闻报道必须如实反映客观事实的原貌。[①] 事实是新闻的本源，是新闻生命力和活力的重要来源。

滚动新闻一定要恪守新闻真实性的原则，将事实真相传递给受众。含有虚假信息的新闻完全不具有传播的价值，在传播的过程中会误导公众、造成不良的社

---

① 刘明华，徐泓，张征. 新闻写作教程［M］. 北京：中国人民大学出版社，2002.

会影响。因此，滚动新闻的编辑人员在新闻生产的各个环节中要时刻保持警惕，避免虚假信息混入新闻中。也就是说，新闻记者在追求全时性播报的同时，要确保构成新闻的基本要素、新闻中引用的各种资料，以及新闻中反映的事实环境、过程、细节、人物语言等都准确无误。滚动新闻记者应当时刻以新闻从业人员的职业道德和专业素养严格要求自我，不能为了吸引大众眼球、追求点击量和阅读量而故意生产、发布有违新闻事实的信息。

2. 做受众的喉舌，坚持正确的宣传导向

在我国，新闻媒体是党的喉舌，更是人民的喉舌。党的根本宗旨是为人民服务，党管辖下的新闻媒体也是为广大受众服务的。新闻媒体既要向人民大众传达党的政策和基本方针，也要积极关注人民的生活现状和思想动向，及时为人民群众排忧解难。在社会转型期，很多热点问题的解决尚未形成统一标准，这就需要新闻媒体担当起积极正确引导舆论的责任。新闻媒体应当在社会热点问题上主动借助互联网平台的优势，做好新闻媒体的正面宣传工作，丰富人民的精神文化世界。

我国传统媒体一贯坚持正面宣传为主，努力营造良性、乐观的社会氛围。互联网时代是一个"信息过剩而注意力稀缺"的时代。面对海量的互联网信息，个人能够接受的信息有限，因此网络媒体需要通过激烈的竞争来抢占受众的注意力，获取更高的点击量和阅读量。网络时代，一些网络新媒体为了吸引受众眼球，传递大量负面信息刺激受众感官，罔顾社会效益。这种做法或许会使收看率或点击量短期内增长，但无法长久稳固受众。

3. 服务受众生活工作，多领域报道新闻

要提高滚动新闻的点击量，增强滚动新闻的影响力，除了对重大突发新闻事件进行及时报道外，还要围绕受众的生活、工作等领域进行报道，以全时性的报道能力第一时间为受众提供优质的信息服务。滚动新闻可以从诸如劳动就业、医疗卫生、教育收费、食品安全等多个民生领域取材，充分关注受众生活中遇到的问题，提供建设性意见和解决问题的方法。

受众阅读新闻主要是为了满足信息性需求、求知性需求、趣味性需求和服务性需求等四方面，其中服务性需求与新闻的使用价值相对应。一个合格的新闻媒体应当根据受众的实际情况致力于满足上述需求。不管是传统媒体的新闻报道还是网络媒体的新闻报道，如果淡化了新闻信息的使用价值，久而久之就会引起受众的反感。随着反感情绪的逐渐积累，受众会选择其他能够提供和满足其服务性需求的新闻平台。因此，新闻媒体必须让受众体会到平台提供的新闻信息的使用价值。要让受众感到"实用"、"实惠"，新闻媒体就要牢固树立"生活服务"意识，以受众的切身利益为主，提供满足受众阅读需求的信息。

二、图片新闻编辑

（一）图片新闻编辑中存在的问题

1. 急功近利，追求"眼球经济"

图片产生的"眼球经济"是众多网站赖以生存的重要组成部分。图片新闻栏目普遍出现了泛娱乐化倾向，争相报道内容低俗、用词夸张、态度消极的新闻，以刺激受众感官，达到提高新闻浏览量的目的。一些网络编辑为了提高网站的点击率，经常会在图片中打法律的"擦边球"。但是，网站将低俗内容刊载在显著位置是非常不利于网站的长远发展的。网站提供大量的低俗化、娱乐化内容虽然能在短时间内快速提高新闻的浏览量和点击量，但从长远来看将不利于网站信息的良性循环，也将限制网站用户量长期、稳定、持续增长。同时，网站中的大量低俗内容会产生极其恶劣的社会影响，污染网络信息环境。从2009年起，我国七部门开始联合整治互联网低俗之风，并成立了专项行动，引起了社会的广泛关注。在外部监管的同时，网络平台也应当加强内部自查，多角度评判网络新闻的价值，不要一贯以浏览量和点击量为导向，避免新闻信息呈现低俗化趋势。

2. 故意制作虚假图片，误导受众

数码技术的发展使得如今的图片质量更加真实、高清，同时也使一些图片真假难辨。高超的编辑技术手段有时候完全可以以假乱真，迷惑大众，甚至专业人士都难辨图片真假。再加上编辑图片的标准不一，网络传播便捷，虚假图片有大行其道之势。网络媒体平台上的虚假照片虽然刺激了受众的眼球，提高了新闻的浏览量和点击量，但也造成了无可挽回的负面社会影响。虚假图片新闻一方面使新闻受众产生了错误的认知并伤害了受众的情感，另一方面导致了虚假信息在社会上大面积传播，浪费了大量的资源进行辟谣。例如，《广场鸽接种禽流感疫苗》的图片作为首届中国国际新闻摄影比赛（华赛）的获奖照片在网上发布后，被不少网友怀疑存在造假痕迹。华赛评委蒋铎最后出来道歉，承认自己没有看出照片系伪造。新闻图片摄影的专业人员尚且难以辨别图片的真假，更何况大众百姓。2007年在全国吵得沸沸扬扬的"华南虎事件"，更是虚假图片新闻的典型。陕西省安康市镇坪县文采村村民周正龙宣称自己拍到了华南虎的照片。而且，这一照片还得到了权威专家的认证。然而，照片引来了很多的质疑声，网友指出周正龙的"华南虎"来自年画。通过一年多的调查以及对虎照进行权威鉴定，终于证实华南虎照片为虚假照片。为此，国内五大图片网站联合发出《五大图片网站抵制虚假图片联合公告》，承诺坚决抵制虚假新闻图片，维护新闻摄影的真实性。一个不具备专业技能的普通百姓所制作的虚假图片就耗费了大量的人力、物力进行求证、鉴别。如果专业人士有心为之，图片的真伪就更加无从辨别了。2008年初，《大庆晚报》摄影记者刘为强拍摄的一张"几十只藏羚羊在飞驰的火车旁自由奔跑"的照片被多家报纸刊登，并且获得了CCTV年度十大新闻图片奖铜奖。该图片引起了网民的怀疑，最后证实该图片是刘为强利用图像处理软件Photoshop将两张图片拼接起来形成的，绝非真实的拍摄场景。事后刘为强被迫辞职，有关单位也公开致歉。

总之，虚假图片制作成本在不断降低，但辨别难度在不断增加。虚假图片一旦造成了广泛的社会影响就需要耗费大量的人力、物力去辨别。专业的媒体从业人员应加强自身职业道德建设，不做出主动制谣、传谣等违规行为。

3. 同质化与低劣化严重

在我国，部分商业及个人网站并不具备新闻采访权。只有少部分网站如人民网、新华网、中国网等新闻网站获得了网信办许可拥有新闻采访权，可以进行第一手新闻报道。非新闻单位设立的网络媒体如新浪网、腾讯网等商业网站只能转载时政新闻。许多商业网站为弥补自身新闻来源渠道单一、新闻信息短缺等不足，盲目复制转载信息。导致网站的图片新闻单调重复，同质化现象严重，给受众造成了时间和精力的浪费。长此以往，商业网站的信息流动将陷入恶性循环，难以长期维持用户的快增长和高留存。

与此同时，为了抢夺发布时间，网络编辑压缩了组稿、审稿的时间。新闻编辑及内容审查的时间被严重压缩将导致劣质图片新闻直接进入传播渠道，进入公众的视野。一些所谓的"独家报道"仅仅只是几幅图片的盲目搭配，内容不知所云，甚至出现了文不对图的情况，受众无法从中获取有用信息，也不能全面了解新闻事实。网络时代，面对海量的信息，受众的注意力已经被大幅分散，不应该再将有限的时间和精力浪费在劣质的图片新闻内容上。这些低劣的图片严重制约了图片新闻的发展。

（二）图片新闻编辑的改进措施

1. 宏观上完善相关法律法规，实行有效监管

随着互联网技术在我国的蓬勃发展，国家有关部门相继出台了一系列网络新闻管理办法和规定，如《互联网信息服务管理办法》、《互联网站从事登载新闻业务管理暂行规定》、《互联网电子公告服务管理规定》、《互联网出版管理暂行规定》等。这些管理办法和规定，对规范互联网新闻传播有着重要意义。随着相关管理办法和规定的落实，网络信息环境得到了很大改善，网络信息管理也逐渐步入正轨。但是，许多规章制度缺乏有效的协调与统筹，数量不少但内容重复，这是法律资源的一种严重浪费。规章制度的协调问题一旦处理不当，将在具体的实施过程中造成人力、物力、财力等多方面社会资源的浪费。而法律、法规少，制度、规章多，也给人一种头重脚轻的感觉。法规是依据宪法和法律制定的，具有强制执行的法律效力，违反法规就是违法行为，应受到法律的制裁；规章制度则从属于某一法律法规，具有行政和道德约束力，违反规章就是违规行为，应受到相应的行政处罚或纪律处罚。相较于规章制度，法律法规具有更强的约束力，更严厉的惩罚措施。"少法规多制度"的情况将降低网络违法违规行为的成本，同时也将提升网络新闻平台触犯法律规章的可能性，客观上提高网络信息管理的难度。因此，有关部门应当平衡法律法规和规章制度的应用范围，综合使用两种手段严厉打击网络违法违规新闻，加强互联网信息管理。

法律法规上的欠缺与规章制度的混乱，使得互联网上许多的违法违规行为，要么无人管，要么争着管。法律法规的制定整体上滞后于互联网的发展，众多领域仍旧没有被法律法规覆盖到，这给了部分网络平台钻空子的可能。不仅如此，随着互联网的发展速度逐步提升，越来越多成因复杂、难以解决的违法违规现象不断涌现，这给互联网信息管理带来了巨大的挑战。因此，一个全面完善、严谨和谐的网络传播法律法规体系亟待建立，使网络新闻业朝着健康有序的方向发展。

2. 网络新闻媒体应进一步加强行业自律，促进行业良性发展

网络新闻媒体和传统媒体一样，肩负着传递社会道德、文化、正能量，推动社会发展进步的责任。网络新闻媒体兴起时间较短，处在高速发展阶段，尚未形成一个成熟的体系，因此存在许多亟待解决的问题。其中，如何激发网络新闻媒体的社会责任感，加强网络媒体平台的行业自律，成为管理互联网乱象、解决信息管理难题的重中之重。网络新闻媒体的行业自律是互联网健康蓬勃发展的内在因素，而法律制约与政府监管是外在因素，只有外在因素和内在因素相互作用，才能促进新闻媒体行业健康良性发展。法律制约与政府监管只能治理网络新闻媒体中出现的严重违法违纪现象，对处在灰色地带的情况却束手无策；网络新闻媒体需要逐步实现自我管控、自我约束，依靠领头羊企业引领积极的行业风气，发挥引导社会舆论的作用，逐渐消除行业乱象。

在促进行业自律的过程中，中国互联网协会陆续颁布了《中国互联网行业自律公约》、《互联网新闻信息服务自律公约》等，并于2004年6月10日开通了"违法和不良信息举报中心"网站，在扩展行业自律范围，谴责违规网站，推进文明办网、文明上网活动等方面发挥了重要作用。以上措施分别从行业自查、社会监督、网民举报等多个方面加强了网络新闻媒体的行业自律，确实起到了纠正行业风气、净化网络内容的作用。然而，网络图片新闻作为网络新闻的新军，其行业自律行为仍需加强。网络图片新闻存在的问题尤其是图片造假、内容低劣化、同质化等现象，尚未得到行业内部的高度重视，仍需多方通力合作进行管

理。一旦网络图片新闻的图片造假、内容低俗化、同质化的问题得到解决，网络新闻将迎来下一个发展高潮。

3. 图片新闻编辑应努力提升职业道德与专业素质

提升图片新闻编辑的职业道德与专业素质，能够在源头上遏止虚假。真实性是新闻摄影的本质和要求，这就要求每一位图片新闻编辑人员，将社会公德与职业道德放在第一位，将真实视为第一原则，严格自律，不传播虚假图片。与此同时，网络新闻编辑应当提高识假辨假的能力，及时删除虚假图片素材，避免虚假信息大面积传播。如果网络新闻编辑由于利益诱惑或个人疏忽，放弃了社会公德和职业道德，没有做到从源头管控图片新闻素材，对虚假图片大开方便之门，那么虚假图片新闻进入传播渠道后就更难进行监管和筛除了。

同时，还应加强网络新闻图片审核的制度化建设，建立记者、编辑的诚信档案，以约束每一位摄影记者和图片编辑的职业行为。一旦出现记者或编辑运用Photoshop等编辑软件制作虚假图片或明知素材为虚假图片的情况下依旧主动传播的情况，该记者或编辑的行为将被记录到诚信档案中。网络新闻编辑要自觉承担起"把关人"的职责，提高自身辨别图片真伪的能力。另外，摄影记者也应当提升自身综合素质，提高标题制作、文字说明写作等能力，努力走图文型记者之路。摄影记者应当跟随网络图片新闻高速发展的浪潮，充分发挥自己的优势，制作出图片精良、文字优美的图片新闻。

思 考 题

（1）简述滚动新闻的特点。
（2）简述图片新闻的分类，并说明每类图片新闻的写作特点。
（3）简述滚动新闻编辑中出现的问题及其改进措施。
（4）试述图片新闻编辑的发展趋势。

第十章　融合新闻写作的类型创新
——嘉宾访谈

嘉宾访谈是一种特殊的融合新闻写作方式，是融合媒体基于互联网技术和传播特点发展起来的一种新闻表现形式。嘉宾访谈以其独有的特色吸引着网民，它也有着特殊的结构和写作流程，要想做好网络嘉宾访谈，需要按照其特点来发挥。

第一节　嘉宾访谈的内涵及特点

通常意义的嘉宾访谈是一种电视节目形式。电视嘉宾访谈节目一般是指由主持人邀请有关人士及受众，围绕公众普遍关注的重点问题，在平等民主气氛中展开访谈的一种电视节目形态。而本书谈到的嘉宾访谈，意为针对某个时期的热点事件，网络媒体邀请有关人员到网站演播室或者相关平台与网民互动，及时答疑解惑，发挥议程设置和舆论引导的积极作用。[①] 由于互联网平台的即时互联、强互动性等特点，网络嘉宾访谈相较于电视嘉宾访谈更注重与受众群体的互动，更倾向于突破空间约束实现多方访谈。在网络嘉宾访谈中，通过充分展现嘉宾的个性、风格，设置与现场观众、场外观众的连线互动，观众能够更直观、准确地了解访谈内容，甚至直接参与并影响访谈进程。网络嘉宾访谈在获取受众反馈中也更具优势，在节目播出后能及时获取受众意见，并针对性地改进节目形式及内容。

一、网络嘉宾访谈节目兴起的原因

随着网络媒体的蓬勃发展，网络嘉宾访谈作为一种充分融合了网络和电视等多媒体优势的传播方式，越来越受到网民的欢迎。随着视频拍摄设备的更新换代及互联网通信技术的发展，网络嘉宾访谈节目的制作成本及获取成本日益降低，大幅度提升了访谈节目制作水平和有效扩大了受众群体的范围。总之，网络嘉宾

---

① 柯惠新.网络新闻写作与编辑实务［M］.北京：中国传媒大学出版社，2011.

访谈节目具有长远的发展前景。在现有的多种新闻写作方式中，网络嘉宾访谈节目的出现和发展有其特殊的原因。

（一）政策上的一种有效规避，是网络嘉宾访谈得以发展的重要原因

根据2005年国务院新闻办公室、信息产业部联合发布的《互联网新闻信息服务管理规定》，新闻网站和商业门户网站都只能登载或转载时政类新闻信息，而没有独立的新闻采访权。网信办对新闻网站的采访权进行严格规定，主要是为了避免虚假新闻的散播，提升网络新闻媒体行业的公信力。但在客观上限制了网络媒体平台自制内容的权利，造成了平台新闻来源渠道单一，内容原创性不足等现象。为了规避政策壁垒，各大新闻网站平台都努力挖掘新的新闻表现形式。网络嘉宾访谈就是一种行之有效的原创内容制作形式。网络嘉宾访谈邀请专家、当事人等针对时事热点发表自己的看法，能够有效规避政策壁垒。

2003年网络嘉宾访谈节目就已经备受瞩目，2005年《互联网新闻信息服务管理规定》的颁布加剧了这一形式的迅速发展。各大网络平台都在积极建设自制的网络嘉宾访谈节目，如凤凰新闻的《非常道》、《潘谈摄影间》，爱奇艺的《立场》等，甚至出现了主打新闻资讯阅读的短视频平台"梨视频"等。网络嘉宾访谈由主持人或网民担当"新闻记者"的角色，对新闻当事人进行访问，形成了网络媒体独特的"采访"模式，也可谓是网络媒体发布原创新闻的一种新方式。网络嘉宾访谈极大地丰富了网络新闻媒体发布新闻的形式，赋予新闻记者及编辑巨大的创作空间，使网站平台原创性内容的比例和质量也有较大提升。因此，网络嘉宾访谈被越来越多的新闻网站所青睐。

（二）网络媒体寻求自身发展，是网络嘉宾访谈得以产生的根本原因

2003年正是网络媒体方兴未艾的时期，它们纷纷涉足网络嘉宾访谈这一领域，希望能够在网络嘉宾访谈方面拔得头筹。网络媒体在打造网络嘉宾访谈上先人一步，意味着在原创性内容上更具优势，那么网络媒体对于用户的吸引力也就相应地提高。

内容是新闻吸引受众的根本，只有发布原创的、高品质的新闻才能吸引用户，增加网站的点击率。互联网时代信息传播的方式日渐丰富，单纯的文字或图文结合不能满足用户的需求。网络平台应该综合文字、图片、音频及视频等多种形式，为用户提供形式多样、内容丰富的新闻。网络嘉宾访谈这一形式，能够为网络媒体增添原创性新闻内容，丰富网络媒体的报道手段，让网络媒体在重大事件发生时发出自己的声音。例如，在2009年，温家宝总理接受邀请参与了中国政府网和新华网联合制作的嘉宾访谈。与此同时，用视频的形式播报新闻内容，以及采访有关人士的意见，降低了用户理解新闻的难度，提升了

新闻的趣味性，扩大了网站的用户群体范围。例如，专注于热点资讯的新闻短视频 App "梨视频"，力求为用户展现新闻事件最精华的内容，受到网民的普遍欢迎，并荣获"2017年中国应用新闻传播十大创新案例"。当前，网络嘉宾访谈的影响力在不断提升，网络媒体的话语权、影响力和品牌形象也在不断增强。在未来，网络嘉宾访谈将会不断突破自身的限制，以更加丰富的节目编排形式为用户带来内容质量更高、制作更加精良的嘉宾访谈栏目。

（三）受众的互动需求，是网络嘉宾访谈继续发展的重要推力

网络嘉宾访谈充分体现了互联网所具有的强互动性，极大地激发了受众参与信息传播的主动性。互联网时代，受众的地位已经从过去被动接受信息，向与当事人直接交流、参与新闻传播过程转变，受众可以随时反馈、表达自己的观点，这有效适应了当下人们对社会热点问题、重大事件的知情意识和参与意识。各大互联网平台不断创新网络嘉宾访谈的互动形式，如进行视频访谈直播时，观众随时可以通过留言与嘉宾进行互动，发表自己的看法或提出新闻事件的相关问题。网络嘉宾访谈在这样的大环境下应运而生，为受众创造了方便、平等的交流平台，满足了受众增长知识、关注社会、发表见解的需求。由此，网络嘉宾访谈也发生了巨大的改变：访谈对象更加多元化；主持人由话题引导者变成故事聆听者；谈话主题更偏向生活化。网络嘉宾访谈中嘉宾和受众之间的互动、意见交流成为节目的主体内容。受众的互动性、自主性也得到了较大发挥。

总之，网络嘉宾访谈是网络媒体有效规避政策壁垒、满足受众互动需求、创作优质原创内容的有效形式。网络媒体应该不断扩大自己的原创范围，规避不具备采访权的政策规定，满足受众在使用网络媒体过程中的互动需求，开创网络媒体的独特报道形式。

二、网络嘉宾访谈的特点

在电视节目中，访谈类节目将人们感兴趣的人和话题带到荧幕中央，将人与人之间真实而自然的交流方式呈现在观众面前。网络媒体的嘉宾访谈一开始就借鉴了电视嘉宾访谈和对话节目的特色，与电视访谈节目有诸多共性，但也有一些自身的独特性。网络嘉宾访谈在选题上更加灵活，谈话空间更加开放，传受双方的互动性更强，并且充分发挥了融合媒体的特性，拥有更加多样化的传播渠道。它是一种具有互联网色彩、圆桌会议性、多元多音性和平民访谈性的与网民直接对话的访谈方式。

（1）网络嘉宾访谈是一种直接的人际互动。谈话是人与人之间沟通交流的直接、有效方式之一。在面对面交谈的过程中，人们可以动用其他感官和肢体语言，获得直观、自然的感受。网络嘉宾访谈尤其是直播视频访谈，增大了受众可

获取的信息量，受众不仅可以从语言符号中获得信息，还可以通过肢体符号了解嘉宾被采访的状态以及对待问题的态度。

（2）网络嘉宾访谈主持人的多元化。网络嘉宾访谈的主持人不一定要像传统媒体的主持人那样经受过专业的训练，具备一定专业素养的网站记者也可以担任。与电视访谈节目不同，网络嘉宾访谈的主题更贴近生活、形式更加随意。因此，网络媒体在访谈主持人的挑选上范围更宽泛、选择更多元，不仅包括基础扎实的专业人士，也包括普通的媒体从业人员。

（3）网络嘉宾访谈主持人角色的弱化。在传统的电视访谈节目中，主持人需要扮演话题引导者的角色，掌控节目的谈话节奏，发挥着至关重要的主导作用。网络嘉宾访谈突破了物理空间的局限，通过网络将网友与嘉宾联系起来。嘉宾及网友成为话题交流的主体，引导着话题主持人的角色转向为网友与嘉宾的连接者、故事的倾听者、访谈秩序的维护者。主持人成为网友与嘉宾沟通的协调者，努力让谈话有序进行。

（4）嘉宾和主持人之间的气氛更随意、轻松，约束感较弱。访谈氛围更趋向日常聊天，有助于嘉宾消除紧张情绪，放松心态，更顺畅地表达意见。

（5）网络嘉宾访谈的嘉宾范围广，有较高的自由度。网络嘉宾访谈针对不同的谈话主题，会邀请不同领域的嘉宾，也会针对同一话题邀请不同背景的嘉宾发表看法。网络嘉宾访谈的对象可以是不同级别的政府官员、社会各界的精英领袖，也可以是普通的平民百姓。他们与网友一起在线上平等、实时交流互动。选择社会背景多样化的嘉宾，有助于拉近嘉宾与网友的距离，分享自身关于事件的独特看法，了解他人意见。

（6）网络嘉宾访谈的内容更具开放性。传统电视节目的受众广泛，涵盖了不同年龄、阶级以及教育背景的受众，在话题的选择上会更加保守，避免引起争议。因此，传统的电视访谈节目会根据节目制作人的思路来确定话题，谈话范围基本限制在幕后团队所准备的问题内。网络嘉宾访谈通常有某一特定的受众群体，访谈节目制作方会对受众进行深入的分析，准确把握受众喜好来制作节目内容。相较于传统电视访谈节目，网络嘉宾访谈更注重受众的需求，将受众的关注热点作为话题，内容更加开放、更加广泛。

网络嘉宾访谈所具有的较强的互动参与性、草根性、氛围轻松性等优势，让网络媒体在新闻原创领域不断发挥作用，产生较大影响力。网络嘉宾访谈随着网络通信技术的发展，会演变出更多元的传播方式，发挥多方互动、包容开放等优势。

三、网络嘉宾访谈的分类

我们可以从嘉宾访谈的题材和表现形式的角度对网络嘉宾访谈进行分类。

(一) 按访谈题材分类

(1) 明星人物类。这类访谈的嘉宾大都是演艺界、文化界、体育界以及商界的公众人物。访谈的主题通常与嘉宾的身份息息相关，一般来说，影视主题会邀请演艺界明星，财经主题会邀请商界明星，涉及体育赛事会邀请体育明星等。网友能通过网络平台与明星人物同时在线，并有机会进行线上互动。通过与明星近距离接触，网友产生与明星贴近的兴奋感，激发起参与欲望。访谈嘉宾的粉丝或访谈主题爱好者，通常是该类访谈节目的主要观众。这类访谈最能吸引网友的注意，能够迅速集聚人气，扩大影响力。

(2) 新闻话题类。新闻访谈类有效避免了网信办关于"独立采访权"的政策规定，备受网络媒体的青睐。这类访谈是网络媒体原创新闻内容的主力军。一般会邀请新闻当事人、相关领域的专家以及评论员等来进行座谈，讲述新闻事件的来龙去脉，深入解读热点事件背后的思考，为网络媒体提供独家新闻和评论。邀请普通民众针对热点事件，尤其是涉及民生问题的新闻报道发表自己的看法，同样成为网络媒体的重要访谈形式。

(3) 政务服务类。这类访谈主要是邀请政府官员、专家学者等对新近颁布的法律法规，以及与民众生活息息相关的政策、知识进行讲解和在线答疑。政务服务类嘉宾访谈类充分发挥了互联网的互动性优势，网友通过网络平台能对政府官员、专家学者直接发问，嘉宾也能在线答疑。近些年来，网络嘉宾访谈也成为重要的"网络问政"方式之一。

(二) 按表现形式分类

(1) 视频直播式嘉宾访谈。由网络媒体的编辑记者或专业主持人来担当主持人，在网络直播间进行视频访谈。网络媒体会对视频访谈的画面进行同步直播。网友能在第一时间进入直播间观看嘉宾访谈，同时可以在视频评论区留言，随时与其他网民交流自己关于嘉宾言论及现场表现的意见。

(2) 文字直播式嘉宾访谈。该类访谈一般发生在网络论坛中，受邀嘉宾与网友在论坛中对话交流。网友充当记者向嘉宾提问或者由主持人代替网友进行提问，网络媒体对访谈内容进行文字直播。在文字直播式嘉宾访谈中，主持人的角色明显弱化，嘉宾和网友是此类访谈节目的主体对象，两者之间的互动是节目的重点内容。网友拥有更强的自主性和更高的参与度，对话题走向起决定性作用。

网络嘉宾访谈可以说是一种网络媒体的独家专访。在信息共享的互联网时代，网络媒体很难实现"独家新闻"，嘉宾访谈则为网络媒体提供了一种重要的原创内容形式。在规定的时间内，嘉宾通过网络接受网友的提问，提问与回答的版权归属网站。

第二节 嘉宾访谈模式的写作

不同表现形式的网络嘉宾访谈需要不同的写作模式。随着互联网技术的不断发展,除了文字直播类访谈和视频直播类访谈外,还诞生了一种新的嘉宾访谈形式——微访谈。文字直播类访谈、视频直播类访谈和微访谈在表现形式上有一定差距,在传播效果方面也有所不同,因此在制作不同形式的访谈节目时,需要采用不同的写作流程,以凸显各自的特色,优化节目效果。

一、文字直播类嘉宾访谈的写作流程

文字直播类嘉宾访谈全程用文字记录嘉宾和网友的问答,能够清楚地将人物对话中的重要、出彩的内容呈现出来,其写作流程包括以下几个环节。

(1) 确定访谈主题。网络嘉宾访谈的主题一般是阶段性的社会热点问题和社会普遍关注的焦点问题。网络媒体在选题过程中应该根据节目制作经验和用户分析情况,充分了解网友的需求,依据网友的兴趣偏好选择访谈主题。一般情况下,确定主题会征求广大网友的意见,以网友的关注点为话题选择的方向。访谈主题不一定要严肃庄重,但要选取网友感兴趣的话题,调动网友的积极性。访谈主题的选择要具有开放性,可以从多个领域进行选题,注重话题的趣味性和实用性,充分结合时下热点,尽量满足网友的娱乐性和求知性需求。优质的选题有助于访谈后续工作的顺利开展。

(2) 挑选并邀请访谈嘉宾。在确定了访谈话题之后,网络媒体需要根据话题确定嘉宾人选,并且要考量嘉宾的沟通技巧。例如,专业性的话题就要邀请权威专家来解读,社会热点话题就需要新闻当事人或相关者来参与访谈。除了考虑访谈主题和嘉宾之间的匹配程度,制作方也应考虑到受邀嘉宾的整体知名度,或在访谈主题相关领域的知名度。高知名度对于网络节目的宣传及提升访谈关注度具有重要作用,能够激发网友参与活动的热情。

(3) 预告访谈时间和方式。网络媒体需要以文本消息的形式,提前预告访谈的主题、时间、方式,吸引网友关注和参与。介绍访谈主题的语言要生动而富有吸引力;访谈时间要明确具体;访谈方式的介绍需要简洁明了,让网友直观地了解到访谈开展的形式以及参与讨论的方式。简单清晰的参与流程能降低网友参与访谈的门槛。

（4）根据访谈相关资料制作页面。文字直播类嘉宾访谈中，嘉宾与网友之间的交流互动构成节目的主体内容，因此，网友对主题的理解深度和对嘉宾的了解程度将关系到网友所提问题的质量，进而会影响到节目内容的质量。在文字直播访谈之前，网站需要根据访谈主题提前发布与之相关的新闻或背景资料，以及访谈嘉宾的介绍。网友可以根据这些资料准备好要向嘉宾提的问题。访谈制作方在准备资料时应该考虑网友的阅读水平和教育程度，尽可能提供符合网友阅读习惯的资料内容。

（5）嘉宾在访谈室内与网友进行在线实时交流。在访谈正式开始之前，工作人员需要提示嘉宾回答网友问题的流程，并告知出现意外情况的处理方法，减少失误发生的可能性，确保访谈顺利进行。当嘉宾对访谈内容提出质疑或改进意见时，访谈制作方需要与嘉宾协商，共同修改访谈内容。

（6）论坛主持人帮助嘉宾筛选问题。文字直播类嘉宾访谈的问题一般都由网友提出，而嘉宾负责针对性回答网友提出的问题。但由于网友的问题一般数量多、种类杂，主持人或版主需要对网友所提的问题进行筛选。在问题筛选过程中需要注意以下原则：挑选典型问题即出现次数最多、网友最关心的问题；选择与访谈主题相关程度更高的问题；避免多次挑选相似的问题；避免挑选消极负面的问题。帮助嘉宾筛选网友的问题看似简单，实则应当综合多个因素进行细致挑选，因为被挑选出来的问题质量直接关系到访谈的最终效果。

（7）论坛主持人拍摄图片和审核文字稿。在文字直播访谈的进程中，主持人或版主会给访谈嘉宾拍照，发布照片。主持人或版主在给访谈嘉宾拍摄照片时要注意抓住嘉宾在访谈过程中的精彩时刻，同时要多拍几张照片备用，方便挑选。主持人或版主需要对文字、图片进行审核，避免出现不必要的错误，保证文字稿件的准确性和图片的美观性。在涉及一些经典问题和精彩回答时，主持人或版主可以适当进行标注，方便之后编辑整理。

（8）访谈结束后整理并摘编访谈实录。嘉宾访谈结束后，网络媒体编辑需要对实时直播的文字访谈进行编辑整理，修改其中的错误，用不同颜色的字体来区分嘉宾、主持人和网友所说的话，并将直播内容按照不同主题制作成若干条新闻，以利于网友阅读。针对访谈过程中网友普遍关注的问题，可以运用更多的篇幅进行报道。在后续工作结束之后，访谈制作方需要对访谈制作流程中出现的问题、访谈中网友的参与程度、访谈节目的关注度及传播效果等多个方面进行反思、总结，为下一次文字直播访谈节目制作积累经验。

【案例1】

文字直播嘉宾访谈：高新民谈"加强网络信息保护 抵制网络谣言"[①]

2013年06月04日　人民网强国论坛

高新民：网友们好，很高兴在强国论坛和大家交流见面。今天我们的话题是关于网络谣言和保护个人信息，我想大家都有上网的丰富经验，发现网络给我们带来很多有用的各种各样的信息，甚至于有很多知识，能够丰富我们的眼界。但是，网络另外也确实有些很多不良的信息，其中就包括网络谣言。

网络谣言对社会的危害程度要强于日常生活中的谣言

网友黑椒牛柳：如何定义网络谣言？它具有哪些特征？

高新民：如何定义网络谣言？按照我的说法，凡是不符合事实的、扭曲真实情况的这些信息，都应该归为网络谣言。但是，我们对于网络谣言可能要分出两种情况，一种情况就是有主观的恶意意图，或者有恶意的企图；还有一种是误传、误导，或者对真实情况没有了解，在网上发表了一些不符合真实情况的一些言论和内容。总体上讲，这都可以归为网络谣言。但是，危害最大的还是我说的前一种，有恶意制造、有恶意目的、企图的这样一些网络内容和言论，它的危害性，大家都是很清楚的。

要讲到谣言的话，社会上也是经常存在、经常遇到的，也是普遍的一种现象。但是网络谣言和一般的谣言，我们日常生活里面存在的这些谣言，还有一些非常独特的特点，它的特点，第一，因为网络目前还没有完全做到实名制，因此网络谣言的制造者和传播者在第一时间里是很难辨别和很难甄别的，到底谁在那里做这个事。第二，大家都知道因为网络的传播速度非常快，因此，谣言在很短时间里，还没有等想要澄清事实的人发言的时候，之前就会造成危害。第三，一旦网络谣言对社会造成了危害，造成了对别人、相关方甚至个人利益的侵害，要去破解它，要去追究责任的话，需要付出成本，往往这个成本，就像刚才说的特点，也会比一般的追究制造谣言、造成损害的这些制造者的成本要高。因此，网络谣言的危害性要比一般我们现实生活里面常规的谣言更大一些。所以我们要想办法警惕，加强一些警觉性，对网络上的一些内容，特别是一些重要新闻的内容，脑子里要有一根弦，到底是真实的还是完全是谣言。这样的话，我们就可以减少网络谣言对社会、对个人甚至对某些机构带来一些危害。

网友团团绿：网络谣言频频出现的深层原因是什么？如何从根本上铲除谣言滋生的土壤？

[①] 原文中网友提问部分为红色字体，嘉宾回答部分为蓝色字体。人民网，http://fangtan.people.com.cn/n/2013/0604/c147550-21735039.html；http://fangtan.people.com.cn/n/2013/0604/c147550-21734451-2.html。

高新民：网络谣言为什么频繁出现，我觉得原因可以分为两方面来说，一方面，从网络谣言制造者的主观方面来讲，我刚才说了，他往往是有恶意企图、恶意目的的，这一点它的原因就非常多了。比如说有的是一种趋利性的，为了达到个人利益的目的；有一些属于个人有些怨恨需要发泄，不仅对某一个特定的对象进行发泄，甚至对社会进行发泄。更有一些别有用心的，可能还有一些政治目的，这些原因都可能是存在的，也是在我们现实生活里面很多案例中可以看到的。但是不管是哪方面，都会对社会、对个人、对某些团体造成危害。这是从主观因素来看。

另外，网络谣言频频发生的客观原因，就跟我们网络环境有关系。我们的网络环境，刚才讲了还多数在匿名状态下运行的，一般给制造网络谣言的这些人有一种感觉，在网上不知道我是谁，也不知道我在什么地方，更不知道我为什么要这样做。所以，它的欺骗性就提高了。另外，我们的网络环境目前总体上来讲，我们一些网站和相关的一些企业对有些谣言或者不良信息，我认为管理的力度或者管理的方法也还有需要改进的地方。

我认为对网络谣言制造者造成危害的惩治力度还要加强，只有这样才能使网络谣言的制造者，他们造成的危害，由他个人承担一定的责任。这样才能在网络整个环境上造成抑制网络谣言和不良信息传播和制造的环境。所以，我认为可能有这两方面，一个是主观方面，另一个是客观方面。

加强对网络信息内容的辨别力和识别力对网民至关重要

网友雨朦胧：怎样来区别无意传谣和故意造谣呢？当我们在网上看到海量信息时，怎样鉴别其真实性？

高新民：我感觉到这个问题是一个比较难做到的一点，因为互联网上总体上来讲都属于一个比较年轻的媒体，包括媒体的经营方，也就是网站。另一方面是媒体的使用方，这方面总体是比较新的东西，不管是媒体的经营方来讲，它如何使这些网络谣言本身就发不出去，就像我们传统媒体，一般来讲谣言是比较少，在网络上就比较普遍，在这方面我们还缺乏一些有效的办法。更重要的问题是网民，我们互联网已经有自媒体的特点，每个网民既是媒体的使用者，也是媒体的发布者，这样的话，广大的网民适应这样的环境，本身经验的积累也需要一个过程。我认为这方面也是比较难以具有这样一种能力，不要说每一个人，或者是多数网民能够辨别出来信息是不可靠，这个信息是假的，这个信息是一种谣言，甚至他能够识破它背后的一些目的，一般来讲这是比较难。

但是，我认为这样做了，也不是说我们无所作为，我们就永远这样下去，这样对整个社会是不利的，对整个网络健康发展也是不利的。所以，我认为网站的经营者、管理者首先要负起责任，特别是对传播很快、热点很集中的一些事件性的信息要善于识别，而且要负责任地去及时地想办法去求实或者核实，想办法做一些工作，至少应该努力往这方面做，从而减少可能误传或者误导这种事情的发生。

对网民来讲也很重要，因为微博也好，微信也好，影响非常的快，传播速度也很快。因此，对于耸人听闻的信息脑子里要保持一些警惕或者警觉性，要多问几个为什么是这样的，它怎么发生的，有没有可能发生，它相关的环境和条件是什么，甚至于在我们辨别它的过程中，我们不是马上传播它，而是问它相关的条件是什么，总是可以去加强鉴别的一些能力，要做这样的一些努力。当然，完全的去鉴别也是有一些困难，我也承认这一点。但是，如果我们多做这样一些工作，就可以减少被谣言误导、误传或者误信这样一种可能性。如果谣言不是很快被很多人关注，不是吸引很多人的眼球，也可能谣言的制造者对他的利益驱动也会大大减少。所以，我觉得作为广大网民来讲，加强自己对网络信息的识别能力，提高辨别真假的网络内容的能力，我认为是非常关键。

网友流浪的加菲：网络谣言给社会带来了哪些危害，能否给我们举例说明一下。

高新民：网络谣言对社会上造成的危害，应该说是多方面的，特别是在社会发生突发事件的时候，如果没有准确地发布一些消息，而是制造一些谣言的话，就会更加深社会上的一些惊慌，或者对社会造成一些正常秩序的影响。前些时候芦山地震发生之后，很快就有谣言，说成都也马上要发生多少多少级地震，这显然是在非常时期，全社会都在关注救灾、防灾，减少灾害带来的一些人民财产损失的时候，不负责任的发布一些谣言，对社会上来讲，就扰乱了正常的社会正常秩序，这种危害性应该也是非常大的。

对于有些谣言本身的危害性，有时候很难在事前说有多大危害，往往是在事后看出来它有这么大的副作用在里面。所以，我们不要轻易地去，或者没有经过特别是一些权威机构证实的信息内容，特别是一些敏感的信息内容，要有这样一种责任心。所以，不仅仅自己不要去信它，更重要的是不要随便去在网上传播它。客观上来讲，能够减少或者抑制网络谣言带来的一些社会危害。我想这可能也是我们每个网民可以做到。尽管我们不能去说这个谣言是真的、假的，但是我们可以多问一问。比如发布地震信息的问题，或者有些突发事件，有很多分析，都要过过脑子。我们网民还是很有智慧的，我发现很多网民有高度的智慧去辨别一些事情，我相信对网络谣言也会形成一些很好的方法或者一些判断。我也希望网民在网上讨论这个问题，怎么来辨别网络谣言的问题，把这个经验可以大家一起交流一下，我也有这个想法。

逐步提高网络谣言的识别率对抑制网络谣言有好处

网友奔跑的蚊子：目前我国针对制造和传播网络谣言的行为有哪些处理方式？

高新民：对网络谣言，第一是要澄清事实，这是最基本的、及时的，而且是能够尽快地把事实真相在网络上传播，这样的话，谣言必然就止于事实面前，这是第一个问题。

第二，在网络谣言造成一些危害的情况下，涉及犯罪，因为这里面也有一个程度。涉及犯罪，涉及造成一些社会危害的后果，那就要追究责任了，就要去追溯制造谣言的人。尽管成本比较高，但是可以做到的。不要认为我怎么说都可以不负任何责任，这是不可能的事。所以，这肯定是要追究应有的法律责任。

第三，在每一次案件之后要进一步总结和提高一下对识别网络谣言能力的提升，这也是需要做的事情。往往我们每一件事情过去了就过去了，就宣布一下。我认为还是要总结下，为什么我们会信，为什么我们会传，除了刚才讲的要发布真相，发布真相后是否止住了，如果发布真相后还有人传，说明这里面有些问题，我认为要总结经验。不断地来总结我们在网络谣言传播的渠道上到底问题在什么地方，还有识别网络谣言的能力的提升，以及总结经验。目前我们对网络谣言识别率不是很高，但逐步地提高它，长远来讲，对抑制网络谣言有好处。

网友浓情小仔：随着微博、微信等自媒体工具的兴起，言论传播速度呈几何级增长，尤其是一些知名度高的博主，他们的言论和转发的信息受到极大的关注。如何有效地引导这些舆论领袖甄别谣言、避免造谣、传谣？如果这些知名度高的博主传谣，是否将面临更严重的法律惩罚？

高新民：首先我回答最后一个问题，我认为这要看他的主观企图和造成的后果，如果主观的企图有利用他的意见领袖这样的地位，对不正当利益有追求的话，是要受到一定的法律追究，当然惩罚不惩罚，要看危害严重的程度。

关于博主和意见领袖怎样提高鉴别能力，我觉得这个问题跟网民提高鉴别能力是一样的，但是，我觉得因为他们影响力大，因此他们这方面的警惕性更高一些，在这方面能力应该提升得更快一些，这样就能够在网上，他们意见领袖的作用，能发挥更好的正能量，不至于被利用，或者被误导或者误传，造成一些不良的后果，可能也不是这些博主和意见领袖本身的意愿。

作为个别的，刚才讲了主观意图就是不正当了，或者是不合法的，就要另当别论，就不能甄别的问题，不是提高能力的问题，就要自己端正自己的立场和态度。作为一个博主，作为一个公众，在网上当博主，就相当于是一个公众人物了，对自己的要求要更加严格一点。

网友亲亲宝贝鼠：治理网络谣言，互联网企业和网站从业者应承担哪些社会责任？如何提高自身素质更好地抵制网络谣言、保护公民个人信息？

高新民：这个问题提得很好。我刚刚讲过，网络谣言实际上为什么传播呢？

应该说从两个方面看，一方面就是我们为什么频频出现，刚才我讲了是两方面，一方面是网络的运营者，这方面的经验或者能力建设方面还有待于提高，这是和传统的是不一样的。大多数的网站、大多数的企业在这方面，据我了解是花了很大工夫的，做了很多努力的。因为互联网传播的机制和渠道，以及目前它的特点，太新了，因此往往我们还不能完全地做到网络谣言一出来的时候，就能够很快地识别它，很快地采取措施阻断它传播的渠道，这一点还很难做到。但是，我想从我们主观愿望讲，我们企业应该负起这样的社会责任，尤其是我们的互联网企业不能够完全从商业利益出发，有一些个别的企业，他们为了吸引眼球，对于一些耸人听闻的信息不管真的还是假的，传播速度越快，这就不好，这不是行业自律的行为。我们互联网协会曾经也倡导过制止网络谣言、治理网上不良信息，有很多自律的公约，也开展了各方面的活动。绝大多数的会员都是积极响应，都在不断地改进这方面的工作。从两方面说，从主观方面说，要更严格地承担自己应尽的社会责任，制止网络谣言的误导、误播、误传。一方面，要努力提高自己的识别能力，提高治理网络谣言的一些措施，既能够保护我们网民正当的言论自由的权利。另一方面，确确实实要提高对网络谣言进行抵制，保护公民正当权益和个人信息方面有一些有效的措施。我想大概从这两方面来做。

"谣言倒逼真相"这一说法欠妥

网友伊甸之东：经常在网上看到网民"求真相"的帖子，有人说"谣言倒逼真相"，您怎么看？

【高新民】：我认为这反映一定的问题，但是我不认同谣言倒逼真相的说法。因为谣言就是谣言，真相是真相。为什么现在出现这样的问题和现象呢？我认为可能是当事人，特别是我们相关一些政府部门，在事件发生之后，没有把真相说得非常清楚，因此就造成了谣言制造者和传播的空间和时间，谣言如果传得越来越多的时候，起到促使相关部门完全说出真相来，这样的现象，就是所谓的谣言倒逼真相，是这样的情况出来的，并不是谣言本身的功能。这说明什么呢？掌握真相的有关部门没有及时地、完整地，而且在网上用恰当的方式能够把真相澄清，压缩谣言制造和传播的空间和时间，这一点上做得不够。这个现象反映了一些真实的情况，但是不能说谣言倒逼真相是一个规律，这个我不大认同。

网友舞动的微风：整治网络谣言对于保护公民个人信息有何好处？我国是否有相关法律法规保护公民网络隐私？

高新民：这个问题是网络上非常非常重要的问题，要保护公民个人的信息。公民的个人信息牵涉到每个人的权益，也包括它的权利。网络谣言涉及各种事情的时候，往往会侵犯公民的合法权益，侵犯公民个人信息的保护。所以，我们进一步打击和整治网络谣言，对保护公民个人信息是非常重要的，也是很有力地一个措施，是有好处的。

目前我们国家在网络信息保护方面，个人信息保护方面，特别是去年12月份，人大已经做出了一些规定，对个人网络隐私方面，应该说我们还没有非常明确的一些法律来规定哪些算个人隐私、哪些不算个人隐私，包括个人信息，比如在国外讲，个人的信用卡号、个人社会保障号、个人的财产信息、健康的信息，这都属于个人隐私，属于个人信息里面的个人隐私。但是，但是我的住址、我的电话号码、我的电子邮箱、我的手机号码，算不算个人隐私和个人信息？据我了解，现在有些国家原来这部分是不算的，现在把这部分也算。像这些个人信息是不是别人可以获取它呢？是可以的，但必须遵循几个基本原则：合法、正当、必要。什么意思？包括你获取他个人的手机号码，我举例子讲，包括他的家庭住址等等这些信息，你要获取这些信息的时候，你首先是要合法的。所谓合法，按照人大网络信息保护的条例，个人要被告知，正当，就是你的目的是正当，手段是正当，信息怎么用，什么目的，在什么范围用，什么时限，这些都要明示。必要的话就是范围，你不能无限地去收集个人的信息，我刚才讲的这几种，其他的什么都要问。包括刚才讲的个人财产的问题，有几套房子，你不能随便地去，这都是必要的。但是必要的话，你要去查公务员，要去查案子，这就可以用。这是讲必要。在没有必要的时候，你去问，这就是有问题的。像这些问题，都是在个人信息保护里面和个人隐私保护里面需要建立起的一些观念。这方面，我觉得整个社会，在法律层面、在社会舆论环境层面以及在商业活动里面，甚至在道德层面，我觉得都需要在这方面加强意识，我们这方面的意识是很不够的，更不用说利用网络谣言侵犯权益，还有利用不法手段，利用个人信息进行商业目的来牟利，这是根本不允许的。

网络谣言是言论自由，这种说法完全不成立

网友优雅的猪：有人说网络谣言也是言论自由的一种表现，您如何评价这种观点？如何避免因为打击网络谣言，而影响到了正常的网络监督与网民言论权利？

高新民：我想网络谣言是言论自由，这种说法是完全不成立的。言论自由是人权的一种表现，也是我们宪法里面的一个规定。但是，言论自由，它是有边界的，有底线的，它不是在任何情况下、任何条件下，不是无条件的。这个条件，第一，法制，法律上规定言论自由有哪些东西是不能在公共场合里乱说的，这是一点。第二，言论自由，你自己对自己所讲的话的真实性、可靠性要承担一定的责任。你不能说我不承担任何责任去发表言论，恐怕也不是所有国家都是这样的。还有一点，言论自由不能侵犯他人的利益。言论自由就变成不能侵犯人家的隐私，不能侵犯人家的权益等等，这些都属于言论自由所需要遵守的一些规则。所以，言论自由确实要保护。

网络谣言我刚才讲了它不属于言论自由，它属于言论自由之外的一个范畴的关系，刚才已经讲了，这样就不能把它混为一谈。这样混为一谈的话，就把言论自由给误解了。这是一点。另外一点，在打击网络谣言的时候，同时也是要保护言论自由，这一点也是应该遵循的一个原则。往往有时候这两件事情，在网络谣言没有证实它是谣言的时候，你不好说是谣言还是不是谣言，如果不是谣言，就自己言论自由范围，如果是谣言，就不属于言论自由范围。这样的话，关键的问题还是要对谣言的甄别、对谣言的识别，以及制造谣言、发布谣言的主观意图和他的目的进行鉴别。如果在这些问题上证实，我刚才说了是恶意的，有恶意的意图，有恶意的目的或者企图，这样的话，就属于打击的范围。跟保护言论自由不是一个范畴的东西。

因此，怎么样来区别这两件事情呢？关键在于鉴别它是不是谣言，要正视事实，是不是在制造传播谣言的时候是否有恶意企图和造成危害，关键在这方面。

网友人见人扁帝：世界多国针对网络谣言采取权威辟谣和关闭账号等手段，中国如何把控治理尺度？国外有哪些相关经验可供借鉴？

高新民：据我了解，网络谣言或者互联网的不良信息治理的问题，还真是一个比较头疼的问题，因为我也参与国际上讨论互联网治理的一些会议。这个难度在哪里呢？就是刚才所说的问题，这是一个言论自由、信息自由流通和不良信息，包括网络谣言在内这些传播和制造之间的界限和它采取措施的一些平衡点怎么把握，就是刚才说的尺度怎么把握。这些问题，目前在普遍都在探讨中。我认为第一条是要画红线，在法律层面上规范，要画红线，要非常清晰，而且是非常具体的东西，不能太笼统。比如说在网络上有些发垃圾邮件，或者发垃圾短信，这是最低程度的不良信息，相对来说也有危害，但不像网络谣言那样危害。对于这个国际上怎么弄呢？也是发布一些界限，网络上和手机上，哪些算广告，现在发垃圾信息或者垃圾邮件，基本上是广告，卖房子的广告，贷款的广告等等其他的广告，哪些算广告，哪些不算广告，哪些算垃圾信息，哪些不算垃圾信息，很重要的一条，接收者本人要允许，本人要被告知，本人要同意，这是一条界限。如果第一次发，告诉他我这是一个广告，而且他本人没拒绝，或者甚至说我同意，他再发的时候，你不能说它就是不良信息或者垃圾信息。如果他已经表示拒绝，你再发的时候，这时候就是垃圾信息。所以像这些界限，首先规则要在社会各方面都要知晓，提高它的知晓度，这是一点。第二，如果发现现在有举报，举报了之后要进行处理，处理过程也是一个教育过程，以后不能再这样做。第一部分，我认为还是要划界限，有些地方不允许做的，要画红线，把这个东西在法律上一定要做好。

至于谣言，基本上是这样，相关权威部门及时发布真相、发布事实，这是需要的。最后如果有危害的话，要追究责任，我们国家和其他国家基本上是这样的做法。

高新民：上面我讲的这些意见是跟网民们互动和交流，有讲得不当的地方，也欢迎大家来指正。谢谢大家，再见！

二、视频直播类嘉宾访谈的写作流程

视频直播类嘉宾访谈在演播室录制，主持人与网友一同与嘉宾进行对话。主持人在访谈过程中起组织话题、调动气氛、帮助提问、引导嘉宾等作用。主持人在视频直播类嘉宾访谈中扮演了嘉宾与网友的连接者角色，发挥改善气氛、推动节目进程的作用。因此，在选择主持人时，应当挑选具有灵活的临场应变能力、扎实的基本功并且善于调节现场氛围的专业人士。视频直播类嘉宾访谈的表现形式比文字直播类嘉宾访谈更加丰富，它可以利用流媒体的播放功能，将字幕、图片、音频、视频等表现形式融为一体，刺激网友的视觉和听觉，向网友传达信息量更大的访谈内容。

在敲定访谈主题和嘉宾后，网络媒体会在网站首页发布预告，邀请网友提问，增强访谈的互动效果。编辑要仔细研究网友的提问，整理出具有代表性、最有新闻价值、最能反映现实的问题，在视频直播的时候向嘉宾提问。视频直播时，编辑要迅速整理谈话内容，将现场情况第一时间发布出去。一方面，可以让没办法观看直播的网友通过新闻信息了解访谈情况；另一方面，也可以吸引尚不了解节目的网友产生兴趣，进而观看直播。摄影记者要实时捕捉现场图片，摄像记者现场录制节目全程。负责拍摄现场图片的摄影记者要注意捕捉现场的精彩瞬间；负责节目录制的摄影记者在整个访谈过程中应当时刻保持精力集中，将镜头对准嘉宾和主持人，确保直播的顺利进行。网友可以通过评论功能对访谈进行评价。

嘉宾访谈结束后，网络媒体的编辑要在第一时间登载文字实录，从中提炼出访谈的大标题、小标题和摘要，以方便网友阅读。针对视频直播中出现的精彩内容，新闻编辑可根据实际情况进行大篇幅或者独立新闻报道。访谈的音频、视频也要及时发布。访谈中出现的一些语言问题错误，应当运用字幕等方式进行标注，以免在传播过程中造成误解。在进行视频直播嘉宾访谈写作时要注意：嘉宾、主持人要摆正自己的角色，做一个理性的倾听者、平等的对话者、气氛的调节者；访谈视频要适当按照主题进行切分，以保证视频文件的播放效果。在视频直播结束后，网络媒体应当运用相关资源推动访谈的报道、音视频内容进行二次传播，扩大节目的影响力；同时进行节目效果分析，了解网友关于访谈的看法，仔细分析节目中出现的问题，积极总结节目编排的优点，为下次节目制作积累经验。

三、微访谈的写作流程

(一) 微访谈的产生

微访谈依托微博而生,是微博的一项延伸功能。微博平台为嘉宾和网友提供了良好的互动机制,双方可以异地、同时在线针对同一问题进行讨论。在微访谈中,全部问题由普通网友实时提出,访谈嘉宾对问题进行选择并直接回答,属于文字直播类访谈。这种访谈模式为名人与普通人线上交流互动提供了很好的平台。与名人在线交流很大程度上激发了网友参与访谈的热情,因此微访谈短时间内受到了网友的欢迎,许多平台开始积极制作微访谈栏目。微访谈开展较好的网络媒体有新浪、腾讯、网易、搜狐和人民网等,在微博发展的黄金时期有良好表现。

(二) 微访谈的特点

(1) 访谈文字的简易化。微访谈基于微博发展起来,访谈嘉宾和网友的交流,与微博内容一样,字数限制在140字以内,语言可以轻松随意。微访谈的语言更加贴近生活,风格偏向口语化,而且网友可以借助平台各种颜色的文字表达自己的情绪和态度。相较于传统的文字直播类嘉宾访谈,微访谈在文字内容上的要求更低,嘉宾与网友的交流模式也更加方便。

(2) 访谈平台的低门槛。微访谈节目的低门槛主要体现在操作设备和网友水平两方面。就操作设备而言,只要是微博的注册网友,通过互联网,使用电脑、智能手机等设备,就能够参与到微访谈中来。借助微博平台参与微访谈的操作流程也相对简单,只要熟悉微博发布流程,就能无障碍地参加微访谈。就网友水平而言,嘉宾和网友之间交流的信息长度被限制在140字以内,降低了对网友阅读水平和受教育程度的要求,同时也降低了网友参与讨论的门槛,提高了网友参与微访谈的积极性。

(3) 访谈地点的多样化。微访谈的地点不局限于演播厅。参与微访谈只需要一台能够借助互联网访问新浪微博官网的终端设备,对访谈场地的要求极低,只要保证网络顺畅即可。访谈嘉宾和主持人只需联网进入访谈页面,就能够在任何地点完成与网友的交流。开展微访谈的操作简单、成本低廉,这将促进各大网络媒体积极发展微访谈。

(4) 访谈形式的创新化。微访谈中,主持人的角色弱化,嘉宾与网友的交流互动更加直接。网友在微访谈过程中的参与程度极高,所有问题均直接来自网友,问题的角度和内容都符合网友心理。能够与名人直接展开现场互动,并且能够在话题讨论中提出疑问、发表看法,这提高了网友参与微访谈的热情。

(三) 微访谈的写作流程

微访谈的写作流程与文字直播类访谈类似。首先都是确定访谈主题,挑选并邀请访谈嘉宾,公布访谈时间,收集访谈的相关资料;然后嘉宾进入访谈页面开始访谈,主持人发布照片并加以总结;最后将嘉宾与网友的访谈对话加以整理,形成一篇文字实录。微访谈的注意事项与文字直播类访谈非常相似。在选择访谈主题时,要充分考虑网友的喜好,因为访谈的主体对象是嘉宾和网友,一旦脱离网友认知水平和兴趣范围,将大大打击网友的参与热情;微访谈时间有限,嘉宾不能对网友提出的所有问题进行逐一解答,因此需要综合多方面因素挑选出最具代表性、与主题最相关、网友最关心的问题;在最后文字总结部分,应当标识出网友普遍关心的问题和嘉宾精彩的回复,并进行重点报道。

微访谈的操作形式简单,系统会自动识别网友身份,只需要主持人、访谈嘉宾、参与网友和管理员登录各自账号,进入访谈页面即可。主持人负责整个访谈过程的串场、点评和总结。管理员负责保证访谈的顺利进行。嘉宾和网友则进入相应页面进行问答。在正式访谈之前,管理员和主持人应当仔细核对操作流程,避免在访谈过程中出现纰漏;嘉宾和网友的操作界面和流程应当在满足基本功能的情况下尽可能地简化。这样既能帮助嘉宾和网友更快参与访谈,又能使双方的互动过程更加简单方便。

【案例 2】

胡敏微访谈:学好英语其实并不难[①]
2011 年 06 月 02 日　新浪教育

学好英语意味着什么?更多的求职途径,更高薪的工作,还是更广阔的视野?英语如何改变人生?中国人学英语真的伤不起吗?胡敏老师告诉你,英语改变人生,而学好英语其实并不难。

6 月 2 日下午 15:00,著名教育专家、新航道国际教育集团总裁兼校长胡敏做客新浪,和大家畅聊英语学习,以及英语如何改变人生。以下为微访谈文字实录。

微风樱花飘落:怎样能让英语成绩一个月提高 20 分啊?请老师支招儿!

胡敏老师:短期内要想大幅提高英语,可以注意以下几点:① 查漏补缺,做到知己知彼;② 可参加短期的个性化辅导,针对薄弱环节有的放矢;③ 在具备一定的英语基础的前提下,通过一定的练习熟悉命题规律与应试技巧。

---

① 新浪网:http://edu.sina.com.cn/en/2011-06-02/181061116.shtml。

kuukoo：大学老师对学生的英语教学是应该以过级为目的还是培养学生的英语交际能力为目的？感觉进了大学学英语比高中还不如。高中老师会教你实在的应付高考，大学老师随便教教课文应付四六级。什么实际的也没有。

胡敏老师：不论是中学还是大学，英语学习都应该以培养英语交际能力为目的，考试、过级只是衡量的标准和手段，而不是目的，英语达到了一定的水平，只要辅以考前的试题练习就很容易取得理想的考试成绩，但基础不牢即便天天做题也无法学好英语，事情做好了，钱就赚到了；英语学好了，分数自然就上去了。

killifisher：考研英语的整个过程复习安排您可以给个建议吗？我用的是您的全套资料，但是就感觉自己复习的不踏实，还有就是有点不够有目标。

胡敏老师：① 夯实基础，词汇、语法等；② 强化训练，针对不同题型进行练习、强化，后期可查漏补缺，总结规律，同时要加强课内课外英语阅读，得阅读者得考研英语；③ 模考阶段，考前保持模考练习，查漏补缺也是为了培养最好的考试状态。

头菜猪茉莉开-即开：老师，您好！① 我听力很差，怎么提高听力呢？② 觉得单词好难记啊，效率特别低，怎么办？

胡敏老师：英语听力差，直接原因是听得少，在校学生应该熟听所学的课本听力材料，对基本的词汇和语法知识扎实掌握，平时课外多进行静听和泛听训练。在听力材料中学词汇、学语法、学表达，可能有事半功倍的学习效果。听力和阅读是在非英语环境下提高英语的最有效途径。

笨加码：为什么在中国那么多人对外国人说出的不地道的中文表示宽容理解，却对讲英文不够标准的国人露出不屑和鄙视的眼神呢？

胡敏老师：我们确实对很多外国人词不达意说汉语的魄力感到惊讶，但是反过来，中国学习者又有多少人能学习外国人学汉语的精神，不怕犯错误，大胆说英语呢？中国学习者很多人都是不敢说出口，缺乏自信。

郑文娟hey：用什么方法更轻松、更容易记单词？

胡敏老师：不择手段记单词，记住才是硬道理。最有效的方法可以通过学习文章，来达到背诵单词的目的，同时很多听力材料也是很好的词汇学习材料。脱离上下文纯粹地记忆单词虽然可以临时抱佛脚，但是不利于真正提高英语水平，不利于单词的实际运用，许多中国英语学习者认为背单词就是学外语，这是一个最大的误区。

曹小慧A：如果我的英语语法特别次，有什么办法提高吗？

胡敏老师：语法其实就像英语中的"规"与"矩"，是学好英语的基础，要想学好：① 可以随身携带配备练习和答案的语法书籍；② 多朗读，培养语感；③ 语法难学通常因为其太枯燥，在《英语语法红宝书》中融语法知识于优美哲理句子，既避免了枯燥又能从中学习语法并体验为人处事之道，有兴趣的同学可以参看。

JulyandAnn：老师，请问若学好英文，今后真正走入社会后可以在哪些方面帮助我？我是一名高二的学生，还有一年就高考，虽然我的英语基础不好，但是我每天都在很努力地背单词。学英语还有什么别的好办法吗？

胡敏老师：① 如果你还是一名学生，英语首先能帮你完成学业；② 学习英语的过程是一个锻炼心智的过程；③ 英语帮助你多了一种技能，获得更多的发展机会；④ 英语是一种交流工具，是适应当前世界发展需要的；⑤ 英语是获取更多信息、帮助你了解世界的通道。要学好英语，在学习中一定要学以致用。

欢乐香味柠檬：胡老师好，我是一名大学生，自从中学开始特别喜欢学习外语；毕业后我希望自己从事关于英语方面的工作；可是自己毕竟学的不是外语专业；公司会不会不要这样的员工？老师您能介绍些关于英语的工作吗？英语学习的关键点在哪儿？

胡敏老师：走入职场后，拼的是实力。外语专业与非外语专业的区别在于外语专业比非外语专业学的知识体系更完整，听说读写能力更过硬。而非外语专业则只需有效得体地运用，所以外语专业既要 usage 也要 use，而非外语则只需 use 即可。非外语专业人员有超强外语应用能力的大有人在。

孤鹜向南飞：现在面临高考如何去拿英语分？我的英语很差，该如何去学好英语呢？

胡敏老师：不同的时间会有不同的考试，如果学习英语的目标是在高中取得优异成绩，那首先就应该把课本材料掌握透彻，在此基础上再练习所在考区的英语真题，掌握基本的应试技巧和命题规律，从而融会贯通。很多中学生并没有真正掌握基础的英语内容，而是大量做题，这就犹如无源之水。

尤婧 Elaine：什么方法最快？

胡敏老师：英语学习的成功之道正如做其他的事情一样：成功没有捷径。欲速则不达，不能急于求成，而要找到适合自己的学习方法。学习中可以精听英语老师推荐或者自己喜欢的语言材料，一定要熟悉每一个听力符号，然后模仿其中的语音语调、语言表达，最后朗读，熟能生巧后才能自信表达。

蘇文鍾[①]：怎么样培养对英语的兴趣？

胡敏老师：俗话说，兴趣是最好的老师，培养英语学习兴趣可以从你身边感兴趣的事情开始，比如你喜欢小说，那你可以从看英文小说开始，喜欢音乐可以听英文歌曲……找到一个兴趣切入点，然后再从语法、词汇等各个角度去

---

① 注：该名为网友昵称，此处保留引文原貌。

深入学习。新航道有一个老师他最开始对英语感兴趣就是从英语卡通漫画开始的。

傅水绵：我学习英语的最终目的是讲好口语，可是英语就好比国语，涉及的内容太多了，怎么把它们全都记住、记好了呢？

胡敏老师：如果学习英语的目的是用于交流沟通，那么学习过程中，重点就应该放在提高口语技能上，学习中要注意学习材料的交流场景、人际关系、交流主题、交际策略，同时在表达过程中要注意是在什么场合？与什么人？交流什么话题？这样才能表达得体。

渴望-离开：我是一名高考生，但我发现每次考英语的时候时间总是不够用，我先做阅读理解，到最后才做单项选择，所以单项选择总是来不及做，我该怎么办？

胡敏老师：① 时间不充足的情况下应该好好复习之前的错题笔记本，看这些错题的解题方法和所需英语知识是否真正掌握；② 考前注意好好休息，调整好状态；③ 考场上应该自信与放松，语言活动是一种心理活动，有时候良好的心态甚至能够让你超水平发挥。祝所有高考考生金榜题名！

第三节　网络嘉宾访谈成功的原则

2008年，网络嘉宾访谈开始出现在中国新闻奖的获奖名单上，表明这一访谈形式越来越受到新闻界的重视。网络嘉宾访谈借助互联网平台大幅度提高了传受双方的互动性，同时在节目形式上不断创新，对增强网络新闻媒体内容的原创性起到了重要作用，成为一种颇受网民及网络媒体欢迎的网络报道形式。网络嘉宾访谈如何运作才能更吸引人，更加出彩？

一、主题先行

网络嘉宾访谈的重中之重就是确定一个好的访谈主题。可以说，确定好访谈主题，访谈也就成功了一半。成功的选题能够保证访谈的后续工作顺利开展。成功的选题通常意味着该访谈主题能吸引网民的眼球，并且让网民有强烈的参与意愿。访谈的主题可以涉及社会生活的方方面面，也可以根据国家政治、经济、文化生活的重大决策进行策划。这样的访谈主题为政府、人民搭建了良好的沟通平台，在舆论引导、解读相关政策，积极回应民众疑惑上有重要意义。访谈的主题可以更具开放性，从普通民众的身边小事或关心的热点事件入手。这样的访谈主题贴近生活，让网民"有话可讲，有言可发"，有效地提高了网民参与访谈的积极性。但是在设计这样的主题时,应当避免出现主题过度琐碎化、娱乐化而忽视了新闻传播价值的情况。

总体来说,网络嘉宾访谈话题的确定是整个访谈成功的基础。如果访谈的主题是众多网友非常关心的热点问题,自然会引起很大的关注。然而在关注热点话题和受众偏好的同时要注意新闻报道的正面导向,不能为了追求点击量和浏览量而选择争议性过大的话题。

二、嘉宾的选择

在确定访谈主题之后,互联网媒体需要根据主题来选择嘉宾。嘉宾的身份在很大程度上决定了网民对访谈的关注度。在邀请嘉宾时应,当充分考虑嘉宾身份与访谈主题的匹配度、嘉宾的综合表达能力,以及个人的知名度等多方面因素。一个好的嘉宾能够准确回答主持人和网民的问题,还能带动整场气氛,激发网民和主持人的灵感。

针对不同类型的访谈节目,邀请嘉宾的标准会有所不同。

在进行政务类访谈时,应尽可能邀请职位较高的政府官员来进行访谈。访谈嘉宾的一言一行都会受到很大的关注。有影响力、有权威性的嘉宾能够引起更多的关注。针对体育、娱乐、文化等领域的主题进行访谈时,需要对应地选择该领域的明星人物,与明星人物线上交流是网民参与访谈的巨大动力。

在进行新闻事件访谈时,应尽可能邀请新闻当事人、事件相关部门或专业评论员等嘉宾。这些人了解事件的来龙去脉,可以帮助网民了解事件的真相,剖析新闻事件背后的成因。

在进行专业知识访谈时,应尽可能邀请该领域的专业学者,最好是学识渊博的知名学者。比如,访谈主题为"红学知识",则应当邀请知名红学专家,最起码应当是红学领域研究的专业人才。网民观看知识类访谈的主要目的是提出疑问并获取知识,只有该领域的专家学者才能针对网民提问,做出专业性、权威性解答。

网络访谈节目嘉宾可以更加多元化。针对节目的实际情况,访谈的嘉宾还可以是各行各业的精英人物,以及人民群众中的普通人士。近年来,一种街头采访式访谈直播正在慢慢兴起,主持人或访谈工作人员在街头随机拦截路人进行访谈,让受访者针对热点问题发表个人看法。网民可以在直播评论区发表意见,主持人可以根据网民反馈对访谈内容进行调整。

三、访谈中的嘉宾交流

在与嘉宾进行访谈前,媒体团队需要提前了解嘉宾工作、生活等方面的情况,拟定访谈提纲,通过拟定好的访谈提纲与嘉宾进行互动与交流。关于访谈提纲，一定要和嘉宾反复核对，确保嘉宾充分熟悉提纲内容，提前准备好相关资料，避免访谈过程中出现意外情况。为了访谈的效果，还需要征求嘉宾对主持人所提的问题和整个访谈的意见。如果存在不妥之处，应该及时修改。如果嘉宾对访谈内容有合理或者出彩的建议，访谈制作方也应及时调整、积极采纳。网络嘉宾访谈一般都采用直播的形式，嘉宾容易产生紧张情绪，主持人需要提前告知嘉宾访谈流程，以及出现意外情况的处理措施，让嘉宾提前做好心理准备。在访谈的过程中，访谈的主持人与编辑一定要与嘉宾真诚沟通，营造出日常聊天式的访谈氛围，使嘉宾在轻松的氛围中表达出最想表达的东西，达到最佳效果。

四、网友的互动

与传统媒体相比，网络嘉宾访谈中的突出特征就是与网友之间的互动。成功的嘉宾访谈能够让网友和嘉宾之间形成良好的互动。能否提供良好的互动机制、打造轻松的互动氛围，通常成为决定一档网络嘉宾访谈节目成败的关键。一切有助于互动建设的方式都可以拿来使用。在访谈前，提前发布访谈预告，公布访谈的主题和嘉宾，置顶消息，进行宣传鼓动，积极欢迎广大网友提问，并征询他们的意见和建议。在访谈后，访谈制作方应当对网友参与访谈话题讨论的情况进行分析，找出影响网友参与积极性的因素，进行经验总结后提出促进网友与嘉宾之间的良性互动、改进节目形式、增强节目效果等方面的建议。

五、综合制作访谈内容

快餐时代，很少有网友可以耐心地将冗长的文字实录看完，因此编辑需要对嘉宾访谈的内容进行编辑整理，生产出一份形式简洁、内容精要的综合稿件。访谈的综合稿件一般都会安排专人撰写，精心分为几个部分，每个部分提炼出小标题，最后根据整个访谈的主题和嘉宾的话语提炼出整个稿件的标题。在编辑稿件时，要结合访谈过程的具体情况，对访谈中网友普遍关心的典型问题及嘉宾的精彩回答要增大报道篇幅。及时推出这类访谈能够帮助网友对访谈内容产生集中、全面的认知与判断。综合稿件既能让当时无法参加访谈的网友了解到访谈情况，也能帮助文字直播类嘉宾访谈内容进行二次传播，扩大节目的影响范围。另外，在视频直播类嘉宾访谈中，也需要根据重点来重新编辑视频，以便网友根据自己的兴趣观看视频。对访谈视频应当进行合理切分，形成一个个主题鲜明、内容集中的短视频，以有助于访谈视频的传播。

思 考 题

(1) 网络嘉宾访谈是如何产生的？
(2) 网络嘉宾访谈的特点有哪些？
(3) 网络嘉宾访谈有哪些分类？如何完成不同类别的新闻写作？
(4) 什么是微访谈？微访谈有什么特点？
(5) 如何写好网络嘉宾访谈这类特殊新闻稿件？

第十一章 融合新闻写作的类型创新
——博客、微博与新闻

随着互联网的广泛运用和媒介传播格局的变化，人人都有麦克风的时代真正意义上到来了，大家可以用博客、微博提供新闻线索，参与新闻评论。博客与微博这种新型的写作方式，篇幅短小、内容简洁、发布便捷、互动性强、扩散性快。随着新技术的发展，博客和微博的广泛使用催生出了一批制作"参与式新闻"的公民记者，这些依托互联网自媒体的"草根"记者，有着不容小觑的力量。

第一节 博客与微博新闻概述

一、博客与微博

（一）博客的定义

博客于2000年兴起，发展速度惊人。到2004年年底，仅美国就有400万个博客建立，平均每天在网上留言40万条。博客（blog或web log）一词是web log（网络日志）的缩写，一个blog就是一个网页，它通常是由简短且经常更新的post（张贴）所构成，这些张贴的文章都按照年份和日期排列。博客是继MSN、BBS、ICQ之后出现的第四种网络交流方式，是以超链接为搭载平台的网络日记。一个典型的博客结合了文字、图像、其他网站的链接及与主题相关的媒体，是社会媒体网络的重要组成部分，比较著名的有新浪博客、网易博客等。博客有三个基本特征：一是其内容主要为个性化表达；二是以日记体方式记载而且频繁更新；三是充分利用链接，拓展文章内容、知识范围以及与其他博客的联系。

（二）微博的定义

2006年，美国的Twitter以"矩阵式信息裂变传播"的网络创新模式横空出世。Twitter 的大致运营模式是：用户可以上传不超过 140 个字的消息，其"跟随者"（followers）能够及时查看并发表评论，同样用户也可以选择"追随"（following）他人。这是微博的最初模式。微博（microlog），又称"微型博客"或"一句话博客"，是一种允许用户及时更新简短文本并可以公开发布的博客形式。2010 年被称作中国的"微博元年"，许多重大事件都首先通过微博发布、传播，继而引发全社会关注。包括新浪、网易、腾讯在内的国内各大门户网站的微博平台，其长度上限均为 140 字，这意味着用户必须在极其有限的框架内完成全部的意见表达。相较于博客，微博通过限制字数、及时抵达的方式，实现了一种 web 2.0 时代的新型信息传播方式。

根据中国互联网络信息中心（CNNIC）发布的《第 29 次中国互联网络发展状况统计报告》显示，截至 2011 年 12 月底，我国微博用户数达到 2.5 亿，较上年增长了 296%，有近半数网民在使用微博，比例达到 48.7%。我国已经进入"全民微博"、"指尖时代"。

二、博客与微博的新闻化

近年来，博客和微博表现出日益明显的新闻化倾向。在一些突发事件的新闻报道上，博客与微博的反应速度远胜于传统媒体，在新闻报道方面表现出巨大潜力。

博客和微博为什么会出现新闻化？原因有以下三方面。

第一，网络传播技术的发展。麦克卢汉指出"媒介即信息"，传播技术的发展也改变着人们传播交流的方式。借助数字通信技术，运用文字、图像、音频、视频等多种方式，搭载新型智能、移动便捷的显示终端，人们能够实时、高效完成信息传输，从而体现出交互性、个人化、去中心化以及极强的传播生态自由。web 2.0 时代蕴含着人际交往、信息传播、社会生活、心理认知等多种复杂语义，以数字化传播、多媒体传播、星状网络传播、交互式传播为特征。网络传播作为一种全新的现代化的传播方式，有着与传统媒体截然不同的新特征和新内容。博客和微博有着传统媒体所不具备的优势。

第二，受众对信息的需求。传播心理学的学者们认为，私密性与解密性共存的新闻更能激起受众的认知渴望。博客和微博的个人性和开放性正好迎合了这一点。一方面，博客是用户个人在私人场域分享有关自身的生活经历或行动感悟的平台，具有极强的私密性和个人性；另一方面，博客内容有并非封闭式的结构，其信息面向广大用户，任何用户都可通过检索或推荐查看到其他用户发布的信息，对信息简单解码即可获得所需的内容。博客和微博没有传统媒体的信息来源和发布规则的限制，受众可以将所见所闻记录下来，提供新闻线索。

第三，博客与微博具有新闻化的潜力。这些"草根新闻"在一些突发新闻的报道和一些热点事件的深度挖掘、跟踪报道上发挥了不可小觑的力量。如"艳照门"、"鸡爪女"、"最牛钉子户"、"华南虎"等事件的发酵与博客和微博有着密切联系。

【案例1】

一鸣惊人的德拉吉报道①

1998年1月17日，5万多人收到了一条令他们震惊的消息。这条消息也在新闻网站"德拉吉报道"上发布："一个白宫实习生与美国总统有染。"这条"世界独家新闻"在互联网上迅速传播，并逐渐向传统媒体蔓延。它的传播者马特·德拉吉被称为美国互联网的"名记"，是web 2.0时代提供独家新闻、自由撰稿的全球最早的"公民记者"。对公众热点非常敏感的"德拉吉报道"，从不忽视每一次重大新闻事件的最佳宣传时机。"德拉吉报道"独家首发了"影视名流摄影大师赫伯·里兹去世"的消息（2002年12月），甚至还挖出了像"CNN首席执行官伊萨克森辞职"这样的猛料（2003年1月）。法新社将德拉吉列为"20世纪最具推动力和影响力的10大人物"之一。

第二节 博客与微博新闻的特征与写作

一、博客新闻的特征

（一）博客新闻的定位特征

（1）博客新闻善于提供内幕消息，是新闻信息的重要补充来源。受众对信息的需求是多样化的，越是隐秘的信息越能满足受众的窥探欲。相对传统媒体和一些网络媒体而言，博客没有太多规则限制，通常是博客主和博客受众的点对点的传播，只需经过简单的编码译码就能够获取信息，因此往往成为一些内幕消息发布的渠道。这些真实的内幕消息是很好的新闻补充来源。

（2）博客新闻参与突发事件报道竞争。突发事件报道历来为各家媒体所重视，博客新闻作者众多，又具有发布信息的时间和空间优势，因此，在突发事件的报道中，博客新闻是传统媒体有力的竞争者。

（3）博客新闻是舆情的推动者。博客引发话题热点后，讨论者众多，容易引

---

① 人民网：http://www.people.com.cn/GB/it/1069/1922018.html.

起巨大反响。此外，博客文章很适合做一些新闻事件的深度评论，借由名人等"意见领袖"的博客点击率、转发、跟帖制造轰动效应。

(二) 博客新闻的传播特征

1. 传受双方身份模糊

每一个博客新闻的博主（blogger）既是新闻的传播者，又是新闻的接受者客。博客新闻改变了原来自上而下的等级传播格局，转换为互媒的方式。

2. 开放延伸的多维传播空间

博客给大家提供了一个自由言论、自由表达的空间，每个博主都可以根据自己的喜好在博客上发布信息，并根据自己的理解进行评论。这样双向交流互动，极大提升了用户的参与感和体验感，提升了其政治参与、社会参与的能力，从而激发其信息再生产的热情。

3. 信息共享的传播理念

信息共享和交流是媒介的基本功能，博主通过博客把自己的所见所闻发布在网上，写下自己的感悟与思考，还可以浏览他人分享在博客里的信息，进行深度互动。通常情况下，个体用户组成了具有共同兴趣爱好、相似信念及价值观的小组团体。通过分享活动，加强了团体间的纽带作用，吸纳更多外围的人加入，从而形成"滚雪球"的态势。这样的共享的理念为博客新闻赢得了更加广阔的空间。

4. 丰富多样的传播样式

博客的博主来自各行各业，大多并不是专业的新闻工作者，他们在写作新闻时往往从自己的角度写出所思所想，形成自己独特的写作语言和写作风格。某些博主为了吸引更多的观众，往往会刻意创造奇特的表达方式来扩大传播范围，如"段子手"文化就是在这样的语境下产生的，为博客新闻注入了丰富多彩的血液。

(三) 博客新闻的价值

1. 博客的新闻资源具有开放性的价值

博客相较于传统媒体，缺少层层把关的审核制度，能够更加自由地发表论点，吸引读者。尤其是在重大事件和突发事件上，用户通过点赞、转发、评论，迅速形成巨大的舆论场，体现出博客新闻资源的自由和开放价值。

2. 博客新闻具有民主性和社会性的价值

博客由个人管理，内容和形式上都由博主自己选择，具有一定的民主性。更重要的是，公众通过博客积极主动地参与社会话题讨论，直接或间接地对社会活动施加影响，实现社会参与与舆论监督，极大推进了社会主义民主建设，实现了民众知情、表达、参与和监督的民主权利。因此，博客随着社会信息的迅速膨胀而诞生、成长，具有深刻的社会价值。

3. 博客新闻具有新闻评论的价值

博客社区下设的评论专区，为用户创设了一个讨论交流的社区。在这个社区里发表看法与意见，可以对新闻事件达成某种意义的共识，更好地指引人们的行动。与此同时，大量的博客文章对一些新闻事件的评论十分鞭辟入里，起到了引导舆论、推动事件向积极方面发展的作用。尤其是名人博客，很好地弥补了传统媒体的空缺。

二、微博新闻特征

（一）走向"指尖时代"

微博源于美国的 twitter，与博客一样，微博也可以与他人共享新闻、意见。但微博对字数有限制，一般不能超过 140 个字符，用户需要在这样有限的空间内完成对事件的完整评述。同时，随着手机客户端等日益便捷化的媒介出现，微博也可使用这些媒介工具完成信息发布。随着微博时代的到来，"指尖时代"也随之开启。

1. 传播的便捷化

用户可以通过电脑网页、手机客户端、iPad 等方式更新微博，微博的发布极其便捷。公众在新闻现场只需有一台能够上网的移动设备，不受任何时间、空间的制约，传播所需的"距离"缩短，只需动动手指，就能将编辑好的消息发布到微博平台。

2. 消息来源多元化

微博时代也是"全民记者"时代，微博的自媒体属性使得"人人都有麦克风"。传统媒体由于人员、资金、规定等条件的限制，不可能报道所有的新闻，而微博用户由于身份、职业的多元性，扩充了传统意义的记者队伍，即人人都是记录者、传播者，弥补了传统媒体的缺陷，使消息来源丰富多元。

3. 新闻舆论平民化

在网络媒体诞生之前，新闻传播的权力完全被传统媒体所垄断，传统媒体对新闻和信息进行选择、加工以后再向人们展示。人们所了解的环境只是一种"拟态环境"。微博诞生，成为展示新闻事实全貌的平台，用户根据自己的认知水平和立场发表对新闻事件的看法，使思想在这里碰撞和交融。这是微博平民精神的体现。

(二) 微博新闻评论的特点

1. 结构碎片化

结构碎片化一方面指的是传播时间的碎片化，用户可以随时随地发微博，不再像传统媒介信息的编辑和发布那样需要在固定完整的时间段内完成；另一方面指的是信息的碎片化，由于微博有字数的限制，许多事实无法完全解释清楚，需要大量浏览微博中的信息才能了解事件全貌。

2. 表达口语化

微博上的语言没有传统媒体的规范约束，网友大量使用网络语言、表情符号，表达更加随意、自由，整体呈现出口语化的特点。

3. 交互性

在以往的传统媒体传播过程中，发布即是终点，受众的评论无法及时反馈。而在微博这样的平台上，人们对于新闻事件的反馈与评论，在一轮轮的互动反馈中形成了互媒的特征。网络舆论场不再像一个闹哄哄的市井之地，更像是一个人人有机会握住话筒的议事厅。[1]

三、微博新闻存在的问题及对策

(一) 微博新闻存在的问题

微博新闻报道具有传播便捷、消息来源多元、新闻评论平民化等传统媒体不具备的优势，但也存在着一些问题。

(1) 微博新闻对时效性的一味追求限制了自身的发展。一些微博新闻在没有核实信息真实、准确与否的情况下，为了抢头条、吸引受众眼球，就发布消息，甚至还制作出一些"耸人听闻"的夸张标题。这导致许多网民对微博新闻的真实性持怀疑态度，在被微博新闻刺激轰炸后，又转向传统媒体的深度报道寻求真相。

(2) 微博新闻碎片化现象严重。一是微博新闻文本的碎片化。微博新闻由于受到字数的限制，每条消息都简短概要，对新闻的阐释仅仅停留在表层，不能展示事件的全貌。二是新闻编排碎片化。微博新闻不需要排版，用户发布的几条新闻之间往往是相互独立的。三是新闻发布的碎片化。微博可以随时随地发布，但微博的发布与受众的阅读并不同步，所以受众很容易在碎片化的信息中感到迷

---

[1] 白贵，肖雪. 博客新闻评论的特征及功能研究 [J]. 河北大学学报（哲学社会科学版），2008 (4)：114-118.

惑，对新闻事件一知半解，需要继续搜索相关报道。

（3）微博新闻娱乐化现象严重。一些微博博主在发布新闻事件或评论时，纠缠于事件的细枝末节，不关注问题的核心、焦点，相反以"看热闹"、"吃瓜"的心态来对待。更有甚者，为了博取关注度，进行"策划新闻"，流露出"出名"的浮躁心态。

（4）新闻的真实性得不到保障。微博新闻往往盲目追求时效性，对真实性有所忽略。另外，微博新闻的发布者没有门槛，一定程度上消解了"新闻专业主义"，这对新闻真实性更提出了挑战。"把关人"的缺失、匿名发布使得许多消息没有经过筛选就直接到达广大受众，使微博成了滋生谣言的温床。

（二）微博新闻发展的对策

微博新闻的写作与其他新闻的写作一样，必须遵循新闻写作的一般规律，将新闻规律与微博特点相结合。真实性是新闻的本质属性，微博新闻只是一种新的新闻形式，但它不能改变新闻的真实性本质。微博新闻要内容简洁明了，具有指导性、群众性和战斗性。

网站需要进行有效的舆情引导。从技术层面加强舆情监管，通过大数据后台分析舆情，增设网站编辑等"把关人"岗位，对用户创作的内容进行审核，适时、适当地做话题引导，将舆情控制在一定的范围之内。要在文化层面加强网站的网络文化建设。通过定期沟通加强与作者的联系，有意识地培养和教育一批写作意识好、专业素养强的用户队伍，倡导做有社会责任感的用户。政府部门也应加紧出台相关法律法规，加快落实实名上网制，落实互联网用户的主体责任，强化约束和管控，对凭空造谣炒作、恶意诋毁谩骂的网民进行惩治。

用户也应加强自身修养，培养理性精神。公共精神、公共立场的新时代"公民记者"，能够进行正确的价值判断，不可站错立场，把握新闻报道尺度，进行合理自我约束和管控，在一个理性的公共空间之内讨论问题，正确行使自己的知情权、参与权、表达权和监督权。

第三节 公民记者和公民新闻

互联网和手机媒体为我们的日常生活带来巨大变革的同时，对传统的新闻传播学理论也提出了挑战，一个新的词汇"公民记者"就此诞生。而由"公民记者"所生产的新闻便是"公民新闻"，又称"草根新闻"。它是指从新闻的采集、编辑到发布等流程，都不是由专业的新闻记者或编辑完成的，而是由普通民众根据自己的价值判断，将自己参与或发生在自己身边的新闻事件编辑整理并发布出来。"公民记者"和"公民新闻"背后所体现的是"参与式新闻"的理念。

一、公民记者的概念和由来

关于公民记者的概念，学界、业界讨论颇多，但仍旧没有一个权威的定义。有些概念表述重在描述公民记者的行为特点，有的概念从公民记者的非职业性角度去谈，也有的侧重阐述公民记者产生的背景和积极意义。通俗意义上来说，公民记者就是身份为非专业新闻传播者的普通民众，他们在新闻事件中发挥了记者的作用。

在实践方面，一大批公民记者组织建立，如美国公民记者协会、韩国著名公民新闻网站 OhmyNews、中国公民新闻网等。还出现了一批带有公民记者头衔的网络记者，如周曙光等。

公民新闻是新闻信息传播的一种新现象，是在新技术的催生下产生的一种个体行为，也被称为"参与式新闻"。在一般意义上，它是指"非媒体从业人员（或非专业新闻传播者）在收集、报道、分析和发布新闻和信息的过程中发挥积极作用"的行为。

《2010中国微博年度报告》发布的2010年舆情热度靠前的50起重大舆情案例中，微博首发的有11起。普通公民借助微博，发布重要信息，聚焦重大事件，发挥了微博的放大镜的功能，引起网上广泛讨论。公民记者越来越多出现在人们视线场域中，搭载博客微博的快车道，其价值与意义将不断显现出来。

二、著名公民记者和公民新闻网站

（一）马特·德拉吉

马特·德拉吉1966年10月27日出生于美国马里兰州，从事新闻业是德拉吉从小的梦想。德拉吉天生有灵敏的新闻嗅觉，当其他小伙伴们还在迷恋摇滚歌星的时候，德拉吉却对《纽约时报》的专栏作家产生了兴趣。不久后，德拉吉在哥伦比亚广播公司下属的礼品店找到一份工作，并买下了一台电脑。接下来的日子里，德拉吉一边工作一边从人们认为无价值的新闻中寻找有意思的资料发到网上，渐渐地有了订阅用户。这就是"德拉吉报道"的诞生。

早期的"德拉吉报道"在一般人眼中不过是猎奇的小网站，主要刊登小道消息和大众观点，并通过邮件或者帖子的方式在网上传播。起初，传播的内容大多是娱乐圈的花边新闻，后来转而对时政要闻予以更多的关注。1997年，"德拉吉报道"的订阅用户猛增至8.5万人。

1998年1月17日,5万多人收到了一条让他们震惊的消息,这条消息也被放在"德拉吉报道"的新闻博客上:"一个白宫实习生与美国总统有染。"这条新闻迅速传播并蔓延至传统媒体。这条消息就是著名的美国前总统克林顿和莱温斯基的"拉链门"事件。它的传播者马特·德拉吉被称为美国互联网"名记"。

如今的"德拉吉报道"每月浏览量高达6亿。据《商业2.0》周刊调查,在互联网上,"德拉吉报道"网站的广告点击率排名第29位,每月广告收入10万美元,月净收入68500美元。

(二) 嘉勒夫

嘉勒夫与德拉吉齐名,他擅长撰写极具影响力的博客。2005年3月,美国白宫授予他首个"博客记者采访证",这表明美国官方也开始承认非专业记者的地位。

(三) 周曙光

周曙光,网名佐拉,1981年出生于湖南省宁乡县,初中文化程度。2007年因报道"重庆最牛钉子户"偶然走上"公民记者"的道路。早在2001年,周曙光便开始经营自己的网站,混迹互联网,写一些文章。2004年,周曙光创建自己的博客并取名为"佐拉地球官方网站"成为一名blogger。

2007年,回到老家湖南卖菜的周曙光在网上注意到了一则叫作"重庆最牛钉子户"的新闻突然之间不报道了,出于好奇,他决定前往重庆进行个人报道。由于拆迁工地只对记者开放,周曙光只能在外围进行跟采,并发表到自己的博客上。这一举动很快就引起了人们的关注,他个人网站访问量大增,每天都有几万人次。不久,《南方都市报》、《二十一世纪经济报道》、美国之音(VOA)、英国广播公司(BBC)等十几家媒体纷纷要求采访他。报道"最牛钉子户"一举成名之后,周曙光并没有停歇下来,声称要以个人博客的方式进行社会新闻报道,为网友呈现某些"在传统媒体里永远看不到的中国社会的真实景象"。他在敏感新闻报道的路上越走越远。2007年5月,应全国各地拆迁户的邀请,他先后到达舟山市、上海市、广州市、深圳市、珠海市、慈溪市,与当地拆迁维权户接触,发表相关图片和文字到网络日志上,动员他们建立网络日志发出自己的声音。

(四) 吴延镐的OhmyNews新闻网

韩国新网网站"OhmyNews"是全球第一家公民新闻网站。自2000年创办以来,该网站已经成为韩国国内具有影响力的新闻媒体之一,英国《卫报》认为它是"世界范围内对本国事务影响最大的新闻网站"。该网站的一大特点就是实行"平民新闻"制度,网站的任何一名注册用户都可以成为OhmyNews的记者。网站的公民记者人数已经由过去的727人成长为38000人以上,点击率每日200

万次。公民记者们每天为OhmyNews网站提供各地发生的新闻,从综合新闻、政治经济到电影、体育,几乎涵盖了传统媒体的全部栏目。公民记者可以在承担责任的基础上自由发表言论,每篇报道后面都会有大量跟帖,形成了网站鲜明的个性色彩。在OhmyNews上经常出现足以影响韩国舆论的重量级评论。

三、公民记者的特征

(一) 全民性

这首先表现为公民记者的及时反馈性,能随时随地分享信息。公民记者是普通社会中的一员,遍布社会各个角落,数量巨大,是传统媒体记者队伍所不能比拟的。2010年11月5日下午4时11分,网友"丽江大松"的一条车祸现场呼救微博引发广大网友关注。几分钟后,这条微博被转发上百次,并不断有网友提供帮助的信息。下午5时02分,"丽江大松"更新微博:"在离邵阳二十公里,周旺铺官兵来了,谢谢。"5时41分,"丽江大松"更新微博:"感谢大家,由于及时联系,邵阳消防支队官兵及时赶到,伤者已送医院。"整个过程从求救到得到救援共一个半小时,微博的快速反馈和组织调动能力突显,公民记者们在即时多点互动中群策群力,共同参与完成社会公共事件。

(二) 贴近性

公民记者作为新闻事件现场的目击者、参与者,能够发布具有原生态的信息,也能够更加贴近传统媒体记者关注不到的真实社会生活。公民记者往往能够报道那些传统媒体记者不能报道、不想报道的事件,而这些信息一旦见诸微博平台,往往能引发广泛关注。拓宽媒体记者的新闻线索,丰富媒体的报道材料,延伸传统记者的报道视角,使得报道更加及时、真实、客观、全面,同样其内容也更能满足大众的需求,提升了信息的接受度和认可度。

除了以上特征,公民记者还充当着意见领袖的角色。在诸如"我爸是李刚"、"宜黄拆迁事件"等事件中,公民记者以一己之力影响着事件的舆论导向和处理结果。微博赋予了公民记者广交互性、高个性化、快传播性等诸多优势,使得公民记者的优势得到强化,能够更快、更远、更及时地完成信息采集、发布、上传任务,能充分担当公民记者"瞭望者"的角色,积极发挥公民记者信息传播者的作用。

四、公民记者的局限

(一) 公民记者的不确定性

公民记者来源不稳定、报道动机不明,具有很强的不确定性,因此不适合鼓励和培养,这也就限制了公民记者的规模。同时,缺乏"把关人"的审核,缺乏对公民记者的约束和管控,行为追责较为困难,公民记者的网络传播效果也很难准确估测。

(二) 公民记者信息来源的非权威性

公民记者发布的信息只能代表他本人的观点。公民记者缺乏专业记者的媒介素养,报道视角相对微观,新闻尺度把握不严谨,缺乏深度,新闻责任感较弱,很容易成为社会上某些人追逐利益的工具。不能像专业记者那样带着思辨的眼光看待事件相关方,也更容易被情绪所影响,导致报道失实。另外,由于公民记者的身份不被官方认可,在采访时经常被官方部门拒之门外,这也是导致公民记者的报道内容局限和非权威的原因。

(三) 信息传播的碎片化

公民记者主要是通过微博或者博客发布新闻,微博和博客的新闻具有"碎片化"的特征。在新闻事件中发挥作用的公民记者,都是积攒了一定口碑和人气的用户,经由这些用户转发、评论的事件,其被获知的可能性较大。大部分公民记者发布的新闻会因为浏览量稀少而无法被现在的大数据算法机制推荐,很难进行更广泛的传播,一些重大新闻事件可能会被这样的筛选机制遗漏掉。

网络技术的日新月异诞生了新的写作工具和载体——博客和微博。新的写作载体导致新群体——公民记者的出现,为微博和博客带来了更加丰富的内容。博客和微博新闻写作使更多的民众拥有了话语权,但也产生了信息碎片化、真实性难以保障等问题。事实上,任何技术都是一把双刃剑,只要使用得当,受益的必然是我们自己。

思 考 题

(1) 什么是博客?它有哪些特征?
(2) 什么是微博新闻?它有哪些特征?博客和微博为什么会新闻化?
(3) 什么是公民记者和公民新闻?你所熟悉的公民记者或者公民新闻网站有哪些?
(4) 公民记者的特征是什么?存在哪些局限?
(5) 新闻记者从事博客与微博写作的注意事项有哪些?

第十二章　融合新闻写作的类型创新
——机器新闻

在数字化时代，自动化生产的浪潮已经逐步渗透到传媒领域，对新闻传媒行业发展发生了巨大影响，"机器新闻写作"这一新闻生产方式涌现。在科技高速发展的现代社会，"机器新闻写作"不限于概念的提出和构想，实践层面上已经能自动梳理相关素材，编辑并在网站上发布报道，并不断地创造着新闻报道速度之快。2014年7月，美联社也宣布要将"新闻写作软件"运用到新闻稿件的撰写过程中，通过自动生成短篇稿件的方式来减轻记者的工作量。而在中国，腾讯公司于2015年9月10日发布了一篇机器人撰写的新闻，这也预示着我国的机器新闻写作技术开始发展。"机器新闻写作"正逐步推广到实践领域，为新闻实践业务的开展提供了新的思路。本章将通过对机器新闻的产生和发展、机器新闻的制作，及机器新闻的写作范围与未来发展三个部分进行探讨，了解互联网技术飞速发展下的融合新闻写作的类型创新——机器新闻。

第一节　机器新闻的产生和发展

机器新闻最早可追溯于19世纪初，随着科技的不断发展与相关理念的逐步完善，机器新闻在20世纪中后期才逐渐进入主流媒体机构和相关研究单位的视线，到最近十几年得益于互联网日新月异的发展，成为新闻传媒行业炙手可热的新星。"机器新闻"这一融合新闻写作的方式经历了萌芽、发展和成熟三个阶段，不同阶段的"机器写作"各有特点。从理念提出到深入实践领域，"机器写作"不断走向智能化和自动化，为新闻报道和新闻传媒行业带来了新的机遇和挑战。

一、萌芽：数据＋新闻阶段

机器写新闻的本质，是对数据进行提取和分析，并按照某种模式进行写作。将数据嵌入新闻报道的这种写作方式，最早可溯源于1821年5月5日英国《卫报》对曼彻斯特小学生人数及其平均消费的报道。

这个阶段中,主要是对数据进行筛选整理并运用到新闻报道中,将"数据"和"新闻"两个因素结合,形成了"数据+新闻"的模式。在这一阶段,机器新闻尚处于萌芽期,机器自动化的特点还不显著,大部分新闻材料的编辑工作还需要人工进行。但是英国《卫报》这一具有前瞻性的尝试,无疑为新闻写作提供了新的思考路径。

二、发展:计算机技术+新闻阶段

20世纪50年代,美国新闻界开始运用计算机辅助报道(computer assisted reporting)技术。部分学者和新闻传媒行业从业人员开始通过大型计算机系统,对政府和企业发布的相关数据进行检测,使其成为新闻素材的选题启发和重要来源。但在该时期出现的这一新闻报道手段,初期并没有得到较大的呼应和反响,直到20世纪90年代才逐渐获得较高关注,并流行起来。计算机辅助报道严格意义上并不是一种完全独立的新闻报道方式,它更偏向于新闻报道的辅助性,通过计算机这一工具的运用来进行新闻材料的组织和编辑。

到了20世纪60年代,美国新闻学学者兼记者菲利普·迈耶率先提出了"精确新闻"的概念。其在20世纪70年代出版的《精确新闻学——一种用社会科学报道的理论》一书中对精确新闻的概念进行了定义,即运用调查、实验与分析等手段进行新闻采写,通过资料搜集和事实查证的方式来报道新闻。这种新闻报道方式流行于20世纪70年代的美国新闻传播业,并于20世纪80年代被中国引进和借鉴,后逐渐在中国的新闻传播行业得到普及。菲利普·迈耶关于底特律骚乱的新闻报道《十二街那边的人们》,被认为是"精确新闻"的代表作品,该报道由于精确的数据调查和分析方式获得了1968年的普利策新闻奖。

"精确新闻"这一新闻报道思想产生的社会背景是西方新闻界虚假新闻泛滥、报道信度缺失使得新闻界迎来了"信任危机"。为提高新闻的可信度和挽回新闻界的社会形象,对饱为诟病的新闻生产形式进行改良,提出了这一概念。精确新闻强调客观性和精准性,希望通过客观而准确的数据、科学且严格的研究方法,保证新闻报道的客观性,同时规避记者的一些主观倾向,提高新闻报道的质量。

这一时期,机器新闻进入发展阶段,计算机技术和新闻开始结合起来,计算机辅助报道技术的引进为新闻报道写作提供了工具和手段。"精确新闻"理论和方法的提出,借鉴了社会学和统计学等学科的知识,对新闻报道的写作提供了借鉴意义。

三、成熟：机器智能新闻阶段

在国外享有盛誉的著名媒介理论家道格拉斯·洛西克夫在其著作《编程或者被编程：十条数字时代的指令》（Program Or Be Programmed: Ten Commands for a Digital Age）中指出：随着计算机技术和人工智能的进一步发展，"思考本身将不再——至少不再是独一无二地——成为人类的特权"，在未来，人工智能也能进行思考和写作。在机器新闻的成熟阶段，这一推论正在逐步成为现实。一场基于计算机技术的革命在传媒领域迅速开展。

20 世纪 80 年代阿富汗战争时期，为使战况信息能够及时高效传播，减轻战地记者压力，美军通过 New Blaster 程序对各种数据进行抓取、筛选和分析，自动形成新闻。至此，计算机技术、数据库信息和新闻传媒三种要素被有机结合，宣告着机器智能生产新闻的开始。

之后，开始有研究组织陆续尝试运用机器人系统自动生成新闻。2010 年，美国西北大学创新实验室用其开发的"统计猴"（stats monkey），自动抓取网页中的体育比赛信息，并形成新闻标题，将相关数据信息嵌入预设的新闻内容模板中。提供自然语言处理服务的科技公司 Narrative Science 吸取了"统计猴"的灵感，进一步发展该技术，同年，美国十大电视网开始使用该公司的软件来进行体育新闻的报道。之后法国的《世界报》和其他媒体也开始运用这种软件报道体育新闻。与此同时，机器人写手也被运用到了房地产、股票等数据分析领域。[1]

"机器新闻写作"这一形式正式在公共视野引起轩然大波的是 2014 年 3 月《洛杉矶时报》对于一起突发事件的报道。在美国当地时间 2014 年 3 月 17 日，美国加利福尼亚州洛杉矶市遭遇了一场 4.4 级的地震，《洛杉矶时报》在该事件发生的三分钟内就发布了新闻，成为最先对该地震进行报道的媒体。而这条最先发布的新闻后经证实是机器写作的。时任《洛杉矶时报》的记者 Ken Schwencke 通过其创建的 quakebot（地震机器人）算法程序，能够迅速抓取并整理相关数据，生成新闻报道。以下为该新闻报道的具体内容：

A shallow magnitude 4.7 earthquake was reported Monday morning five miles from Westwood, California, according to the U.S. Geological Survey. The temblor occurred at 6:25 a.m. Pacific time at a depth of 5.0 miles.

根据美国地质勘探局消息，星期一早上，在距加州韦斯特伍德约 5 英里地区，发生了震级为 4.7 级的浅表地震。地震发生时间是太平洋时间早上 6 时 25 分，震中约深 5 英里。

---

[1] 张鋆．"机器人写手新闻"对传统新闻生产的影响[J]．新媒体与社会，2014（12）：319-326．

According to the USGS, the epicenter was six miles from Beverly Hills, California, seven miles from Universal City, California, seven miles from Santa Monica, California and 348 miles from Sacramento, California. In the past ten days, there have been no earthquakes magnitude 3.0 and greater centered nearby.

据地质勘探局的数据，本次地震震中距离加州贝弗利山庄约 6 英里，距离加州环球影城约 7 英里，距离加州圣莫尼卡约 7 英里，距离加州萨克拉门托约 348 英里。在过去 10 天，在该地区附近，没有监测到任何震级达到或超过 3.0 级的地震。

之后美联社也宣布与科技公司 Automated Insights 合作，将"自动化新闻系统"运用到新闻报道中去，从而减轻记者的工作量。另外，国外其他媒体机构也引进了"机器新闻写作"这一新闻写作形式，如：雅虎、福布斯网等。

国内机器新闻写作的商业化运用稍晚于国外。2015 年 9 月 10 日，腾讯公司旗下的腾讯财经发表了一篇名为《8 月 CPI 同比上涨 2.0% 创 12 个月新高》的新闻报道，将机器新闻写作引入新闻报道中，这是我国媒体首次对"机器新闻写作"进行相关尝试。该则新闻报道末尾写道，"本文来源：Dreamwriter，腾讯财经开发的自动化新闻写作机器人。"消息一出，立刻引起了广泛的讨论和尝试。案例 1 即为腾讯公司的机器写手生产的新闻报道。

【案例 1】

8 月 CPI 同比上涨 2.0% 创 12 个月新高[①]

2015 年 09 月 10 日　腾讯财经

腾讯财经讯　国家统计局周四公布数据显示，8 月 CPI 同比上涨 2.0%，涨幅比 7 月的 1.6% 略有扩大，但高于预期值 1.9%，并创 12 个月新高。

国家统计局城市司高级统计师余秋梅认为，从环比看，8 月份猪肉、鲜菜和蛋等食品价格大幅上涨，是 CPI 环比涨幅较高的主要原因。8 月份猪肉价格连续第四个月恢复性上涨，环比涨幅为 7.7%，影响 CPI 上涨 0.25 个百分点。部分地区高温、暴雨天气交替，影响了鲜菜的生产和运输，鲜菜价格环比上涨 6.8%，影响 CPI 上涨 0.21 个百分点。蛋价环比上涨 10.2%，影响 CPI 上涨 0.08 个百分点，但 8 月份价格仍低于去年同期。猪肉、鲜菜和蛋三项合计影响 CPI 环比上涨 0.54 个百分点，超过 8 月份 CPI 环比总涨幅。

他表示，从同比看，8 月份 CPI 同比上涨 2.0%，涨幅比上月扩大 0.4 个百分点，主要原因是食品价格同比涨幅有所扩大。8 月份，食品价格同比上涨

---

① 腾讯网：http://new.qq.com/cmsn/20150910/20150910019573.

3.7%，涨幅比上月扩大 1.0 个百分点，其中猪肉、鲜菜价格同比分别上涨 19.6% 和 15.9%，合计影响 CPI 上涨 1.05 个百分点。非食品价格同比上涨 1.1%，涨幅与上月相同，但家庭服务、烟草、学前教育、公共汽车票和理发等价格涨幅仍然较高，涨幅分别为 7.4%、6.8%、5.6%、5.3% 和 5.2%。

8 月份，全国居民消费价格总水平环比上涨 0.5%。

银河证券的分析报告认为，预计到年末生猪价格将超过上一轮"猪周期"价格高点，如果猪肉价格集中在四季度上涨，并且重合蔬菜上涨周期，那么四季度单月，尤其是 12 月份 CPI 同比涨幅超过 2% 的可能性较大。

交通银行金融研究中心预计，未来 CPI 仍有缓慢上行的可能，部分月份同比涨幅可能高于 2%，但全年 CPI 涨幅将低于 3% 的政策目标值，物价状况暂不会明显制约货币政策操作空间。

民族证券宏观分析师朱启兵表示，"7 月实体经济新增信贷的大幅回落难以持续，预计 8 月新增信贷再度扩张至 11000 亿元，货币政策继续维持宽松"。

申银万国证券研究所首席宏观分析师李慧勇表示："预计后面至少还会有 25 个基点的降息空间。一方面，实际负利率已不是制约，如果需要可以继续降息；另一方面，降息之前受制于汇率，汇改主动释放了贬值压力。"

8 月 26 日起，央行下调一年期存款基准利率 0.25 个百分点至 1.75%，目前工商银行、建设银行等金融机构一年期存款利率普遍为 2%。

居民消费价格指数（consumer riceindex，简称 CPI）是度量居民生活消费品和服务价格水平随着时间变动的相对数，综合反映居民购买的生活消费品和服务价格水平的变动情况。

【本文来源：Dreamwriter，腾讯财经开发的自动化新闻写作机器人，根据算法在第一时间自动生成稿件，瞬时输出分析和研判，一分钟内将重要资讯和解读送达用户。】

此后，我国各大传媒集团纷纷引进"机器新闻写作"。新华社引入机器人"快笔小新"来撰写体育赛事和财经等相关新闻，能够自主完成稿件的数据采集加工和写稿编辑功能。此外，今日头条也引进了机器人"张小明"，其运用机器学习、自然语言处理和机器图像处理等计算机技术，拥有卓越的性能，在里约奥运会期间，13 天共写稿 457 篇，产出率之高令人称奇。

在这一时期，"机器新闻写作"在传媒行业遍地开花，给这个传统传媒领域带来了新的变革契机，并且深入实践领域，迅速商业化。在这一阶段，"机器新闻写作"主要表现出智能化的特点，引入计算机领域的相关知识，将新闻报道与人工智能和算法相结合，更加高效率、高质量产出新闻内容。"智能机器人"＋"新闻写作"的模式标志着机器新闻写作逐步走向成熟。

但值得一提的是，"机器新闻写作"仍集中于数据量富集的特定新闻领域，多见于财经报道和体育赛事,同时在地质勘探、天气预报、健康医疗等领域也初露锋芒。但在其他新闻领域,其还未得到广泛的运用,仍有较大的上升空间。

第二节　机器新闻的制作

机器新闻是互联网时代的产物。面对庞杂的互联网信息生产规模,单纯人力对信息的筛选、甄别和处理的局限性日益凸显;同时,随着大数据的产生,信息发展从以往对"数量"的追求,演变至对"价值"的需要。信息抓取、归纳和加工效率亟待提升,于是智能化机器应运而生。

科技进步和信息社会高速发展,使人力逐渐被智能机器所取代。在新闻传媒行业亦如是,机器新闻写作是指对人的某种信息处理能力进行模拟,通过数据挖掘和智能运算等完成文字编辑和写作的过程,其表现形式不限于各种硬件和软件。机器人在新闻生产过程中的智能化和自动化,使其具有得天独厚的优势。高效率的新闻采写、客观精准的信息处理能力和较低的生产成本,让机器新闻在互联网时代和信息爆炸社会大放异彩;与此同时,机器新闻写作也具有自身的局限性,仍有较大的完善空间。下面将对机器新闻写作的优势和局限性进行介绍。

一、高效的新闻采写效率

机器人在新闻传媒行业的应用很大程度得益于其在新闻编辑速度上的优势,这也使得机器人写手更适合突发性事件的报道。比如,体育赛事、地震这种具有时效性价值的新闻,机器人可以抓取网络上的各方数据,迅速进行编辑,并通过互联网自动向受众传播。机器人新闻生产往往经过"搜集数据—分析整理—使用模板—形成报道—人工审查"这一模式化生产流程。高度的自动化生产流程,使得机器人写手能够在较短的时间差内完成新闻生产,第一时间将相关信息传递给受众。早先《洛杉矶时报》的 quakebot 机器人写手能在三分钟内完成内容的生产和发布,令人类记者望尘莫及。这让注重时效性的新闻传媒行业看到了机器写作的潜力和价值。

并且,机器人不受工作时间限制,可以 24 小时编辑,突破了人类记者新闻采写时间上的不连贯性。这在极大地节省了人力的同时,也没有耽误对新闻事件的及时监测和报道。同人类记者相比,机器人记者能够不知疲倦、无间断地进行内容生产,这对于突发事件的报道尤为重要,填补了人类记者的作息空白时间段。

另外,在大数据时代,信息呈指数级增长,面对网络的海量信息资源,凭人力去搜索、识别和分析,是一项极其庞杂的工作。而机器人程序可以通过预设的算法和模型,对信息数据进行整理和归纳,过滤掉无关信息,快速提取有用信息,再进行甄别和分析,将信息海洋中的信息串联起来,提取有价值的部分。比如,对网络舆情的监测和分析,人力很难使数据具有全局性和精确性,但借助机器人系统,可以快速而准确地对舆情进行全局性的把握,从而指导后续的引导工作。因此,机器人写手进入传媒领域契合了时代的需求。

二、客观的信息处理

机器人写新闻从本质上来说,是在大数据的语境中,通过信息的统计、存储、搜索和筛选,并通过建立模型和某种联系,自动生成新闻的过程。所以,在没有人为干预的情况下,新闻报道是以一种结构数据的文本形式呈现的,其本身的真实性和准确性得到了保障。机器人写作形式,保证了新闻事件的重要事实要素的正确性,如时间、地点、人物、数据等,不但降低了新闻报道失误的可能性,而且也大大提高了新闻的精准性。正如约瑟夫·普利策所言,新闻传媒行业追求的目标是"精确,精确,再精确"。

同时,在挖掘新闻热点和引导舆论话题方面,新闻机器人提供的科学数据决策和参考也远胜于人类的主观判断。由于新闻敏感度、时间和精力的局限,人类记者对新闻价值的判断存在一定的失误概率。如果一条有价值的新闻事实没有被挖掘和报道,那么其等同于不存在。这时候,通过机器人对大数据进行抓取与分析,并提供科学准确的数据结果就显得尤为重要。这是机器人写手在新闻报道中对人类记者新闻采编的辅助性工作,它不仅能够极大地节省人力,提供科学而真实的数据支持,而且能为后期的新闻策划和舆论引导带来有力的决策参考。[①]

此外,机器人写手的客观信息处理能力也一定程度上提高了新闻报道的质量,加强了新闻行业的社会公信力。在眼球经济时代,不乏一些新闻从业者为吸引读者,采用捕风捉影的素材、拟写夸张不实的标题等,使虚假的、低质量的新闻泛滥成灾。机器人写手根据固定算法进行内容生产,其在新闻报道的写作中规避了新闻从业人员的主观臆断,有利于改善这一行业的乱象。

三、较低的新闻生产成本

新闻传媒行业的机器人写手逐步商业化,对传统商业模式带来了巨大的冲击,其以较低廉的成本,正逐渐成为新闻传媒行业一个新的盈利增长点。

当相关算法建立后,机器人新闻写手即能够 24 小时持续不断地进行新闻写作,不需要休息和放假;同时其能快速高效地进行新闻生产,生产力相当于好几

---

① 刘挺. 机器人来了,记者去哪儿 [J]. 中国科技传媒,2015(9): 20-21.

个专业新闻记者之和。此外，传媒集团不需向其支付薪资，这样一来，机器人新闻写手的成本大大降低。

同时，这一低成本的新闻生产方式使得个性化生产成为可能，有利于满足不同偏好的读者需求，为新闻生产者抓住用户的需求长尾提供了可能。今日头条的机器人写手"张小明"在里约奥运会期间，撰写了几百份稿件，对部分小众、冷门的体育赛事也进行了报道，满足了小众群体的阅读需求的同时，也获得了可观的阅读量。在未来，随着人工智能的进一步发展，机器新闻写手还能按照用户的语言偏好进行个性化的材料组织，进行风格迥异的新闻报道，让定制新闻成为现实。机器人写手以较低的新闻生产成本让国内外媒体对其青眼有加，其产生和发展一定程度上回应了新闻传媒行业降低成本、提高利润的诉求。

四、机器新闻写作的局限性

机器新闻写作凭借其较高的新闻采写效率、客观的信息处理能力和较低的生产成本，在互联网和人工智能日益发展的今天大放异彩。但机器新闻写作也存在着其自身的局限性，我们可以从以下几个方面进行探讨。

首先，机器新闻写作由于其对于数据依赖性较高，使其能够进行报道的领域十分有限。机器新闻写作往往要通过搜集数据、分析归纳、嵌入模板、组织和形成报道等特定流程。从海量冗杂的数据中筛选所需要的信息，是其主要功能和优势所在。因此，大部分的机器人写手目前都被运用在新闻报道数据要求较高的领域，如财经报道、体育新闻、自然灾害、天气预测等。而在对数据依赖性较低的新闻报道领域，机器新闻写作还未被广泛应用。

其次，基于特定模板的机器新闻写作感染力和可读性较低，用户阅读体验较差。机器人写手往往按照事先编写好的程序代码，往新闻模板的相应位置填充必要的信息，从而编辑生产出新闻报道。这样的新闻生产形式，容易造成新闻千篇一律的现象，新闻报道生产同质化严重，缺乏趣味性和生动性。传统的新闻记者在进行内容生产的过程中，会着重考虑读者的阅读兴趣，以新颖的笔触、出色的思辨能力和语言表达能力等获得读者的喜爱。出色的记者甚至能够形成独特的新闻报道风格，呈现出鲜明的个人色彩和丰富的创造力。相比之下，机器新闻报道就显得贫乏无味，缺少了一些"温度"，可读性和感染力较低。

再次，机器人写手缺乏深度思考能力，新闻报道多为事实信息的堆砌和组合，缺乏观点表达。虽然，目前机器新闻写作结合了自然语言处理、机器学习、图像识别等先进的计算机技术，具有一定的"智能化"特点。但是，本质上机器人写手不具有自行思考的能力，而主要是根据相关算法进行材料组织，因此，就难以进行深度信息挖掘和思辨处理，生成深度报道。现阶段，机器新闻写手的深度思考能力还有待提高。

最后，机器新闻写作缺乏新闻敏感性。新闻敏感是指新闻工作者在长期的新闻采写过程中逐渐积累形成的一种新闻职业素养，并将客观世界中某些特定的信息进行捕捉并形成有价值的新闻点的过程。一名具有优秀职业敏感性的新闻工作者若想有良好的新闻敏感性，不仅需要熟悉党的方针政策，具备较高的政治觉悟，还需要留心观察生活，不断思考和实践。

新闻事件的选题、策划和写作都需要具有新闻专业素养的工作者，通过复杂的人脑形成。而机器人写手一般具有较为固定的写作模式，即使有复杂的算法和多样化的模板，但其新闻敏感的捕捉、新闻价值的判断和社会传播效应的预测等能力都会受到质疑。

机器新闻这一融合新闻写作的类型创新，拥有人工采写新闻所不具备的优势。高效的新闻采写效率、客观的信息处理能力和较低的新闻生产成本，使其在众多新闻报道写作形式中脱颖而出，获得了国内外媒体的青睐。

但现阶段，机器新闻写作也存在着众多短板与不足，如：对数据的依赖性较高，报道的领域有限；套用固定模板，新闻生产内容同质化，感染性和可读性较差；缺乏深度思考的能力和自主观点表达；缺乏新闻敏感性等。"道阻且长"，机器新闻写作仍有较大的提升空间。

第三节 机器新闻写作的写作范围与未来发展

一、适用范围：目前只能采写"规范新闻"

当机器人写手问世时，很多人质疑其是否会挤占记者的生存空间，在不久的将来"取代"记者。但是仔细将人类记者与机器人写手做一番比较后，会发现其实记者的优势是显而易见的，机器新闻写作的局限性在可预见的将来是无法与一个有优秀新闻素养的记者相媲美的。关于这一点，美联社曾指出，机器新闻写作的引入，是让记者"能做回新闻的本职工作，而不是忙于数据处理"。机器新闻写作将记者从枯燥单调的基础工作中解放出来，从而有更多的时间和精力进行高质量、深度化的新闻内容生产，所以记者的职业并不会消亡或者被其"取代"。

从目前的技术水平来看，机器人能够采写的都是较为客观理性的"规范新闻"，即通过计算机程序，将数据库中的信息建立某种模型和关系来呈现新闻，如财务报告、体育新闻、地震新闻。该类新闻往往重视基础事实信息和数据资料，因此，在固定新闻模型确立的前提下，机器人写手能够顺利完成数据采集和信息填充，形成完整的报道。而对于一些相对灵活自由的体裁，如新闻评论、人物传记等，机器人则较难采写。因为这类新闻通常没有固定的格式要求，在新闻生产的过程中需要依靠记者的写作经验和新闻素养，挖掘深度内容，进行创造性表达。目前的机器新闻写作尚不具备这种能力。由此可见，机器人离"自由新闻"体裁还有一段路要走。

机器人系统虽然可以创造出大量的数据算法和写作模板，但难免受到计算机语言和算法程序的限制，使新闻表述变得刻板生硬——这也是现阶段机器人写手只能运用到"规范新闻"中的原因。固定的数据算法和写作模板让新闻生产的内容千篇一律，"流水线"般的新闻生产容易使内容呆板枯燥，缺少"温度"和对读者的人文关怀。而具有较高新闻水准的记者能够运用不同的视角来展现同一个新闻事件，再通过一些生动灵活的笔法来渲染和表现人物或事件，包括生动的细节和富有个性的表达，以及有深度的见解和发人深省的叩问。这些是目前机器人写手难以突破的瓶颈。

综上所述，目前机器新闻写作的适用范围主要是"规范新闻"领域，其主要功能尚且局限在及时、快速的基本信息传达。能够在财务报告、体育新闻、地震新闻等规范性强和数据依赖性高的新闻领域有不俗的表现。但在"自由体裁"的新闻写作领域，机器人写手尚没有过多的发挥空间，在深度报道、新闻评论、人物传记等方面还有较长的路要走。

二、未来发展：存在较大新闻伦理争议

（一）加剧了新闻发展的失衡

机器人写手能够在极短的时间内整合信息，形成稿件，提高记者的写稿效率。但机器人写新闻这一生产形式有较高的外在条件要求，例如技术条件、资金支持等。在经济、科技发展和相关专业人才欠缺的地区，机器新闻写作这样高科技的便捷技术很难实现，这就无形中加剧了区域新闻水平发展的不平衡。经济、科技发达的地区通过新闻采编技术的不断进步、获得信息和受众的优势，保证了高水平的广告收益，这种高收益是技术与人才高端化的有力保证；而在经济、科技欠发达地区，设备和人才难以得到保障，也更加阻碍了新闻技术的发展，从而加剧了媒体的竞争和生存压力。

同时，机器人写新闻这一形式目前只存在于有一定规模和经济基础的传媒机构，一些小型的新闻传媒机构，或因缺乏专业人才和技术，或因缺乏资金，都无法负担起机器新闻写作。这在一定程度上影响了传媒行业的生态，使得大型新闻传媒集团变得更大更强，而小型新闻传媒机构则逐渐丧失竞争优势。因此，机器人写手投入使用可能会加剧新闻发展的不平衡，给现有的传媒生态带来负面的影响。

(二) 存在侵犯个人隐私的隐患

以互联网为代表的现代科技飞速发展,给人们的生活带来了翻天覆地的变化,但在带来各种便利和福祉的同时,也悄悄埋下了隐忧。技术发展的速度与社会制度、法律制度不匹配,使得现行制度不能有效管制技术,并处理技术带来的相关争议。在新闻传媒行业,引入人工智能进行机器自动化生产这一新闻报道生产方式就站在"风口浪尖",引发了众多争议。

在互联网信息高速发展的时代,各种公开的、非公开的信息都通过网络存储,系统操作不慎或是个人保护意识不强,就可能导致个人隐私泄露。近年来,在互联网的发展浪潮下,关于"个人隐私保护"的问题也开始逐渐受到重视。

机器新闻写作是基于对海量网络信息的收集和整理,形成新闻稿件。信息来源广泛,既有来自搜索引擎的信息,也有来自社会化媒体和门户网站的信息,甚至包括个人移动终端的信息。在机器人对网络信息的整合中,不可避免会出现对社交媒体等私人化媒体信息的挖掘和引用,这就涉及个人隐私泄露的问题。哪些数据可以挖掘和利用?哪些数据不能够被挖掘和利用?判断标准又是什么?这些问题还没有定论,大多依靠相关技术人员根据个人经验和功能要求进行取舍。同时,机器新闻写作作为一个新生事物,相关方面的立法暂时还处于空白状态。

因此,机器新闻写作恐侵犯个人隐私这一隐患,仍存在法律"盲区",同时业界和学界也没有统一定论,尚无良好的解决方式。这将是机器新闻写作发展和普及的一个重大障碍。

(三) 新闻传播行业逐渐走向平台化

机器新闻写作依靠人工智能技术在新闻传播行业大展身手,报道之快、效率之高令人咋舌。自动化、智能化的新闻生产方式对新闻生产流程产生了重大变革,除此之外,还对新闻行业和信息传播产生了深远的影响。

这一现象级的写作方式的出现,让我们越来越清晰地认识到,在信息爆炸的社会里,单纯的信息组织、传达再也不是抓住用户的关键。现阶段新闻行业的发展之路是建立一个信息传达的平台,让快速高效的机器人写手和擅长灵活思考的专业记者都能在这个平台上各尽所长。同时,机器人写手的引进,对新闻机构"把关人"和"审核者"的功能要求愈加严格。新闻传播行业要建立一个自由开放的平台,让更多的传播节点进入的同时,建立严格的平台规则,管控和维持平台的运转。

【拓展内容】

"机器新闻写作"时代传媒发展的新变局(节选)①

平台型媒体的构建

平台型媒体是指既拥有媒体的专业编辑权威性,又拥有面向用户平台所特有的开放性数字内容实体。简言之,这种平台性的媒介不是单靠自己的力量做内容和传播,而是打造一个良性的平台,平台上有各种规则、服务和平衡的力量,并且向所有的内容提供者、服务提供者开放,无论是大机构还是个人,其各自的独特价值都能够在上面尽情地发挥。这便是以"机器新闻写作"为标志的人工智能技术的崛起对于媒体形态的基本改变。这种既是平台,同时也是"把关人"的"平台型媒体"(platisher)的特点在于以下几个方面。

首先,它是吸引和掌握着海量流量的开放平台。这一开放平台为以个人为基本单位的传播能量被激活的微资源提供了互联互通、全新聚合的基础系统。互联网技术赋予平台信息传播效率高、呈现形式丰富、传播范围可宽可窄的优势,同时从根本上变革了信息筛选模式——即不再取决于少数人的价值取向,而是增加用户的主体性,运用大数据实现个性化、精准化定位,降低或消除用户接触信息的时间及机会成本。另外,随着技术垄断被打破和接入成本的降低,用户在海量流量的开放平台上得以便捷有效地分享知情权、参与权、表达权、监督权。

其次,个人、利益组织和专业新闻机构成为连接信息的节点。互联网平台上的个体和组织都被高度节点化,节点成为信息连接的关键"接触点",传统媒体地位下降到与个人一样,成为错综复杂的网络中的一个个节点。平台赋予所有信息节点的技术地位是平等的,可以连接一切。各节点实际能够连接的数量、辐射的范围和发挥的作用因自身资源禀赋和竞争力差异而不同,并对他者形成影响。节点间的空间分布是流动的,不同节点因为共同关注的议题成为暂时性的集合,平台由无数个流动的小共同体组成,某些节点充当不同共同体间的信息搬运工。供求关系是信息流动、节点互动的基础,不同节点间呈现合作态势。

最后,专业媒体的角色要从传播领域的生产者、控制者转型到社会传播生态的共建者。在人工智能与互联网所构造的新媒介生态中,媒体的角色应以一种全新的面貌出现,将自身作为融入大生态中的一分子,而不是一个高高在上、一元单向的"大家长"。它要思考的不再是"我该怎么控制和占有这个系统",而是"我作为其中的一个行动主体,应该怎么维持这个系统的有序性和良性运行"。这种新思路强调的是,专业媒体应当理性地放低自身姿态,从"垄断组织"进化到

---

① 喻国明."机器新闻写作"时代传媒发展的新变局[J].中国报业,2015(23):22-23.

"共建生态",实现容纳社会多元主体的共同管理。具体来说,专业媒体首先应为系统建立一套最基本的游戏规则,这套规则应该是底线性的、建设性的、保障性的,保障整个系统稳定、平衡运行。同时,参与协调搭建安全的、开放的、流畅的公共平台,鼓励多种主体共同参与、贡献力量,平衡各方观点和利益,媒体机构不再是站在所有人之上的控制者,而是协调者、组织者,为系统内的"玩家"们处理纠纷、解决困难、提供公共服务,尤其是规则服务。

(四) 机器新闻写作是否会取代记者

"机器人写新闻"是一个不断变革发展的新事物,其发展态势也不一而论。从早期的 NewBlaster 的信息筛选,到腾讯财经独立写出完整的新闻,再到现在的机器新闻写作个性化趋势,虽然我们还处在机器新闻写作的初级阶段,但其信息整合、智能生成的强大优势已让其在新闻采写中发挥了不可替代的作用。

很多新闻工作者因此产生了"忧患意识",甚至认为机器人写手在不远的将来会"取代"人工写手,大批记者、编辑将面临失业。但我们可以看到,机器新闻写作基本只可以自动生成模式化的新闻,但在自由灵活的深度新闻报道中,职业记者的优势显而易见。中国人民大学新闻与社会发展研究中心主任喻国明指出,在当前和未来相当长一段时间内,人工智能还远远不能取代人的智能,关键问题是人和机器如何实现功能互补和价值匹配。

一定程度上,机器新闻写作形式的引入,是在倒逼记者身份和职能的转型,促进记者的身份、角色的变迁。在可预见的未来,机器新闻写作的发展会使机器人与记者有更为明确的分工——机器人负责前期的数据整合,后续的深度分析报道将由记者完成。当然,这对记者的专业分析、理性解释能力和逻辑思辨能力的要求将进一步提高。

在"机器新闻"日渐普及的今天,记者职业的侧重点也随之发生转移,具体可以表现为以下两个方面。其一,基础的信息传达和突发事件报道中,记者所承担的工作将越来越少,但是专业记者需要更多地承担对于事件的调查分析、深度追踪和逻辑推导等职能。其二,记者无须进行具体的资料搜集和数据分析,但对新闻报道的内容审核和价值判断仍然离不开专业记者。在未来的新闻生产过程中,专业记者将更多地扮演"审核者"和"把关人"的角色,成为新闻生产过程中强有力的"环节点"。

总而言之,机器新闻写作带来的不仅有机遇,而且有挑战,用更加积极和开放的态度来迎接这一技术变革才是正确的态度。

【拓展内容】

国外机器人新闻写手的发展与思考（节选）①

与以往人工智能在传媒业的应用不同机器人新闻写手最大的特征是新闻生产的完全自动化。在具体新闻写作过程中，人工的参与并不是新闻产品产出的关键和决定性环节，新闻生产的主体实现了由人向机器的转变。

……

发展存在的问题

成果是惊人的，不过问题也随之产生：由机器人自动撰写的新闻内容过于单一，常常是赞颂胜利者，批评失败者。客户对此提出要求，希望报道更加多样化，关注胜利者的同时也要关注失败者的表现并发现亮点。同样，在报道美国少年棒球联盟赛事时，家长们也要求报道尽量忽略失误而聚焦于正面信息。于是，设计者针对这些应用中发现的问题对软件进行了升级改造，使之更适应使用者的复杂需求。

为了更好地把数据通过算法转化成文字，叙述科学公司雇用了一批"元写手"，他们都是训练有素的记者，有自己一套成型的写作风格和手法。这些记者与工程师们一起"培训"计算机，使其能够从数据中发现各种各样的"角度"，并教会计算机如何组织文章的"架构"。为了组建句子，算法中还包括由"元写手"们汇总的相关分类报道的词汇库。此外，叙述科学公司的团队还为客户提供了报道语气风格的多样化选择，"可以是一名神经紧张的财经记者从交易大厅发出的尖叫型风格，也可以是卖弄学问的老学究讲课型风格"。

经过几年的发展，叙述科学公司的技术有了更强大的提升。2014年3月，该公司发布了Quill Engage平台，也就是谷歌分析（Google Analytics）应用。这是著名互联网公司谷歌为各种网站所有者提供的数据统计服务这一应用的功能非常强大，只要在目标网站的页面上加入一段代码，就可以提供丰富详尽又简洁明了的图表式报告。它可以显示人们如何找到和浏览某个网站，以及网站所有者如何改善访问者的体验，提高网站投资回报率，如何在网上获取更多收益。它可以对整个网站的访问者进行跟踪，并能持续跟踪营销广告的效果，使网站管理者了解哪些关键字真正起作用、哪些广告词最有效、访问者在转换过程中从何处退出等。总之，这是一个全面的分析软件包，而它的主要功能就是由叙述科学公司的自动化写作平台完成的。

……

---

① 徐曼. 国外机器人新闻写手的发展与思考[J]. 中国报业，2015（23）：32-34.

未来的发展方向

机器人新闻写手出现至今还不到十年，真正开始成形并付诸实践只有短短的三四年。可以说，这一应用还处于初始阶段，未来还有无限可能，也许会远超我们的想象。不过就目前来看，有几个比较明显的发展趋势。

首先，机器人写手新闻在整个新闻报道中占据的份额会越来越大。关于这一点，应该不会有人怀疑。叙述科学公司的创建者克里斯蒂安·哈蒙德曾经预测，新闻报道将最终由机器人写手新闻所主导，份额将"超过90%"。不过，这一比例的得出是以机器人写手新闻本身创造了巨大数量的、从前传统新闻记者所不曾覆盖的领域报道为前提的。也就是说，一方面，由于机器人写手的加入，新闻的总体数量实现了几何倍数的增长；另一方面，今后我们的世界和我们的生活将日益数据化，越来越多的数据将在互联网上产生和流动，从而对自动化写作的新闻产生更大需求。

其次，质量日益提升，并将突破数据新闻的模式限制。众所周知，现在的机器人写手新闻主要限制在以数据统计为基础的报道模式，但技术研发者对于自己的产品有着更高的期待。他们称，下一步技术升级的目标就是使机器人写手新闻摆脱现在的边缘化状态，读懂那些无法用表格囊括的非数据信息，写出篇幅更长、内容更复杂的新闻报道，"甚至在20年或更短的时间内获得普利策新闻奖"。

再次，开辟更多报道领域，实现更广泛的应用。从技术出现伊始，自动化写作涉足的领域不断扩展，从最初的体育报道、财经报道，逐步扩展到自然灾害报道、罪案报道，之后还会进一步囊括健康咨询、调查报道等众多细分领域。除了新闻业，自动化写作未来更广泛的应用应该是在商业领域，如前面提到的谷歌分析应用，以及其他任何商业分析报告的生产方面，这一趋势目前已初见端倪。此外，在社交网站上，这一应用也大有作为，程序可以学习如何利用"病毒元素"撰写稿件，比如使用一些特定词语或句子结构，以使文章能在社交媒体上引起广泛的病毒式传播。

最后，更加个性化，面向个人用户。2016年10月20日，自动化洞察力公司发布了Wordsmith平台面向公众的版本，个人可以注册测试版，正式的版本预计将于2017年1月推出。这一应用可以帮助个人用户组织文字，一旦用户有了一个模板，之后需要做的就是更新数据，机器人写手会自动帮助用户生成文章。该公司CEO罗比·艾伦说，机器人写手并不一定要面向大众，它更像一个个人数据处理专家，对每个客户来说，生成也许只有这一个人阅读的文章。未来，只要条件允许，每个人都可以拥有自己的机器人写手。

问题与思考

机器人写手是一项具有革命性的新兴事物，在带来惊喜的同时，也引发了很多问题和思考。

首先，从宏观层面看，对传媒业来说，机器人写手究竟意味着什么？曾经，有一些媒体从业者对这种报道形式嗤之以鼻，认为其过于固定化、模式化，将其称为"新闻"是对"新闻"这一概念的贬低和误解。然而，也有一些人持相反意见，认为这一技术是对新闻业的促进和发展。笔者倾向于后一种观点，即机器人写手的意义主要是正面的，它可以促进新闻业的拓展和深化。一方面，它的出现使新闻报道覆盖了传统新闻业没有覆盖或无力覆盖的领域，大大拓展了新闻产品的应用空间；另一方面，它对人工记者劳动力的解放，使后者可以将精力集中于新闻更深层次的挖掘和批判性的分析思考，为新闻业整体的深化创造了条件。

不过，对新闻从业者来说，危机也是显而易见的。"快，拔掉那机器人的电源！"这句戏言说出了传统新闻人的焦虑：机器人会抢走记者和编辑的饭碗吗？

至少目前来看，答案还是否定的。虽然机器人记者大大突破了人工记者的工作局限，不管是在新闻生产的数量上还是时效上，都达到了人力所不能及的程度。但是，机器人写手与严格意义上"真正的记者"仍有较大差距，人类在创造性和行动性上的优势，仍是机器所无法比拟和替代的。人与机器不是竞争关系，而是分工合作关系。当然，这一变革对新闻从业者们也提出了更高标准和要求。

此外，机器人写手新闻在新闻伦理层面也为我们提出了很多新的课题。系统自动抓取的数据信息是否权威可信？会不会有人为操纵的可能？对于这些数据，新闻机构是否已在法律上被授予使用权和发布权？哪些话题有可能在数据的输入中存在政治或社会偏见？机器人写手新闻会不会与人写新闻存在风格上的不统一而无法归入同一组报道中？如果某篇机器人写作的新闻中，事实或逻辑受到读者的质疑，其他人能给出令人信服的解释吗？即使机器出错率很低，但是这种概率是存在的，那又由谁来监督机器，对它产出的报道进行查证？如果将机器人用于多媒体领域，它自动生成并发出的图片报道、视频报道是否能确保限定在法律规定的范畴内？如此种种问题，都会随着这一技术的不断进步而渐渐浮现，当然也可能会在人工智能与媒体越来越完美的融合中获得解答。

在不久的将来，新闻产业或许也会像制造产业一样，出现由人完成的"手工制作"产品和由机器人完成的"流水线作业"产品的划分。再或许，随着技术的不断成熟，人们可能会根本无法分辨机器人写的新闻和人写新闻的差别，或者早已接受或习惯前者，而认为这种区分毫无意义。工业革命使机器替代了人力，那么，新闻业也会有这样一天吗？技术革新的大潮不可阻挡，我们只能跟上变革的脚步，拥抱变革。

思 考 题

（1）简述机器新闻的发展阶段。

（2）机器新闻的优缺点分别是什么？

（3）简述国内外机器新闻写作案例及它们的运作模式。

（4）机器新闻和传统新闻相比，有什么无法超越的优势？

（5）谈一谈机器新闻未来的发展方向。

第十三章 融合新闻写作的类型创新
——众筹新闻

众筹（crowdfunding），是指面向普通大众募集资金，以帮助项目的发起人完成某个具有特殊含义的项目或活动。众筹由发起人、筹资人和平台三部分构成，它具有低门槛、多样性、创意丰富、群众化等鲜明的特征，是集资形式的拓展和创新。

自从"新媒体"兴起并迅猛发展以来，其他媒体都沦为传统媒体，仿佛已经过时。因为新媒体重新定义了人们获取信息的方式与方法，带给受众焕然一新的视听体验。现在很多人基本不看报纸，甚至连新闻网站、客户端也不用，只在打开网页时屏幕弹出的推送窗口里获取平时的新闻推送。在新媒体时代，媒体行业处在迎接改革的风口浪尖。当一个行业面临变革的时候，也往往是能获得创新和发展的时候。

正是在中国这种新媒体环境下，"众筹"一词从互联网金融领域走进了新闻领域，并受到新闻领域的广泛关注，应运而生了一种创新的方式——众筹新闻。众筹新闻也称新闻众筹，是指个人或机构向公众募集资金来实现特定的新闻报道计划。本章将从多个方面来对众筹新闻进行介绍和分析。

第一节 众筹新闻理念的诞生

一、众筹及众筹新闻的历史

谈众筹新闻，首先得提及和阐释何为众筹以及它的发展。众筹的雏形最早可追溯到 18 世纪，当时还没有"众筹"这个名词，而是叫作"订购"（subion）。很多文艺作品都是依靠这种"订购"的方式来完成的。例如，莫扎特、贝多芬也会采取这种方式来筹集资金。当他们开始创作一件作品时，他们会寻找订购者为他们提供资金。当作品完成时，订购者会得到相应的成果回报，可能是一本写有他们名字的书，或者是协奏曲的乐谱副本，或者是成为音乐会的首批听众。这种类似的现象还出现在教会捐赠、竞选募资上，但上述众筹现象既无完整的体系，也没有对筹资人的回报，没有持续活跃在公众的视野里。

2006年，美国互联网杂志《连线》率先提出"众筹"的概念，先后受到各个领域的广泛关注。一系列的众筹网站开始如雨后春笋般地出现在公众的视野里。众筹其实是利用互联网和SNS网络的特性，让小型企业、艺术家或个人可以对普通公众展示他们的创意，争取大家的关注和支持，进而获得所需要的经济援助。在这些众筹网站上，发起人可以自行发布自己的众筹项目，并接受来自各种普通用户任意额度的"资助"。当资助金额达到预期金额后，发起人便开始执行项目，筹款若不成功或成功后无法完成项目，资助金额则将全额退还给对应的筹资人。同时，支持者们也会得到相应的回报。这种回报可能是金钱、物品，也可能是虚拟利益。而各个众筹网站可以从其所属的各项目所筹金额中提取管理费作为网站的收入，同时，网站必须担任好审查项目和监管发起人的职责，以保证筹资者们的资金安全。

2009年诞生于美国的Kickstarter是众筹网站的典型代表之一。该网站通过网络平台，帮助项目发起人向公众筹集不定额资金，支持和激励发起人完成一些富有创意和创新性的活动。目前，该网站有电影、音乐、美术、摄影、出版、设计等13类的项目，帮助那些极富创造力但囿于生活困境、财力不足的艺术家们实现艺术梦想。该网站曾被《时代》周刊评为2010年最佳发明之一。

2011年5月，北京诞生了我国第一家众筹网站——点名时间。这个被业界称为"中国的Kickstarter"的网站，借助国外众筹网站的成功经验，已经在短短时间内帮助了很多发起人在各个领域完成多项较大项目。

"众筹"与新闻行业交叉的产物便是众筹新闻。众筹新闻也称作新闻众筹，指的是个人或机构向公众募集资金，以实现特定的新闻报道计划。公民记者、自由撰稿人、小型网络媒体往往成为众筹新闻项目的发起人。作为项目发起人，他们在众筹网站平台上提出一个新闻报道计划；然后，新闻受众即普通的民众，通过投入一定的资金来帮助他们认可的报道计划；在计划的期限内，如果这些发起人能够筹集到预期的资金数额，那么他们就可以用这笔钱来执行报道计划，而筹资人也能在之后享受报道成果。

随着互联网新媒体的飞速发展，媒介形态经历了时代的更替和变革，尤其是社交网络普及后带来的洗礼，新闻众筹网站也因此应运而生。从生产到报道，新闻不再依托国家机构层层把关，而是更多通过自媒体的渠道以订制化的形态出现。2008年，随着美国的新闻众筹网站Spot.us的上线，众筹新闻开始广泛被新闻工作者运用。2008年11月，大卫·科恩（David Cohn）创办了调查性新闻网站Spot.us，它以资金众筹的模式在美国正式上线，这标志着新闻行业正式进入众筹领域。Spot.us是一个非营利性质的新闻报道平台，通常以社区力量来推动运营。其创立之初就从骑士基金会获得了34万美元的基金资助。截至2010年

4月，有超过800名用户在此网站上参与众筹，共有60多个新闻筹款项目，平均每位用户的筹款金额为60美元。Spot.us平台偏向新闻报道方向的众筹项目，且在众筹成功之后，把一些新闻故事售卖给新闻机构，并将所得的钱重新返还给项目对应的筹资者。此外，国外也渐渐出现了一些注重垂直化领域的众筹新闻网站，如Emphas.is就是一个专门为摄影记者筹集资金的网站，Vourno网站则是一个专注于视频新闻报道的众筹网站。

Kickstarter属于综合类的众筹型网站，在该网站成立之初就有涉及众筹的新闻资讯栏目，这也是最早出现的新闻众筹平台。2010年3月5日，美国独立记者、漫画作家德·拉尔在该网站上发起了名为"漫画新闻：让德·拉尔回到阿富汗寻找真实故事"的新闻众筹项目，主要是采用漫画形式对阿富汗人民的真实生活状况进行相关的深度网络报道，计划募集25000美元以帮助他重返阿富汗。让他没想到的是，仅在一个月内就获得了来自211位筹资人提供的25999美元资金。这个成功案例让更多媒体从业者对该方式跃跃欲试。之后，更为成功的是前《卫报》记者波比·约翰逊和前《经济学人》记者吉姆·吉尔斯，他们合作推出了一项名为"科技新闻调查报道的数字计划Matter"的新闻众筹。这个项目最初设定的筹资目标是5000美元，然而在短短的38个小时后就成功地完成了筹款。一个月后，这个计划总共筹集了资金140202美元，涉及的筹资者高达2566人。这两次新闻众筹的成功，让更多的媒体从业者知道了众筹这种形式的存在，而这给具有新闻理想、新闻专业素养、新闻业务能力的记者或自媒体人提供了另一种获得资金支持的途径。

2013年7月，由于在自己的社交网络上发表了一份"独立记录者诚征后援"的计划书，知名记者刘建锋成为较早在中国实践新闻众筹的人之一。

2013年11月，"众筹网"的开通象征着中国第一个众筹新闻平台上线，它为国内各类媒体的娱乐、时尚、汽车、体育、房产、互联网等内容题材提供公众预筹资服务。它是中国第一家试水新闻众筹的网站。在"众筹网"上，有《21世纪经济报道》记者侯继勇发起的"成都创业者生存环境调查"，《21世纪商业评论》记者罗东发起的"杭州：动漫之都的升级与转型调查"，《南方人物周刊》记者赵楠发起的"中国比特币市场调查"，科技网站记者信海光发起的"中国手游圈访谈"、"安卓手机垃圾泛滥问题微调查"等各类筹款成功的项目。

二、众筹新闻的定义

众筹是经济学领域的一个概念，它兴起于国外，是近年发展起来的一种创新的商业模式，是众包模式的分支。众包模式描述的是一种利用网络将现有的工作分配出去，并利用集体创意来解决相关技术问题的问题解决方式。对此比较准确且简洁的解释包括以下三种：一是一些工作原本需要企业花钱雇人去做，但是它的用户们却很乐意免费去帮助；二是由非专业人士提供专业内容，消费者同时也是内容的创造者；三是把内部员工或外部承包商所做的工作，给一个范围庞大却没有清晰专业界限的群体去做。由于互联网的全天候、跨地域、海量存储、即时互动等特点，众包模式在全世界受到各大公司重点关注。由全球网友自主撰写、修改、编辑、审核的"维基百科"，则是众包模式的典型案例。除此之外，宝洁、波音等世界级大公司都采用过众包模式，为设计和技术难题寻求更佳的解决方案。

众包模式在新闻领域的应用成果即是新闻众包。由于互联网的发展，新闻众包早已成为世界包括我国新闻生产的主要方式之一，新闻众包同时也是新闻众筹的发展来源。最开始，国外一些报纸无意中通过众包来制作一些产品，没想到竟然产生了十分不错的效果。有国外学者对一些典型案例进行分析发现，对于一些复杂棘手的难题，数量庞大而多样化的普通劳动力群体往往能提出更优化的解决方案。而众包的这一核心思想应用到新闻工作领域，即是通过普通受众自主完成某个话题的产生和传播，推动系列甚至整个报道流程的发展，利用他们对自己热爱领域的熟悉和了解，发挥比职业记者更大的优势。而这也正是众包新闻能获得成功和广泛应用的重要原因。

众筹是对普通民众手中闲散资金的有效整合。大部分创业者或是项目负责人，拥有十分闪光、十分优秀的项目创意，但因为缺少资金的支持而无法将这些能带来回报的创意付诸现实。众筹即是通过互联网平台，帮助某项目面向公众筹集资金，使其得以实现。它所支持的项目可以是音乐、电影、艺术、建筑、文学、科技、娱乐等各种产业及领域的内容。由于互联网的便捷性，众筹项目能跨越时间、空间等各种障碍，迅速传播并得到支持。

在众筹新闻中，新闻项目的发起人在众筹平台上公布自己的报道计划和所需资金，在一定的时间内，公众根据意愿对新闻报道项目进行大小不等的资助，当资金筹集完整、项目实施成功之后，筹资人将获得一定的回报。众筹新闻网站的出现，让新闻生产变成了一件不依赖媒体也能完成的事——由众多普通群众出资，共同赞助来完成一篇报道。但在中国，众筹新闻属于舶来品，这种模式刚刚开始萌芽，规模尚小，运作模式和合法性边界尚不清晰，也存在迎合筹资人等风险。

随着全球众筹新闻网站的增多和飞速崛起，众筹新闻受到各大新闻媒体和新闻研究学者的广泛关注。在国内外，学者们将众筹新闻看作新媒体环境下新闻生产的新形式，并对其进行了深刻研究和探讨，通过对众筹新闻的模式、生产过程，以及国内外众筹新闻案例的相关介绍和描述的研究，考察了众筹新闻的特性和机制。例如：中国学者张建中在《众筹新闻：网络时代美国新闻业的创新及启示》中对众筹新闻的生产机制进行了大量的分析，并对以 Spot.us、Kickstarter

等为代表的国外众筹新闻网站做了详细的探究;学者文卫华、李冰在《众筹新闻:社会化网络时代调查报道的新探索》中,通过对国内外众筹新闻的实践情况进行分析,探讨了记者等媒体人与公众角色关系的变化,提出了目前众筹新闻发展亟待解决的问题;芬兰学者 Tanja Aitamurto 以 spot.us 为个案,重点剖析了众筹新闻的生产机制为新闻行业带来的变革,阐述了新闻记者身份和地位的改变,分析了普通筹资人的行为动机和心理,并指出众筹新闻对促进社会福利发展和社会变革的重大意义;西班牙学者 Miguel Carvajal 则专门对非营利的新闻媒体进行了单独的研究,从众筹生产的语境和视角考察了众筹模式的特性,指出众筹新闻可以使某些选题的内容得到更专业、细致地生产,并获得更广泛地报道和传播。而在业界,《人民日报》和《南方周末》也对众筹新闻有所关注,报道了众筹新闻相关的一些案例,介绍了众筹新闻的诞生和发展,并同时对众筹新闻的缺陷、有待解决的问题和它的未来,提出了相关思考和见解。

众筹网创始人盛佳,用一句话准确精妙地概括了众筹新闻的定义:"并不是任何你认为好的选题都可以见诸报端,那些未见诸报端却闪烁着创意火花的选题,或许能通过众筹的方式获得新生。众筹新闻为有想法、有追求的媒体人提供了一个新的玩法。"

三、众筹新闻的背景与意义

众筹新闻的出现,是当代市场化背景下新闻消费者对文化产品高度分化取向的一种迎合。依托社交网络和新媒体的优势,这种新闻运营模式在一定程度上影响着传统的媒介环境。它改变了媒体和受众的关系,从传统的媒体出资到现在直接面向受众获取资金支持,使受众参与其中,改变了新闻生产和传播的路径,改变了媒体的经营模式,为新闻报道提供了新的活力,为媒介环境的变革提供了新的发展思路。

国内有学者认为,众筹新闻能在国内迅速发展壮大的重要原因之一是,报道制作过程中的确存在大量资金不足的问题,这也是新闻工作者尤其是自由媒体人十分困扰的问题之一。而依附于互联网生长的众筹新闻模式正好解决了他们的燃眉之急,并且这些媒体人最擅长的,就是通过新媒体来聚集集体的智慧并且募集资金。通过众筹新闻的方式,项目发起人可以直接将自己的报道计划面向公众,并且接受市场和公众的考验,而不是像传统的新闻生产过程那样,必须先向报社或者电台、电视台报告相关报道计划,获得审批之后才能开始执行计划。众筹新闻使得新闻工作者或媒体人和资助的公众成为直接联系人。当然,如果发起人通过众筹新闻平台提出的计划不能得到公众的信赖与支持,或是其他因素导致计划无法继续,那么筹资人也将被归还其资助的部分资金。

网络新媒体的迅猛发展给新闻行业带来了巨大的冲击,众筹新闻是新闻领域具有创新性的代表,使新闻行业迎来了新的运营模式。众筹新闻的模式改变了传统媒体新闻生产的方式,为新媒体环境下的新闻生产注入了新的活力,对新闻行业有着非比寻常的意义。

(一) 改变新闻生产话语权

众筹模式改变新闻生产话语权的方式,是通过改变新闻生产资金链的流向来完成的。传统的新闻生产模式其实是一条由上至下的资金链,这使得新闻机构获得了新闻生产的主要话语权。在传统媒体时代,信息传播的一般模式是,大众传播机构先根据基础市场的需求生产出满足大众的新闻产品,然后再依据某些法则,通过各种渠道传递给受众。信息的流向与流量由传播机构所主导,而大众身处单向流动、缺乏交流的传播结构中,被迫取消了意见的表达权,成为"沉默的大多数"。而新媒体的发展则是对传统媒体的这些不足和劣势的补充,赋予了大众前所未有的传播权利,自媒体的兴起更是为传播渠道拓展了空间,同时赋予了个人真正意义上的言论自由权利。众筹新闻建立在新媒体的基础上,它的创新模式使得筹资人即普通受众和媒体人紧密地联系在了一起。筹资人在互联网平台上,通过自主决定资金的投放来认可特定的报道计划,而媒体人则需要对筹资人的筹资负责,按照既定计划一步步执行报道方案。在此过程中,新闻生产的话语权在一定程度上落到了筹资人手中。从某种意义上来说,筹资人因此成为新闻报道的"把关人",以往"沉默的大多数"转而变成自由传播时代新闻的主人,拥有改变和选择新闻生产的话语权。

(二) 凸显新闻生产的长尾效应

长尾(long tail)这一概念是由《连线》杂志主编在 2004 年提出的,用来描述诸如亚马逊和 Netflix 之类网站的商业和经济模式。正态曲线中间的突起部分叫"头";两边相对平缓的部分叫"尾"。从人们需求的角度来看,大多数的需求会集中在头部,分布集中,数量巨大,这部分我们可以称之为主流;而分布在尾部的需求是个性化的,零散且量小,这部分差异化、少量的需求会在需求曲线上形成一条长长的"尾巴"。所谓的长尾效应就在"尾巴"累积起来的数量之和上:将所有非主流的市场累加起来就会形成一个比主流市场还大的市场。

众筹新闻的本质是"预购"与"打赏",这也是长尾效应在众筹模式中的一种体现:单人募资数额较小,相比于整体项目,有些简直微小得可忽略不计,但是每一个看起来宏伟的个性化方案,在争取到广泛人群的"预购"与"打赏"之后,就会有无数个微小的筹资汇集在一起,直到可以支持这个宏大的报道主题最终实现。众筹新闻是一种粉丝效应,也是一种规模经济。众筹新闻的模式弥补了现存小众新闻选题资金不足而无法立项实施的现状；它将新闻生产直接推向了市场，由市场的意愿决定报道是否成功。普通受众因此被众筹新闻模式放到了新闻运作过程的核心地位，如果该新闻计划得不到受众的认可和支持，即不会筹得充足的资金，整个报道计划将无法启动。部分选题由于时效性、资金或者过于小众等问题难以在传统媒体中生产，但众筹新闻解决了这些问题，凸显了新闻生产的长尾效应。

（三）保护自媒体新生力量

社会信息流通的中介机构就是传媒组织，新媒体特别是自媒体的异军突起打破了这一传统的传播结构，使信息的发布扩散权得以往下级流转，"人人都是传播者"颠覆了传统媒体主导和独大的传播格局。自媒体能让普通群众通过现代化的互联网传播平台自由地传递和分享信息。自媒体的蓬勃发展为社会带来了传播的碎片化、滚动化和社会化，也带来了个人主义的崛起，这使得传统媒介的运转流程发生了一定程度的断裂和干扰。

随着众筹新闻生产模式的推进，自媒体新闻发展的障碍逐渐消除，这是对自媒体内容生产的一种保护和促进机制，同时也激活了自媒体的内在新生力量。自媒体往往因为缺乏版权保护和资金来源而出现很多矛盾和纠纷。例如，在互联网平台中经常出现不署名转载或者私自篡改文意等乱象。众筹新闻为自媒体人从事新闻生产提供了一定的资金保障。

（四）公开新闻生产流程

众筹新闻模式对传统媒体的记者和编辑而言是一种生产流程的变化。众筹新闻前期的新闻选题介绍，即是对项目的说明，像是针对市场的一种推广和营销，如果没有优秀的选题方案和执行方针，便不能筹集到充足的启动资金。而在采访、撰写、发布的过程中，发起人也必须向筹资人负责，定期公布新闻报道的进展情况。所以，新闻生产的流程因此变得公开、透明。在众筹新闻项目中，由发起人提出相关的报道计划，并被受众所认可，从而获得额度不等但数量众多的资助，累积起来达到目标后便开始实施新闻采写计划。由于筹资成功的众筹新闻选题已经通过了市场的考验，并按照市场的要求、公众的喜好来推行计划及层层推进，所以说这既是接近市场的新闻产品，也是市场倒推的新闻生产模式。众筹新闻的生产流程决定了它生来就具备市场适应性。公众愿意为"众筹新闻"先期买单，本身就是新闻产品预先通过市场检验的一种标识。普通受众之所以愿意为项目筹资，除了对新闻内容有所期待和好奇，同时也是表达自身"存在感"以及与他人"在一起"的"社交感"的一种方式。

第二节　国内外众筹新闻的基本模式

一、构成要素（发起人、平台、筹资人）

众筹新闻在实施过程中至少有以下三个阶段：首先，形成完整详细的新闻报道计划以及回报策略；其次，寻找数量相关的目标群体募集资金；最后，众人通过资金捐助支持新闻的生产、项目的完成并获得回报。在这个过程中，为了更好地理解众筹新闻，我们可以将其划分为三个构成要素：一是发起人，即记者、自由撰稿人、新闻媒体人及其他新闻机构等制订详细可行的报道计划的人，他们同时向公众推销该报道计划；二是平台，新闻众筹网站等为发起人和筹资人搭建互动的平台，为发起人提供筹资渠道，为筹资人提供回馈服务；三是筹资人，即普通新闻受众、公众，他们通过众筹平台，以捐助的形式资助发起人的项目，并获得一定的回馈。由此可见，众筹新闻提供了一种全新的新闻运作模式，重新定义了新闻生产和消费的各个环节。

平台作为发起人和筹资人之间的枢纽，作为众筹项目的载体，维系着整个众筹活动的运转。相较其他互联网金融领域，筹资人作为基本要素起基础性的作用，任何平台、任何领域若没有筹资人参与其中，如同无根之木、无源之水。筹资人所能带来的资本，不仅限于其自身携带的运转资金，还有其所能带来的人脉资源，以及其人脉背后更大、更多的资本；当然还包括那些源自他们实践的宝贵经验和眼光，这些才真正是筹资人所带来的资源。在众筹新闻项目中，筹资人可能是媒体机构的资产拥有者，可能是普通的新闻受众，也可能是有着新闻思想和市场思维的行内人，他们本着兴趣和冲动想要帮助发起人的项目，为发起人带来项目的运转资金，也为发起人带来解决问题的方案和长远规划思路。

二、基本内容

就目前国内众筹新闻平台的模式来看，一项完整的众筹新闻项目至少要包括报道实施计划、执行时间、新闻价值、新闻背景、发布渠道和众筹回报等。

（1）报道实施计划是整个众筹项目的综述，包括参与众筹项目的报道的选题内容、筹款的预计总花销和相关预算等。

（2）执行时间则是发起人依据新闻制定的筹款时间段和新闻生产时间段，二者均需要控制在一段合理的时间内，并且发起人应实时与筹资人在平台上进行互动，向其汇报采集进程和相关成果展示。

（3）新闻价值则是整个项目成功与否的关键，没有价值的报道自然难以获得筹资人的关注。筹资人会根据个人对众筹新闻价值的估量，并权衡自己的经济实力和兴趣程度，对众筹新闻项目进行资助。

（4）新闻背景则要求项目发起人对项目的发起缘由进行说明，是展现新闻价值、提高筹资人兴趣、争取项目成功的关键。现有的众筹新闻项目的新闻背景常以视频的形式出现。

（5）发布渠道是指参与众筹的新闻项目的普遍传播渠道，由于目前发起人多为新闻记者或自由新闻媒体人，所以发布渠道也多以自媒体为主。

（6）众筹回报则是在项目结束后，按照项目在筹资阶段的相应承诺回馈给筹资人以信息或物质等形式的回报。关于众筹回报，必须明确的一点是，众筹不同于非法集资。如果在筹款之时明确把股份作为回报，众筹就会被判定为"非法集资"。以股份、股权为回报条件，筹资人参与利润分成，这在国内目前的政策、法律环境下，是一条不可逾越的红线。

传统新闻生产模式中，记者的工作流程包括寻找新闻线索、搜集材料、实地采访、整理稿件，成稿后交由编辑部进行二次编辑修改，再将修改版报给单位领导进行审核，经过层层把关才能刊发或播出。所以，传统新闻生产流程中最重要的不是记者本人的思想和专业素质，而是所在媒体机构的整体导向。在众筹新闻模式中，新闻记者的采访和报道都是直接面向公众进行的，新闻中所包含的观点，即是媒体人个人意志和个人思想的体现。从某种程度上来说，众筹新闻其实是一场变相的销售活动，曾经的新闻受众不再是众筹媒体人新闻报道的传播对象，而是他的目标消费者。此时，新闻记者不仅要具备传统新闻行业的专业素养，展现自己的新闻报道能力，还必须具备市场洞察力和营销能力，发动各项手段来让自己的报道计划、选题、内容等得到更多受众的支持，以赢得相应的筹金。这就对新闻工作者提出了更高的要求。以往的新闻记者只需根据上级的部署来完成相应的报道工作，不必担心新闻的阅读数量、受众数量、社会反响等后续问题。而众筹新闻媒体人直接面向市场进行汇报，不仅要有具体落实的新闻成果，而且新闻的生产过程也必须透明化呈现给受众。在筹得计划内的资金后，众筹新闻还远远没有结束。众筹新闻项目的发起人还需要在后续的采编过程中对等资人负责，让他们了解项目的每一个步骤和完成情况，甚至让他们清楚地知道每一个采访以及每一天的进展，并持续对资金的使用情况进行说明。这种模式下的新闻内容不受任何政治力量和财团力量的影响，仅仅体现了媒体人对新闻事实的认知，代表的是其个人的意志。这要求发起众筹新闻的媒体人必须具备较高的新闻素养，能够客观公正地报道新闻事实，不偏激、不虚假、不造作、不代表任何利益方。

无论是在传统媒体中还是在部分新媒体中，受众的角色普遍都是单方向的聆听者，新闻生产的模式并未发生改变。而在众筹新闻中，受众不仅是新闻的接受者，还会获得优先阅读的权利，并且成为内容的主宰者；在新闻生产的过程中，发起项目的媒体人要与筹资人进行持续的沟通，及时修订项目实施计划，所以受众同时成为新闻生产过程的参与者；筹资人在获得新闻报道阅读权限后，还会享受媒体人额外提供的福利，如读书会、分享会等，所以受众也是消费者。受众具有新闻接受者、生产参与者、结果消费者这三重身份，使得发起人和受众之间的关系更加紧密。无论哪个环节，都需要新闻的发起人和受众之间密切交流，发起人要随时向受众报告调查的进展情况，帮助受众参与到新闻生产的具体过程中来，受众也可以根据自身的新闻实力来提出建议或提供线索，以此成为事件调查的共同体。

众筹新闻的实质，可以说是众人集合起来花钱买未来的新闻产品。它打破了新闻生产传统的融资模式，相关从业者可以通过向公众募资的方式，而非依靠政府或商业机构支持来完成新闻生产和报道。资金来源的多元化，按需生产的市场倒推模式，加上社交媒体与移动互联网的蓬勃发展，从物质层面为众筹新闻的发生及发展提供了可能。

第三节　众筹新闻的未来发展

一、众筹新闻的发展现状

众筹新闻的新闻本质未变，变的是"用户"。报纸的用户是谁？读者无疑是最重要的用户。在互联网时代的今天，商业竞争已经从市场为中心，转变为以用户为中心。只有一切围绕用户需求，不断为用户创造价值，才能赢得用户。

众筹新闻看上去已经席卷全世界，但实际上它并没有按照当初的发展速度走下去。就综合性众筹网站 Kickstarter 来说，虽然有些新闻项目众筹很成功，但是从总体上来看，新闻众筹的成功率并不高，其筹资额占 Kickstarter 网站整体筹资额的比例不到 0.2%，这显示了众筹新闻与其他众筹领域相比，依然处于相对落后的位置。截至 2015 年 3 月 3 日，Kickstarter 官网显示，众筹新闻成功率是 26%，远低于 39% 的整体成功率。

作为世界范围内知名的新闻众筹网站之一，Spot.us 目前处于关闭状态；用户虽然可以浏览网站内容，但是网站并不支持媒体人发布新的报道计划，也不支持用户对报道计划及 Spot.us 本身的资金捐助。网站声明称，无论是网站本身的管理系统，还是网站的捐助及交流系统，以及其商业模式，Spot.us 并没有像我们想象中的那样运营下去。

在国内，众筹网在顺利进行一个月的新闻众筹之后，也悄悄地将众筹新闻划分到了改名为"资讯"的板块里，后来又归到了"其他"的板块里，可见新闻项目在众筹行业中经营惨淡。众筹新闻改变了传统新闻的生产传播模式，给新闻媒体发展带来了活力，为今后的发展提供了新的思路。但是众筹新闻作为一项新模式，并不是完全适应现实社会发展需要的，在与现实生活的磨合中出现了许多的问题，这些复杂的问题使得众筹新闻在短时间内不会取代传统的新闻生产方式。剖析众筹新闻产生的原因，以及这种模式给传统新闻生产带来的改变，对今后更好地利用该模式进行新闻生产具有重要意义。

二、众筹新闻面临的问题

1. 非制度化的新闻生产与新闻把关

众筹新闻在我国的发展规模尚且很小，运作模式尚未成熟。对于新闻生产，一些经验丰富的媒体人大多具有风险把握的能力，清楚自己的报道尺度，这样更容易获得众筹新闻的成功。然而对于大部分非新闻相关的从业者来说，发起的选题计划具有很大的不确定性，只有选题符合政治健康、文化主流、社会安定的大条件，才能获得筹资人捐助得以生产。同时，众筹平台作为筹资的渠道，并不涉及选题的把关和生产，所以从某种程度上来讲，众筹新闻的筹资人其实是新闻生产过程中的把关人，然而他们大部分并不是专业的新闻从业者，有些是基于对众筹内容的好奇，有些是看重项目的回报，而缺乏专业新闻价值的考核和审视。在自媒体时代，人人都有发起众筹新闻的权利，这种低门槛性使得众筹新闻的生产质量难以保证；同时内容制作者占据着新闻生产过程的绝对主动权，容易受自身主观意识和知识范围的影响，使众筹新闻的质量参差不齐。

2. 部门监管障碍与模糊的法律界限

为了确保新闻报道的客观、公正、真实，传统新闻媒体的新闻生产过程中会有一套完整的流程制度来做保障，如纸媒的"三审三校"制度和"事后评议"制度。而众筹新闻的模式尚处于探索阶段，相关的法律条约尚不健全。由于新闻产品的特殊性，对众筹新闻生产流程实施监管的相关法律无法对其进行有效约束。众筹平台的运作属性使其涉嫌"非法集资"和"有偿新闻"，再加上平台的一些非媒体属性，使其从筹资到报道的整个过程存在很多风险。同时，新闻的生产和传播者需要承担一定的社会责任，这与普通流通商品形成区别，也对部门监管发起挑战。

3. 众筹回报与项目成本间的矛盾阻碍了公众利益的实现

从市场的角度来看，众筹新闻可以说是对新闻的"买卖"。它做到了媒体人和市场的直接对接，受众的意愿成为新闻作品能否完成的关键基础。但是资助者给予的资金链使得众筹平台的商业性质过于明显。众筹的回报容易驱使媒体人从众甚至违背意愿,为了保证资金链的正常而违背新闻的中立性。同时,小额且分散的众筹新闻由于收益有限,往往使新闻生产者不愿付出超额的成本和精力去尽职完成。这种利益的矛盾阻碍了众筹新闻以公众利益为初心目标的实现。

思 考 题

(1) 众筹新闻的出现有什么意义?
(2) 简述众筹新闻的流程。
(3) 简要分析众筹新闻面临的问题有哪些?
(4) 如何理解众筹新闻与设限免费相结合?
(5) 如何改善众筹新闻线上、线下的规则?

第十四章 融合新闻的编辑与专题

第一节 网络新闻编辑

随着中国科技的高速发展,互联网逐渐普及,新媒体孕育而生成为新的传播形式。新媒体传播的多元化、个性化、交互性、快速性、广泛性和全球性、开放性、丰富性等特性,是传统媒体无法比拟的。相对于传统媒体,新媒体被我们称为"第五媒体"。我们普遍将报刊、广播、电视视为传统媒体,新媒体对"新"的界定是相对的、动态的,新媒体的"新"是运用数字和网络技术完成更加精准化、对象化的传播,如移动电视、IPTV、App、直播等。新媒体在当代传播产业中的地位越来越重要,是由于其在时间、空间上的优势更加突出,传播形式丰富、互动性强、渠道广泛、覆盖率高、精准到达、性价比高、推广方便等。新媒体的崛起彰显了科学技术的进步,颠覆了传统内容传播方式,改变了传播语境,解构并转变了传统话语权。

网络编辑,即利用互联网技术进行内容创造和传播的工作者。由于网络信息量多,信息时效性强,所以需要网络编辑人员做采集、分类、编辑信息的工作,并在世界范围内的网络实时发布;由于新媒体的互动性,编辑人员还要接受网民的反馈信息,与网民互动。2005年3月24日,劳动和社会保障部(现人力资源和社会保障部)公示了10个新职业名单,网络编辑名列其中;并制定了网络编辑职业相关标准,同期推出了网络编辑的执业资格考试。网络编辑也已经列入国家职业分类大典,成为中国劳动力市场的一部分。2005年以来,网络内容创造从业者已成为劳动力市场比重极大的一部分。随着互联网的迅猛发展,网络编辑人才的队伍也逐步壮大,网络编辑的工作也在逐步丰富和拓展。

一、网络编辑与传统编辑

网络编辑的工作是基于新媒体环境的,工作内容主要是信息筛选、信息修改和信息发布界面的设计编排等,将信息以多媒体形式生产并在网络上传播,推送至公众面前。网络编辑人员的工作方式和工作手段与传统新闻工作者不尽相同,但他们与传统新闻工作者一样,也扮演着新闻传播者的角色。具体说来,网络编辑与传统编辑的工作有三个相同之处。

第一，网络编辑与传统编辑的工作流程一致。报刊单位在收到记者的稿件之后，总是要先进行稿件字词句、标点符号的纠错，新闻时间地点、新闻数据、新闻事实等内容的核实，再根据版面的需要，确定稿件内容的长短和排版。广播电视媒体记者则是在采集完新闻素材后，把新闻素材剪辑、配音、组合成适合节目播出的新闻片子，由节目编辑和总编辑审查修改后播出。以纸媒为例，报刊新闻编辑的工作内容一般是对稿件进行组织、选择、修改，然后组织版面、排版，在报刊新闻的制作、发布过程中"串联、合成、把关"。而网络编辑是在网络环境下发展而产生的职业，除去新媒体对其形式的创新，它发展的根源仍旧是新闻编辑门类。网络编辑工作的流程包括审核、编选、加工、制作标题、版面设计与编排等。网络编辑和传统编辑在编辑工作流程上大致相同，但是新增了许多带有新媒体特性的工作内容，如图文组合、混音、音视频剪辑、web链接技术、H5制作等。

第二，网络编辑与传统编辑的工作目标一致。传统编辑的目标是通过文字、图片、音视频，以及界面排版来更好地生产新闻并传播新闻信息。在网络媒体环境下，传统社会传播体系的固定模式发生了变化，人类记录和传播思想的方法和途径发生了变化，以往的编辑活动和编辑方法发生了变化，但新闻编辑的目标不会随新闻载体的变化而变化。

第三，网络编辑与传统编辑判断新闻价值的基本标准一致。新闻价值——事件的事实本身所具有的足以构成新闻的特殊素质的总和，是选择和衡量新闻事实的客观标准。新闻价值决定了新闻对大众的影响程度。学术界对新闻价值的判定，主要从新闻的时新性、重要性、显著性、接近性、趣味性五大方面进行。包含价值要素越丰富的新闻，它的级数就越高，其对应的新闻价值就越大。无论是传统编辑还是融合新闻网络编辑，都需要对新近发生的事实报道进行挖掘以及编辑生产和加工。对于传统编辑，新闻价值是新闻工作者采集信息、筛选信息、加工信息，并使之成为新闻的决定性标准，是新闻媒体立业之本，更是新闻媒体成败存亡之关键所在。而对于融合新闻网络编辑，新闻价值是在海量新闻信息中引导社会舆论，凝聚人心，促使社会心理和社会秩序正常化、和谐化的重要文化因素。即使随着新闻载体和形式的演变，新闻价值的判断标准会发生些许改变，但无论是什么媒体的编辑，其判断新闻价值的基本标准都会保持一致。

然而，网络编辑所具备的互联网以及新媒体技能和思维，自然地使网络新闻编辑工作相较于传统编辑工作在各个环节上都有明显差异。

第一，网络编辑的职业特点不同于传统编辑。网络平台信息传播最大的特点是即时性、海量性、互动性，它拥有传统媒体无法比拟的优势。网络技术突破时间与空间的限制，人们利用网络可以更方便、快捷地传播和接收信息。网络编辑在接收到新闻信息之后能及时发布新闻，不间断地报道新闻以及进行全过程的跟踪。根据新媒体的特性，网络编辑从业者必须具有相应的计算机基础，坚强的意志力，快速的学习能力，敏锐的新闻传媒视野，以及良好的互动和沟通技能。网络编辑对从业者的综合素质要求极高。因为网络新闻实时性较强，需要从业者有很强的判断能力、突发事件处理能力等。每一位网络编辑都需要胜任采、写、编的整套流程，并整合到合适的网络渠道传播。相比而言，网络传播的快速和海量也使得网络新闻的内容缺少深度，追求快捷必然会在一定程度上牺牲内容的质量。传统媒体的特点决定了传统编辑在技术和时效性上略弱一等，然而他们对新闻行业的认知更加成熟，新闻理念根深蒂固，职业变动性不大，在新闻行业纵深性上把握得更为透彻，能力更强。

第二，网络编辑的工作模式不同于传统编辑。网络编辑偏重转载，而传统编辑更注重原创。大部分网络编辑的标准工作模式是浏览新闻网页或信息来源网站、拷贝和粘贴、改标题和提关键词、分类、发布到相应的位置等，无实质性的新闻创作。虽然网络上也会有一些原创，但这相对于转载数量来说还只是小部分。网络编辑大部分时候都在转载或者跟踪传统媒体的原创内容。就创作有深度的新闻来说，网络编辑可以利用更多技术手段进行采、写、编，如采访可以通过E-mail、社交聊天工具完成，稿件融合图片、动图、音频、视频、VR等技术。传统媒体的新闻基本上都是原创的，并且偏向于高质量的文字内容。相较于网络编辑人员，传统编辑能更多地接触到新闻事实本身，他们对新闻背景和新闻事实的理解和把握也更深一层。传统媒体的编辑会训练出寻找新闻线索的能力，在浩瀚的信息中节选出有新闻价值的原生态内容，编辑成文字并配上图片或音视频后放在媒体上传播。浏览和比较各大门户网站的新闻界面可以发现，它们有大量自己原创的作品，而大部分商业媒体网站的消息头所显示的消息来源并非该网媒本身。这虽然与商业媒体网站没有新闻采访权有一定关系，但不得不说它们更加"重转载、轻原创"。

网络编辑与传统编辑之间存在许多异同，网络编辑工作的整合性更强，同时扮演着多重角色。

二、网络新闻的编辑

（一）网络新闻编辑的职能

与传统媒体编辑的职能相近，网络新闻编辑的职能总的来说包括新闻信息载体的设计、新闻报道的策划与组织、新闻作品的修正与把关、新闻信息的整合与展示、新闻互动与公共交流的组织与引导。

1. 新闻信息载体的设计

我国现如今的新媒体载体形态已经多达数十种，热门的主要是以网络为载体的与以手机为载体的形态，其他的还有数字电视、IPTV、网络电视、移动电视、直播卫星电视、楼宇视屏、户外大屏幕、网上即时通信、搜索引擎、虚拟社区、博客、播客、简易聚合（RSS）等，其中既有新媒体形态，也有不少新媒介硬件、新媒介软件，或者新的媒体经营模式。

2. 新闻报道的策划与组织

新闻报道的策划与组织一般是指在信息庞大芜杂的网络中，让新闻受众能够在较短时间内找到有价值的信息。这依赖于网络新闻编辑的能力，要独具慧眼，广泛接触社会，准确分析大众的需求。网络新闻编辑不仅要有以上技能，还需要及时搜集有效信息，并将信息汇总、组织和策划，形成有价值的新闻报道。

3. 新闻作品的修正与把关

在稿源庞大、时效性竞争激烈的环境中，采、写、编、发几乎由一人完成很难保证质量，而产出的新闻既要吸引受众，又要对受众进行正确引导，消灭虚假新闻，传播积极健康、可信有序的信息。所以，网络新闻编辑还承担着把关人的责任，需要把好知识关、修辞关、事实关、政治关等，其难度比传统媒体要大得多。

4. 新闻信息的整合与展示

新闻信息的整合与展示是指网络新闻编辑在新闻编辑环节中，表达自己的新闻态度，体现自己的编辑思想。比如，通过整合合适的新闻配置，通过评论模块区的展示，以及合理设置文字和图片的位置等手段影响和正确引导舆论，抵抗大量无关信息的覆盖，帮助受众更加准确地获取有效信息。

5. 新闻互动与公共交流的组织与引导

新媒体提供了沟通的替代性平台，在很大程度上限制了传统大众媒体的权力。新媒体最大的优势是接受体和信息源在传播过程中可以产生实时互动，如发弹幕、评论区留言、社区讨论、微博话题讨论等，这种及时互动性是传统媒体所不具备的。由于新媒体给予了网络新闻传播互动和公共交流的平台，融合新闻网络编辑才需要承担起舆论引导的重任。

（二）网络新闻的受众

网络新闻受众拥有许多心理特征，如认知心理、迷茫心理和匿名心理等。网络新闻编辑需要加以了解，并在一定程度上引导受众。

1. 认知心理

认知心理是指受众寻求信息的基础心理,即受众的求知欲。与传统媒体不同的是,当今网络时代,信息量大,更新速度更快,时刻影响着受众,受众因此拥有了更强烈的认知心理,以及被大容量信息所扩充的认知需求。

2. 迷茫心理

传统媒体提供的是数量有限的新闻,而网络信息量大,用"海量"来形容一点都不为过。网络新闻媒体对一部分受众是有副作用的,传统媒体伴随着他们长大,已经养成了传统阅读习惯,网络海量级信息的呈现反而给他们带来了诸多问题与困惑。

3. 匿名心理

受众在网络终端前表现为一个符号化的存在,匿名给受众提供的保护,使得受众能更加容易地抛开心理负担。匿名也破除了现实社会的种种禁锢和规范,使得受众的行为更加自由,也保护了个人隐私。

三、网络新闻编辑的素养要求

(一) 专业要求

网络新闻编辑需要有新闻理论和业务知识,并且具有策划报道的能力、组织实施采访的能力、良好的采写编能力,同时也要具备新闻敏感性,能够准确把握受众心理。网络新闻编辑需要精心策划,周密组织,在采访、编辑、制作、发布等环节上不可脱节而贻误"战机",做好后方"一条线"、多环节"一条龙"。网络新闻编辑需要在实践中探索新的采编理念和样式,寻找特点和规律,结合受众需求,为网络新闻的传播服务。网络新闻编辑需要具备以下专业要求。

1. 丰富的知识储备

首先,扩大知识面,比如通过政治理论学习以提高自身的理论水平和政策水平;其次,从实践中获取知识,业务技能和文化素养需要在实践中提高,在实践中不断学习提升;最后,现代技术知识十分重要,交叉学科、交叉域、交叉业的知识尤为重要,这些知识能开阔视野,拓宽思路,拓展采编业务空间,提高采编工作效率和质量。网络新闻编辑不一定要是十分懂计算机及代码的高手,其责任是将自己的作品完美地以网络形式展现给大众。网络新闻编辑需要具备的知识并不局限于新闻行业,而是可以包含各科、各类不同的专业,财经、军事、时尚、游戏、养生、女性、旅游等知识,这些专业知识对从事该领域的编辑而言是必不可少的，能帮助编辑在涉及该领域的新闻时较快地判断出新闻价值，找准切入点。

2. 较高的网络新闻编辑水平

对网络新闻编辑而言，培养自身的网络编辑水平和现代化网络编辑理念是十分重要的。新媒体下的网络新闻编辑不是简单地将新闻与网站设计重叠，也不是传统意义上的美化和装饰新闻版面，更不是为了单纯使受众赏心悦目而对新闻进行视觉上的包装。以用户为中心的现代化编辑设计理念，应当整合信息架构、人工交互、运营思维、视觉设计等，是对信息表达、视觉传达、阅读习惯、文化品位、整体映像的完整设计。这是一个复杂而充满决策的科学分析，是科学与艺术的完美结合。所以，网络新闻编辑不能套用传统的编辑思路，而要以全新的符合网络传播特性的理念来开展编辑工作。

3. 专题制作能力

"萝卜快了不洗泥"，网络新闻编辑有时为了追求新闻的时效性，使一些可能未经认真加工的稿件仓促出笼。其内容通常漏洞百出，即使新闻价值高也没有很好的传播效果。所以网络新闻编辑需要培养"精品意识"，培养自身的责任感和一丝不苟、精益求精的精神，降低稿件中的差错。利用网络编辑技术做出好的评论和报道，要具备网站运营、图文设计等方面的基本知识。在网络媒体中各种新闻信息都在迅速、即时地流动和变化着，所以网络新闻编辑对稿件的选择和处理要当机立断。现代意义上的编辑工作是一种创造性的活动，而并不只是做一些简单的文字加工，创造性活动是不断发现信息资源并合理利用信息资源的一种活动，体现了编辑、网民与时代文化的一种默契和互动。

4. 较高的政治素质

如果网络媒体的采编人员没有较高的政治素质，不能做合格的"守门员"，那么后果不堪设想。网络新闻采编人员要熟悉党的理论、路线、方针、政策和国家的法律法规，牢记主旋律，不断增强政治敏感度，时刻保持清醒的头脑，了解报道禁区和红线，正确引导社会热点、难点问题，承担起引导正确舆论导向的重任。网络新闻编辑需要培养较高的国际政治敏感度，在处理新闻稿件尤其是涉及国家形象的稿件时，要体现喉舌素养，维护我国在国际舞台上的良好形象。

5. 团队协作和创新精神

适应、沟通、协作、创新、终身学习的精神是网络时代下网络新闻编辑需要具备的基本精神。媒体、受众、广告商三方面的利益，网络新闻编辑必须兼顾。因此，适应各种未知环境，建立有条理的团队分工，清晰指派各方任务，和不同的利益方完成良好的沟通协作，兼顾构思策划、采编、分发等多个环节，从市场的变向中不断改进网站和页面的版面设计，是网络时代对网络新闻编辑提出的新要求。总的来说，新闻网站的核心就是网络新闻编辑的能力，编辑队伍必须具有很强的探索精神和创新精神。

（二）技能要求

1. 软件操作能力

比如，网页"三剑客"等基础软件技能必须掌握。Dreamweaver、Fireworks、Flash 三个软件被称为网页"三剑客"。Dreamweaver 主要用来开发动态网页和静态网页，其可视化功能非常好；Fireworks 用于制作网页布局以及网页上 jpg、gif 的制作和处理；而 Flash 主要用来制作动画。

2. 事件营销能力

事件营销能力要求网络新闻编辑有对新闻的敏感度以及炒作的能力。多进行深度报道，培养新闻嗅觉，培养组织专栏以及评论的能力。除此之外，网络新闻编辑还要保持信息流通渠道的畅通，协调好不同人群之间的关系及与其他媒体的关系，比如网络新闻发布过程中涉及的不同人群之间的关系，以及与传统媒体的关系等。

3. 语文表达能力

语文表达能力包括语言和文字表达能力，这在做专题、专访、原创的时候都非常需要。编辑的文笔必须达到严谨、清晰、准确。在大多数时候，编辑其实不是资讯的提供者，而是资讯的发布者。但这不意味着网络新闻编辑就不需要具备文字处理能力。处理复杂信息的技术性问题也同样是需要高明的文字技巧的，编辑必须把需要讲述清楚的内容以通俗易懂的话语呈现出来，或是在转发、处理其他报道时，将问题整理清楚，逻辑思路理清，让受众能明白并且接受。前言、编者语等是最常见的编辑文体。在有些新闻报道中，真正的精髓内容往往是报道前面的文字，它引导读者进入更深的层次思考，更有效率地去了解和分析某一个问题。编辑高明的文字能力还在于，可以对原文进行大刀阔斧的剪接、砍削、标注等文字处理，使一篇文章改头换面成为一篇结构完整、价值高升的新闻。华丽的文字渲染往往会扰乱读者的注意力，影响一篇报道的价值，编辑人员一般不需要注重这个能力。网络的开放性造成很多信息在传播的过程中被网民们肆意修改，有些文章在书写中出现了较多错别字，语法和词汇的使用也粗劣不堪，网络新闻编辑在文字的加工和整理过程中，要重新处理这些问题。

4. 外语和翻译能力

网络新闻编辑掌握一门或几门外语可以帮助自己发现更多新闻线索，从而帮助判断新闻价值。同时，具备外语能力可以帮助网络新闻编辑借鉴国外网站的成功编辑经验，提高自己的新闻编辑质量。在促进世界优秀文化走向融合的过程中，只有外语能力优秀的网络新闻编辑，才能引进国外的创新之处，改进我们的不足，弘扬本民族的优秀文化。

（三）道德要求

1. 高度的责任感

网络新闻编辑首先要对提供新闻来源的作者负责，恰当处理作者的劳动成果；其次要对新闻受众负责，保证受众从网站获得的信息是健康有益的。这是网络新闻编辑担负的双重社会责任。无论是重大社会新闻还是专题专稿，或是通讯、消息等，都要尊重作者的劳动，尊重成果中的每一份知识，因为这些都是凝聚着作者辛勤汗水的内容。因此，网络新闻编辑对各类稿件的审阅、判断、修改和选择，彰显的是网络新闻编辑的工作水平、业务能力和职业道德。网络新闻编辑必须及时地处理各处来稿，做出相应的判断，理智果断地驳回或编改。

2. 更高的道德意识

这种道德意识不单是对职业道德的要求，还要求网络新闻编辑相关人员在网络平台的信息传播中肩负起道德责任，坚守强烈的道德心。网络新闻编辑对待来自任何渠道的网络新闻，都应该反复地认真筛选和审阅，去伪存真、去粗取精。同时，网络新闻编辑还需要增强政治敏锐性，正确引导社会热点问题，重视整体道德修养的提高，树立良好的整体职业形象，以高度负责的精神和饱满的工作热情，担负起文化道德传播的责任，同时更好地肩负起网络新闻传播的历史使命。

3. 浓厚的人文关怀

网络新闻编辑的工作其实就是时刻关注新闻现象和新闻事件。在网络新闻传播的过程中，浓厚的人文关怀能够有效缓解社会矛盾，改变整个传播环境。因此，网络新闻编辑在工作中要注意以下几点。首先，在新闻选题上不能以满足读者猎奇心理为主要目标，而要生产更具有人情味的新闻，对内容进行深入挖掘，发现并传播其中的积极社会意义。其次，在选择稿件的时候，要密切关注社会上的弱势群体，积极宣扬弱势群体与恶劣环境做斗争的感人事迹，传递奋进的动力，树立起坚强、乐观的精神。最后，在确定标题时，要力求简单明了，一目了然，不要违背社会主流文化而盲目追求感官上的刺激。

（四）法律要求

中国正在建设发展法治社会，为了适应这种发展需要，编辑必须掌握相关的法律、法规知识，以此提升版权意识。在采编稿件时，切实注意合理利用原则，按照合法程序转载付酬，确保所在网站能有效规避相关法律风险。对网络新闻编辑的法律约束主要体现在审稿方面，因此，要严格审查稿件的合法性。

审查稿件的合法性，具体来说有以下几个基本的方面：一是看作品来源是否合法，作品的署名者是否是版权人；二是看署名是否符合法律规定；三是看是否抄袭他人作品；四是看作品中的引用是否合理；五是看作品中是否有禁载内容；六是看作品内容是否泄密；七是看是否侵犯了名誉权、隐私权及商业秘密等。从对作品进行合法审查这一点来说，网络新闻编辑类似于一位"法官"，而法官是不能不通晓法律的。

总之，网络新闻编辑必须是一种复合型人才，能够运用专业知识来发挥网络平台的优势，使信息成为有利于人们自身发展的有效资源，让技术和信息真正服务于人类。网络新闻编辑作为一种新兴职业，其发展任重而道远。从技能要求、道德要求、法律要求三方面来规范网络新闻编辑的工作，把网络新闻编辑人员素质的管理纳入标准化、制度化、规范化的轨道，对建设网络新闻编辑专业队伍、提高从业人员素质都是十分重要的。

第二节 网络新闻编辑的基本原则

一、选稿的要求与标准

选稿是新闻编辑人员最基本的能力，也是网络新闻编辑最基础且内容量最多的任务。在选稿的过程中，编辑需要大量和快速地浏览阅读稿件，从中挑选出可利用的资源。这种慧眼识珠的能力是编辑水平和素质的试金石。网络新闻编辑在选稿时要严格把关，去伪存真，坚守新闻的真实性原则。网络新闻的八字方针是：快速、全面、准确、客观。网络新闻稿件的选择除了考虑那些符合网站定位、受众定位的内容之外，还需要额外考虑新闻价值标准和社会价值标准。然而，网络媒体先天性信誉不足的缺陷需要通过网络编辑一步步核实新闻的真实性来弥补。网络巨大的覆盖范围和无可比拟的传播速度，使发布虚假新闻的影响变得更为恶劣，因此，网络新闻编辑必须建立一套新的新闻价值标准来维护新闻的生命。此外，在社会价值标准方面，网络新闻的政治评价、法律法规评价和道德评价也是网络新闻编辑要重点关注的。

戈公振先生曾指出，新闻是"发生时间之报告，但于报学之处置上，有散漫而不明显之憾"。[①] 这意味着，并不是每天发生的所有事件都能选录成为新闻，新闻必须是挑取有意义、有价值的事件进行报道。稿件的选择对于媒体机构有着

---

① 姚艳春. 编辑怎样"慧眼"识"好稿"[J]. 活力, 2013 (11): 37.

非同寻常的意义，它能体现媒体机构的政治导向，维持媒体的正常运转，保证新闻报道的面貌和质量，并且创造媒体特色。

网络受众不像传统大众媒体的受众，他们既是信息的接受者，又是信息的传播者，具有多重身份。网络具有匿名性，一些不受管理的网民肆意发布信息，使得网络信息内容鱼龙混杂，因而急需网络媒体把关人来过滤污染信息，同时整合优质信息。网络新闻编辑是网络上重要的把关人之一，在选稿的时候要严格把关，把虚假有害的信息最大限度地过滤出受众的视线，营造出健康的网络环境。新闻网站编辑该怎样做好信息的把关呢？首先在网络新闻的选择上要坚持一把尺子的原则，与其他媒体的选稿标准基本相同，网络新闻的选稿标准也必须重点关注它的真实性、准确性。普遍来说，人民网、新华网、央视网等权威新闻网站才是网络新闻编辑选取新闻稿件的重要来源；同时，要对一些商业新闻网站的信息提高警惕。此外，为了减少虚假新闻出现的可能，还应该对不同网站上同一主题的新闻进行比对，并且注意选中稿件的真实性。商业新闻网站有时会为了增加信息的权威性，为新闻添加虚假的权威网站来源，而事实上权威网站上根本就没有发布这些新闻。

网络新闻编辑在筛选稿件的过程中，需要考虑到素材本身的价值、信息的社会效果以及媒体机构的风格，还要针对党的各项方针和政策以及素材的适应性做相关考虑。上海东方网对新闻稿件的选择规定了十个"不可用"原则：假不可用，险不可用，长不可用，虚不可用，劣不可用，乱不可用，浅不可用，涩不可用，恶不可用，套不可用。这十个"不可用"从反面说明了网络新闻编辑人员在选稿时应遵循的原则。

所以，稿件的选择是非常重要的把关行为，它保证了新闻报道的质量。编辑工作是整个新闻媒体的重中之重，即灵魂。因此，对于网络新闻编辑工作者来说，不仅要掌握传统新闻编辑过程中的普遍选稿标准，还要针对新闻流程、新闻内容、报道时机、受众需求和媒体需求完成有技巧性的选择，确保优中选优，精中选精。这种注重技巧性的选稿，无疑是一项重大而艰巨的任务。

通俗来讲，在新闻稿件审核上的选择技巧，指的就是媒体编辑对新闻稿件进行相关取舍，剔除不符合要求的新闻稿件，提取有价值的新闻稿件，并通过一定的整合呈现给受众。从新闻流程上看，网络新闻编辑一定要具备"舍"的技巧。网络新闻编辑每天面对成千上万份稿件，常常有无从下手、无法取舍的感觉。对于网络新闻编辑来说，敢于舍弃质量不高或者不符合网站风格的稿件，是在为后期改稿和设计网页等工作环节节约宝贵的时间。网络传播的即时性特征不允许网络新闻编辑面对稿件时犹豫不决，取舍不定。

网络新闻编辑的选稿技巧可以用"养"和"疑"两字来概括。从报道时机上看，网络新闻编辑要有"养"的技巧。比如，一条表现某地旅游市场混乱的新闻在平常会显得特别普通,但如果处于旅游高峰期的前后时间段,这条新闻就容易引起人们的注意。"养"新闻之所以是十分重要的,是因为它直接影响着新闻传播的效果。对于网络新闻编辑工作者来说,选择新闻稿的关键之一就是要抢时效、抢首发,以此争取更显著的社会效果和社会影响,但有时候也有例外,不能一概而论。如何判断一篇有价值的新闻稿对社会的影响,不一定要看报道时间的先后,而要看准报道的时机以达到最优的传播效果。所以,从媒体需求层面看,网络新闻编辑还要具备"疑"的技巧。在选稿的过程中,媒体间的差异性也需要被网络新闻编辑考虑到,当网络新闻编辑选稿能够把握住这个尺度之后,就比较容易形成网络媒体自身的独特性,这同时也对选稿具备了一定的约束力,并且可以避免新闻同质化现象。因此,对于媒体的需求,网络新闻编辑不仅要学会"疑",更要擅长"疑"。此外,在选稿时运用逆向思维来独辟蹊径,也是网络新闻编辑在选稿时可以利用的技巧,尽量保证不人云亦云,多多探索新闻事件中的亮点。

二、新闻制作与整合

网络是一个集聚报纸、广播、电视等传统媒体特点的全新而独特的整合性媒体。面对巨大的信息海洋,网络新闻编辑必须对信息进行整合、建构,为各层次的受众提供有价值的信息,达到质与量的和谐统一。在众多新闻网站中,真正吸引受众、有长足发展、做出特色新闻是新闻网站发展的重要方面。新闻网站要想避免在浩瀚的信息中成为"千网一面"的网站,就要进行新闻,尤其是本地新闻的整合。客观公正的报道、思想独立的品格是新闻媒体的最高境界。

整合是策划,也是创新。整合新闻突出大多数受众所共同关心的新闻事实,其背后是专业化的脑力劳动奉献。整合新闻不仅是简单集纳一些普通的信息,还要根据受众的定位适当对一些新闻报道资源进行相关的整合,包括制作新闻标题、改写导语、编写主体等。深度报道不一定就是自家媒体采写的新闻,基于网络海量信息资源,整理各媒体的文章制作专稿,也是一种很好、很有效的方法。在新闻的表现形式上,有相关新闻的重新组合提炼,还有小专题形式的特稿、专稿,以及音频、视频综合在一个版面报道等形式。

第三节 网络新闻专题制作

随着互联网的迅速发展,中国网民数量激增,新媒体的应用越来越广泛。传统媒体受众逐渐接受并习惯于新媒体形式的信息传播,成为与日俱增的网络受众群体的一员。融合新闻信息传播逐步成为受众的主要影响因素,相对于传统媒体的单一信息传播形式，受众更偏向于从形式多元、内容丰富的新媒体来满足其日益复杂的需求。重大新闻发生的时候，传统媒体一般采用的是深度报道、新闻专题报道等形式，以此来制作并完成一个跨越时间和空间的长篇幅图文内容。而在新媒体形式下，网络新闻编辑们融合互联网的技术和新媒体的特性，制作网络新闻专题。网络新闻专题是围绕某一特定的新闻事件，设计固定的专题版面或网站链接，在运用多媒体手段对新闻信息进行深度挖掘和广度拓展的基础上，遵循传统新闻学深度报道的操作步骤，融合新媒体网络传播的独特性质而诞生的，是网络新闻报道中的高端产物。

网络新闻专题目前并无统一的概念，它是融合新闻中深度报道的实现形式之一，同时也是网络新闻传播的重要组成部分。彭兰在《中国网络媒体的第一个十年》中这样解释了网络新闻专题：在网络中，专题是在某一主题或事件下的相关新闻资料及言论的集纳。① 蒋晓丽主编的《网络新闻编辑学》中，也有相关表述：网络新闻专题是指基于网络技术支持，综合运用多种表现手段，展现某个特定主题或事件的一组相关新闻信息汇总。② 由此可知，网络新闻专题实际上是一种综合性新闻报道集合体，它由各个新闻网站对某件新近发生的有重大影响的新闻事件的持续性报道，和网站编辑自身对某个新闻事件的判断所构成，同时经过周密的策划，也得到互联网最新和最全技术手段的支持。网络新闻专题是网络新闻报道中的一种重要表现形式，它实现了报道最新动态、整合新闻资源、揭示新闻事件本质的多重功能。网络新闻专题旨在通过对现有新闻资源进行深度开发，在运用暗访、调查等新闻手段挖掘事实背后的真相与联系的同时，运用新媒体的传播新特性，解决时间、空间上的障碍，以耳目一新的形式将新闻资源传播至受众。这种整合式的新闻报道充分利用了融合新闻的优势。有些内容通过图文难以将信息完整地传递给受众，而网络新闻专题具备了集声、像、图、文于一体来展现现代社会的多元思维，与此同时，它还具备信息传播的高度适应性、参与性和互动性，有助于构成传播强势，是一种强有力且有效的传播手段。

专题便是集中式报道中的一种典型模式。新闻专题指的是与某一新闻事件或新闻话题所有相关内容的集合，它不仅具有新闻的实效性，还必须达到专题的翔实和深度。互联网的普及和融合新闻的发展，使新闻网站之间的竞争日益白热化。在融合新闻环境中，网络新闻专题作为一种深度报道的形式，能帮助各大新闻网站树立报道特色和实力，已经成为网络媒体竞争中的一种强有力的武器。网络新闻编辑是整合分散信息的有效形式，它解决了网络新闻"瞬时化"和"碎片化"的问题。在处理和制作网络新闻专题时，网络新闻编辑会先以传统流程理清

---

① 彭兰.《中国网络媒体的第一个十年》[J].新闻与写作，2005（9）：21-21.
② 蒋晓丽.网络新闻编辑学 [M].2版.高等教育出版社，2012.

新闻事件或某一事实的前因后果、来龙去脉和未来走向，并将这些内容融合进新媒体技术中，以新颖、吸人眼球的形式传播出去；网络新闻编辑也及时收集受众反馈，并将各方反应、各界评说等内容一一呈现，实现互动，提供受众和意见领袖交流的平台。同时，网络新闻编辑将所有相关内容以新闻专题的形式放置在一起，方便受众搜索和阅读，避免了网络信息海量性带来的繁杂，使新闻深度和广度都得以拓展。网络新闻专题可以是报道、评论、实时互动、文字、图片、音频、视频、flash、H5 页面等多种形式内容的任意组合，形成连续不断的冲击波，进而形成舆论强势。此外，网络新闻专题还是扩大网站影响力和体现网络媒体实力的重要途径。网络新闻编辑通过制作网络新闻专题，有效地代表了网站的观点和想法，凸显了网站独特的风格。

一、网络新闻专题的特点

1. 既具集成性又具有延展性

网络新闻专题就是根据一定的规律对各种相关联的繁杂信息进行汇总，通过编辑们的梳理和归纳、创作，使受众在阅读的时候能够更清晰地了解和追踪某件新闻事件。网络新闻专题不是零散信息的拼凑和整合，它是新闻当事人、记者、意见领袖、普通公众等多层面相关信息的高度集成，它实现了一个信息传播单位的整体化。与此同时，网络新闻专题是可延展的，它的内容并非是封闭孤立的，而是以某主题为核心，命中所有与此主题相关的内容，向外辐射形成一个更广阔的信息空间来完成新闻专题的构成。

2. 既具实时性又具延时性

相比普通的新闻报道，网络新闻专题更需要一个长期稳定的页面或空间来承载所有的新闻报道和相关信息，并持续形成一个完整的报道过程，直到专题结束。这样一个完完整整的报道，对受众了解事件发展的整个过程，厘清脉络具有重要的作用。尤其是重大事件发生时，受众希望知道事件的实时进展，并希望以时间为脉络呈现完整的事件流程。如果网络新闻专题没能做到及时刷新和跟进报道的话，那么便失去了专题的意义，所以从这一方面来看，专题表现出了实时和延时的特点。

3. 多种媒体手段有机结合

专题是由于互联网和新媒体技术的支持才得以存在和发展的。网络新闻专题是基于互联网的，除去传统新闻知识的积淀，网络成为提供各种信息手段的主要平台，而在新媒体技术的帮助下，网络新闻专题显得更加有模有样、形象生动。所以说，网络新闻专题有机结合了多种媒体手段，使得它能为受众带来全新的体验和感受。

4. 信息相互联通

在网络新闻专题中，报道之间是相互联通的，也就是说，所有相关的实时报道、网民评论、采访音频、视频等内容，都围绕着一个新闻主题。这样的特点使得专题内容让受众可以接受脉络清晰的新闻报道的同时，能够自主思考各层信息之间的联系。这也是网络媒体的特点之一。在网络新闻专题中，受众的阅读方式与传统报道阅读方式不同，是跳跃式阅读，一层一层地了解专题中的内容。

5. 具有高度互动性

新闻的本质是严肃的，但受网络特殊性的影响，网络新闻为受众提供了一个互动的平台。它使得受众在新闻事件中扮演的角色越来越重要。在一定程度上，受众阅读的兴趣因此大大提高，受众的参与度也极大地得到了满足。受众是希望听到多方面的声音的，包括希望听到跟自己同一阶级、同一层面的声音。所以，在网络新闻专题中，"留言板"这一板块是必备的，它能极大地满足受众想要发出自己的声音和想要听到其他声音等需求。

二、网络新闻专题的作用

专题的全面报道不仅是对信息的一种开拓，也是一份后来者正确认识客观新闻事实和相关文化的素材。通过对事件横向全景化与纵向全程化的展示，形成一段立体、多维、有厚度的"历史"，这其实就是网络新闻专题作用的最直接体现。总结起来，网络新闻专题的作用有以下几点。

（一）报道的完整全面

网络新闻专题为了保证报道的完整和全面，必须通过完成对事件的全面展示，达到新闻客观性的要求。每一个事物都具有多面性，经过网络新闻专题的分析后，受众可以看到新闻事件的更多方面，帮助受众客观地了解、认识或评价事物。网络新闻专题中最常见的编辑方法，是集中组织一个新闻事件或新闻人物，然后对它进行持续性的报道。网络新闻专题注重事件的同一性和内容的连续性，除了提供最新进展和跟踪报道之外，还会根据事件的周边辅助资料，提供相应的背景解释或者类似探索未来的一些内容。网络新闻专题在内容上的报道形式是多种多样的，包括消息、通讯、评论、图片等，主要目的是把事件的来龙去脉客观地报道出来。

（二）信息的平衡

网络新闻中的丰富信息一定程度上满足了网民的新闻需求，也激发了他们更强烈的新闻欲和求知欲。一则新闻在被生产的同时,往往伴随着多种多样的来自各个方面的声音,有正有反,有褒有贬。这时,网络新闻报道的角度是较难把握平衡的,很容易出现信息来源失衡、传播观点片面化、受众言论偏激等现象。这些现象会对现实生活造成很大的影响,污染舆论传播环境,影响人们的思想和行为。在有些专题中,新闻事实繁多而复杂,网络新闻编辑最好利用辩证思维,掌握好专题报道的内容和角度。

例如,2015年的"8.12天津滨海新区爆炸"事件,由于事发突然以及事件的灾难性和严重性,政府、各大官方媒体、自媒体、受众等纷纷投入众多关注。信息铺天盖地,普通受众无法分辨事实真相、谣言和水军的文章。谣言涉及化学物质泄露、空气污染、水质污染等生态问题,导致人心惶惶。此时,网络新闻专题应该将重点放在报道的内容上。因为新闻在一定意义上担负着引导舆论、维护社会安稳的责任。网络新闻专题作为一个可以梳理事件脉络、避开水军干扰、辟谣的公众化平台,需要大量的人力、物力对事件进行细致的报道,包括事件起因、经过、实时现况,安抚公众,致敬消防等各层次的信息内容,24小时不间断地发布最新情况。网络新闻专题对信息的平衡,就是及时把控信息的反馈,在舆论发生变更和影响的时候,立即实施处理对策。

(三) 使网站更具影响力

网络新闻专题十分重要,它在网络新闻中也占有很大的比例。网络平台具有超链接和转载等新型功能,使得不同页面和不同专题的内容之间只需要受众轻轻点击便可以实现无障碍跳转,从而把相关信息链接到一起。很多典型的新闻网站都由于在专题设计方面花费了很多的心思,所以最终策划的精品专题报道能够在受众心目中留下很深的印象。从品牌传播理论来看,成功的网络新闻专题帮助网站平台提高了受众的忠实度和信任度,增强了用户的使用黏度,提升了网站的凝聚力。

(四) 服务受众

站在受众的角度来看,网络新闻专题也是一种服务受众的丰富的新闻组合形式。网络媒体的发展使得人们的生活节奏变得紧张,属于个人的安静时间变得越来越少。这时候,在茫茫的信息海洋中去寻找感兴趣或是相关联的内容时,大多数人都会失去精力或者耐心,网络新闻专题因此变得更为重要和关键了。它为读者带来管家式的服务,很大程度上满足了不同受众对不同信息内容的需求,是真正做到覆盖面广、信息层次深的网络新闻。

三、网络新闻专题策划

一个优秀的网络新闻专题需要在各个部门的默契配合和精心制作下,经历策划、组织、设计、维护等各个环节才能成功上线。为了达到优化的传播效果,新闻专题制作前的调研策划是整个新闻专题的奠基石,是决定新闻传播影响效果的重中之重。网络新闻编辑需要多角度、全方位地规划和统筹,才能成功制作一个有特色、有深度的新闻专题。网络新闻专题的策划主要包括选题策划、角度策划、内容策划和信息手段策划。

角度策划是指通过一个特别的视角来透视新闻主题,让新闻专题形成自己的亮点与特色,以"特"取胜。新闻角度指的是新闻报道中发现事实、挖掘事实、表现事实的着眼点或入手处。

内容策划就是针对特定的新闻主题和社会话题,选择最合适话题内容的手段进行相关展示,并设计合理的结构将它们串联起来。网络新闻专题的内容策划关键体现在视觉和内容结合的设计上。内容策划的关键是将专题设计成几个栏目,栏目之间有何联系,相互之间有无逻辑关系和组织方式,每个栏目的内容是什么,都是网络编辑需要考虑的。

信息手段策划是指策划和运用各种文字、图片、音频、视频等编辑和生产网络新闻专题常用的多媒体手段。除此之外,网络新闻专题的编辑与制作还需要思考 flash、时间线和互动等网络所特有的手段的运用。网络新闻专题常常是一种多媒体专题,它需要用到多种信息手段,并且这些信息手段的应用不应是被动的,而是编辑积极主动的。信息手段之间的关系不是松散的而是紧密相连的。在策划时,每一种信息手段在当前专题中的主要作用与地位都需要被考虑到,然后再从选题与需求角度出发,采集与编辑相应的素材内容。

选题策划即是说明专题的标题和选择这个专题的原因。网络新闻专题更适合重大新闻题材的报道和追踪。考虑不同种类新闻素材的运用时,最重要的就是考虑它的新闻价值。

新闻价值是指凝聚在新闻事实中的社会需求,是新闻本身之所以存在的客观理由。余家庆主编的《新闻学辞典》关于新闻价值的解释是:"新闻价值是选择和衡量新闻事实的客观标准,即事实本身所具有的足以构成新闻的种种特殊素质的总和。素质的级数越高,价值就越大。"新闻价值由不变要素和可变要素共同构成,不变要素指的是真实性和时新性,可变要素包括重要性、显著性、接近性和趣味性等。新闻内容中所包含的价值要素越丰富,数量越多,新闻价值就越大。进而言之,一个客观存在或发生的事实,能否成为新闻并被传播以及关注,取决于以下两点:一是与公众的利益在多大程度上及以怎样的方式相关联,二是能否满足人们的感官需要。在这里,公众的利益不仅包括了经济利益,同时也涵盖了安全、公正、道德、荣誉、审美等社会价值利益，而感官需要则是人们对事物的好奇、趣味等心理满足需要，这种好奇并不是对低俗、庸俗、粗俗的猎奇，也不是满足少数人需要的感官刺激。

新闻价值作为选择报道事实的标准，有下列要素。一是时新性，或称时间性、新鲜性，指的是报道及时，内容新鲜；事件发生和公开报道之间的时间差越短，新闻价值越大；内容越新鲜，新闻价值越大。二是重要性，即对国计民生的影响越大，就越重要，新闻价值也越大。三是接近性，指的是地理上的接近、利害上的接近、思想上的接近以及感情上的接近；凡是具有接近性的事实，受众关心，新闻价值就大。四是显著性，是指新闻报道对象（包括人物、团体、地点等）的知名度越高，新闻价值越大。五是趣味性，具有趣味性的事实，往往具有更高的新闻价值。

所以，基于对新闻价值的考量，现实中可以选作网络新闻专题的选题内容大概包括以下角度：重大突发事件、可预知的重大事件、重要的社会现象和问题等。

重大突发事件有着强大的媒体品牌塑造能力。与此同时，由于专题内容要以很快的速度得到更新，重大突发事件也给新闻网站带来了更多的压力。对于重大突发事件的报道，编辑应当首先抓住新闻的时效性，其次是后续报道的跟进。网络新闻专题启动迅速，在应对重大突发事件上具有自己的优势。此外，凭借大容量、多媒体等长处，它可以为受众提供全面、丰富的信息，满足受众各个层面的需求。

可预知的重大事件也是一种新闻价值较高的选题。但它除了考虑报道的对象之外，还需要重点考虑报道的时机、规模、角度以及手段等。另外，可预知的重大事件对各大网站来说，也是吸引网民眼球的好题材。

重要的社会现象或问题是指一些具有现实意义的事件，是各类媒体重点关注的对象。

思 考 题

(1) 简述网络编辑与传统编辑的不同点。
(2) 简述网络新闻编辑的工作流程及其内容。
(3) 简要分析网络新闻受众的心理特征。
(4) 谈谈你对新闻价值的理解。
(5) 请简述网络新闻专题策划的思路。

参考文献

［1］ 中国互联网络信息中心．第 41 次《中国互联网络发展状况统计报告》［R/OL］．（2018-03-15）［2018-03-31］．http://www.cnnic.net.cn/hlwfzyj/hlwxzbg/hlwtjbg/201803/t20180305_70249.htm.

［2］ 王超．汶川大地震报道中网络媒体的表现［J］．青年记者，2008（32）：21-22.

［3］ Stevens J. Multimedia Storytelling: learn the secrets from experts［EB/OL］．［2016-6-10］．https://multimedia.journalism.berkeley.edu/tutorials/starttofinish/.

［4］ 蔡雯．媒介大汇流下的"融合新闻"［J］．传媒观察，2006（10）：28-30.

［5］ 方洁．美国融合新闻的内容与形态特征研究［J］．国际新闻界，2011（5）：28-34.

［6］ 蔡雯．媒介融合前景下的新闻传播变革——试论"融合新闻"及其挑战［J］．国际新闻界，2006（5）：31-35.

［7］ Grabowicz P. Picking the Right Media for a Story［EB/OL］．[2016-6-10]．https://multimedia.journalism.berkeley.edu/tutorials/picking-right-media-reporting-story.

［8］ 相德宝．自媒体时代中国对外传播能力建设［M］．北京：人民日报出版社，2013.

［9］ 彭飞．《赫芬顿邮报》之"死"：新闻付费能活［J］．中国报业，2018（3）：39.

［10］ 人民网．人民日报中央厨房正式上线！如何烹制新闻大餐？［EB/OL］．（2016-03-01）［2016-07-16］．http://media.people.com.cn/n1/2016/0301/c192370-28161771.html.

［11］ 陈昌凤．媒体融合中的全员转型与生产流程再造——从澎湃新闻的实践看传统媒体的创新［EB/OL］．（2015-09-7）［2016-07-17］．http://media.people.com.cn/n/2015/0917/c40628-27599555.html.

［12］ 赵振宇．新闻策划［M］．武汉：武汉出版社，2000.

[13] 彭雪.浅谈自媒体时代新闻线索采集的注意事项[J].中国传媒科技,2013(6):13-14.
[14] 蒋玉婷.新媒体时代的新闻线人现象研究[D].长沙:湖南师范大学,2013.
[15] 周慧敏.全媒体时代的报业转型——以《新安晚报》为例[D].合肥:安徽大学,2013.
[16] 李希光.畸变的媒体[M].上海:复旦大学出版社,2003.
[17] Kershner J W.Elements of News Writing[M].Pearson Higher Ed,2011.
[18] 钱晶.浅议新媒体环境下网络记者如何做好新闻传播工作[J].新闻研究导刊,2015(21):109.
[19] 燕道成.网络时代传播伦理的基本维度[N].中国社会科学报,2016-06-02(003).